❖ ❖ ❖ l'esprit d'ouverture ❖ ❖ ❖
Collection dirigée par Fabrice Midal

John Lane, *Les Pouvoirs du silence. Retrouver la beauté, la créativité et l'harmonie*, 2008
Tal Ben-Shahar, *L'Apprentissage du bonheur. Principes, préceptes et rituels pour être heureux*, 2008
Norman Doidge, *Les Étonnants Pouvoirs de transformation du cerveau. Guérir grâce à la neuroplasticité*, 2008
Stephan Einhorn, *L'Art d'être bon. Oser la gentillesse*, 2008
Robert Emmons, *Merci ! Quand la gratitude change nos vies*, 2008
Christopher Hitchens, *dieu n'est pas Grand. Comment la religion empoisonne tout*, 2009
Bashô, Issa, Shiki, *L'Art du haïku. Pour une philosophie de l'instant*, 2009
Martha Lear, *Mais où sont passées mes lunettes ? Comment gérer au quotidien les petits troubles de la mémoire*, 2009
Gerd Gigerenzer, *Le Génie de l'intuition. Intelligence et pouvoirs de l'inconscient*, 2009
Yu Dan, *Le Bonheur selon Confucius. Manuel de sagesse universelle*, 2009
David Deida, *L'Urgence d'être. Zen et autres plaisirs inattendus*, 2009

QUI SUIS-JE ET, SI JE SUIS, COMBIEN ?

Voyage en philosophie

RICHARD DAVID PRECHT

QUI SUIS-JE ET, SI JE SUIS, COMBIEN ?

Voyage en philosophie

*Traduit de l'allemand
par Pierre Deshusses*

belfond
12, avenue d'Italie
75013 Paris

Titre original :
WER BIN ICH UND WENN JA, WIE VIELE ?
Eine philosophische Reise
publié par Goldmann Verlag, a division of Verlagsgruppe Random House GmbH, München.

 Cet ouvrage a été traduit avec le concours du Goethe Institut soutenu par le ministère des Affaires étrangères allemand.

Si vous souhaitez recevoir notre catalogue
et être tenu au courant de nos publications,
vous pouvez consulter notre site internet :
www.belfond.fr
ou envoyer vos nom et adresse, en citant ce livre,
aux Éditions Belfond,
12, avenue d'Italie, 75013 Paris.
Et, pour le Canada,
à Interforum Canada Inc.,
1055, bd René-Lévesque-Est,
Bureau 1100,
Montréal, Québec, H2L 4S5.

ISBN : 978-2-7144-4552-0

© Wilhelm Goldmann Verlag, München, in der Verlagsgruppe Random House GmbH 2007. Tous droits réservés.

Et pour la traduction française
© Belfond, un département de place des éditeurs, 2010.

*Pour Oskar et Juliette,
David et Matthieu*

INTRODUCTION

Naxos est la plus grande île des Cyclades, dans la mer Égée. Au centre de cette île se dresse la montagne de Zeus qui culmine à plus de mille mètres d'altitude ; partout des prés odorants où broutent des chèvres et des moutons, de la vigne et des jardins. Jusque dans les années 80, il y avait à Naxos une plage mythique appelée Agia Anna ; de rares touristes s'y étaient construit des cabanes en bambou où ils passaient le plus clair de leur temps, à l'abri du soleil. Au cours de l'été 1985, deux jeunes gens de tout juste vingt ans étaient assis sous un promontoire rocheux. L'un s'appelait Jürgen et venait de Düsseldorf ; l'autre, c'était moi. Nous nous étions rencontrés sur la plage quelques jours auparavant, et nous avions parlé d'un livre que j'avais emprunté dans la bibliothèque de mon père. C'était un livre de poche déjà bien abîmé, et dont la couverture pâlie par le soleil représentait un temple grec avec deux hommes en costumes de l'époque. Il s'agissait du *Procès de Socrate* tiré des *Dialogues* de Platon.

L'atmosphère qui marquait l'échange modeste de nos idées s'imprégnait aussi profondément en moi que le soleil sur ma peau. Le soir venu, nous mangions du fromage et du melon en buvant du vin ; nous nous mettions un peu à l'écart des autres pour poursuivre nos discussions. C'est surtout le discours que Socrate, selon Platon, avait prononcé pour sa défense, au moment où on l'accusait de corrompre la jeunesse, qui nous occupait.

Ce discours m'ôta – un certain temps – la peur de la mort, sujet qui m'inquiétait alors énormément. Jürgen était moins convaincu.

Je ne me souviens plus du visage de Jürgen. Nous ne nous sommes plus jamais revus, et si je le croisais maintenant dans la rue je ne le reconnaîtrais sûrement pas. Quant à la plage d'Agia Anna, on dit qu'elle est devenue un paradis pour touristes avec des hôtels, des plages privées, des parasols et des chaises longues que l'on peut louer à l'heure. En revanche, j'ai toujours en mémoire des passages entiers de l'*Apologie de Socrate* et je m'en souviendrai sans doute jusqu'à ma mort. Je me demande s'ils auront encore le pouvoir de m'apaiser, le moment venu.

Je n'ai jamais perdu mon profond intérêt pour la philosophie. Il reste vivace depuis ces journées passées à Agia Anna. Une fois rentré de Naxos, j'ai d'abord fait mon service civil qui n'avait rien d'enthousiasmant. C'était une époque où l'Allemagne était très marquée par la morale ; la double résolution de l'OTAN et les mouvements pour la paix enflammaient les esprits, sans parler des projets aventureux concoctés par les Américains sur une guerre atomique limitée à l'Europe, chose qu'il est difficile de se représenter aujourd'hui sans secouer la tête. Mon service civil effectué comme assistant de paroisse protestante n'avait rien qui puisse susciter l'enthousiasme, et depuis que j'ai pu observer l'Église évangélique de l'intérieur, j'apprécie le catholicisme. Ce qui m'est resté de cette période, c'est la recherche de la vraie vie et de réponses convaincantes aux grandes questions de l'existence. Je décidai de me lancer dans des études de philosophie.

Mes débuts à l'université de Cologne furent plutôt décevants. Jusque-là, j'avais imaginé les philosophes comme des personnes captivantes qui vivaient de façon aussi excitante et conséquente qu'elles pensaient. Des hommes aussi fascinants que Theodor W. Adorno, Ernst Bloch ou Jean-Paul Sartre. Mais cette vision d'une unité entre la vie et des pensées toutes aussi hardies les unes que les autres se dissipa bien vite quand je vis mes futurs professeurs : de vieux messieurs ennuyeux, uniformément habillés de marron ou de bleu comme des chauffeurs d'autobus. Je pensai à Robert Musil, qui s'étonnait que les ingénieurs de la Double Monarchie, même les plus modernes et à la pointe du progrès, ceux qui partaient à la conquête de nouveaux mondes sur terre, sur mer et dans les airs, puissent en même temps porter des barbichettes, des gilets et des montres de gousset. De la même façon, il me semblait que mes professeurs de philosophie à Cologne n'appliquaient pas leur liberté intellectuelle à leur existence. Pourtant, l'un d'eux finit par m'apprendre à penser. Il m'enseigna à toujours me demander le « pourquoi » des choses et à ne pas me contenter de réponses trop rapides. Il ne cessait de me rabâcher que mes développements et mes argumentations devaient toujours être sans faille, pour que chaque nouvelle pensée puisse s'appuyer sur l'autre de façon aussi rigoureuse que possible.

Ces années d'études furent merveilleuses. Dans mon souvenir, il s'agit d'une suite ininterrompue de lectures passionnantes, de repas vite préparés, de conversations à table autour d'un plat de nouilles accompagnées de vin bon marché, de discussions animées pendant les cours, et de débats au restaurant universitaire où nous prenions café sur café et n'en finissions pas de mettre nos lectures à l'épreuve de la parole. Nous abordions tous les sujets et tous les problèmes : la connaissance, l'erreur, la vraie vie, le football, et bien sûr la question de savoir pourquoi les relations sont aussi difficiles entre hommes et femmes. Ce qu'il y a de beau dans la philosophie, c'est que ce n'est pas une matière dont l'étude a une fin. À strictement parler, ce n'est même pas une matière. Il aurait été tentant de rester à l'université. Mais comme je l'ai dit, la vie que menaient mes professeurs me paraissait terriblement insipide. Je me rendais compte en outre de l'inanité de toute la philosophie universitaire. Les contributions et les livres n'étaient lus que par des collègues, principalement dans l'optique d'en prendre le contre-pied. Les colloques et les congrès auxquels je participais en tant que doctorant finirent de m'enlever toute illusion sur la volonté de compréhension de leurs participants.

Seuls les questionnements et les livres continuèrent de m'accompagner dans ma vie. Il y a un an, je m'aperçus qu'il n'existait que très peu d'ouvrages satisfaisants pouvant servir d'introduction à la philosophie. Il y a bien sûr de nombreux livres plus ou moins plaisants qui parlent des énigmes et des astuces de la pensée, mais ce n'est pas à eux que je fais allusion. Je ne parle pas non plus des livres très utiles qui traitent de la vie et de l'influence de certains philosophes d'exception ou qui sont une bonne introduction à leur œuvre. Je note simplement l'absence d'intérêt systématique pour les grandes questions qui dépassent les écoles. Tout ce qui se présente comme une introduction systématique prend souvent la forme d'une succession de courants de pensée, avec beaucoup de termes en -isme qui, à mon avis, font la part trop belle à l'Histoire ou bien sont carrément indigestes, tant à cause de l'ampleur du sujet que de la façon dont ils sont écrits.

La raison qui explique ce manque de saveur est simple : les universités ne font rien pour favoriser la singularité du style. On continue à donner plus d'importance à l'exactitude de la restitution qu'à la créativité intellectuelle des étudiants. Ce qu'il y a de particulièrement gênant dans la philosophie comme discipline universitaire, c'est qu'elle est partout bornée et cloisonnée, sans rien de naturel. Tandis que mes professeurs nous expliquaient ce qu'était la conscience humaine en se référant aux théories de Kant et de Hegel, leurs collègues de la faculté de médecine située à huit cents mètres de là faisaient des expériences très instructives sur des patients atteints de lésions au cerveau. Dans une université, huit cents mètres, c'est le bout du monde. Nos professeurs vivaient sur des planètes différentes et ne connaissaient même pas leurs pairs par leur nom.

Comment s'articulent entre elles les connaissances philosophiques, psychologiques et neurobiologiques ? Se font-elles obstacle les unes aux autres ou bien se complètentelles ? Y a-t-il un « moi » ? Que sont les sentiments ? Qu'est-ce que la mémoire ? Les questions les plus passionnantes ne se trouvaient même pas au programme des études de philosophie et, pour autant que je le sache, les choses n'ont guère changé.

La philosophie n'est pas une science historique. Il faut bien sûr conserver son héritage ; nous avons même le devoir, dans le domaine de la vie intellectuelle, de revisiter les anciens édifices et, le cas échéant, de les restaurer. Mais dans la politique universitaire, la philosophie est encore trop exclusivement marquée par une attention au passé au détriment du présent. Il ne faut pas oublier que la philosophie n'est pas uniquement fondée sur son passé, comme le croient beaucoup de gens. Son histoire est aussi en grande partie celle de modes et d'idéologies, une histoire de savoirs tantôt oubliés, tantôt refoulés, et aussi une histoire de recommencements qui paraissent nouveaux simplement parce que de nombreuses choses pensées avant ont ensuite été négligées. Mais il est rare que la vie édifie quelque chose sans devoir aller chercher ailleurs les pierres nécessaires à cette construction. Si la plupart des philosophes ont construit leurs systèmes de pensée sur les ruines de leurs prédécesseurs, ils ne l'ont pas fait sur les ruines de toute l'histoire de la philosophie, comme beaucoup sont enclins à le croire. Or non seulement on a enfoui des aspects très pertinents de la pensée et de la connaissance, mais on a ressuscité des théories totalement loufoques et sans aucun rapport avec le monde. Cette fracture entre intelligence et ressentiment se voit chez les philosophes eux-mêmes. Au XVIIIe siècle, l'Écossais David Hume, par exemple, fut à bien des égards un penseur d'une incroyable modernité ; mais sa vision des autres peuples, surtout des peuples africains, était chauvine et raciste. Au XIXe siècle, Friedrich Nietzsche fut l'un des critiques les plus sagaces de la philosophie ; mais ses visions de l'homme étaient à la fois biscornues, présomptueuses et stupides.

Cela dit, l'influence d'un penseur ne dépend pas exclusivement de la justesse de ses points de vue. Ainsi, Nietzsche que nous venons d'évoquer a eu une influence énorme en philosophie, alors que la plupart des choses qu'il a dites n'étaient pas aussi neuves et originales qu'elles en avaient l'air. Sigmund Freud fut sans conteste un homme d'une très grande importance et l'un des plus grands créateurs au niveau des idées. Or, sur bien des points, la psychanalyse s'est révélée fausse, mais c'est une autre histoire. Quant à l'énorme importance philosophique et politique de Hegel, elle est en totale discordance avec les nombreuses inepties de ses spéculations.

Quand on considère l'histoire de la philosophie occidentale, on s'aperçoit que la plupart des escarmouches se déroulent selon un rapport d'opposition entre quelques lignes de partage bien visibles, avec d'un côté les matérialistes et de l'autre les idéalistes (ou, pour reprendre la terminologie anglaise, les empiristes et les rationalistes). Cette façon de voir les choses se retrouve partout, quelles que soient les combinaisons possibles et la modernité des oripeaux. Mais elle se répète. Le matérialisme, qui croit qu'il n'y a rien au-delà de la nature que l'on peut appréhender avec les sens, qu'il n'y a pas de dieu et pas d'idéaux, a vu le jour pour la première fois au XVIIIe siècle, en France, à l'époque des Lumières. On le retrouve une deuxième fois et de façon massive comme réaction aux succès de la biologie et à la théorie de l'évolution de Darwin, dans la seconde moitié du XIXe siècle. Il connaît aujourd'hui un regain d'intérêt avec les découvertes de la neurobiologie. Mais, durant toute cette période, il y a eu des phases où c'est l'idéalisme qui a tenu le haut du pavé, selon des configurations très différentes. En opposition au matérialisme, l'idéalisme accorde peu de crédit à la connaissance du monde par le biais des sens, et s'en remet à la force largement indépendante de la raison et de ses idées. Il va de soi que ces deux étiquettes appliquées à l'histoire de la philosophie masquent parfois des motivations et des modèles très différents selon les philosophes.

Un idéaliste tel que Platon ne pensait certainement pas la même chose qu'un idéaliste tel que Kant. C'est pourquoi il est impossible d'écrire une « véritable » histoire de la philosophie, ni comme construction logique en suivant la chronologie des grands philosophes, ni comme histoire des grands courants philosophiques. On serait en effet obligé de laisser de côté de nombreux aspects qui seuls rendent la réalité vraisemblable et accomplie.

La présente introduction aux questions philosophiques de l'humain et de l'humanité ne procédera donc pas de façon historique. Elle n'est pas une histoire de la philosophie. Kant a cerné les grandes questions de l'humanité de la façon suivante : « Que puis-je savoir ? Que dois-je faire ? Que suis-je en droit d'espérer ? Qu'est-ce que l'homme ? » Ces interrogations donnent un beau fil conducteur à l'articulation de ce livre, sachant que la dernière question semble déjà suffisamment traitée par les réponses aux trois premières, si bien que je la laisserai de côté.

La question concernant ce que l'on peut savoir de soi-même, question épistémologique classique, n'est désormais plus que partiellement philosophique. Elle est largement passée dans le champ de la neurobiologie, qui est capable de nous expliquer les fondements de notre appareil de connaissance et ses possibilités. La philosophie se retrouve avec un rôle de conseillère qui aide la neurobiologie à mieux se comprendre elle-même suivant les cas. Je présenterai la contribution qu'elle a apportée à ces questions fondamentales en me rapportant à un choix très personnel concernant une génération qui a été marquée par un profond bouleversement et a préparé la modernité de façon décisive. Le physicien Ernst Mach est né en 1839, le philosophe Friedrich Nietzsche en 1844, le neurobiologiste Santiago Cajal en 1852 et le psychanalyste Sigmund Freud en 1856. Seules seize années séparent ces grands précurseurs de la pensée moderne, dont on ne peut sous-estimer l'influence.

La deuxième partie du livre se penche sur la question suivante : « Que dois-je faire ? » Elle est donc centrée sur l'éthique et la morale. Une fois encore, il s'agit d'en expliquer les fondements. Pourquoi les hommes sont-ils capables d'agir de façon morale ? Dans quelle mesure le bien et le mal correspondent-ils à la nature humaine ? Une fois encore, la philosophie n'est pas la seule à prendre la parole dans ce domaine. La neurobiologie, la psychologie et l'étude du comportement ont aussi leur mot à dire, et on doit leur laisser la parole. Une fois que l'homme est décrit comme un animal doué de morale et que sont mis en évidence les stimuli qui, dans son cerveau, récompensent son agir moral, les sciences de la nature sont reléguées au second plan. Les nombreuses questions qui préoccupent aujourd'hui notre société attendent en effet des réponses philosophiques. Qu'il s'agisse de l'avortement, de l'euthanasie, de la génétique et des méthodes de reproduction, de l'éthique environnementale et animale, partout on trouve un espace pour des normes et des réflexions, des arguments plus ou moins plausibles – champ d'action idéal pour les discussions philosophiques.

La troisième partie, « Que suis-je en droit d'espérer ? », est centrée sur quelques questions qui préoccupent la plupart des gens à un moment de leur vie : le bonheur, la liberté, l'amour, Dieu et le sens de la vie. Autant d'interrogations auxquelles il est difficile de donner une réponse simple, mais qui sont si importantes que cela vaut la peine d'y réfléchir de façon intense.

Les théories et les points de vue mis en relation dans ce livre, parfois à grands traits, se trouvent en général dans des tiroirs très différents et sur des étagères très éloignées les unes des autres. Je suis d'avis malgré tout que cela a un sens de les connecter ainsi, même si dans le détail on se retrouverait devant de nombreux problèmes quasiment insolubles. Ils ont tous également un lien avec des lieux précis, comme un petit voyage à travers le monde : d'Ulm, où Descartes a fondé la philosophie moderne dans une grande salle de ferme, à Königsberg, où a vécu Immanuel Kant, en passant par le Vanuatu, où l'on dit que les gens sont les plus heureux du monde, etc. J'ai eu la chance de rencontrer certaines personnes présentées dans ce livre, comme les neurobiologistes Eric Kandel, Robert White et Benjamin Libet, ainsi que les philosophes John Rawls et Peter Singer. J'ai écouté, parfois contesté et beaucoup appris. Je crois m'être rendu compte que l'avantage de telle ou telle théorie ne se révèle pas forcément dans l'exercice d'une comparaison abstraite mais aux fruits que l'on peut en récolter.

Poser des questions est une chose que l'on ne devrait jamais oublier de faire. L'apprentissage et le plaisir sont les secrets d'une vie bien remplie. Apprendre sans plaisir rend sec, prendre du plaisir sans rien apprendre rend stupide. Si ce livre réussissait à éveiller le lecteur et à entraîner chez lui le plaisir de penser, il aurait atteint son objectif. Quel plus beau succès que de mener sa vie de façon plus consciente par une avancée graduelle de la connaissance de soi, de devenir le maître de ses impulsions ou, comme l'espérait Nietzsche (même si ce fut en pure perte pour lui), d'être le « poète » de sa propre vie : « C'est une bonne aptitude que de pouvoir observer son état avec un œil d'artiste, même dans les souffrances et les douleurs qui nous affectent et les désagréments que nous rencontrons » ?

À propos d'artistes... cette introduction ne serait pas complète si je ne disais pas quelques mots sur le titre de ce livre. C'est l'expression d'un grand philosophe, ou plus exactement de mon ami, l'écrivain Guy Helminger. Souvent, nous nous promenions (et nous promenons encore) en ville. Une nuit où nous avions beaucoup bu, je me suis fait du souci pour lui, alors qu'il supporte sans doute beaucoup mieux l'alcool que moi. À un moment où il tenait un grand discours en gesticulant en plein milieu de la rue, je lui ai demandé s'il allait bien. « Qui suis-je ? Et, si je suis – combien ? » me répondit-il d'une voix rauque, les yeux écarquillés et en secouant la tête dans tous les sens. J'ai su alors qu'il était encore capable de faire un spectacle à lui tout seul et qu'il allait suffisamment bien pour pouvoir rentrer chez lui sans encombre. Mais dans ma tête, cette question est restée, comme une devise de la philosophie moderne et de la neurobiologie à une époque de doute fondamental sur le « moi » et la continuité du vécu. Je remercie Guy – comme je remercie quelques rares autres personnes – non pour cette phrase mais surtout parce que, grâce à lui, j'ai fait la connaissance de celle qui allait devenir ma femme, sans qui ma vie ne serait pas aussi heureuse qu'elle l'est aujourd'hui.

Ville de Luxembourg,
Richard David Precht, mars 2007

QUE PUIS-JE SAVOIR ?

SILS-MARIA

Des animaux intelligents dans l'univers
Qu'est-ce que la vérité ?

« Dans un recoin éloigné de l'univers répandu en un scintillement d'innombrables systèmes solaires, il y eut une fois un astre où des animaux intelligents inventèrent la connaissance. Ce fut la minute la plus arrogante et la plus mensongère de l'"histoire du monde" : mais une seule minute. La nature frémit encore de quelques respirations puis l'astre se figea et ce fut la mort de ces animaux intelligents. – Telle est la fable que quelqu'un pourrait inventer mais qui ne pourrait néanmoins suffisamment illustrer la façon misérable, fantomatique et éphémère, insensée et fortuite, dont se comporte l'intellect humain au sein de la nature ; il y a eu des éternités où il ne fut pas ; quand il aura de nouveau disparu, il ne se sera rien passé. Car, pour ce fameux intellect, il n'existe pas de mission allant au-delà de la vie humaine. Il n'est qu'humain, et seul celui qui le possède et l'engendre le considère avec pathos, comme s'il contenait l'axe sur lequel tourne le monde. Mais si nous pouvions comprendre le moustique, nous saurions que lui aussi volette dans les airs avec le même pathos, se sentant porteur du centre volant de ce monde. »

L'être humain est un animal intelligent qui se surestime pourtant totalement. Car son entendement n'est pas orienté vers la vérité, mais uniquement vers les petites choses de la vie. Il n'existe guère d'autres textes dans l'histoire de la philosophie qui tendent avec autant de poésie et de brutalité un miroir à l'être humain. Cette page, peut-être la plus belle à ouvrir un livre de philosophie, a été écrite en 1873 ; l'ouvrage s'appelle *Sur la vérité et le mensonge au sens extramoral*. Et son auteur est un jeune professeur d'à peine vingt-neuf ans qui enseignait la philologie ancienne à l'université de Bâle.

Friedrich Nietzsche n'a pourtant pas publié son texte sur ces animaux intelligents et arrogants. Il venait d'essuyer un cinglant revers après avoir écrit son livre sur les fondements de la culture grecque. Ses détracteurs lui reprochaient son manque de rigueur scientifique et qualifiaient l'ouvrage d'absurdité spéculative – ce qu'il est d'ailleurs pour une bonne part. On parla d'un enfant prodige déchu et sa réputation de philologue en pâtit durement.

Pourtant, tout avait très bien commencé. Né en 1844 à Röcken, dans un village de Saxe, le petit Fritz a grandi à Naumbourg-sur-la-Saale et il passait pour un élève aussi doué que docile. Son père était un pasteur luthérien et sa mère aussi était très pieuse. À l'âge de quatre ans, il perd coup sur coup son père et son frère cadet. La famille part s'installer à Naumbourg, et Fritz est élevé dans un milieu exclusivement féminin. À l'école primaire puis au lycée, on ne tarde pas à remarquer son talent. Nietzsche fréquente la Schulpforta, un internat réputé, avant de s'inscrire en 1864 à l'université de Bonn où il étudie la philologie classique. Il commence également des études de théologie qu'il abandonne pourtant dès la fin du premier semestre. Il aurait bien aimé faire plaisir à sa mère et devenir un vrai homme d'Église – mais il lui manque la foi. Celui que l'on appelait à Naumbourg le « petit pasteur » pour se moquer de sa piété a en effet perdu toute croyance. Il a réussi à échapper à sa mère, au séminaire et à la foi, comme on s'échappe d'une prison, mais ce retournement n'a cessé de le tarauder. Au bout d'un an, Nietzsche suit son professeur à Leipzig. Ce père adoptif le tient en si haute estime qu'il le recommande pour une chaire de professeur à Bâle. En 1869, à l'âge de vingt-cinq ans, il devient professeur. Il obtient tout de suite de l'université les diplômes qui lui manquent, ainsi que sa thèse et son habilitation. En Suisse, Nietzsche fait la connaissance des savants et des artistes de son temps, entre autres Wagner et sa femme Cosima qu'il a déjà rencontrés à Leipzig. Son enthousiasme pour Wagner est tel qu'emporté par cette musique pathétique il commet l'erreur non moins pathétique d'écrire *La Naissance de la tragédie à partir de l'esprit de la musique*.

Le livre de Nietzsche passa vite à la trappe. L'opposition entre le supposé « dionysiaque » de la musique et le supposé « apollonien » des arts plastiques était connue depuis le premier romantisme, pure spéculation comparée à la vérité historique. Sans compter que le monde culturel en Europe s'occupait alors d'une tragédie beaucoup plus importante. Quatre ans plus tard, le théologien et naturaliste anglais Charles Darwin avait publié son livre *La Descendance de l'homme et la sélection sexuelle*. Même si l'idée que l'homme a pu se développer à partir de formes primitives antérieures était dans l'air depuis au moins une douzaine d'années (Darwin avait lui-même annoncé dans son ouvrage *De l'origine des espèces* que cela jetterait une « lumière significative » sur l'être humain), le livre fut un véritable succès. Dans les années 1860, un grand nombre de naturalistes en étaient arrivés aux mêmes conclusions et avaient rangé l'être humain dans la faune, à côté du gorille dont on venait juste de découvrir l'existence. L'Église, surtout en Allemagne, combattit les thèses de Darwin et de ses disciples jusqu'au début de la Première Guerre mondiale. Mais il était clair pour tout le monde qu'il ne pouvait y avoir de retour en arrière et qu'il était désormais impossible de renouer avec l'ancienne vision du monde. Dieu, comme créateur et guide personnel de l'homme, était bel et bien mort. Et c'est avec une nouvelle image de l'homme qui avait perdu beaucoup de son panache que les sciences fêtaient leur victoire : on s'intéressait à présent davantage aux singes qu'à Dieu. Et la glorieuse vérité d'un être humain fait à l'image de Dieu se brisa en deux morceaux, avec d'un côté la perte de toute gloire et de l'autre cette sobre vérité qui faisait simplement de l'homme un animal intelligent.

Nietzsche s'enthousiasme pour cette nouvelle façon de voir le monde. « Tout ce qu'il nous faut, écrira-t-il plus tard, c'est une chimie des représentations et des sensations morales, religieuses et esthétiques ainsi que de toutes ces manifestations que nous vivons dans le cercle plus ou moins large de la culture et de la société, voire dans la solitude. » C'est sur cette fameuse « chimie », justement, que travaillent de nombreux scientifiques et philosophes à la fin du XIXe siècle : une théorie biologique de l'existence sans Dieu. Mais Nietzsche ne se mêle pas de ce débat. La question qui le préoccupe est tout autre : quelle est l'importance de cette vision scientifique dégrisée pour la compréhension que l'homme a de lui-même ? Cela rend-il l'homme plus grand ou au contraire plus petit ? A-t-il tout perdu, ou bien gagne-t-il quelque chose à se voir ainsi de façon plus nette ? C'est dans ce contexte qu'il écrivit son essai *Vérité et mensonge*, peut-être son plus beau texte.

Nietzsche donna des réponses différentes à la question de savoir si l'homme était devenu plus grand ou plus petit, au gré de ses humeurs. Quand il allait mal – et il allait souvent mal –, oppressé et morose, il prêchait un évangile de l'impureté. En revanche, quand son moral flirtait avec les sommets, portée par un fier pathos, il rêvait du surhomme. Ses élucubrations majestueuses et l'arrogance tonitruante de ses livres étaient en contraste radical avec son apparence : un petit homme mou, un peu replet. Une barbe drue, aussi fournie qu'une brosse, était là pour durcir un visage aux traits flasques et lui donner un aspect plus viril ; mais les nombreuses maladies qu'il avait contractées dans son enfance lui avaient laissé une constitution fragile et un sentiment de faiblesse. Il était très myope, souffrait de maux d'estomac et était sujet à de fortes migraines. À trente-cinq ans, il avait déjà l'impression d'être une épave et il mit un terme à son enseignement à Bâle. Une infection, due, selon toute vraisemblance, à la syphilis, paracheva cette décrépitude.

C'est au cours de l'été 1881, deux ans après avoir quitté l'université, que Nietzsche découvrit par hasard ce qui allait devenir pour lui un paradis : la petite localité de Sils-Maria, dans la haute Engadine, en Suisse. Un paysage grandiose qui tout de suite l'enthousiasma et l'inspira. Désormais, il s'y rendit régulièrement. Durant ses longues promenades solitaires, il forgeait de nouvelles idées grandioses. L'hiver, il rapportait cette moisson à Rapallo ou au bord de la Méditerranée, à Gênes ou à Nice, et la mettait sur le papier. L'essentiel de ce qu'il écrit révèle un critique intelligent et sans concession, avec de hautes prétentions littéraires, qui vient mettre le doigt sur les plaies de la philosophie occidentale. En revanche, pour ce qui est de ses propositions sur une nouvelle théorie de la connaissance et une nouvelle morale, il s'enthousiasme pour un darwinisme social mal purgé et se réfugie souvent dans un kitsch fumeux. Plus ses textes sont vigoureux, plus ils sont grandiloquents. « Dieu est mort » – ne cesse-t-il d'écrire –, mais ça, la plupart de ses contemporains le savaient déjà grâce à Darwin et quelques autres.

En 1887 – c'est l'avant-dernière fois qu'il voit les sommets enneigés de Sils-Maria –, il reprend le sujet des animaux intelligents qu'il a abordé dans son essai de jeunesse : le problème de la limite de la connaissance chez tous les animaux humains. Son pamphlet, *La Généalogie de la morale*, commence par ces mots : « Nous ne nous connaissons pas, nous qui sommes des sujets connaissants, nous sommes des inconnus à nous-mêmes ; et il y a une bonne raison à cela. Nous n'avons jamais cherché à nous connaître – comment se pourrait-il alors que nous nous *trouvions* un jour ? » Comme souvent, il parle de lui au pluriel, espèce animale très spécifique qu'il serait le premier à décrire : « Notre trésor se trouve là où se trouvent les casiers de notre connaissance. Nous sommes ainsi toujours en chemin, véritables êtres volants allant butiner le miel de l'esprit et ne nous souciant en fait vraiment que d'une chose : rapporter Quelque chose dans la ruche. » Il ne lui reste plus guère de temps pour cela. Deux ans plus tard, à Turin, Nietzsche est victime d'une grave dépression. Sa mère va chercher en Italie son fils de quarante-quatre ans et le ramène à Iéna où il est placé dans une clinique. Plus tard, il vivra chez elle mais n'écrira plus. Huit ans après, sa mère meurt, et ce fils déjà fortement atteint par la démence va s'installer chez sa sœur qu'il n'apprécie pas particulièrement. Le 25 août 1900, Nietzsche décède à Weimar à l'âge de cinquante-cinq ans.

Nietzsche avait une haute conscience de sa valeur et s'en persuadait par l'écriture : « Je connais mon destin ; un jour, mon nom sera associé au souvenir de quelque chose de prodigieux. » Mais quelle est cette part prodigieuse qui allait effectivement faire de Nietzsche l'un des philosophes les plus influents du début du XXe siècle ?

La contribution majeure de Nietzsche est d'avoir fait œuvre de critique aussi inexorable qu'inspiré. Avec une passion inégalée jusque-là, il a montré avec quelle prétention et quelle ignorance l'homme juge le monde dans lequel il vit, d'après la logique et la vérité de sa seule nature : la logique de l'espèce humaine. Les « animaux intelligents » s'imaginent occuper un statut particulier et exclusif. Nietzsche soutient au contraire avec fougue le point de vue que l'homme est bien un animal et que sa pensée est donc déterminée en conséquence : par les pulsions et les instincts, par sa volonté primitive et par une capacité de connaissance limitée. Partant, les philosophes de l'Occident ont eu tort de le considérer comme une entité particulière, comme une sorte d'ordinateur surpuissant de la connaissance de soi. L'homme peut-il en effet se connaître et connaître la réalité objective ? En est-il vraiment capable ? La plupart des philosophes n'en doutaient pas. Et certains ne s'étaient même jamais posé la question. Ils avaient présupposé, avec toute l'assurance de l'évidence, que la pensée humaine était quasiment universelle. Ils ne considéraient pas l'homme comme un animal intelligent mais comme un être situé à un niveau totalement différent. Ils avaient systématiquement nié tout héritage du monde animal, dont ils voyaient pourtant incontestablement le reflet le matin quand ils se rasaient et dont ils éprouvaient tout aussi incontestablement les effets le soir lorsqu'ils se glissaient sous la couette. Les uns après les autres, ils s'étaient appliqués à creuser un fossé profond entre l'homme et l'animal. La raison et l'entendement de l'homme, sa capacité à penser et à juger étaient les seuls critères acceptables pour évaluer la nature animée. Et ils condamnaient tout ce qui était « purement » physique pour le reléguer au second plan.

Pour être bien sûr de ne pas se tromper dans leurs représentations élitistes, les philosophes étaient obligés de supposer que Dieu avait doué l'être humain d'un formidable appareil de connaissance. Grâce à lui, les hommes étaient capables de lire la vérité du monde dans le « grand livre de la Nature ». Mais s'il s'avérait que Dieu était mort, les performances de cet appareil de connaissance se retrouvaient considérablement réduites. Cet appareil ne pouvait alors être autre chose qu'un produit de la nature et il était forcément imparfait, comme tout ce qui existe dans la nature. Cette idée, Nietzsche l'avait déjà rencontrée chez Schopenhauer : « Nous ne sommes que des êtres temporels, finis, éphémères, fantomatiques qui passent comme des ombres. » À quoi bon alors un « intellect capable de cerner les rapports infinis, éternels et absolus ? » La capacité de connaissance de l'esprit humain, telle que la présupposaient Schopenhauer et Nietzsche, est dans une relation de dépendance directe avec les exigences d'adaptation de l'évolution. L'homme ne peut connaître que ce que son appareil de connaissance issu de la concurrence dans la lutte pour la survie veut bien lui permettre de connaître. Comme n'importe quel animal, l'homme se représente le monde d'après les idées que lui procurent ses sens et sa conscience. Une chose est claire, en effet : toute notre capacité de connaissance dépend de nos sens. Ce que nous ne pouvons entendre, voir, sentir, goûter ou toucher, nous ne pouvons l'appréhender, et cela reste inaccessible à notre monde. Même les choses les plus abstraites, il nous faut pouvoir les lire ou les entendre comme des signes, afin d'avoir la capacité de nous les représenter. Pour avoir une vision totalement objective du monde, l'homme aurait donc besoin d'un appareil sensoriel vraiment surhumain épuisant tout le spectre des appréhensions possibles : les yeux perçants de l'aigle, l'odorat de l'ours permettant de sentir à des kilomètres à la ronde, le système acoustico-latéral des poissons, la sensibilité sismique du serpent, etc. Or l'homme ne dispose pas de tout ça, et il ne peut donc être question pour lui d'une vision globale et objective des choses. Notre monde n'est jamais le monde tel qu'il est « en soi », tout comme il n'est pas le monde du chien, du chat, de l'oiseau ou du cafard. « Le monde, mon fils, dit le papa poisson à son fiston, est une grosse boîte pleine d'eau ! »

Le regard impitoyable que Nietzsche portait sur la philosophie et la religion avait montré à quel point la plupart des définitions que l'homme donnait de lui-même étaient outrées. (Qu'il ait lui-même introduit dans le monde de nouvelles outrances et de nouvelles distorsions, c'est une autre histoire.) La conscience humaine n'était plus modelée par la lancinante question : « Qu'est-ce que la vérité ? » Une question plus importante s'imposait : Qu'est-ce qui est le mieux pour ma survie et ma reproduction ? Ce qui n'y contribuait pas avait sans doute peu de chances de jouer un rôle important dans l'évolution de l'homme. Nietzsche caressait, certes, le vague espoir que cette connaissance de soi serait peut-être susceptible de rendre l'homme plus avisé et même d'en faire un « surhomme » capable effectivement d'augmenter son sens de la connaissance. Mais ici aussi la circonspection est certainement préférable au pathos. Car toutes les analyses de la conscience humaine et de sa « chimie » qui, comme nous le verrons plus loin, ont fait d'énormes progrès depuis l'époque de Nietzsche, même les appareils de mesure les plus sophistiqués et les observations les plus fines, ne changent rien au fait que l'homme ne dispose absolument pas d'une capacité de connaissance objective.

Mais est-ce vraiment si grave ? Ne serait-ce pas pire si l'homme savait tout de lui-même ? Avons-nous vraiment besoin d'une vérité libre et indépendante planant au-dessus de nos têtes ? Parfois le chemin est lui-même un but et ne manque pas de beauté, surtout quand il s'agit d'un sentier aussi rempli de surprises que ces chemins sinueux nous conduisant jusqu'à nous. « Nous n'avons jamais cherché à nous connaître – comment se pourrait-il alors que nous nous *trouvions* un jour ? » demandait Nietzsche dans *La Généalogie de la morale*. Tentons alors de *nous* trouver, dans la mesure de nos possibilités actuelles. Quel chemin prendre ? Quelle méthode appliquer ? Si toute notre connaissance dépend de notre cerveau de vertébrés et si tout se passe à l'intérieur de ce cerveau, commençons donc par celui-ci. Et la première question qui s'impose est alors : D'où vient-il – et pourquoi est-il ainsi fait ?

• *Lucy in the Sky*. D'où venons-nous ?

HADAR

Lucy in the Sky

D'où venons-nous ?

Ceci est l'histoire de trois histoires. Voici la première : 28 février 1967 – les États-Unis bombardent le Nord-Vietnam avec du napalm et de l'agent orange ; les premières manifestations d'étudiants se déroulent à Berlin, la Kommune I se met en place et Che Guevara se lance dans une guérilla sur les hauts plateaux de Bolivie. Ce jour-là, Paul McCartney, John Lennon, George Harrison et Ringo Starr se retrouvent dans les studios d'Abbey Road à Londres. Les enregistrements donnent naissance à l'album *Sgt. Pepper's Lonely Hearts Club Band*, et l'une des chansons s'appelle « Lucy in the Sky With Diamonds ». Le titre de cette chanson ainsi que son texte surréaliste firent croire à beaucoup de fans, à l'époque, que John Lennon l'avait écrite sous l'emprise de la drogue, et que ce monde onirique et coloré était un hommage au LSD. Sauf que la vérité est plus simple et touchante. Lucy, en effet, n'est autre qu'une camarade de classe du fils de John Lennon, Julian ; celui-ci l'avait dessinée pour son père, avec cette légende : « Lucy in the sky with diamonds ».

C'est ici que commence la deuxième histoire. Donald Carl Johanson avait à peine trente ans quand il arriva en 1973 sur les hauts plateaux désertiques d'Éthiopie, non loin de la ville de Hadar, avec une équipe internationale de chercheurs. Johanson passait pour être un expert dans la reconnaissance des dents de chimpanzé, réputation qui lui collait à la peau et qu'il considérait plutôt comme un fardeau. Cela faisait trois ans qu'il travaillait à sa thèse sur les dents de chimpanzé ; il avait écumé tous les musées d'Europe pour y retrouver des crânes de singe et il était las d'observer les dents de ces mammifères. Mais ses connaissances en la matière étaient hautement appréciées par quelques-uns de ses collègues français et américains. Quand on est à la recherche de fossiles humains, on a besoin d'un expert en dentition. Les dents sont en effet les seules choses qui restent intactes en dépit du temps, et il y a beaucoup de similitudes entre les dents humaines et les dents de chimpanzé. Johanson était content de pouvoir participer à cette expédition car ce fils d'émigrant suédois originaire de Hartford, dans le Connecticut, n'était pas naturellement destiné à réussir dans une carrière scientifique. Son père était mort alors qu'il n'avait que deux ans et Don Johanson avait eu une enfance très misérable. Un voisin anthropologue se lia d'amitié avec lui, le considérant un peu comme son fils ; il l'encouragea à faire des études et éveilla son intérêt pour la préhistoire. Johanson fit effectivement des études d'anthropologie, marchant ainsi sur les traces de celui qui l'avait soutenu et encouragé. Il allait laisser des traces bien plus grandes encore. Mais ce jeune homme dégingandé aux cheveux noirs avec des rouflaquettes n'en savait encore rien. Pour l'instant il se trouvait simplement dans une zone désertique que l'on appelait le triangle des Afars, dans un campement installé non loin de la rivière Awash, sous un soleil de plomb, en train de chercher des restes d'hommes préhistoriques au milieu de la poussière et des pierres. Il ne tarda pas à buter sur des ossements étranges : la partie supérieure d'un tibia et la partie inférieure d'un fémur. Les deux os allaient parfaitement ensemble. Johanson établit que ces os formaient le genou d'un primate qui se déplaçait debout, dont la taille devait se situer autour de quatre-vingt-dix centimètres et qui avait dû vivre il y a plus de trois millions d'années. Une découverte sensationnelle ! Jusque-là, personne ne savait ou ne se doutait même que des êtres ressemblant à des humains pouvaient se déplacer debout. Mais qui allait le croire, lui, l'obscur expert en chimpanzés ? Il n'avait qu'une seule solution : retrouver le squelette complet. Le temps passa. Un an plus tard, Johanson retourne dans le triangle des Afars. Le 24 novembre 1974, il accompagne l'étudiant américain Tom Gray vers un lieu de fouilles. Avant de revenir au camp, il fait un dernier détour. C'est là qu'il découvre un ossement de bras dans des éboulis. Il y en a plusieurs autres alentour, des os de mains, de vertèbres, de côtes, des morceaux de crâne : les restes d'un squelette primitif.

Et c'est la transition vers ma troisième histoire – celle d'une petite femme qui vivait dans une région correspondant à l'Éthiopie actuelle. Elle marchait en position debout, et si sa main était beaucoup plus petite que celle d'un adulte actuel, elle lui ressemblait de façon étonnante. La dame n'était pas très grande, mais ses compagnons masculins devaient atteindre un mètre quarante. Elle était très forte pour sa taille. Elle avait des os puissants et ses bras étaient assez longs. Sa tête ressemblait à celle d'un singe plus qu'à celle d'un humain. Elle avait une mâchoire très proéminente et un crâne aplati. Son corps était sans doute recouvert de poils, comme les autres grands singes d'Afrique, mais on ne peut l'affirmer avec certitude. Il est également difficile de définir son degré d'intelligence. Son cerveau avait à peu près la taille de celui d'un chimpanzé, mais qui peut dire comment il fonctionnait ? Elle était morte à l'âge de vingt ans, sans que l'on sache la cause de son décès. 3,18 millions d'années plus tard, « AL 288-1 » reste le plus ancien squelette d'hominidé que l'on ait retrouvé presque complet. La jeune femme fait partie de l'espèce des *Australopithecus afarensis*. *Australopithecus* veut dire « singe du Sud », et *afarensis* se rapporte à l'endroit où on l'a trouvé, dans le triangle des Afars.

Les deux chercheurs remontent dans leur 4 × 4 et filent au camp. « Nous l'avons ! crie Gray de loin. Mon Dieu, nous l'avons ! Nous l'avons au complet ! » L'ambiance est euphorique. « La première nuit qui a suivi notre découverte, nous n'avons pas du tout dormi. Nous n'avons pas arrêté de parler en buvant des bières », se souvient Johanson. Ils rient et dansent. Et c'est ici que la première histoire se relie à la deuxième et à la troisième : le magnéto à cassettes passait en boucle « Lucy in the Sky With Diamonds » sous le ciel d'Éthiopie. Et à un moment, il ne fut plus question que de « Lucy » pour désigner ce squelette complet à quarante pour cent. Lucy O'Donnell, la camarade de classe du fils de John Lennon, pouvait être contente. Celle qui portait désormais son nom allait devenir la plus célèbre découverte de toute la préhistoire.

La Lucy de Don Johanson était la preuve de ce que l'on soupçonnait depuis déjà un certain temps : le « berceau de l'humanité » se trouvait bel et bien en Afrique. L'image de l'histoire généalogique comme histoire personnelle du développement maintient le mythe de la Création. Mais en même temps, et de façon moins imagée, cette histoire de berceau suscite l'espoir de pouvoir déterminer la frontière qui sépare l'animal de l'homme ; non seulement par une indication de lieu mais aussi par une indication de temps, une époque où l'homme s'est extrait de la grande vulve géologique du rift Gregory, en Afrique de l'Est, et s'est transformé pour devenir un grand chasseur armé d'une hache, doué de parole et avançant en position debout. Mais était-ce vraiment la même espèce, le même homme, celui qui le premier avait choisi la station debout, utilisait des outils et pouvait ainsi aller à la chasse au gros gibier ?

Les premiers fossiles appartenant à des hominidés remontent à près de trente millions d'années. S'il y a une chose que l'on sait à leur sujet, c'est qu'en fait on ne sait presque rien. Quelques morceaux de mâchoires endommagés et deux ou trois crânes : voilà à peu près tout ce dont disposent les scientifiques pour étayer leurs conclusions. Il est tout aussi difficile de classer les singes primitifs des époques ultérieures. Il est plus facile d'y voir clair dans la paléoanthropologie à partir du moment où les forêts se sont clairsemées et où la savane a vu le jour. Il y a quinze millions d'années, de puissantes forces telluriques ont soulevé l'écorce terrestre en Afrique de l'Est pour la faire culminer jusqu'à des sommets de près de trois mille mètres. Le socle continental s'est arrondi, se déchirant sur quatre mille cinq cents kilomètres de long et créant ainsi les conditions d'une végétation totalement différente. Plus que tout autre facteur environnemental, la formation du rift Gregory, et avec lui de la grande vallée du Rift, a permis l'émergence de nouvelles formes de primates, et donc d'humains. « Si le rift Gregory n'avait pas surgi à cet endroit et à ce moment, déclare le célèbre paléoanthropologue Richard Leakey, il y a fort à parier que l'espèce humaine n'aurait jamais vu le jour. »

À l'ouest de cette grande faille, des forêts vierges riches en nourriture de toutes sortes offraient un espace idéal pour le développement des singes capables de grimper aux arbres. En revanche, dans les nouvelles contrées de l'Est, plus diversifiées, là où la disparition de la forêt avait laissé place à des zones semi-désertiques, des savanes, des petits bois en bordure de zones marécageuses, quelques *hominidés* comme les australopithèques choisirent pour la première fois dans l'Histoire, il y a quatre ou cinq millions d'années, la station debout. Un certain nombre d'entre eux disparurent, d'autres se développèrent. Il y a environ trois millions d'années, les australopithèques se divisèrent en espèces mieux connues ; parmi elles, on en a repéré une, sans doute végétarienne, avec un crâne robuste et des pommettes très marquées, l'*Australopithecus robustus*, dont les traces se perdent il y a environ 1,2 million d'années, et une autre espèce avec un crâne moins fort et des dents plus petites, l'*Australopithecus africanus*. Cette dernière passe pour être l'espèce de base de l'*Homo habilis*, premier représentant de la famille des hominidés, qui a malgré tout présenté deux formes différentes à l'époque et dont les rapports de parenté sont loin d'être élucidés.

Les cerveaux des australopithèques sont typiques des singes. Comme chez tous les primates, les yeux sont placés à l'avant du crâne, ce qui signifie que les singes ne peuvent voir que dans une seule direction à la fois. Pour agrandir leur champ de vision, ils sont obligés de tourner la tête. Il semble qu'une des conséquences de ce fait, c'est que les primates ne peuvent avoir qu'un seul état de conscience à la fois. Dans la mesure où ils ne peuvent percevoir plusieurs choses de façon simultanée, celles-ci ne parviennent à leur conscience que l'une après l'autre. Chez les mammifères, ce type d'angle de vision limité est rare, sans parler des autres espèces animales qui peuvent avoir un champ de vision extrêmement large, par exemple les mouches ou les pieuvres. Pour ce qui est de l'acuité de la vision, tous les singes se situent à un niveau moyen. Ils voient mieux que les chevaux ou les rhinocéros, par exemple, mais beaucoup moins bien que les oiseaux de proie. Comme la plupart des vertébrés, les primates savent faire la distinction entre la gauche et la droite. Cette idée de « droite » et de « gauche » marque l'expérience qu'ils ont du monde et leur mode de pensée. Les méduses, les étoiles de mer et les oursins ne connaissent pas cette distinction ; leur perception n'est pas faite de deux moitiés, elle est circulaire. Les primates ne ressentent pas non plus les vibrations de l'électricité, à la différence de nombreux autres animaux, en particulier les requins. Leur odorat est très médiocre si on le compare à celui des chiens ou des ours ; mais de nombreux insectes leur sont aussi supérieurs dans ce domaine. Leur ouïe est relativement bonne mais, une fois encore, les chiens et les ours leur sont nettement supérieurs.

Le spectaculaire processus de développement qu'ont connu quelques rares primates il y a trois millions d'années est aujourd'hui encore un mystère pour la science. Au cours d'une période relativement courte, le volume de leur cerveau a été multiplié par trois. Si le volume du cerveau des australopithèques était de quatre cents à cinq cent cinquante grammes, celui de l'*Homo habilis* faisait, il y a deux millions d'années, entre cinq cents et sept cents grammes. L'*Homo heidelbergensis* et l'*Homo erectus*, qui firent leur apparition il y a 1,8 million d'années, avaient un volume de cerveau qui variait entre huit cents grammes et un kilo. Quant à l'*Homo sapiens*, apparu il y a environ quatre cent mille ans, il possède un cerveau qui pèse entre un kilo cent et un kilo huit cents.

Les scientifiques expliquent en général ce fort accroissement de la masse du cerveau par les nouveaux défis auxquels furent confrontés nos ancêtres. La savane de la vallée du Rift offrait d'autres conditions de vie que celles qui régnaient précédemment dans la forêt tropicale humide, et les australopithèques se sont donc adaptés. Cela est plausible, bien sûr. Mais un accroissement aussi rapide du cerveau comme conséquence d'un changement des conditions du milieu est davantage l'exception que la règle. Il n'est pas inhabituel que les espèces animales s'adaptent. Elles se modifient, deviennent plus grandes ou plus petites ; mais que le volume de leur cerveau se mette carrément à exploser dans de telles proportions, voilà qui est unique. D'ailleurs, les singes actuels de la savane ne sont pas plus intelligents que les singes des forêts humides. Or, chez les premiers hominidés, on a assisté à une évolution absolument extraordinaire : leur cerveau a grandi plus vite que leur corps – au stade actuel de nos connaissances, cela ne s'est produit que chez les hommes et les dauphins.

C'est dans les années 20 que le Français Émile Devaux et le Hollandais Louis Bolk ont trouvé le mécanisme expliquant le développement particulier du cerveau humain. Chacun de leur côté, ils ont découvert que l'homme n'est pas complètement terminé après sa naissance, à la différence des grands singes qui sont totalement finis quand ils viennent au monde. L'être humain reste plus longtemps à l'état fœtal et il est donc encore capable d'apprentissage. Les actuelles recherches sur le cerveau confirment cette hypothèse. Alors que chez tous les autres mammifères le cerveau se développe plus lentement que le corps après la naissance, il continue à se développer chez l'humain presque au rythme du corps dans le ventre de la mère. C'est ce qui explique que le cerveau humain atteint une taille qui dépasse largement celle du cerveau de tous les autres grands singes. C'est surtout le cervelet et le cortex qui profitent de la poursuite de cette croissance. Et, à l'intérieur du cortex, les régions importantes pour l'orientation dans l'espace, les aptitudes musicales et les capacités de concentration se trouvent particulièrement favorisées.

Voilà ce que nous savons aujourd'hui sur le processus de développement du cerveau. Mais pourquoi ce phénomène s'est produit il y a environ trois millions d'années, voilà une chose qui ne laisse de place qu'aux spéculations. Autant nous savons de façon précise comment les choses se sont passées, autant nous sommes démunis quant à la cause de cette évolution. Un changement aussi radical ne peut s'expliquer en mettant simplement en avant les adaptations à l'environnement, même si l'on pense – ce qui n'est pas accepté par tous – que de grands changements étaient nécessaires pour s'adapter à la vie dans la savane. Il est sans doute exact que la station debout a modifié le comportement de fuite. Il est aussi possible que les liens familiaux aient été différents dans la savane et dans les forêts tropicales humides. Il semble également évident que les modes d'alimentation se sont modifiés et spécialisés. Mais même des changements aussi profonds ne suffisent pas à expliquer pourquoi le cerveau a triplé de volume. Le phénomène est beaucoup trop complexe pour que ces modifications aient pu simplement être imposées de l'extérieur. « L'homme n'a pas un cortex, notamment un cortex préfrontal, particulièrement développé parce qu'il en avait instamment besoin, écrit le neurologue Gerhard Roth. Il lui a plutôt été donné "pour rien". »

Le cerveau humain n'est donc pas seulement une réaction aux défis posés par l'environnement. Si l'on a dit dans le premier chapitre que le cerveau des vertébrés est la conséquence d'adaptations dans le processus d'évolution, il nous faut maintenant concéder que les liens de cause à effet sont pour le moins très flous. Ce que l'on peut qualifier d'« optimisation » s'est produit sans raison connue jusqu'à présent.

Ce qui va dans ce sens, c'est que nos ancêtres n'ont manifestement, et pendant très longtemps, utilisé qu'une infime partie de cette machine hautement sophistiquée qui se développait dans leur crâne. Si le cerveau, dans l'évolution de l'*Australopithecus* jusqu'à l'*Homo erectus*, en passant par l'*Homo habilis*, s'est développé à un rythme très rapide, il n'en reste pas moins que cela n'a pas conduit à des prouesses culturelles comme l'usage différencié d'instruments. Longtemps même après avoir terminé leur croissance, il y a environ un million d'années, les *hominidés* n'ont guère produit que des haches rudimentaires pendant des centaines de milliers d'années. Même les outils des Néandertaliens, qui se sont éteints il y a juste quarante mille ans, étaient plutôt rudimentaires, alors que le volume de leur cerveau dépassait celui de l'homme actuel.

Il ne fait aucun doute que la taille et la constitution du cerveau humain ont donné une impulsion décisive à l'évolution de l'homme moderne et à son incomparable culture. Mais pourquoi l'homme a-t-il attendu si longtemps avant de faire usage de la capacité d'innovation technique rendue possible par son cerveau ? La réponse est évidente : manifestement, le cerveau avait d'autres fonctions que celle du progrès technique. Aujourd'hui encore, les grands singes, qui font usage d'outils aussi primitifs que les australopithèques, sont manifestement plus intelligents qu'il ne serait nécessaire de l'être pour manipuler simplement des pierres et des branches. La plus grande partie de l'intelligence des grands singes est dévolue à la complexité de leur vie sociale. Chez les humains, le lien social représente également le plus grand défi quotidien (cf. *L'épée du tueur de dragon*). Quoi qu'il en soit, nous n'utilisons qu'une infime partie de nos capacités, car l'intelligence est ce dont on se sert quand on ne sait pas ce que l'on doit faire. Même si des spécialistes des primates avaient observé Albert Einstein avec des jumelles, comme ils observent aujourd'hui les singes, ils n'auraient rien remarqué de spécial, la plupart du temps. Dans sa vie quotidienne, qu'il s'agisse de dormir, de se lever, de s'habiller, de manger, etc., Einstein ne faisait guère usage de son génie, simplement parce que les traits de génie sont totalement inutiles dans la vie de tous les jours.

Le cerveau humain est impressionnant. Mais ce n'est pas un ordinateur constamment calé sur la résolution de problèmes ardus. La plupart du temps, il fonctionne au ralenti, et c'est ce qui place l'être humain dans la chaîne de ses ancêtres. Il partage avec les singes, et en particulier les grands singes, des instincts et des comportements très marqués, comme la guerre et l'agression, des pulsions, le sens de la famille et de la communauté. Plus nous en apprenons sur la vie des animaux, plus nous apprenons à nous connaître et plus nous découvrons dans les circonvolutions de notre cerveau l'écho des deux cent cinquante millions d'années qui ont marqué le développement des mammifères.

Les animaux intelligents de Nietzsche sont donc bien des animaux, et leur capacité de connaissance sans pareille reste un mystère. Au début du XIXe siècle, quelques philosophes romantiques soulignaient que le cours de la nature avait un sens et que l'homme en était l'accomplissement, il avait été conçu pour comprendre le cours du monde. Ils soutenaient, non sans présomption, que c'était dans l'homme que la nature prenait conscience d'elle-même. En réalité, rien ne vient confirmer que l'homme et sa façon d'agir soient le but de l'évolution. Mais ce n'est pas seulement la marche de l'Histoire qui est suspecte dans cette perspective, c'est aussi le concept de « but ». Les buts sont des catégories de pensées très humaines (les salamandres ont-elles des buts ?) ; ils sont liés à des idées de temps typiquement humaines, tout comme les notions de « progrès » et de « sens ». Mais la nature est une donnée à la fois physique, chimique et biologique. Et la notion de « sens » a bien d'autres qualités qu'une protéine, par exemple.

Voilà pourquoi les plus intelligents parmi les animaux intelligents de Nietzsche orientent leur esprit de recherche non plus sur le grand Tout, la réalité « objective », mais se demandent : Que puis-je savoir ? Et comment fonctionnent ce savoir et cette capacité de savoir ? Les philosophes parlent volontiers à ce sujet de « tournant cognitif » dirigé vers les fondements de la connaissance que nous avons de nous-mêmes et du monde. Afin de comprendre cela, je voudrais vous emmener dans un voyage vers ces fondements de notre connaissance, que nous partageons pour une grande part avec la Lucy de Johanson. Partons avec elle vers un cosmos plus excitant que tout ce que les philosophes du passé pouvaient imaginer. Découvrons nos sensations et nos pensées : voyageons au centre de notre cerveau.

• *Le cosmos de l'esprit.* Comment fonctionne mon cerveau ?

MADRID

Le cosmos de l'esprit
Comment fonctionne mon cerveau ?

Quelle est la chose la plus compliquée au monde ? Question difficile, mais pour la science la réponse est en fait évidente : c'est le cerveau humain ! Certes, vu de l'extérieur, il n'a rien de spectaculaire. Il pèse à peine un kilo et demi, il a la forme d'une grosse noix et la consistance d'un œuf mollet. Mais il renferme le mécanisme sans doute le plus complexe existant dans l'univers. 100 000 000 000 (cent milliards) de cellules nerveuses s'y agitent, jusqu'à créer près de 500 000 000 000 000 (un demi-trillion) de connexions. Si l'on veut faire une comparaison imagée, c'est autant qu'il y a de feuilles dans la forêt amazonienne.

Il y a cent vingt ans, la vie à l'intérieur du cerveau était quasiment inconnue. Tous ceux qui, jusque-là, avaient spéculé ou écrit sur le cerveau n'avaient guère fait plus qu'éclairer la nuit cosmique avec une lampe de poche. Dans ces conditions, il est d'autant plus étonnant que le premier à avoir su déchiffrer les circuits fonctionnels du cerveau soit aujourd'hui pratiquement tombé dans l'oubli. S'il existait une liste des chercheurs et des penseurs les plus importants du XIXe siècle, le nom de Santiago Ramón y Cajal devrait y figurer en bonne place. Pourtant, mis à part en Espagne, il n'existe presque aucune biographie de lui.

Cajal est né en 1852 à Petilla de Aragón, dans la province espagnole de Navarre. Il avait huit ans de moins que Nietzsche et, au moment de sa naissance, Darwin commençait à travailler à Down, près de Londres, à son grand livre *De l'origine des espèces au moyen de la sélection naturelle*. Rien ne laissait prévoir que Cajal ferait un jour de la biologie. Tout petit, il voulait devenir peintre. Pour étudier le corps humain, il assistait son père, qui allait déterrer des ossements dans un ancien cimetière. Le père de Cajal était chirurgien à l'hôpital de Saragosse, poste rattaché au service d'anatomie. Ce contact avec des ossements détourna finalement Cajal de la peinture pour le conduire à l'anatomie. À l'époque, le grand Darwin avait arrêté ses études de médecine, dégoûté par les autopsies. À l'inverse, lorsque Cajal se mit à étudier les cadavres, il fut saisi d'enthousiasme. À vingt et un ans, il était déjà médecin. Comme il était fasciné par les corps et les squelettes, il s'engagea dans l'armée. Entre 1874 et 1875, il prit part à une expédition à Cuba où il contracta la malaria et la tuberculose. À son retour, il devint assistant à la faculté de médecine de Saragosse. En 1877, il fut promu docteur à l'université Complutense de Madrid, la plus grande et la plus prestigieuse d'Espagne. C'est en tant que professeur d'anatomie descriptive et générale à l'université de Valence qu'il découvrit peu à peu la merveille que représente le cerveau. Pourquoi personne avant lui ne s'était-il intéressé selon les règles de l'art au cerveau humain ? Jusqu'à présent, on s'était contenté d'étudier la division anatomique fondamentale des régions du cerveau. Cajal se fixa un plan ambitieux : il voulait comprendre ce qui se passait à l'intérieur et fonder une nouvelle science qu'il appelait « psychologie rationnelle ». Patiemment, il observa au microscope le tissu cellulaire du cerveau humain, dessinant tout ce qu'il voyait. En 1887, il devint professeur d'histologie et de pathologie à l'université de Barcelone avant d'obtenir un poste à l'université Complutense de Madrid. En 1900, année de la mort de Nietzsche, il devint en outre directeur de l'Institut national d'hygiène et des Recherches biologiques.

Une photographie montre Cajal dans son bureau à Madrid, devant une bibliothèque remplie de livres. La tête appuyée sur sa main droite, la barbe hirsute, il regarde pensivement un squelette humain. Sur un autre cliché, il est dans son laboratoire, vêtu d'une tunique orientale et coiffé d'un caftan arabe. Ses yeux sont noirs et profonds. On le prendrait effectivement plus pour un peintre que pour un scientifique. Avec l'âge, son visage devient d'une gravité sombre et impressionnante ; il fait penser à ces personnages interlopes des films d'horreur américains des années 30. Mais Cajal était tout sauf ténébreux. Ceux qui travaillaient avec lui l'appréciaient et l'aimaient beaucoup. Modeste et généreux, il savait faire preuve d'un humour chaleureux et d'une grande sérénité.

Cajal n'étudiait que des cerveaux morts pris sur des animaux ou des humains. À la fin du XIXe siècle, l'époque n'était pas encore mûre pour l'étude de cerveaux vivants. C'était naturellement un grand handicap. Comment connaître le fonctionnement du cerveau si l'on ne peut pas l'observer en action ? Mais Cajal n'en réalisa pas moins des choses stupéfiantes. La seule part démoniaque en lui était sa capacité à éveiller à la vie des cellules mortes. Son imagination faisait de lui un Frankenstein sympathique, car il décrivait les processus à l'œuvre dans les cellules nerveuses qu'il voyait au microscope comme si elles étaient effectivement en pleine action. Dans ses conférences et ses livres, il décrit de façon très vivante tout une intense activité : les cellules nerveuses sentent, agissent, espèrent et se meuvent. Une cellule nerveuse, par exemple, « cherche à tâtons une autre cellule » en développant des fibres. Telle était la façon de décrire de Cajal, qui posait ainsi les bases des recherches sur le système nerveux. Il nous a laissé deux cent soixante-dix articles ou conférences et dix-huit ouvrages qui ont fait de lui le plus grand neurologue de tous les temps. En 1906, il obtint le prix Nobel de médecine.

Si les recherches de Cajal étaient si importantes, c'est que les cellules nerveuses du cerveau sont très différentes de celles que l'on trouve dans le corps. Leurs formes irrégulières et étranges avec de nombreux appendices très fins étaient auparavant un mystère pour la science. Cajal fit des dessins très précis de ces cellules, des esquisses représentant d'étranges motifs en toiles d'araignées, dont la plupart font penser à de petites algues. Même si son nom n'est associé à aucun des concepts importants encore valables à ce jour, il a décrit avec une précision inconnue avant lui les éléments du système nerveux du cerveau. Il a dessiné et expliqué les cellules nerveuses, les *neurones*, avec leurs deux fibres plus ou moins longues, les *axones*. C'était la première fois que l'on décrivait avec précision les ramifications de l'axone, les *dendrites* ; et pour désigner les points de communication des cellules nerveuses aux extrémités des dendrites, il reprit un terme inventé par son génial collègue anglais Charles Scott Sherrington : les *synapses*. Ses études très minutieuses ont permis à Cajal d'établir en quelque sorte l'alphabet des cellules nerveuses. Mais pour ce qui est de la grammaire du cerveau et de la langue parlée par ses neurones, ce qu'il appelait les cercles neuronaux de connexion, il dut s'en remettre à son imagination.

Un grand nombre de choses supposées par Cajal se sont ensuite révélées exactes. La plus importante de ces suppositions était que les flux nerveux traversant le cerveau et la moelle épinière n'avançaient que dans un sens. Les synapses d'une cellule nerveuse communiquent avec celles d'une autre cellule ; mais ces axes nerveux sont des voies à sens unique et la direction d'un flux d'informations n'est pas réversible. Cajal ne pouvait montrer le système de communication des synapses car les cerveaux morts qu'il étudiait ne révélaient rien de leur activité électrique et chimique. Mais il savait que ces transmissions de signaux avaient bien lieu. Le biologiste allemand Otto Loewi avait démontré pour la première fois en 1921 comment des impulsions nerveuses passent d'une synapse à l'autre grâce à un agent chimique servant de messager. Mais Cajal ne pouvait pas les voir.

Cajal mourut en 1934, à l'âge de quatre-vingt-deux ans. Tandis que, dans les trois décennies qui suivirent sa mort, des scientifiques européens, américains et australiens étudiaient les mécanismes fondamentaux de la transmission électrochimique de signaux dans le cerveau, d'autres se consacraient à l'interprétation exacte de ses différentes zones. Qu'y avait-il dans le cerveau ? À quoi cela servait-il ? Et pourquoi ? C'est le modèle de découpage proposé dans les années 40 par l'Américain Paul MacLean qui connut le plus grand succès. Comme l'être humain s'était développé à partir de formes animales primitives, MacLean associa les différentes zones du cerveau humain aux différentes étapes de son évolution. Partant de là, il distingua « trois cerveaux ». Le premier est un « vieux cerveau reptilien phylogénétique », essentiellement composé du *tronc cérébral* et du *cerveau intermédiaire*. Le cerveau reptilien est la forme « la plus basse » du cerveau. C'est là que se trouvent les instincts, et donc l'inné ; il est très peu capable d'apprentissage, et inapte à tout ce qui est social. Le deuxième cerveau est le « cerveau paléomammalien ». Il correspond au *système limbique*. C'est là que se trouveraient selon MacLean non seulement les pulsions et les émotions, mais aussi la première tentative de la nature pour développer une conscience et une mémoire. Le troisième cerveau est le « cerveau néomammalien » et correspond au *néocortex*, siège de la raison, de l'entendement et de la logique. Le cerveau néomammalien travaille indépendamment des anciennes zones phylogénétiques du cerveau. MacLean pensait en effet que ce tripartisme était très strict. C'est ainsi qu'il n'y aurait que très peu de relations entre le système limbique et le néocortex. Sentiment et raison seraient cantonnés dans deux cerveaux différents, ce qui expliquerait pourquoi nous avons tant de mal à contrôler nos sentiments avec notre entendement.

Les travaux de MacLean qui visaient à mettre de l'ordre dans le cerveau connurent un grand succès. Ils étaient d'ailleurs facilement compréhensibles. De la même façon que les philosophes, depuis deux siècles, avaient fait une distinction très nette entre les instincts animaux, les sentiments plus élevés et la raison humaine, MacLean avait assez facilement distingué ces trois cerveaux différents. Sauf que sa théorie triunique, que l'on trouve encore dans de nombreux manuels scolaires, est fausse. Il n'y a pas dans le cerveau trois cerveaux différents travaillant indépendamment les uns des autres. De même qu'est fausse l'idée assez simple que ces trois cerveaux seraient nés successivement au cours de l'évolution allant du reptile à l'homme. Car même les reptiles ont un système limbique très semblable à celui de l'homme. Ils possèdent en tout cas un télencéphale, variante – même sommaire – de ce qu'est le néocortex chez les mammifères. Mais le plus important, c'est que les relations entre le tronc cérébral, le cerveau intermédiaire, le cervelet et le cerveau sont très étroites. Ils ne sont pas simplement empilés les uns sur les autres comme le pensait MacLean. Cette relation intense et multiple est fondamentale, car elle seule permet d'expliquer comment fonctionnent effectivement nos instincts, nos sentiments, notre volonté et notre pensée.

Bien des suppositions émises par les neurologues au cours des cent dernières années sur notre cerveau ont fait long feu. Au début du XIXe siècle déjà, le biologiste français Pierre Flourens (qui devint un adversaire résolu de Darwin) avait constaté que beaucoup de choses sont en rapport les unes avec les autres dans le cerveau. Il avait enlevé successivement différentes parties du cerveau à des animaux, notamment des poules et des pigeons, pour voir quelles fonctions disparaissaient au fur et à mesure. À son grand étonnement, il avait remarqué que non seulement quelques fonctionnalités disparaissaient mais que plusieurs autres étaient du coup oblitérées – un peu comme l'ordinateur Hal dans le film de Stanley Kubrick *2001 : l'Odyssée de l'espace*, qui devient plus lent et apathique à chaque déconnexion mais manifestement pas plus bête. Flourens avait bien vu que l'idée de division en zones dédiées à des fonctions précises telles que le calcul, la parole, la pensée ou la mémoire était fausse. Mais il a exagéré dans l'autre sens en disant que, dans le cerveau, tout est responsable de tout. Voilà pourquoi la génération d'après Flourens et d'avant Cajal était surtout préoccupée de délimiter et de répertorier les zones et les centres du cerveau, en se fondant une fois de plus sur les fonctions fondamentales. Qui avait de l'ambition dessinait son propre atlas du cerveau. Les découvertes les plus spectaculaires dans ce domaine furent faites par l'anatomiste français Paul Broca et le neurologue polonais Carl Wernicke, qui découvrirent chacun de leur côté les deux centres différents de la parole : en 1861, l'*aire de Broca* pour la faculté du langage articulé et, en 1875, l'*aire de Wernicke* pour la compréhension du langage.

Aujourd'hui, on divise le cerveau en quatre parties : le tronc cérébral, le cerveau intermédiaire, le cervelet et le cerveau proprement dit. Le *tronc cérébral* forme la partie inférieure médiane du cerveau ; il est composé de haut en bas du mésencéphale, de la protubérance annulaire (ou pont) et du bulbe rachidien (ou moelle allongée). Le tronc cérébral contrôle des fonctions vitales comme la respiration, les battements du cœur, le métabolisme, et nos réflexes tels que les battements de paupières, la déglutition et la toux. Le *cerveau intermédiaire* (ou diencéphale) est une zone relativement petite située au-dessus du tronc cérébral. Il comprend quatre structures : le thalamus, l'hypothalamus, le subthalamus et l'épithalamus. Son rôle est surtout d'être un passeur et de réguler les émotions. Il appréhende les impressions des sens avant de les diriger vers le cerveau. Système sensible fait de nerfs et d'hormones, le cerveau intermédiaire commande la veille et le sommeil, les sensations de douleur ; il régule la température du corps mais aussi les pulsions, par exemple notre comportement sexuel. Le *cervelet* influence beaucoup notre capacité motrice et l'apprentissage moteur. Il est beaucoup plus développé chez les autres vertébrés que chez l'homme, chez les poissons surtout, dont les capacités de mouvement semblent beaucoup plus exigeantes que les nôtres. Chez nous, le cervelet prend aussi en charge des tâches cognitives relatives à la parole, au comportement social et au souvenir, qui fonctionnent pourtant de façon inconsciente. Le *cerveau*, ou *encéphale*, se situe au-dessus de ses trois autres régions. Chez l'homme, il est trois fois plus volumineux que ces dernières. On peut le diviser en un grand nombre de zones susceptibles d'être classées en zones sensorielles « simples » et en zones associatives « supérieures ». Toutes les performances humaines dépendent de l'activité du *cortex associatif*, mais jamais de lui seul.

Les performances de notre cerveau sont indépendantes de ce que nous vivons. Immanuel Kant le savait déjà quand il a écrit en introduction à son œuvre majeure la *Critique de la raison pure*, et dès la première phrase : « Il ne fait aucun doute que toute connaissance commence avec l'expérience ; en effet, par quoi notre pouvoir de connaissance pourrait-il être éveillé et mis en action si ce n'est par les objets qui touchent nos sens et qui, d'une part, produisent par eux-mêmes des représentations et, d'autre part, mettent en mouvement notre capacité d'entendement afin de les comparer, de les relier ou de les séparer, travaillant ainsi la matière brute des impressions sensibles pour en tirer une connaissance des objets qui s'appelle l'expérience ? » Ainsi, c'est notre attention qui détermine notre capacité à ressentir et à penser, de la même façon que nos sensations et nos pensées déterminent elles aussi notre attention. Les êtres humains ne peuvent se concentrer que sur une seule chose à la fois, même si parfois plusieurs se suivent dans une succession rapide. Même ce que l'on appelle le « multi-tasking » ne signifie pas que l'on peut se concentrer sur plusieurs choses à la fois, mais simplement que l'on est capable de se connecter et se déconnecter très rapidement. Le périmètre de notre attention est donc très limité ; non seulement à cause de nos possibilités biologiques de perception, mais aussi de notre capacité limitée. S'il est exact que les individus n'utilisent qu'une infime partie des cellules nerveuses de leur cerveau, il est difficile d'élargir cette proportion. Notre attention n'est là que pour une activité limitée dans notre cerveau, si bien que tout se fait au détriment d'une autre chose. Mon fils Oskar a quatre ans et il s'intéresse énormément aux animaux ; il peut citer une foule de noms de dinosaures sans la moindre difficulté et faire la différence entre les otaries et les phoques ;

mais il a encore beaucoup de mal à enfiler son T-shirt tout seul. Ce n'est pas la somme de nos cellules nerveuses qui limite notre capacité d'apprentissage, mais notre marge d'attention.

Quoi qu'il en soit, nous savons aujourd'hui de façon schématique comment se forme notre attention et ce qui se passe du point de vue neurochimique quand nous apprenons quelque chose. Si nous connaissons à présent tel ou tel processus élémentaire de notre cerveau et si nous pouvons aussi très bien déterminer la fonction de certaines de ses aires, c'est grâce aux progrès techniques et aux instruments de mesure dont bénéficie la neurologie. Cajal a vécu assez longtemps pour connaître l'électroencéphalographie, invention due au neuropsychiatre allemand Hans Berger en 1929. Il était enfin possible de mesurer la tension des courants électriques circulant dans le cerveau. Dans les années 50, on améliora les électrodes. Les microélectrodes étaient devenues si sensibles que l'on pouvait même mesurer l'activité de certains neurones. Le pas suivant fut franchi avec l'étude des champs magnétiques. Comme tous les courants électriques, ceux du cerveau forment un champ magnétique. À partir des années 60, on a été capable, grâce à des capteurs ultrasensibles, de mesurer ces champs magnétiques et de calculer les sources de courant dans le cerveau. C'est ainsi que la magnétoencéphalographie (MEG) peut révéler quelles parties du cerveau sont actives à un moment donné. D'autres procédés sont venus s'ajouter aux précédents dans les années 70 et 80, permettant de mesurer les processus neurochimiques que l'on venait de découvrir. Enfin, depuis les années 90, la neurologie peut disposer de belles images en couleurs du cerveau. Ce que l'on appelle l'imagerie médicale, comme le scanner et l'IRM, permet des instrusions fantastiques dans ses processus de fonctionnement. Alors que l'on ne pouvait montrer jusqu'alors que les processus électriques et chimiques, les nouveaux appareils mesurent l'afflux sanguin dans le cerveau et procurent des images d'une très haute résolution. C'est ainsi que le système limbique, siège principal de nos émotions et de nos sentiments, a pu être exploré et révéler une part de ses mystères.

De nombreux neurologues sont tellement enthousiasmés par ces nouvelles possibilités mises à leur disposition qu'ils sont persuadés que leurs recherches vont, à terme, mettre sur la paille les philosophes et peut-être même les psychologues. William Calvin, neurologue à l'université de Washington, a trouvé une image qui rend bien compte de cette réalité ; il s'agit du « rêve du concierge ». Le concierge se sent à l'étroit dans sa loge sombre au rez-de-chaussée, et son désir le plus cher est d'accéder à un appartement sous les toits. Il en va de même de ces neurologues qui, partant des cellules et des protéines du cerveau, aimeraient bien pouvoir sauter jusqu'au niveau de la philosophie. Mais le fossé qui sépare les protéines du sens est immense. Même si la neurologie est en voie de décrypter les mystères des centres et des fonctions du cerveau, le mécanisme qui produit l'esprit, le sens et l'entendement est encore loin d'être perçu. Nous en savons davantage sur ce que nous ignorons que sur ce que nous savons. Plus nous en apprenons sur le cerveau, plus complexe il apparaît.

Le plus grand mystère, ce sont les ingrédients personnels de la conscience, tout ce que nous vivons de façon très subjective. Pourquoi nous ressentons telle ou telle chose de façon très précise, voilà ce que nous ne savons pas. Les sentiments personnels et les passions ne peuvent s'expliquer par des connaissances neurochimiques générales. Ni les appareils de mesure ni les discussions psychologiques ne peuvent saisir la qualité d'un événement et la rendre visible. Une fois, quelqu'un a demandé à Louis Armstrong ce qu'était le jazz, et il a eu cette réponse pertinente : « Si vous êtes obligé de demander, vous ne comprendrez jamais ! » La subjectivité reste une chose inaccessible, même à la neurologie. Quand on me fait écouter un morceau de jazz, l'IRM montre bien qu'il y a un afflux de sang dans certains centres émotionnels de mon cerveau, mais il ne révèle pas ce que je ressens ni pourquoi je le ressens.

Quoi qu'il en soit, la neurologie passe aujourd'hui pour être la seule discipline capable d'étudier les fondements de notre connaissance et l'appréhension de nous-mêmes. Les raisons en sont évidentes. Et elle fait actuellement des découvertes beaucoup plus palpitantes que la philosophie. Mais on peut se demander s'il est possible de s'en tirer sans le recours à cette dernière. Les recherches sur le cerveau sont quand même une entreprise très singulière : des cerveaux humains tentent de trouver quelque chose sur des cerveaux humains. En d'autres termes, un système essaie de se comprendre lui-même. Le cerveau est en même temps le sujet et l'objet de ces investigations – situation très précaire. Les neurologues ne sont-ils pas en train de faire, avec d'autres procédés, ce que font les philosophes qui, depuis deux mille ans, essaient de comprendre par la pensée ce qu'est la pensée ? Se sonder par la pensée, et même s'observer en train de penser, fut longtemps la méthode qui prévalut dans l'étude de l'esprit humain. Elle a atteint son acmé il y a un peu moins de quatre siècles, par une mémorable soirée d'hiver...

• *Une soirée d'hiver durant la guerre de Trente Ans.* Comment sais-je qui je suis ?

ULM

Une soirée d'hiver durant la guerre de Trente Ans

Comment sais-je qui je suis ?

La scène a quelque chose de douillet : un grand poêle en faïence et un jeune homme de vingt-trois ans assis à côté. Il porte la redingote des soldats de l'empereur. Son visage est facile à imaginer car on le connaît – grâce à une gravure faite plus tard par le portraitiste Frans Hals : de grands yeux sombres dont l'un a une paupière un peu tombante, une large bouche avec des lèvres minces, l'esquisse d'un sourire, quelques poils de barbe et de longs cheveux qui descendent jusqu'aux épaules. Expression à la fois maligne et mélancolique, intelligente et un peu détachée. Mais si les traits de son visage sont bien connus, la scène l'est beaucoup moins. En effet, notre homme ne dit pas qu'il est assis *à côté* du poêle mais *dans* le poêle. Cela laisse libre cours à l'imagination, et ce simple petit mot « dans » a suscité bien des controverses. Voulait-il dire qu'il était dans une pièce qui servait pour le bain, une sorte de sauna comme il y en avait beaucoup à l'époque ? Mais alors, pourquoi est-il complètement habillé ? Ou bien le poêle était-il si grand qu'il permettait de s'asseoir sur une chaise près de l'âtre ? Il est plus vraisemblable qu'il appelait aussi « poêle » toute la pièce dotée de ce monumental instrument de chauffage qui lui permettait de se protéger des frimas. Car dehors il faisait très froid. C'est une journée d'hiver de l'année 1619 et la scène se passe dans une ferme, non loin d'Ulm. Mais laissons notre homme raconter lui-même : « J'étais alors en Allemagne, où l'occasion des guerres qui n'y sont pas encore finies m'avait appelé ; et comme je retournais du couronnement de l'empereur vers l'armée, le commencement de l'hiver m'arrêta en un quartier où, ne trouvant aucune conversation qui me divertît, et n'ayant d'ailleurs, par bonheur, aucuns soins ni passions qui me troublassent, je demeurais tout le jour enfermé seul dans un poêle, où j'avais tout loisir de m'entretenir de mes pensées. » (*Discours de la méthode*).

Cet entretien avec ses pensées a un objectif très ambitieux : alors que dehors la guerre de Trente Ans met toute l'Europe à feu et à sang, notre homme ne désire rien tant que le calme, l'ordre et la clarté. Il veut avoir l'assurance absolue et ultime de soi et du monde. Il commence par établir pour règle de ne rien considérer comme vrai qui ne se laisse reconnaître de façon claire et distincte. Et il décide de douter de tout ce dont on peut douter. Impossible de faire confiance à ses yeux ainsi qu'aux autres sens. On peut trop facilement se tromper. Il avance ainsi à tâtons, toujours doutant. On ne peut pas non plus faire confiance à la pensée sans la mettre à l'épreuve. Ne serait-il pas possible en effet qu'un mauvais génie nous induise en erreur ? Mais n'y a-t-il pas pourtant quelque chose dont on ne peut douter ? En effet, si je doute de tout, je ne peux pas douter que je doute – et que c'est bien moi qui doute. Et si je sais que, tandis que je doute, c'est *moi* qui doute, je suis bien obligé de *penser* que je doute. Il y a donc une certitude indubitable, un principe premier précédant tout le reste : *Cogito ergo sum* – « Je pense, donc je suis ». Cette phrase avait été pensée et prononcée alors que le feu continuait à flamber dans le poêle, mais à partir de cet instant le monde de la philosophie allait complètement changer.

Qui est donc cet homme qui, par un soir d'hiver, au début de la guerre de Trente Ans, révolutionnait ainsi la philosophie ? Il s'appelle René Descartes. Il vient d'une famille de petite noblesse. Son père est conseiller au parlement de Bretagne, à Rennes. Sa mère meurt en 1597, un an après sa naissance, et le petit René passe son enfance chez sa grand-mère. À onze ans, il entre au collège des Jésuites de La Flèche – l'institution n'est pas très drôle, mais quand il en ressort à dix-huit ans il dispose d'une solide culture classique et mathématique. Élève doué, il va étudier le droit à Poitiers. Puis il postule à l'Académie, à Paris, un institut réservé aux jeunes nobles, pour rattraper le temps perdu. Il y apprend à manier le fleuret, à danser, à monter à cheval, ainsi que les bonnes manières et d'autres choses indispensables à son rang, même s'il n'a encore aucune idée de ce qu'il voudra faire ensuite. (C'est seulement vingt ans plus tard qu'il aura l'occasion de faire usage d'une de ces disciplines en tuant en duel un adversaire.) À vingt-deux ans, il s'inscrit, en Hollande, à l'école de guerre de Maurice de Nassau, prince d'Orange. Il apprend beaucoup de choses dans le domaine des sciences, mais ne fait pas grand cas de la vie de soldat. Il erre ensuite à travers le Danemark et l'Allemagne, s'engage encore une fois dans l'armée, celle du duc Maximilien de Bavière, en guerre contre la Bohême révoltée. Il participe au siège de Prague, où il découvre les travaux de l'astronome Johannes Kepler sur l'optique et prend conscience de ce qu'il veut devenir : un homme apportant la clarté de la raison dans l'obscurité des sciences. Il rêve, non sans arrogance, d'une « méthode universelle pour la recherche de la vérité » claire et logique. Et c'est lui, Descartes, qui est appelé à la trouver.

En avril 1620, il fait la connaissance à Ulm d'un jeune mathématicien de vingt-quatre ans, Johannes Faulhaber. En un tournemain, Descartes résout des problèmes mathématiques très complexes dont Faulhaber avait fait un recueil, sans en connaître la solution, afin d'exercer les mathématiciens de son pays. Pour cet homme qui trouve à chaque problème une solution simple et intelligente, le moment de l'ascension est venu. Un an après cette fameuse méditation dans la ferme près d'Ulm, il met définitivement au clou son uniforme de soldat, fait un pèlerinage à Notre-Dame de Lorette, en Italie, voyage en Allemagne, en Hollande et en Suisse. En 1625, il arrive à Paris et fréquente les cercles intellectuels de la ville. Il est souvent invité aux soirées, mais sait rester en marge du monde. Au bout de cinq ans, il quitte la capitale et repart aux Pays-Bas. C'est là que la liberté intellectuelle et religieuse est le plus florissante, et Descartes veut en profiter pour écrire le grand ouvrage qu'il prépare depuis longtemps. Sa vie sociale connaît un ralentissement ; ses seuls échanges sont épistolaires, principalement avec des dames. Toute son ambition est centrée sur un « Traité du monde » – mais le livre ne sera jamais imprimé. En 1633, il apprend ce qui est arrivé à Galilée, qui a dû se rétracter sous la pression de l'Inquisition et renoncer à divulguer ses idées nouvelles sur le cosmos et le monde. L'Église catholique est un adversaire dangereux, même pour un homme tel que Descartes, qui croit en Dieu, mais un dieu relativement abstrait qu'il cherche à prouver comme principe suprême. Quoique les Pays-Bas soient plus tolérants que l'Italie ou la France, Descartes reste prudent et change constamment de domicile. Il écrit des traités de géométrie, d'algèbre et de physique, et acquiert une excellente réputation de mathématicien. Ce n'est qu'en 1637 qu'il publie son ouvrage reposant sur l'idée qu'il a eue dix-huit ans plus tôt près de ce fameux poêle et qui contient la célèbre formule : « Je pense, donc je suis. » C'est un petit livre à l'usage de tout le monde qui s'intitule : *Discours de la méthode pour bien conduire sa raison et chercher la vérité dans les sciences*. Par sécurité, l'œuvre paraît de façon anonyme, mais le nom de l'auteur ne tarde pas à être dans toutes les bouches. Descartes se réjouit de cette grande célébrité, mais son arrogance et sa méfiance naturelles le rendent ombrageux vis-à-vis de toute critique. Ses œuvres suivantes, très semblables par la pensée, sont souvent contestées dans son entourage immédiat à Leyde et Utrecht. La méfiance de Descartes se transforme peu à peu en paranoïa. Plusieurs fois, il pense émigrer en Angleterre. Il fait trois brefs séjours en France (en 1644, 1647 et 1648) avant de répondre, en 1649, à l'invitation de l'une de ses correspondantes, la reine Christine de Suède. Mais son séjour à Stockholm en plein hiver va lui être fatal. La reine insiste pour avoir des leçons chaque matin à cinq heures, dans sa bibliothèque qui n'est pas chauffée. Le 11 février 1650, Descartes succombe à une pneumonie. Il a cinquante-trois ans.

Quel fut l'apport de Descartes ? Il a d'abord inauguré une méthode : ne tenir pour vrai que ce qui est démontré de façon progressive et sans faille. Et il a placé le « moi » au centre de sa philosophie. Auparavant, les philosophes avaient essayé de trouver comment est le monde « en soi » ; Descartes a choisi une autre approche. Je ne peux savoir comment est le monde « en soi » que si j'examine comment il se présente à *ma pensée*. Car tout ce que je sais du monde, je ne le sais pas par le biais de quelque vision objective et supérieure mais uniquement par le biais de la pensée dans ma tête. C'est pour cette raison que Nietzsche a ensuite dit de Descartes qu'il était « le grand-père de la révolution qui ne reconnaissait d'autorité qu'à la raison ».

Descartes avait fourni une réponse à la question : Comment est-ce que je sais qui je suis ? – Grâce à ma pensée ! Et cette réponse valait bien mieux que toutes celles données auparavant, même si, au IVe siècle, saint Augustin avait trouvé une expression très semblable. Cette démonstration a néanmoins quelques faiblesses qui seront pointées plus tard. Car la formule n'est pas sans présupposés, comme le croit Descartes. Pour traduire mon doute sur toutes les choses de ce monde, j'ai en effet besoin d'une *langue* fonctionnant suffisamment bien. Or cette langue n'est pas du tout soumise au doute par Descartes. Il l'utilise sans soupçonner que l'on peut aussi se tromper à cause des mots, des phrases et de la grammaire. D'autres philosophes ont critiqué le fait que Descartes n'établit pas de différence entre *entendement* et *raison*. Ce qui est conforme à l'entendement est-il pour autant et nécessairement raisonnable ? N'est-on pas en train de mélanger deux notions ? Enfin, un troisième point, c'est que Descartes s'est donné beaucoup de peine pour sonder la pensée, mais qu'il ne se pose guère de questions sur la signification de l'« être ».

Et c'est justement un point méritant qu'on s'y attarde. Descartes fut un philosophe à l'influence immense. Même s'il a commencé par être attaqué, il a été une figure de proue dans la découverte de nombreuses idées nouvelles sur le corps, le cerveau et l'esprit. Mais si l'une de ses grandes forces fut de sonder la pensée, l'une de ses grandes faiblesses fut, après coup, sa représentation du corps humain. Car le corps ne serait pour lui en fait qu'une entrave à la tête ! Avec une froideur gourmande, le mécanicien de l'esprit dit à ses lecteurs que le corps de tout être vivant n'est qu'une machine, un automate ou un mécanisme d'horlogerie. Ses organes fonctionneraient comme les automates des jeux d'eau dans les jardins du XVIIe siècle : les conduites seraient les nerfs, les espaces vides dans le cerveau les réserves, les muscles ressembleraient à des ressorts mécaniques, et la respiration aux pulsations d'une montre. Et tout cela serait commandé par un petit homme dans le cerveau : la glande pinéale. Faire du corps humain un simple mécanisme physique était très en vogue, à l'époque, dans les sciences de la nature, et Descartes s'y connaissait. Presque du jour au lendemain, il défendit une nouvelle conception du corps, et face à ses détracteurs, pour la plupart religieux, il pouvait se sentir à la fois modeste, moderne et progressiste. Si Descartes vivait à notre époque, il serait sans doute un pionnier dans le domaine de l'intelligence artificielle ou un neurologue célèbre.

Il est donc très tentant de se demander quelle serait la position de Descartes sur le rapport actuel entre le corps et l'esprit. Ce qu'il répondrait à son alter ego d'il y a quatre siècles s'il se retirait à nouveau pour méditer et entreprenait une nouvelle recherche claire et sobre sur les certitudes ultimes concernant l'homme et le monde.

Printemps 2007. Une villa blanche avec un grand jardin et une jolie pelouse, non loin de Boston. C'est ici que vit le neurologue René Descartes junior. Il est assis dans son salon, non loin de la cheminée. Il est vêtu de façon simple : pantalon de velours, chemise à carreaux et pull-over tricoté à la main. Il se renverse dans son fauteuil et raconte :

« Je suis aux États-Unis où m'a conduit ma carrière commencée en France et poursuivie en Hollande. Je reviens d'un séminaire au National Health Institute de New York, et le semestre n'ayant pas encore repris et n'étant pas accaparé par les cours et les examens, j'ai le temps de me laisser aller à mes pensées. Comme j'ai décidé de douter de tout ce qui n'est pas clair et sans ambiguïté et que l'on ne peut examiner et présenter sans la moindre faille de raisonnement, car c'est le seul moyen d'accéder à la vérité, je me vois contraint de douter d'abord de toutes les fausses certitudes que la philosophie a répandues dans le monde sans les avoir vérifiées. Commençons par cette funeste séparation entre le corps et la conscience que mon alter ego, il y a bien longtemps, n'a certes pas inventée mais qu'il a solidement ancrée dans la philosophie. Or, la seule vraie vérité, c'est que l'esprit et le corps ne peuvent être séparés ! Celui qui tente de distinguer l'un de l'autre dans le cerveau se met dans une position bien inconfortable. Le cerveau n'est pas un hardware équipé d'un esprit qui en serait le software ; les deux sont combinés de façon indissociable et compliquée. La phrase : "Je pense, donc je suis", aussi célèbre soit-elle, a malheureusement un arrière-goût désagréable. Car elle ne dit pas seulement que ce n'est que grâce à la pensée que j'ai une connaissance de moi-même et de mon existence ; elle suppose aussi que la pensée et la conscience de la pensée sont en fait les fondements de l'être. Et comme cette pensée doit s'effectuer dans une stricte dissociation d'avec le corps, la phrase souligne la coupure radicale entre l'esprit et le corps biologique. Ce qu'a écrit mon alter ego à l'époque, aucun neurologue ne pourrait aujourd'hui y souscrire : "Je connus de là que j'étais une substance dont toute l'essence ou la nature n'est que de penser, et qui pour être n'a besoin d'aucun lieu ni ne dépend d'aucune chose matérielle ; en sorte que ce moi, c'est-à-dire l'âme, par laquelle je suis ce que je suis, est entièrement distincte du corps, et même qu'elle est plus aisée à connaître que lui et qu'encore qu'il ne fût point, elle ne laisserait pas d'être tout ce qu'elle est." Si c'était juste, l'esprit serait alors un fantôme dans une machine. Or c'est faux. Il n'y a pas dans le cerveau de lieu séparé et indépendant appelé "esprit". C'est un peu comme si nous croyions qu'il y avait un endroit appelé "université" séparé et indépendant des bâtiments, des rues, des pelouses et des gens.

» On sait aujourd'hui grâce à la neurologie que ni les sentiments ni les plus hautes activités intellectuelles ne peuvent être dissociés de la superstructure et de la façon de travailler de l'organisme biologique. Si c'était possible, les neurologues n'auraient en effet plus de travail : ils n'auraient pas besoin d'examiner des zones du cerveau, de marquer des liaisons électriques et de nommer des substances chimiques, car rien de tout cela ne serait en rapport avec l'esprit. Bien entendu, on ne peut pas non plus reconnaître l'esprit de façon simplement inverse. Il ne suffit pas de marquer une région du cerveau et de lister quelques agents pour dire : Ça, c'est l'esprit humain. La conscience humaine est une interférence du corps et de ses expériences avec le milieu. Pour comprendre notre esprit, il ne faut pas simplement l'ancrer dans notre cerveau, et non dans un espace désincarné, comme le faisait Descartes, nous devons aussi le comprendre à partir de tout notre organisme. Tous nos sens, nos nerfs et nos neurones ne fonctionnent que s'il y a échange avec le monde qui nous entoure, avec ce que nous voyons, entendons, sentons, goûtons et éprouvons. À la question de savoir comment je sais qui je suis, on peut donc donner la réponse suivante : Je sais qui je suis parce que mes sens transmettent des signaux aux cellules nerveuses de mon cerveau, où ils se répartissent en cercles de connexion d'une complexité telle qu'elle engendre à son tour des choses aussi merveilleuses et complexes qu'un savoir sur ma propre pensée et une idée de ma propre existence. »

Voilà ce que pourrait dire le neurologue de Boston. Pourtant, son prédécesseur, dont la théorie a été mise à mal depuis, dispose encore d'un atout. Notre neurologue moderne a-t-il en effet bien répondu à la question : Comment sais-je qui je suis ? Pour savoir comment mon esprit fonctionne et pour décrire la façon dont mes sens et mes cellules nerveuses me renvoient une image de moi-même, il me faut penser ces idées. Toutes ces choses, aussi réelles soient-elles, sont donc d'abord des pensées et des idées dans ma tête ! Vu de cette façon, il y a ainsi quand même du vrai dans la proposition : « Je pense, donc je suis. » Cependant, il ne faut pas la comprendre comme si c'était la pensée qui faisait l'être et si tout dépendait de ce fait de la pensée et de rien d'autre. C'est faux. Mais si je dis que seule ma pensée me donne une *idée* de mon être, alors la phrase est juste !

Il y a donc deux façons très différentes d'accéder à mon être. Je peux commencer par ma pensée et me demander d'où viennent mes certitudes. C'est la voie choisie par Descartes, qui a ensuite été empruntée par la philosophie des temps modernes. Cette voie de l'observation réflexive l'a conduite loin, ramenant toutes les affirmations sur le monde à ses origines *subjectives*. Mais, comme théorie scientifique de la connaissance, elle a atteint ses limites. Difficile de parvenir grâce à elle à de nouvelles terres inconnues. Le second mode d'accès examine l'être humain comme si l'enjeu n'était pas du tout l'observateur lui-même, avec ses perceptions et ses idées très personnelles. C'est la voie suivie par les sciences de la nature. Elle est moins réflexive, mais elle gagne en ce moment du terrain et est pleine de rebondissements. Les modes de connaissance autorisés par ces deux voies sont ainsi à l'opposé l'un de l'autre.

Pour de nombreux neurologues, cette façon d'aborder le cerveau est la seule qui soit correcte. Ce qui était autrefois du ressort de la philosophie est aujourd'hui du ressort de la neurobiologie. Si l'homme veut savoir qui il est, il doit apprendre à comprendre son cerveau. L'étude du cerveau remplace les spéculations faites jusque-là sur les sentiments, les pensées et les actions humains par une étude scientifique dépourvue de toute illusion. Mais de nombreux neurologues ne se rendent pas compte qu'ils ne sont pas pour autant sur le chemin qui mène à une vérité absolue. Toute science de la nature est elle-même le produit de l'esprit humain qu'elle se pique d'étudier avec ses propres moyens. Et la capacité de connaissance de ce dernier se trouve dans une relation de dépendance directe avec les exigences d'adaptation dans le sillage de l'évolution. Si nos cerveaux sont ce qu'ils sont, c'est manifestement parce qu'ils ont fait leurs preuves dans la concurrence. Mais leur mission dans la jungle et la savane n'a jamais été la connaissance totalement objective du monde. Rien d'étonnant donc à ce qu'ils ne soient pas calés de façon optimale sur cette mission.

Si sa conscience n'a pas été formée selon le critère d'une objectivité absolue, l'être humain ne peut de ce fait reconnaître, comme nous l'avons dit, que ce que son appareil cognitif issu de la concurrence dans l'évolution veut bien lui permettre de reconnaître. Les vues des sciences de la nature sont soumises à des conditions de connaissance typiquement humaines. Si elles n'en étaient pas affectées, ces sciences ne seraient susceptibles d'aucun progrès, d'aucune contradiction ni d'aucune correction possible. Même des critères de recherche comme la non-contradiction, la répétitivité et la validité ne sont pas autonomes ; ils correspondent à la capacité humaine de connaissance à un moment donné dans une situation de savoir donnée. Ce qui paraissait encore indubitable à des scientifiques il y a un siècle nous fait aujourd'hui secouer la tête. Pourquoi devrait-il en être autrement dans un siècle ?

Pour les philosophes, il est donc toujours légitime de placer à l'origine de leur réflexion le sujet pensant qui décrypte peu à peu le monde. De ce point de vue, Descartes n'est pas moins moderne qu'eux. Mais ses émules d'aujourd'hui doivent évidemment bien se rendre compte qu'ils ne pensent pas indépendamment du cerveau et sans son aide. Le cerveau pense et engendre le moi qui pense qu'il pense. Cependant, Descartes avait-il vraiment raison d'utiliser le mot « moi » ? N'aurait-il pas dû dire plutôt : S'il ne fait aucun doute qu'il y a de la pensée dans le doute, il doit donc y avoir de la *pensée*. Au lieu de dire : « Je pense, donc je suis », n'aurait-il pas fallu dire : « Il y a là des pensées » ? Quel est donc ce « moi » qui est introduit en sous-main ?

• *L'expérience de Mach.* Qui est « moi » ?

VIENNE

L'expérience de Mach
Qui est « moi » ?

Les découvertes décisives se logent parfois dans des notes de bas de page. Celle-ci, par exemple. Nous sommes en 1855. Au cours d'une promenade dans les environs de Vienne, un jeune étudiant en physique de dix-sept ans, Ernst Mach, fait l'expérience suivante : « Par une belle journée d'été en pleine nature, le monde, y compris mon propre moi, m'apparut comme une masse de sensations interdépendantes. Même s'il me fallut attendre longtemps avant que je me mette à réfléchir à cette expérience, ce moment a été décisif dans ma façon de voir les choses. » Ce fut, ce que l'étudiant ne pouvait savoir, quelque chose comme l'expérience du siècle – signalée cinquante ans plus tard dans une note de son livre *L'Analyse des sensations*.

Ernst Mach est né en 1838 (six ans avant Nietzsche) à Chirlitz-Turas dans l'Autriche-Hongrie de l'époque et l'actuelle République tchèque. Sa famille fait partie de la minorité germanophone. Le père d'Ernst Mach est paysan, et comme il exerce aussi le métier de précepteur, c'est lui qui donne des cours particuliers à son fils. Ernst Mach fait en même temps un apprentissage d'ébéniste. C'est seulement à l'âge de quinze ans qu'il entre au lycée, où il passe sans difficulté son baccalauréat. À Vienne, cet étudiant très doué fait des études de mathématiques et de sciences, et soutient une thèse sur les phénomènes électriques de décharge et d'induction. Un an plus tard, il obtient une chaire de professeur, passe de Graz à Prague avant d'être nommé à Vienne. Ses centres d'intérêt sont très variés – en fait, il s'intéresse à tout. Il enseigne la physique et les mathématiques, la philosophie et la psychologie. Comme physicien, il calcule la vitesse du son qui, plus tard, prendra son nom, ce qui explique que l'on dise aujourd'hui que des avions à réaction peuvent voler à « Mach 2 ».

À l'époque où il était à Prague et à Vienne, Mach était un homme célèbre. Il faisait des expériences sur des projectiles annonçant les fusées et étudiait la dynamique des gaz. Il n'avait de cesse de critiquer la physique newtonienne, et il fut l'un des précurseurs de la théorie de la relativité. Albert Einstein disait volontiers qu'il était son disciple. D'un point de vue politique, c'était un libéral qui tendait de plus en plus vers la social-démocratie, parti alors décrié comme extrémiste. Il était aussi agnostique et aimait en découdre avec l'Église. Les théories de Mach occupaient autant les physiciens que les philosophes, et même le jeune Lénine écrivit un gros livre sur lui, la philosophie de Mach étant très en vogue parmi les intellectuels russes. La psychologie de la perception devint une nouvelle discipline qui influença beaucoup le behaviurisme américain. Mais Mach eut beau inspirer un grand nombre de scientifiques, sa gloire pâlit très vite après sa mort en 1916. La Première Guerre mondiale ébranlait l'Europe, et la physique empruntait de tout autres voies. Ce n'est qu'en 1970 que la Nasa se souvint de ce pionnier des fusées et donna son nom à un cratère lunaire.

Les idées philosophiques de Mach étaient très radicales. Ne comptait pour lui que ce que l'on pouvait prouver par l'expérience et calculer. Cette attitude laissait de côté la plus grande partie des préoccupations de la philosophie jusqu'alors. En vérifiant si tout ce qui était énoncé résistait à l'épreuve de la physique, Mach reléguait aux oubliettes presque toute l'histoire de la philosophie. Il s'en prit avec beaucoup de virulence au dualisme de Descartes. En effet, une chose était claire pour Mach : la vie sensitive du corps et la vie de l'esprit sont faites d'une seule et même matière. De la même façon qu'il avait eu l'intuition, par un beau jour d'été, que tout était interdépendant, il remplaça le dualisme du « moi » et du monde par un *monisme* : tout ce qui existe dans le monde est fait des mêmes éléments. Si cela surgit dans le cerveau, on l'appelle « sensations », mais ça ne lui donne pas pour autant un statut particulier.

La logique extrême de cette théorie des sensations était ni plus ni moins que la mort du moi. Pendant plus de deux millénaires, les philosophes avaient parlé du moi, et d'ailleurs tout individu normal parlait de son moi en parlant de lui-même. Or Mach s'inscrivait en faux contre cette conception. Il ressentait une grande difficulté à dire « moi » à propos de lui-même. Qu'aurait bien pu recouvrir ce moi ? Il pensait que « le moi n'est pas une entité invariable, définie et nettement délimitée ». Selon lui, il n'y avait pas de moi dans le cerveau humain, mais simplement un imbroglio de sensations en relation intense avec les éléments du monde extérieur. Ou, pour le dire avec les termes humoristiques de Mach : les sensations « se promènent seules dans le monde ». Et il écrivit l'une des phrases les plus célèbres inscrites dans le livre d'or de la philosophie : « *Le moi est insauvable.* C'est en partie ce point de vue, en partie la peur de ce point de vue qui conduit aux aberrations les plus délirantes, pessimistes et optimistes, religieuses et philosophiques. »

Mach n'était pas le premier à avoir eu cette idée : éliminer le moi de la surface du monde, ou du moins le considérer comme quantité négligeable. Non sans fierté, il avait cru qu'il fallait pour cela l'intervention d'un physicien, mais quelqu'un d'autre l'avait fait avant lui ; c'était un juriste raté et un négociant méditatif. L'Écossais David Hume avait vingt-huit ans lorsqu'il publia en 1739 son *Traité de la nature humaine*. Hume aussi était revenu bredouille de sa chasse au moi. L'âme et le moi n'étaient pas des objets que l'on pouvait appréhender par l'expérience. Pour percevoir des sensations, des concepts et des sentiments, l'individu n'a pas besoin de « moi ». On peut s'en passer. En conséquence de quoi, le moi n'était pas quelque chose de réel mais simplement une idée parmi d'autres. La seule chose que Hume concédait à la survie du moi, c'était l'idée que le moi pouvait à la rigueur être la « compilation des sensations ». Certes une illusion, mais une illusion sans doute nécessaire qui donne à l'individu le beau (et indispensable ?) sentiment d'avoir un superviseur dans son cerveau.

Est-ce exact ? Le moi est-il bien une illusion ? Est-ce que ce que chaque individu normalement constitué croit être n'a d'autre valeur que celle produite par un simple tour de passe-passe ? Les philosophes de l'Occident se sont-ils raconté des histoires pendant deux mille ans en partant, sans se poser de questions, d'un moi se colletant avec plus ou moins de succès aux choses du monde ? Notre moi n'est-il pas tout simplement notre caboche où viennent se loger tous nos actes intellectuels, émotionnels et volontaires ? La forteresse qui résiste à tous les aléas de la vie ? Le film sans coupures qui garantit que je me sens bien le même durant toutes les années de ma vie ? Qui vous parle en ce moment de Mach et de Hume, si ce n'est justement mon moi ? Et qui est en train de lire ces lignes, si ce n'est vous, qui dites bien « je » quand vous parlez de vous ou à vous-même ?

Libérons donc une fois encore le moi de l'emprise d'étranges physiciens et de juristes ratés, et interrogeons des gens du métier comme les psychologues pour savoir ce qu'il en est du moi. Les psychologues secouent la tête. Ils froncent les sourcils. Ils se regardent et échangent quelques mots. Ils froncent à nouveau les sourcils. Ils secouent à nouveau la tête. « Bon, vous savez, dit l'un, on ne va quand même pas rayer le moi d'un simple trait de plume. Mais, avec mes collègues, nous ne sommes pas vraiment d'accord sur ce que doit être le moi. Nous ne pouvons pas le considérer comme un facteur sûr, car la psychologie, comme vous le savez sans doute, est une science, et les sciences ne considèrent en général comme réel que ce qu'elles peuvent voir, entendre ou mesurer. Or ce n'est pas le cas avec le moi. S'il y a un moi, c'est donc quelque chose de dérivé, et M. Hume a raison sur ce point. La question est seulement de savoir : dérivé de quoi ? Faisons-nous dériver le moi des sensations – et y a-t-il alors un sentiment du moi ? –, ou le faisons-nous dériver des représentations, d'une idée du moi ? Là encore, nous ne sommes sûrs de rien. Beaucoup de mes collègues évitent donc ce terme et préfèrent parler du *self*, ou du "soi". Le *self* est un peu la centrale de notre volonté et de notre jugement. Et nous faisons ici une différence entre concept de soi et sentiment de soi. Le concept de soi nous dit comment nous nous percevons nous-mêmes. Pour pouvoir le faire, nous sommes obligés de réintroduire le "je", mais simplement comme une petite construction pour le mettre en face du "moi". Les deux se partagent la tâche : le "je" agit et le "moi" juge. Et l'image de soi est l'évaluation tout à fait subjective que le "moi" se fait du "je". Nous avons observé et décrit des centaines de milliers d'individus lors de ce soliloque. Mais ne nous demandez surtout pas de prouver tout ça, pour l'amour de William James qui est à l'origine de ces idées. C'est comme ça, Dieu seul sait pourquoi – peut-être aussi Darwin, ou un autre. »

Voilà pour les psychologues. Évidemment, c'est une présentation très raccourcie de leur point de vue, car la psychologie est un vaste domaine avec des théories et des écoles très différentes. Mais il est clair qu'elle ne peut pas donner une réponse simple à la question du moi. Il ne nous reste plus qu'à aller consulter les neurologues qui, depuis quelques années, font entendre haut et fort leur voix dans ce débat. On dirait qu'ils se sentent plus aptes que quiconque à répondre aujourd'hui à cette question. Et la réponse de très nombreux neurologues (si ce n'est de tous) à la question de savoir s'il y a un moi est la suivante : « Non ! Il n'y a pas de moi. Personne n'a jamais été un moi ou n'a jamais eu de moi ! Il n'y a rien qui lie l'individu au plus intime de lui-même. David Hume et Ernst Mach avaient parfaitement raison : le moi est une illusion ! »

Pour comprendre cette réponse, il faut quand même se demander d'abord à quoi devrait ressembler un moi capable de satisfaire aux exigences d'un neurologue qui déclarerait alors : « Oui, ça c'est le moi ! » Cela lui serait-il utile de trouver une région ou une aire, un centre, dans le cerveau, qui pilote ou engendre le moi ? Sans doute pas complètement, car il se mettrait à examiner ces mécanismes de régulation et il constaterait que ce centre, comme tous ceux du cerveau, ne travaille pas de façon indépendante mais en relation avec les autres. Il examinerait aussi les cellules nerveuses, la transmission des impulsions électriques et les réactions chimiques, et il dirait : « Le moi n'est rien d'autre qu'un mécanisme électrochimique compliqué. Un peu comme lorsqu'un enfant éventre sa poupée parlante et n'y découvre qu'un petit appareil décevant. »

Et le bon sens a de la chance. Par bonheur, il n'existe en effet pas de centre du moi de ce type. C'est une très bonne nouvelle qui n'a rien de décevant, comme aiment le dire en jubilant certains neurologues. Au XIXe siècle déjà, le célèbre anatomiste Rudolf Virchow avait pris un malin plaisir à priver les philosophes du moi en disant : « J'ai fait des milliers d'autopsies, j'ai découpé des milliers de cadavres et nulle part je n'ai trouvé une âme. » Et l'on peut dire (même en dehors de toute religion) : « Dieu soit loué ! » Ne pas trouver d'âme ou de moi est en effet bien préférable à un moi que l'on pourrait dépecer et priver de son mystère. Et imaginez un peu des neurochirurgiens en train d'enlever ce moi par simple opération !

Ainsi donc, il n'y a pas de centre du moi. Cela n'a d'ailleurs rien d'étonnant, car qui – mis à part Descartes, avec sa glande pinéale – l'a jamais cru ? Aucun philosophe de renom, au cours des deux derniers siècles, n'a affirmé que le moi est une substance matérielle dans le cerveau. La plupart du temps, ils ne se sont pas prononcés. Immanuel Kant, par exemple, dit de façon assez nébuleuse que le moi est un « objet du sens intérieur », en opposition à l'« objet des sens extérieurs », le corps. Difficile d'imaginer quoi que ce soit avec une telle définition.

La philosophie reste donc très vague sur la question du moi. Un peu comme si elle se ralliait à cette maxime : « On ne parle pas du moi, on l'a. » Rien d'étonnant non plus à ce que la neurologie ne puisse pas trouver le moi. Sa façon d'examiner le cerveau ne permet pas l'émergence d'un quelconque moi. Dans son univers, il n'y a pas de moi que l'on pourrait repérer sur une carte. Le moi n'existe donc pas pour elle. Il ne fait pas partie des composantes décelables de façon certaine dans le cerveau.

Mais le moi n'en est-il pas moins vécu de façon permanente ? Et ce que nous vivons peut-il nous tromper ? N'y a-t-il pas incontestablement un sentiment du moi, si fragile soit-il ? Ne serait-il pas possible que le moi s'étende à tout le cerveau – et sans doute aussi à tout le système nerveux –, ou du moins à une grande partie, de sorte que du concert de toutes les cellules nerveuses dans le cerveau naisse une mélodie, une mélodie du soi pour ainsi dire, qui n'est certes pas préhensible de façon biologique mais qui pour autant n'en existe pas moins de façon physique ? De la même façon que la description de tous les instruments d'un orchestre ne donne pas une symphonie, les méthodes utilisées par l'anatomie du cerveau ne permettent pas de saisir le moi. Une telle chose serait-elle possible ?

Peut-être d'une certaine façon. Mais la neurologie connaît encore une autre voie pour résoudre la question du moi : l'étude d'individus qui ne sont plus dans la normalité, des patients souffrant de certains troubles, et dont le moi ne fonctionne manifestement pas, ou simplement de façon partielle, ou différente. Pendant quarante ans, le célèbre neurologue et psychologue anglais Oliver Sacks s'est occupé de ce genre de personnes. Sacks est lui-même une personnalité haute en couleur qui a alimenté un grand nombre d'anecdotes. Dans son livre *L'Homme qui prenait sa femme pour un chapeau*, il a décrit la vie et le monde de ses patients – des individus présentant des troubles du moi ou, comme les appelle Sacks, « des voyageurs en route dans des pays inimaginables – des pays dont, sinon, nous ne connaîtrions pas l'existence » : un musicologue a une minuscule blessure dans la partie gauche du cerveau et souffre alors d'agnosie visuelle. Il perd la « vision intime des choses » et ne peut plus reconnaître les objets ; quand il veut prendre son chapeau, il empoigne le visage de sa femme. Un professeur de musique tapote gentiment les horodateurs parce qu'il les prend pour des enfants. Une vieille dame atteinte de neurosyphilis se découvre soudain un appétit insatiable pour les jeunes hommes.

Ce que Sacks ne pouvait que décrire il y a vingt ans a fait depuis l'objet de multiples études. De nombreux neurologues sont maintenant d'avis qu'il n'y a pas un seul moi, mais de nombreux états différents du moi : mon *moi corporel* est là pour m'assurer que le corps dans lequel je vis est bien mon corps ; mon *moi de territorialisation* me dit où je me trouve à chaque instant ; mon *moi perspectiviste* m'apprend que je suis au centre du monde que j'appréhende ; mon *moi comme sujet du vécu* me dit que mes impressions des sens et mes sentiments sont effectivement les miens et pas ceux des autres ; mon *moi auctorial et de contrôle* m'informe que c'est bien moi le responsable de mes pensées et de mes actes ; mon *moi autobiographique* veille à ce que je ne dérape pas hors de mon propre film et que je me vive comme étant toujours le même ; mon *moi autoréflexif* me permet de réfléchir sur moi-même et de jouer le jeu du « je » et du « moi » ; le *moi moral*, enfin, constitue ce qui serait ma conscience, qui me dit ce qui est bien et ce qui est mal.

Ces différents états du moi peuvent être affectés par des troubles qui font que l'un ou l'autre moi ne fonctionne plus correctement, comme le montrent les histoires d'Oliver Sacks. Si l'on examine ces patients en ayant recours à l'imagerie médicale (cf. *Le cosmos de l'esprit*), on peut repérer les zones qui manifestement ne fonctionnent plus correctement. Le *moi corporel* et le *moi de territorialisation*, par exemple, sont en rapport avec le lobe pariétal, alors que le *moi perspectiviste* est lié au lobe temporal droit ; le *moi comme sujet du vécu* dépend également de l'activité du lobe temporal droit, mais aussi de l'amygdale et d'autres centres du système limbique, etc.

On peut donc dire, si l'on veut, qu'il y a plusieurs moi. Mais ce n'est bien sûr qu'un schéma. Savoir, en effet, le goût des différents ingrédients ne dit rien sur l'ensemble du menu. On peut très bien présenter de façon soigneusement séparée ces différents états du moi, mais ils sont tous liés dans la cuisine de notre cerveau. Parfois le goût de l'un l'emporte sur l'autre, parfois c'est l'inverse. Dans notre conscience du quotidien, il est presque impossible de les distinguer tant ils sont mêlés. On peut quelquefois avoir le goût de l'un sur le bout de la langue, alors qu'un autre est constamment présent. L'origine des ingrédients semble aussi très variée. Certaines choses ne sont que ressenties, tandis que d'autres ressortissent d'une certaine façon au savoir. J'ai peu d'influence sur mon moi perspectiviste, il est donné à chaque individu normalement constitué ; il en va de même du moi corporel. En revanche, il ne fait aucun doute que mon moi autobiographique est quelque chose que je me constitue, en parlant par exemple. En parlant de moi, je parle aussi à moi-même et aux autres de mon moi et le constitue du même coup. Il en va de même de mon moi autoréflexif, et peut-être aussi de mon moi moral (pour peu qu'il existe vraiment, mais nous y reviendrons plus en détail).

Les différents états du moi présentés par la neurologie sont des segmentations pertinentes, mais il ne faut pas se leurrer : ce ne sont que des constructions n'offrant aucune garantie de sécurité. Elles ne prouvent en aucun cas que cet ensemble ne donne pas un état global que l'on peut appeler, comme le font certains neurologues, un « courant de sensations du moi » – mais pourquoi pas aussi tout simplement le « moi » ?

L'un des aspects étranges de la neurologie, c'est que certains scientifiques dénient l'existence du moi tout en étudiant en même temps la façon dont il se manifeste. Il n'est pas rare que le moi soit le grand ennemi du laboratoire, que l'on doit d'abord présupposer afin de mieux le combattre. C'est ainsi que les neurologues peuvent faire des suppositions sur la façon dont la personnalité – et donc le moi – se constitue. Le système limbique se forme dès l'état embryonnaire. Après la naissance, le cerveau entre en contact avec le monde extérieur et subit un nouveau bouleversement. Les structures du cerveau s'adaptent, elles réduisent le nombre des cellules nerveuses et gainent du même coup les liaisons principales. C'est entre dix-huit et vingt-quatre mois que se forme le « sentiment du moi ». C'est la période où les enfants commencent à se reconnaître sur des photos. Un peu plus tard apparaît la « personne » sociojuridique dans laquelle le moi se conçoit comme membre plus ou moins responsable de la société. Un certain nombre de ces fonctions et de ces qualités ne se développent dans le cerveau qu'au moment de la puberté, ou même après. Toutes ces descriptions qui expliquent le développement de la personnalité sont donc indissociables du sentiment du moi. Car les personnes disent justement « je » à elles-mêmes. On suppose généralement que près de la moitié de ce processus de développement dépend beaucoup de facultés innées. Environ 30 à 40 % dépendraient de l'impact de ce qui est vécu entre zéro et cinq ans. Et seuls 20 à 30 % seraient le produit d'influences plus tardives, dans le milieu familial ou à l'école, par exemple.

La démystification du moi est donc quelque chose de très particulier. Lorsque Copernic a démontré que la Terre tourne autour du Soleil, il a découvert un fait nouveau et inconnu jusqu'alors. L'ancienne représentation de la Terre comme centre de l'univers était définitivement fausse. Quand Darwin a émis l'idée que tous les êtres vivants se sont développés à partir d'ancêtres primitifs et que l'homme ne fait pas exception, il a manifestement aussi décrit un fait. L'affirmation que l'homme était une exception dans la Création, faite à l'image de Dieu, se révélait définitivement fausse. Mais lorsque des neurologues veulent aujourd'hui supprimer le moi, ils ne prouvent pas pour autant un fait nouveau. La vieille idée que l'être humain est intellectuellement sous le contrôle d'un superviseur appelé le « moi » n'est pas contredite. Ce moi est une chose complexe ; il se laisse parfois segmenter en différents moi, mais il est en même temps une réalité que l'on sent et que les sciences ne peuvent contredire ou effacer. Ne suffit-il pas alors d'observer que nous nous ressentons comme « moi » pour constater qu'il existe un moi ? « On est un individu à partir du moment où l'on se revendique comme tel. Et cela suffit », a écrit le sociologue Niklas Luhmann. Ne pourrait-on pas dire la même chose du moi ?

« Le moi n'est pas une entité invariable, définie et nettement délimitée » – Ernst Mach a raison en écrivant cette phrase. À moins de trouver dans le cerveau une unité et une délimitation, ou, pour reprendre un terme de certains neurologues, un « cadre ». Mais il est peu vraisemblable que nos sensations « se promènent seules dans le monde ». Le moi est assez attentif, et la plupart du temps vigilant et attentionné avec nous. Les individus n'ont pas de noyau, pas de « vrai soi » que l'on pourrait isoler comme une chose. Mais ce serait un peu court d'en rester là. Le vrai désenchantement aurait en effet été de trouver un appareil du moi, de pouvoir le mettre sous le nez des philosophes et de leur dire : « Voilà ! C'est ça ! » Nous sommes plutôt en présence d'un moi scintillant, multiple et varié. Car la neurologie ne prouve pas qu'il n'y a pas de moi, mais au contraire que notre moi ressenti reste un processus du cerveau d'une incroyable complexité, tellement fascinant que nous avons toutes les raisons de continuer à nous en étonner. La neurologie est encore loin d'avoir examiné et analysé de façon exhaustive notre état du moi, et il lui faudra des années pour y arriver – si jamais elle y arrive. Car si l'observation d'émotions simples est pour la neurologie comparable à un voyage sur la Lune, découvrir le moi est comparable à un voyage sur Jupiter. Un voyage où nous sommes à peine capables de nous douter de ce qui nous attend…

- *Mister Spock est amoureux.* Que sont les sentiments ?

OMICRON CETI III

Mister Spock est amoureux
Que sont les sentiments ?

Date stellaire : 3417,3 ; année terrestre : 2267. L'*USS Enterprise* est en route pour une nouvelle mission. Omicron Ceti III est désormais une source d'inquiétude. Un intense rayonnement Berthold venu de l'espace anéantit toute vie animale sur cette planète, et l'équipage de l'*Enterprise* est chargé d'aller voir s'il reste des traces des colons qui s'y étaient installés. Cependant, l'espoir d'en retrouver est bien mince. Omicron Ceti III est exposée à ce rayonnement depuis maintenant trois ans, trop longtemps pour laisser la moindre chance de survie. Pourtant, lorsque le capitaine Kirk débarque sur la planète avec un commando, il constate à sa grande surprise que tous les colons sont non seulement vivants mais en pleine santé. Les spores d'une plante mystérieuse les ont protégés du rayonnement. Bien plus : non seulement leur capacité de résistance s'est accrue, mais le système de valeurs des colons s'est totalement modifié sous l'influence de ces spores. Dès qu'on les inhale, on est pris d'un grand désir de paix associé à l'envie de ne plus jamais quitter cette planète. Dans ce Shangri-La galactique, même le froid Vulcain Mister Spock se transforme. Les sentiments prennent le contrôle de son cerveau, qui jusque-là n'était capable que de réflexion rationnelle. Spock tombe amoureux d'une jeune femme, habitante de cette planète, et le rationaliste invétéré devient un romantique enflammé. Finalement, tout l'équipage de l'*Enterprise* finit par succomber aux sentiments, à l'exclusion du capitaine Kirk, qui mène un combat solitaire contre l'attirance affective de la planète. Le devoir les appelle, mais les membres de l'équipage ne veulent pas retourner à leur poste. Kirk se rend alors compte que l'effet des spores peut être anéanti par une augmentation du taux d'adrénaline. Utilisant un prétexte, il attire Spock dans le vaisseau spatial. Non sans mal, il provoque chez le Vulcain un accès de colère. Son taux d'adrénaline monte, et Spock retrouve le terrain de la raison et de la réalité. Kirk et Spock réfléchissent ensemble à une méthode capable d'endiguer l'effet des spores. Ils créent un émetteur subsonique qui déclenche un accès de fureur chez les membres de l'équipage en train de filer le parfait amour sur la planète. La thérapie a réussi et tout le monde rentre à bord. Le voyage à travers l'espace peut se poursuivre sans encombre.

Cette histoire est l'un des trente épisodes de la première saison de la série *Star Trek*. Tournée en 1967, elle porte un titre aux accents philosophiques : « This Side of Paradise » (« Un coin de paradis »). Mais il n'y a pas que le titre qui révèle que des philosophes ont mis la main à la pâte. Au départ, Mister Spock est un personnage idéal, une icône pour tous les apôtres de la raison depuis Descartes. Car c'est ainsi que des philosophes comme Spinoza, Leibniz, Berkeley, Kant ou Fichte se sont représenté l'homme – ou du moins qu'ils l'ont souhaité. Et cette histoire d'équipage chassé d'un faux paradis est une belle fable digne des Lumières : Ne vous abandonnez pas aux sentiments, aux fumeuses illusions de paix, d'amour et de bonheur, car tout cela n'est qu'un leurre ! Dans la vraie vie, il faut faire face aux réalités en usant de sa raison.

Si l'on y regarde de plus près, on devrait quand même être pris d'un doute. Quelle est en effet la part de vraisemblance dans le personnage de Mister Spock ? À la différence des humains, les Vulcains n'expriment jamais de sentiments ; ils ne peuvent pas non plus être submergés par ceux-ci. Il doit pourtant bien y avoir des prémices. Si Spock est soudain capable d'amour sous l'influence des spores, c'est qu'il porte en lui toutes les conditions qui rendent l'amour possible, sinon elles ne pourraient être activées. Or, même dans la suite des épisodes de *Star Trek*, Spock ne cesse de montrer des sentiments. Ce qui le caractérise, c'est un très grand sens du devoir et des responsabilités. Le Vulcain est loyal et serviable, et pour pouvoir faire la part des choses dans des situations conflictuelles il doit être capable de savoir ce qui est « mieux » en cas de doute. Il doit savoir choisir entre vies humaines et risques, entre ordre et fatalité. Toutes ces réflexions se font sur la base de valeurs. Et les valeurs morales ne sont jamais neutres du point de vue des sentiments (nous y reviendrons). En d'autres termes : Spock est peut-être souvent étrange à cause de ses mimiques et de ses gestes, mais il est humain comme vous et moi. Et il prouve le contraire de ce pour quoi il a manifestement été inventé : un être humain ou proche de l'humain qui n'aurait pas de sentiments est totalement impensable.

La raison en est simple : sentiment et entendement ne sont pas antinomiques ! Ils ne s'opposent pas, mais se complètent dans tout ce que nous faisons. Ils sont des partenaires dans le travail de l'esprit, parfois fiables, parfois aussi en violente opposition, mais ils ne peuvent jamais se dissocier. Dans certains cas extrêmes, il est parfois possible que le sentiment s'en tire sans l'aide de l'entendement. Mais sans le sentiment, l'entendement a un énorme problème car ce sont les sentiments qui disent à la pensée dans quelle direction aller. Aucun mouvement de pensée sans impulsion émotionnelle ! Et, sans un sens du devoir, il n'y a pas non plus de Mister Spock sachant penser de façon stratégique.

Les sentiments sont la colle qui nous maintient. Ils sont donc tout sauf superflus. Ils ne sont pas non plus nuisibles en soi, importuns, primitifs ; ils ne nous détournent pas de ce qui est primordial et essentiel, comme certains philosophes ont voulu s'en persuader et en persuader les autres. Bien entendu, les sentiments peuvent « taper sur le système ». Des sentiments trop puissants peuvent facilement bloquer la pensée. Quand je me sens fortement agressé, je n'ai souvent aucun argument à opposer à mon adversaire, et ce n'est qu'après que ces arguments me viennent à l'esprit : une fois que je me suis calmé et qu'ils ne me sont plus d'aucune utilité. Au lycée, quand je faisais les yeux doux à mon premier grand amour, je ne pensais plus à rien d'autre, et il est certain que je ne devais pas être très perméable au latin. Mais même si nous souhaitons souvent nous en débarrasser, une chose est sûre : une vie sans aucun sentiment serait une catastrophe. Il est préférable d'être « saisi » par la joie, d'être « en proie » à la colère et d'être « secoué » par la jalousie, plutôt que de ne pas goûter à tous ces élixirs grisants de notre existence. Car sans émotions, on se retrouve très très bête. Des individus dépourvus de sentiments seraient bien à plaindre. Ils seraient totalement incapables d'agir et ne sauraient pas non plus que penser. Leurs neurones n'auraient plus ni moteur ni carburant. Même vouloir se montrer entièrement raisonnable et ne plus écouter ses sentiments est une décision qui relève des sentiments. Les pensées ont toujours une coloration émotionnelle. C'est ainsi que nous avons des idées drôles, des pensées oppressantes, des représentations accablantes, des réflexions étranges ou romantiques et des conceptions sages.

Mais que sont les sentiments ? D'où viennent-ils ? Où vont-ils ? Et que font-ils dans l'intervalle ? Depuis l'Antiquité, les philosophes réfléchissent à ces questions, même s'il faut avouer que les sentiments ne sont pas vraiment leur sujet de prédilection. Il est en effet difficile de cerner les sentiments en empruntant la voie de la réflexion. Et de nombreux philosophes ont tendance à n'appeler poissons que ceux qu'ils prennent dans leurs filets. Tout ce qui passe à travers les mailles est soit ignoré, soit dévalorisé.

Quoi qu'il en soit, les anciens Grecs et les anciens Romains se sont déjà bravement attaqués aux sentiments. Le terme qu'ils employaient pour désigner le sentiment était *pathos* d'un côté, *passio* de l'autre, ce qui correspondait plus ou moins au mot « passion », car les sentiments peuvent justement engendrer des souffrances. Le terme « émotion » a une connotation plus neutre, et pourtant il vient du latin *movere* – « mouvoir » – et rappelle que les sentiments sont quelque chose qui « émeut » l'individu. Le terme allemand *Gefühl* n'apparaît qu'au XVIIe siècle pour traduire le mot français « sentiment ». On fait d'ailleurs là une nette séparation entre *sentiment* et *sensation*, selon qu'il s'agit de quelque chose de complexe ou d'une simple excitation.

Les sentiments sont donc d'abord des excitations physiques chargées de sens. Dans des cas extrêmes, nos émotions peuvent tout bonnement nous sauver la vie, comme le sentiment de peur. Les réflexes de fuite sont enracinés chez les primates normaux et ils ont perduré. La même chose est valable pour les émotions phylogéniquement anciennes autant que pour les plus récentes : toutes sont utiles à la survie, à l'adaptation à l'environnement ou à d'autres membres d'un groupe. Pour s'en convaincre, il suffit d'imaginer un individu à qui il manquerait un de nos sentiments fondamentaux. Celui qui ne connaîtrait pas la peur, par exemple, courrait le risque de mourir très vite. Qui ne connaîtrait pas le dégoût pourrait s'empoisonner facilement ou être contaminé par des maladies. Qui ne connaît aucun penchant ou préférence finira par s'isoler dans une communauté, et qui ne connaît pas la pitié finira par éveiller chez les autres la méfiance et la perplexité.

Les passions, les pulsions, les instincts et les affects sont donc très importants d'un point de vue biologique. Ils servent à la survie de l'individu et à la cohésion du groupe. Qu'il s'agisse de la faim, du besoin de dormir ou d'avoir chaud, de la fuite, de l'attaque ou du sexe, les enjeux sont toujours les mêmes pour les sentiments élémentaires : soit je cherche à *obtenir* quelque chose, soit je cherche à *éviter* quelque chose. Et ce n'est pas seulement valable pour des éléments extérieurs. D'un côté, les émotions nous aident à réagir de façon adéquate à un stimulus extérieur ; mais, d'un autre côté, elles sont aussi là pour réguler notre état intérieur. Quand le balancier des sentiments prend trop d'amplitude, il y a presque toujours un contrecoup pour rétablir un équilibre dans l'économie des sentiments. Il n'y a guère de gens capables d'être furieux ou sexuellement excités pendant toute une semaine du matin jusqu'au soir. Et même la plus extrême tristesse ou le plus grand chagrin d'amour perd de son intensité au bout de quelques mois.

Ce qu'il y a de gênant avec les sentiments, c'est qu'il est aussi difficile de s'en débarrasser que de les provoquer. Nombreux sont ceux qui passent pour des êtres sans aucune passion et qui souhaiteraient pourtant être plus spontanés et impulsifs. Et combien de personnes facilement émotives souhaiteraient pouvoir être plus pondérées et équanimes ! Il n'est pas facile de contrôler nos sentiments tant ceux-ci nous contrôlent. Ou plutôt, ils ne font pas que nous contrôler : de la même façon que nous ne pensons pas *avec* notre cerveau comme s'il était simplement un outil, mais que nous *sommes* nous-mêmes un état du cerveau, on peut dire que, dans un certain sens, nous *sommes* nos sentiments. Mais dans quel sens ?

Les philosophes ont bien du mal à répondre à cette question. Il n'est donc pas étonnant qu'au cours de ces dernières années ce soient surtout les neurologues qui se soient emparés de ce sujet. Depuis que les scanners et les moniteurs informatiques permettent de voir et d'observer les états d'excitation, l'étude des émotions est le cheval de bataille des neurologues. Ils ont pris l'habitude de faire une distinction entre *émotions* et *sentiments*. Ils entendent par émotions le jeu complexe de réactions chimiques et neuronales. Celles-ci forment un certain nombre de motifs où l'on remarque de grandes similitudes entre les hommes et les animaux. Les émotions sont des processus assez stéréotypés et automatiques. Les sentiments, en revanche, sont des éléments beaucoup plus complexes où intervient toujours une bonne dose de conscience. On peut par exemple cacher ses sentiments, on peut chercher à les dissimuler. C'est beaucoup plus difficile avec les émotions, parce que je n'ai aucune influence sur elles et ne peux les contrôler. Les sentiments sont un mélange d'émotions et de représentations. Ils ont quelque chose de très personnel et se développent pour ainsi dire dans un espace intérieur privé. La faim ou les réflexes de fuite sont des choses que nous avons en commun avec les lézards, les pies et les chauves-souris, mais il n'en est pas de même pour les chagrins d'amour, la nostalgie ou la mélancolie.

Bien avant l'arrivée des neurologues, dans la seconde moitié du XIXe siècle, la psychologie, qui venait alors juste de voir le jour, s'est intéressée aux sentiments tant délaissés par les philosophes et a commencé à les étudier de façon systématique. Elle a fait ce qu'adorent faire les psychologues : elle a dressé des listes ! La question décisive était de savoir quelles émotions existaient et combien il y en avait. Car il ne fait guère de doute qu'on dispose d'un panel limité d'émotions, d'un répertoire commun aux individus de toutes les cultures dans le monde entier. Et s'il y en a si peu, c'est parce que ce sont des choses que l'on ne peut ni développer ni inventer.

Pourtant, les psychologues ne sont pas arrivés à se mettre d'accord sur son contenu. Au tournant du siècle, Wilhelm Wundt a dégagé trois oppositions centrales : envie-dégoût, excitation-blocage et tension-solution. La question était de savoir s'il n'y avait pas de nombreux croisements possibles entre les couples ainsi définis. Est-il toujours possible de faire une distinction entre envie et excitation ? Un peu plus tard, les psychologues ont préféré lister les « émotions de base » plutôt que d'établir des couples. Dans les années 20, on a vu apparaître une liste de douze éléments : bonheur, tristesse, colère, peur, dégoût, gratitude, honte, amour, fierté, pitié, haine, effroi. Et au cours de ces dernières années, l'anthropologue et psychologue américain Paul Ekman, de l'université de Californie à San Francisco, s'est fait connaître en établissant une liste de quinze éléments. Il a ajouté à la liste précédente le mépris, la satisfaction, le soulagement et la culpabilité, mais a écarté la tristesse, trop complexe à ses yeux. On peut s'amuser à poursuivre ce petit jeu, sans pourtant y accorder trop d'importance. Toutes ces émotions, en effet, peuvent être oblitérées par leur traduction dans une autre langue. Toutes les langues ne disposent pas des mêmes moyens d'expression, et un Chinois ou un Massaï feraient sans doute une autre liste, même s'ils sont soumis aux mêmes émotions de base que Paul Ekman.

Les neurologues aussi sont confrontés à ces problèmes de traduction quand il s'agit d'interpréter et de décrire les émotions et les sentiments. En revanche, là où ils ont plus de facilité, c'est dans la recherche des substances chimiques qui déclenchent nos émotions. Ce qui est particulièrement important à ce niveau, c'est ce que l'on appelle les *neurotransmetteurs*, qui transmettent l'information d'une cellule nerveuse à l'autre. Dans le cas des émotions, il s'agit de transmetteurs chargés de provoquer une excitation ; ils sont au nombre de quatre : l'*acétylcholine*, la *dopamine*, la *sérotonine* et la *noradrénaline*.

Ces neurotransmetteurs possèdent des capacités étonnantes qui sont loin d'avoir encore été toutes analysées. L'*acétylcholine* fait figure de sportif ou d'entraîneur parmi les neurotransmetteurs. Elle transmet les excitations entre les nerfs et les muscles, et stimule aussi par exemple les glandes de la sudation. Mais elle peut faire beaucoup plus. C'est en effet elle qui est manifestement associée aux processus d'apprentissage, et qui est donc en relation directe avec la maladie d'Alzheimer, où le niveau d'acétylcholine baisse de façon dramatique. La *dopamine* est là pour donner un coup de fouet et motiver les troupes. Elle joue un rôle important dans l'irrigation sanguine et régule en même temps l'économie hormonale. On peut par exemple faire remonter une tension trop basse avec de la dopamine. En ce qui concerne les hormones, ce neurotransmetteur est en étroite relation avec les psychoses et autres troubles d'ordre mental ; c'est ainsi par exemple que la schizophrénie est due à un taux de dopamine anormalement élevé. La *sérotonine* est un diplomate et un intermédiaire. Elle agit au niveau de la circulation sanguine et de la tension artérielle. Elle peut resserrer les vaisseaux dans les poumons et dans les reins, et au contraire les dilater dans la musculature du squelette. Ce neurotransmetteur régule aussi le système du sommeil et de la veille, et s'occupe de compenser les états de stress. Si l'économie de la sérotonine s'emballe, cela peut avoir des conséquences très belles et d'autres beaucoup moins belles. C'est ainsi que l'on a cru déceler chez les personnes amoureuses un taux élevé de sérotonine qui engendre un état de bien-être et de satisfaction. En revanche, des perturbations du taux de sérotonine peuvent provoquer des migraines. La *noradrénaline* est un vrai pilote de course et un accélérateur. Elle agit essentiellement sur les artères et, comme la dopamine, elle augmente la tension artérielle. Dans la médecine d'urgence, on l'utilise pour soigner les chocs et pour accélérer l'irrigation sanguine en cas d'empoisonnement paralysant.

Ces quatre neurotransmetteurs se trouvent tous à des degrés divers dans le système limbique, même si leur action ne se limite pas à ce domaine. Les trois grands éléments du système, la substance grise centrale, l'hypothalamus et l'amygdale, sont des centres d'états et de comportements affectifs innés. La *substance grise centrale*, par exemple, contrôle certains aspects de notre vie sexuelle, de notre agressivité et de notre capacité à nous défendre ainsi que notre sensation de faim. Elle semble manifestement être la seule responsable de nos cris de douleur, de nos gémissements et de nos plaintes. L'*hypothalamus* est spécialisé dans ce qui concerne l'absorption de nourriture et de liquide, ainsi que dans notre comportement sexuel, notre agressivité et notre capacité à nous défendre. Il est aussi actif dans le rythme veille/sommeil et dans la régulation de la circulation sanguine. Il faut noter ici une chose particulièrement intéressante pour notre sexualité, c'est qu'un noyau de l'hypothalamus appelé *nucleus praeopticus medialis* est beaucoup plus fortement marqué chez les hommes que chez les femmes ; c'est d'ailleurs l'une des rares différences anatomiques entre les sexes au niveau du cerveau. De façon symptomatique, il joue un rôle important au niveau aussi bien de l'agressivité que de la sexualité, qui sont ici étroitement liées. Si petite soit-elle, l'*amygdale* joue un rôle que l'on ne peut négliger dans notre comportement affectif. Elle est pour l'instant l'objet d'étude favori de la plupart des neurologues, car elle garde encore beaucoup de ses secrets, en dépit de toute l'attention qui lui est consacrée. On y rencontre de véritables concentrations de noradrénaline et de sérotonine. Mais on y remarque surtout une très forte concentration d'acétylcholine. C'est dans ce corps amygdaloïde que se cache le centre de la peur et de la crainte. Et l'on sait aussi que l'amygdale joue un rôle dans les processus d'apprentissage, notamment celui dont sont capables les émotions. Ce qui peut me surprendre la première fois finit par ne plus m'étonner au bout de la dixième fois.

Tous nos sentiments, de même que nos pensées et nos actes, naissent sous l'effet de substances chimiques faisant office de signaux. La qualité de nos sentiments et de nos excitations est en effet toujours déterminée et guidée de façon neurochimique. Lorsque Mister Spock est arraché à son vertige d'endorphine et de sérotonine par une décharge d'adrénaline, sur Omicron Ceti III, cela paraît tout à fait plausible. Mais pour cela, il lui faut avoir la même base neurochimique que n'importe quel être humain. Et s'il possède cette base commune, celle-ci est nécessairement en relation avec les fonctions supérieures de son cerveau, donc avec sa pensée – à moins que le Vulcain ne dispose d'un système qui bloque la dopamine et la noradrénaline. Mais la chose n'est guère probable, car elle ferait de notre Mister Spock un individu apathique et dépourvu de tout objectif.

Tout cela permet-il d'expliquer de façon suffisante comment fonctionnent les émotions et les sentiments ? Il y a peu de chances. Seul un neurologue naïf pourrait se renverser sur sa chaise d'un air satisfait et dire : Voilà, tout s'explique ! Car ce qui est expliqué jusqu'à présent, ce n'est en fait que la grammaire des sentiments, rien n'est encore dit sur la sonorité et la diversité de significations de cette langue. Quelle que soit leur importance, la molécule de *dopamine* qui donne un coup de fouet, la molécule de *sérotonine* (la fameuse molécule de Mister Spock) qui a un rôle de compensation et la molécule de *noradrénaline* qui a un rôle d'excitant ne deviennent pas actives d'elles-mêmes. Ce sont des messagers envoyés en mission d'une cellule nerveuse à une autre, d'un centre du cerveau à un autre. Une fois arrivés à destination, ils déclenchent certaines réactions. Ils inhibent, accélèrent, motivent ou bloquent. Bref, ces transmetteurs délivrent, certes, des informations et déclenchent des informations quand ils arrivent – mais ils ne pensent pas.

En revanche, un sentiment complet est le résultat d'un jeu compliqué à plusieurs partenaires. On y retrouve l'implication de certaines régions ou de certains centres du cerveau ; les cellules nerveuses y jouent aussi un rôle par leur capacité à émettre des messages et à donner des réponses, ainsi que les transmetteurs, de même qu'est impliqué tout le réseau complexe de relations avec d'autres structures du cerveau, et bien sûr avec les stimuli de l'environnement, qui agissent sur ce système par l'intermédiaire des sens. Pourquoi, par exemple, telle musique procure-t-elle un sentiment de bien-être chez une personne et est-elle ressentie comme du simple bruit par une autre ? Pourquoi certains adorent-ils les huîtres alors que d'autres ne peuvent même pas imaginer en manger tant cela les dégoûte ? Et comment se fait-il que nous puissions à certains moments haïr une personne que nous croyions aimer ? Il est assez simple d'expliquer les sentiments de façon purement chimique, mais il est beaucoup plus difficile de dire pourquoi ils surgissent, se manifestent et disparaissent. Beaucoup de neurologues souhaiteraient parfois que les choses soient plus simples, disons plus « vulcaines ». Leur principal représentant est d'ailleurs le Dr Pille, qui fait partie de l'équipage de l'*Enterprise*. Au moment où Spock, sous l'influence des spores, parle de façon très sentimentale dans le communicateur de l'*Enterprise*, Pille ne cache pas son étonnement en l'entendant :

PILLE : Ça ne ressemble pas du tout à Mr Spock !

KIRK : Tu disais pourtant que tu aimerais bien le voir un peu plus humain.

PILLE : Je n'ai jamais dit ça !

S'il est vrai que la colle qui nous maintient n'est pas de nature vulcaine, mais sentimentale, ne peut-on pas dire que ce sont les sentiments qui, en dernier ressort, décident de tout ce qui est essentiel ? Serait-ce le subconscient, et non le conscient, qui nous dirigerait ? Et qu'est-ce que le subconscient ?

• *Pas maître chez soi.* Qu'est-ce que mon subconscient ?

VIENNE

Pas maître chez soi
Qu'est-ce que mon subconscient ?

C'était un homme très difficile d'accès, il prenait de la cocaïne, négligeait ses enfants, avait une image de la femme absolument terrible, ne supportait aucune contradiction de la part de ses disciples ; quant à ses études scientifiques, elles se sont révélées être tout ce que l'on veut sauf scientifiques. Et pourtant ce fut l'un des hommes les plus importants, l'un des penseurs les plus influents de tous les temps.

Sigismund Schlomo Freud est né en 1856 à Freiberg (Příbram), en Moravie, région autrefois rattachée à la couronne autrichienne et qui fait maintenant partie de la République tchèque. Son père était un négociant en laine juif qui fit faillite peu de temps après la naissance de son fils. Sigismund a sept frères et sœurs qui vivent tous dans des conditions plus que modestes. La famille part d'abord pour Leipzig, avant de s'installer, peu de temps après, à Vienne. Ce fils aîné est le préféré de sa mère et il ne tarde pas à se révéler brillant élève. Il obtient son baccalauréat avec mention. À l'automne 1873, il s'inscrit à la faculté de médecine. Freud étudie les testicules de l'anguille d'eau douce avant de passer à l'institut de physiologie de l'université, où il obtient le titre de docteur en 1881, avec une thèse sur « La moelle épinière des espèces inférieures de poissons ». Mais, faute de moyens financiers, il ne peut continuer plus longtemps ses études. Dépité, il est contraint de trouver un emploi et obtient un poste à l'hôpital général de Vienne, où il va rester trois ans. Assistant du célèbre anatomiste Theodor Meynert, il continue à étudier le cerveau des poissons, surtout celui de la lamproie. C'est de cette époque que datent ses premières expériences avec la cocaïne, dont il conclut qu'elle peut être utilisée pour soigner les maladies nerveuses hystériques. Jeune et ambitieux, il veut se faire un nom dans le monde de la science et publie cinq études sur la cocaïne, sans succès. Il échoue aussi dans sa tentative de guérir un ami morphinomane avec de la cocaïne – expérience que Freud, qui se fait désormais appeler Sigmund, prend soin de ne pas révéler dans ses écrits. Très sûr de lui, il part pour Paris en 1885, pour un voyage d'études. Il écrit dans une lettre : « Oh, comme ça va être beau ! Je reviendrai ensuite à Vienne auréolé d'une immense gloire et je guérirai toutes les maladies nerveuses incurables. » À Paris, Freud rencontre Jean-Martin Charcot, le « Napoléon des hystériques », l'homme le plus en vue dans le domaine des maladies nerveuses. Il révèle à Freud les origines non physiologiques, mais psychologiques d'un grand nombre de troubles mentaux et l'initie à l'art de l'hypnose et de la suggestion. Une fois rentré à Vienne, Freud ouvre un cabinet de neurologue dans la Rathausgasse. Il prend en même temps la direction du département de neurologie du premier institut public de pédiatrie. Il épouse Martha Bernays, qui vient d'une grande famille de rabbins, et qui lui donnera six enfants. Mais Freud n'a rien d'un père attentionné et aimant ; il se montre au contraire la plupart du temps inaccessible. Au début des années 90, Freud, qui a maintenant trente-cinq ans, se penche à nouveau sur l'anatomie du cerveau, qu'il étudie de façon approfondie. Il écrit un article sur les troubles du langage engendrés par quelques maladies psychiques, et il se rend compte de l'immense avenir de l'étude du cerveau pour découvrir certains mystères de l'esprit. Mais son *Projet d'une psychologie* (1895), tentative pour essayer d'expliquer l'« appareil psychique » en s'appuyant sur la toute nouvelle théorie des neurones de Cajal, reste dans un tiroir.

Pour Freud, qui désire guérir les maladies nerveuses et remédier aux troubles psychiques, la neurologie est encore loin d'être assez développée. Les idées de Cajal sur la fonction et les effets combinés des cellules dans le cerveau sont trop abstraites et trop générales. À Madrid, Cajal étudie sur sa table de dissection des cerveaux pris sur des cadavres pour fonder sa « psychologie rationnelle ». À Vienne, Freud choisit une autre méthode. Il allonge sur un divan des objets d'étude bien vivants afin d'étudier leur cerveau, et fonde ainsi une science nouvelle : la psychanalyse. En 1889, il avait rendu visite à Nancy à Hippolyte Bernheim, qui faisait des expériences en utilisant ce que l'on appelait alors la suggestion posthypnotique. Freud en tira la conclusion qu'il devait y avoir un *inconscient* responsable d'un grand nombre des actions humaines.

La notion d'« inconscient » n'était pas nouvelle. Dès 1869, le jeune philosophe Eduard von Hartmann avait écrit un livre intitulé *Philosophie de l'inconscient*, ouvrage assez mal fini et fortement inspiré de Schopenhauer (cf. *Puis-je vouloir ce que je veux ?*). L'ouvrage était pourtant devenu un best-seller qui compilait un grand nombre de griefs des philosophes matérialistes depuis le début du XIXe siècle contre les philosophes de la raison comme Kant, Fichte et Hegel. Nietzsche, qui critiquait les mêmes adversaires à partir d'une position similaire, prit fortement ombrage de cette œuvre parce que ce Hartmann, nettement moins avisé que lui, remportait néanmoins nettement plus de succès. Mais Hartmann non plus n'avait pas inventé l'« inconscient ». Le médecin et naturaliste Carl Gustav Carus, ami de Goethe, avait déjà parlé de l'inconscient, dans son livre *Psyché. Sur l'histoire de l'évolution de l'âme*, comme d'une région à l'origine des mouvements de l'âme.

Ce qui distinguait Freud de ses prédécesseurs, c'était le caractère très sérieux de sa tentative pour étudier cet inconscient de façon systématique. Il avait une vague idée de l'endroit où il pouvait se trouver dans le cerveau : dans les centres subcorticaux du télencéphale et du tronc cérébral.

C'est du moins ce qu'avait établi son maître Theodor Meynert grâce à son anatomie du cerveau. Mais, dans ces années 90, les moyens de la neurologie rendent impossible de décrypter l'inconscient. En 1891, Freud emménage au 19 de la Berggasse, où il va rester pendant quarante-sept ans. Il n'utilise le terme de « psychanalyse » qu'à partir de 1896. Il l'emprunte au livre *Subtil processus d'analyse* écrit par son ami, le médecin Josef Breuer, qui avait réussi à persuader une de ses patientes fortement traumatisée, Bertha Pappenheim, de parler ouvertement de ses blessures psychiques. Désormais, Freud se met lui aussi à étudier les violences subies par ses patients, et plus particulièrement ses patientes, en les amenant à en parler. Chez les hommes il diagnostique un comportement sexuel prépubère face à la mère, qu'il appelle le « complexe d'Œdipe ». Par la suite, en partant de cette base mais en s'appuyant également sur d'autres constatations, il va élaborer une « théorie des pulsions » qui sera souvent modifiée ; violemment contestée, elle n'a pratiquement plus aucune consistance aujourd'hui dans ses formulations globales. Entre 1899 et 1905, Freud écrit sur le pouvoir de l'inconscient quatre livres qui vont asseoir sa notoriété : sur le rêve, les actes manqués au quotidien, le mot d'esprit et la sexualité. En 1902, il est nommé professeur associé à l'université de Vienne et inaugure ce que l'on appelle les « réunions du mercredi », première mouture de la Société psychanalytique de Vienne.

Bien que la plupart de ses ouvrages soient âprement controversés et que la reconnaissance scientifique tarde à venir, l'assurance affichée par Freud est étonnante. En 1917, il place sa théorie de l'inconscient au même niveau que celles de Copernic et de Darwin. Selon lui, ces trois théories porteraient atteinte à la puissance de l'humanité. Copernic a déplacé la Terre du centre de l'univers à son pourtour. Darwin a remplacé la nature divine de l'homme par une nature simiesque. Quant à Freud, il a montré que l'homme n'est pas maître chez lui parce que l'inconscient est nettement plus dominant que le conscient. Il part du fait que près de 90 % des décisions humaines sont motivées de façon inconsciente.

Pour expliquer comment l'inconscient contrôle la conscience, Freud développe en 1923 l'idée d'une psyché en trois parties. Selon cette théorie, trois instances déterminent la vie psychique de l'homme : le *ça*, le *moi* et le *surmoi*. Freud considère que cette division tripartite relève de son propre mérite, même si Nietzsche a déjà eu recours à ces trois concepts dans des fonctions équivalentes. Le *ça* correspond ici à l'inconscient, l'élément pulsionnel de la psyché humaine. Il est déterminé par la faim, la pulsion sexuelle, l'envie, la haine, la confiance, l'amour, etc. À l'opposé, on trouve le *surmoi*. Il incarne les normes, les idéaux, les rôles, les images directrices et les conceptions du monde que l'individu acquiert par son éducation. Au milieu se trouve le *moi*, pauvre bougre pris en tenaille entre ces deux puissants adversaires. Serviteur de trois maîtres, le *ça*, le *surmoi* et l'environnement social, le *moi* tente de régler et d'apaiser les conflits engendrés par toutes ces exigences contradictoires, mais il est relativement faible. En général, c'est le *ça* qui l'emporte, parce qu'il ne se laisse pas contrôler par le *moi* et échappe à la conscience. Les pulsions et les empreintes inconscientes léguées par la petite enfance sont difficilement discernables, et donc d'autant moins évidentes à évacuer.

Freud a développé ce modèle de façon relativement tardive, et il est loin de constituer la base de tout ce qu'il va écrire ensuite. Mais ce à quoi il tenait dans tous les cas, c'est à l'idée que la principale motivation du comportement humain naît du conflit inconscient entre des pulsions instinctuelles et l'entendement, qui se trouve ainsi largement débordé. Observation qu'il n'applique pas seulement à l'individu isolé, mais aussi à la dynamique pulsionnelle de la société humaine dans son ensemble.

Il écrit ses ouvrages suivants en proie à de terribles douleurs physiques. Depuis les années 20, Freud est devenu une personnalité internationale mais il souffre d'un cancer de la mâchoire qui réduit beaucoup sa flexibilité. Lorsque les nazis arrivent au pouvoir, les écrits de Freud sont interdits et brûlés. L'entrée des troupes allemandes en Autriche, en mars 1938, le contraint à émigrer à Londres. Quatre de ses cinq sœurs restent à Vienne ; elles seront arrêtées par les nazis et déportées dans des camps de concentration où elles trouveront la mort. Le 23 septembre 1939, Freud, très malade choisit de mourir à Londres en se faisant administrer une dose mortelle de morphine.

Que reste-t-il de ses théories ? Le grand mérite de Freud est d'abord d'avoir placé au centre de ses considérations sur l'homme l'importance des sentiments, des conflits psychiques et de l'inconscient. La forme de thérapie que Freud a empruntée à Breuer mais qu'il a ensuite affinée garde toute sa valeur aujourd'hui, même si la psychanalyse s'est entretemps divisée en de nombreux courants et autres écoles qui se sont plus ou moins éloignés de Freud. Pour ce qui est de sa contribution scientifique à l'exploration de la psyché humaine, on peut dire que Freud a eu beaucoup de flair. Mais pas plus. Il parcourait la psyché de ses patients comme un cartographe ne disposant d'aucun bateau pour aller voir et arpenter le continent dont on lui parle. Son arrogance est d'ailleurs née de là, car avec *ses* méthodes personne n'était encore allé aussi loin que lui. Ce continent, c'était l'inconscient, et il en était un pionnier. Mais ses jours étaient comptés et Freud le savait parfaitement. La neurologie qu'il avait abandonnée par le passé, parce qu'elle ne pouvait lui servir à avancer, déployait maintenant ses voiles et allait le dépasser. La question était seulement de savoir combien de frontières, de rivières, de montagnes et d'îles, toutes inscrites sur la carte qu'il avait esquissée, allaient subsister. Dans son livre sur le principe de plaisir, il a écrit un passage qui révèle une étonnante capacité d'autocritique, à savoir que c'est naturellement la biologie qui va pouvoir résoudre de façon définitive les mystères de l'esprit en nous fournissant de nouvelles informations surprenantes, même si celles-ci seront « peut-être d'une nature telle qu'elles feront s'effondrer tout l'édifice artificiel de nos hypothèses ».

La psychanalyse n'est pas une science mais une méthode. Il n'est pas possible de vérifier ses hypothèses de façon scientifique. Voilà pourquoi, trente ans après la mort de Freud, les sciences neurologiques et la psychanalyse se retrouvaient toujours opposées de façon irréductible. À cette époque, la psychanalyse vivait son heure de gloire. Et la neurologie, avec sa manie de transformer tout ce qui était psychique en micromètres et millivolts, paraissait aux yeux des élèves et des petits-fils de Freud aussi aberrante que pouvait l'être pour des neurologues cette forme de voyance psychanalytique sans le moindre fondement scientifique. Ce n'est qu'aujourd'hui, après avoir bien distillé leur triomphe, que certains neurologues osent à nouveau rendre hommage aux travaux de Freud.

Ce que Freud ne pouvait que deviner est maintenant assez clair pour la neurologie : quand on observe le cerveau, on s'aperçoit qu'il comporte un certain nombre de régions responsables de la conscience. Elles sont situées, comme nous l'avons vu, dans le cortex associatif. Et il comprend d'autres régions qui produisent et enregistrent des processus inconscients – à savoir le tronc cérébral, le cervelet, le thalamus et les centres subcorticaux du télencéphale. D'un point de vue anatomique, il est donc très facile de distinguer le conscient de l'inconscient. Malgré tout, la neurologie a pendant très longtemps fait l'impasse sur l'étude de l'inconscient. En effet, même pour les neurologues l'inconscient n'est pas aussi simple à décrire et à appréhender. Les processus inconscients se produisent souvent de façon très rapide, et on ne peut les communiquer par l'intermédiaire du langage – comme le savait d'ailleurs Freud –, justement parce que l'individu n'en a pas conscience. Il ne reste donc d'autre choix que de laisser le psychothérapeute lire entre les lignes pour tenter de décrypter l'inconscient – ou bien de placer le patient dans un scanner et d'observer quelles sont les réactions des régions du cerveau responsables de l'inconscient quand on pose certaines questions ou que l'on pratique certains tests.

Mais s'il est assez simple de nommer les régions du cerveau en charge de l'inconscient, ce dernier n'en demeure pas moins très divers. Sont inconscientes par exemple des choses qui ont été vécues de façon souterraine, sans que l'on s'en rende compte. Notre perception est pleine d'impressions dont nous ne sommes même pas conscients. Notre attention ne peut se porter en effet que sur une infime partie de ce que nous voyons, entendons ou sentons réellement. Le reste erre dans l'inconscient. Une partie est emmagasinée de façon quasi secrète, une autre non, sans que nous puissions le contrôler. Nous percevons de façon ciblée ce qui correspond à notre tâche du moment, à notre objectif ou à nos besoins. Quand on a faim, on va surtout remarquer ce qui est en rapport avec la nourriture ou les restaurants ; et celui qui découvre une ville en touriste en s'attachant aux différentes curiosités aura une impression totalement différente de celui qui la parcourt à la recherche d'un travail. Et plus on se concentre sur une chose précise, moins on perçoit les autres ; c'est un problème que l'on retrouve lors des accidents. Si, dans la rue, on vient à se cogner contre un poteau de signalisation, c'est que manifestement on ne l'a pas vu. Combien de gens impliqués dans un accident disent qu'ils n'ont tout simplement pas vu l'autre voiture arriver !

Quand toute notre attention est concentrée sur une chose précise, notre cerveau souvent ne se soucie plus du tout du reste, même si celui-ci devrait en fait nous frapper par sa bizarrerie. Un exemple nous en est donné par le film des psychologues Daniel Simons, de l'université de l'Illinois à Urbana-Champaign, et Christopher Chabris, de l'université de Harvard : il s'agit de la célèbre expérience du costume de gorille. Deux équipes de joueurs de ballon se font face. Les uns sont en blanc et les autres en noir. Les joueurs des deux équipes se font des passes avec un ballon, sachant que ce dernier doit d'abord rebondir chaque fois sur le sol. Le film est présenté à un groupe assez important de personnes. Ils ont pour tâche de compter combien de fois la balle rebondit dans le camp des blancs. La plupart des gens n'ont aucune difficulté à donner le bon résultat. Mais la personne qui dirige le test voudrait savoir encore autre chose, et elle demande aux spectateurs s'ils n'ont rien remarqué de spécial. Plus de la moitié des gens à qui on montre le film n'ont rien vu de spécial. Ce n'est que lorsqu'ils visionnent le film une seconde fois, sans plus se concentrer sur les rebonds de la balle, qu'ils remarquent à leur grande stupéfaction qu'une femme déguisée en gorille traverse l'image, s'arrête en plein milieu et se frappe la poitrine. La plus grande partie des spectateurs était tellement occupée à compter qu'elle n'a absolument pas noté le gorille. Quand nos psychologues ont fait le même test mais en demandant cette fois de compter les rebonds du ballon dans l'équipe habillée en noir, seul un tiers des personnes n'avaient pas vu le gorille. Si la présence de la femme déguisée en gorille a échappé à moins de gens, c'est que son costume était également noir. Ce film nous donne un exemple frappant de la façon dont notre attention filtre ce que nous percevons, sans que nous soyons pour autant conscients de l'ampleur de ce processus de filtrage. Notre attention est comme un projecteur qui n'éclaire que peu de choses à la fois. Tout ce qui n'a pas été éclairé se disperse dans l'inconscient.

Une grande partie de notre inconscient se nourrit de ce genre de perceptions restées dans l'ombre. Une autre partie très importante est constituée par ce que nous avons vécu dans le ventre de notre mère et pendant les trois premières années de notre vie. Durant cette période, nous percevons beaucoup de choses très intensément, mais notre cortex associatif n'est pas encore assez développé pour emmagasiner ces événements et les tenir à notre disposition de façon consciente. Près de deux tiers de notre personnalité se développent ainsi, sans que nous puissions nous en souvenir ni réfléchir à leurs circonstances exactes.

L'inconscient ne se limite pas à nos perceptions inconscientes quotidiennes ni à la part inconsciente et profondément enfouie de notre prime enfance. Il y a aussi ce que l'on appelle les comportements automatisés. Combien de fois n'ai-je pas été surpris d'avoir pu rentrer chez moi sans encombre, alors que j'étais dans un état de totale ébriété, sans plus me souvenir de ce qui avait pu se passer durant le trajet ? Ou bien, comme il est étonnant que mes doigts trouvent chaque touche de mon clavier d'ordinateur en un dixième de seconde pendant que j'écris cette phrase, par exemple ! Si quelqu'un me demandait de dessiner de mémoire ce clavier en mettant les bonnes lettres sur les bonnes touches, il y a peu de chances que j'y arrive, même pour une seule touche. Or mes doigts en savent beaucoup plus que moi, de façon instantanée. Il ne faut pas oublier non plus toutes ces choses que j'ai vécues et aussitôt oubliées mais qui peuvent resurgir, très longtemps après, pour peu qu'elles trouvent un déclencheur, alors qu'entre-temps elles restent totalement inaccessibles à ma conscience. Un exemple typique nous est entre autres donné par les odeurs, qui ont ce pouvoir de rappeler à la conscience toute une série d'images que l'on croyait oubliées.

Si l'on considère tout cela, il faut bien reconnaître que Freud avait en grande partie raison : la plupart des choses qui se passent dans notre cerveau se déroulent de façon inconsciente. Et cet inconscient a une influence énorme sur notre comportement. On peut même dire que les perceptions inconscientes sont la règle, et les perceptions conscientes – qui sont naturellement très importantes pour nous – l'exception. Ne peut en effet devenir conscient que ce qui est en lien avec le cortex associatif. Or il est significatif de constater que celui-ci en est réduit à compter sur l'inconscient. Comme nous l'avons montré dans le chapitre précédent, les sentiments sont la colle qui nous tient et fait le lien entre eux. Sans les impulsions inconscientes du système limbique, le cortex associatif n'aurait aucune matière à enregistrer, à évaluer, sur laquelle réfléchir et s'exprimer. Il serait comme une machine extrêmement performante mais sans électricité et ne pourrait rien faire. L'inconscient contrôle notre conscient de façon beaucoup plus marquante que l'inverse. Dans notre développement personnel, il s'est établi bien avant notre conscience et il nous a marqués longtemps avant son éveil progressif. La somme des événements et de nos capacités inconscientes – le subconscient – est une force gigantesque sur laquelle nous ne pouvons agir que très difficilement de façon ciblée. Le chemin le plus courant pour tenter de parvenir à notre subconscient est le recours à une aide extérieure, et donc à une thérapie.

Aujourd'hui, les neurologues rêvent d'une psychanalyse à fondement neuroscientifique. En 1979, le célèbre spécialiste de la mémoire, Eric Kandel, avait formulé un programme ambitieux dont le but était la fusion des deux disciplines. Mais pour la psychanalyse, les propositions de Kandel visant à donner un fondement scientifique à leur discipline apparaissent comme une cure d'amaigrissement ascétique : finis les spéculations, les concepts hasardeux et les illusions de pouvoir soigner les maladies autant psychiques que physiques par des moyens psychanalytiques. En revanche, Kandel recourt à la recherche empirique, aux statistiques, à un strict contrôle des résultats et à l'emploi de scanners pour vérifier les performances de la thérapie en visualisant différentes zones du cerveau.

L'étude de l'inconscient avec les méthodes expérimentales de la neurologie ne fait que commencer. L'inconscient, ce parent pauvre de la philosophie, qui ne fut progressivement pris au sérieux que durant la seconde moitié du XIXe siècle, est sans doute aujourd'hui le champ d'investigation le plus important sur la voie qui mène à la connaissance scientifique de l'être humain. La théorie de la connaissance qui s'appuie sur la biologie reconnaît donc une double limitation à l'individu : d'abord limité par ses sens aux capacités spécifiques, tout comme par les restrictions spécifiques de son cerveau de primate (*voir les quatre premiers chapitres*) ; il est ensuite limité par la frontière entre conscient et subconscient. Il nous est de ce fait très difficile de pénétrer à l'intérieur de l'inconscient, qui constitue pourtant la plus grande part de nos expériences mais aussi de notre personnalité. Avant d'aborder, dans la deuxième partie de ce livre, les questions de notre comportement, il nous manque encore un aspect dont nous devons nous assurer, d'autant plus qu'il a toujours été sous-entendu jusqu'ici, sans qu'on en dise un mot. Il s'agit de la mémoire. Qu'est-ce que la mémoire et comment fonctionne-t-elle ?

• *Il y avait quelque chose, non* ? Qu'est-ce que la mémoire ?

NEW YORK

Il y avait quelque chose, non ?
Qu'est-ce que la mémoire ?

En fait, il pourrait se renverser sur son fauteuil d'un air satisfait et être fier de ce qu'il a accompli, mais la satisfaction n'est pas son fort. Cet homme d'un certain âge, très mince et élégant, habillé d'un costume gris, se tient droit dans son bureau. Avec ses larges bretelles et son nœud papillon rouge à pois bleus, il ressemble à un musicien ou un animateur, figure héritée de la grande époque des conférenciers à Broadway dans les années 50. Mais Eric Kandel n'est pas un artiste du spectacle. C'est le plus grand chercheur spécialiste de la mémoire dans le monde.

Son bureau au douzième étage est simple mais pas inhospitalier. Aucune extravagance. Les livres disposés sur l'étagère sont régulièrement utilisés ; parmi eux se trouve le gros volume déjà bien usé de *Principles of Neural Science*, l'œuvre de référence dans ce domaine et qui l'a rendu célèbre. Sur le rebord de la fenêtre sont posées des photos de sa famille et de collègues disparus. À travers la vitre teintée, on voit le nord de Manhattan ; en bas, la circulation venue de Riverside Drive se fraie un chemin dans cet environnement morne d'immeubles sombres, de baraques et de fil de fer barbelé. Cela fait maintenant sept ans que Kandel a eu le prix Nobel de physiologie et de médecine pour son travail sur la mémoire qui a été riche en stimulations de toutes sortes et en nouvelles découvertes. Et c'est ici, dans ce bureau, qu'il a passé la seconde partie de sa vie de chercheur. Les laboratoires surchargés situés de part et d'autre du couloir ressemblent à tous les laboratoires du monde. Mais cette apparence simple est trompeuse. Le Howard Hughes Medical Center de l'université de Columbia est l'un des centres les plus réputés au monde dans le domaine de la neurologie. Et le sémillant septuagénaire qui a conçu tout cet ensemble est loin d'être un fossile ou un original s'adonnant à ses lubies. Kandel, maître incontesté de cette ruche de collaborateurs à l'esprit vif, est toujours la figure centrale de ce laboratoire prestigieux.

On peut se quereller sur le fait de savoir si le monde est fait d'atomes ou d'histoires. Au début de l'histoire d'Eric Richard Kandel, il y a l'entrée des troupes allemandes de Hitler en Autriche. Pour son neuvième anniversaire, le 7 novembre 1938, le jeune Erich reçoit une petite auto bleue télécommandée. Son père est juif, il est marchand de jouets à Vienne ; et cette auto fait la fierté du petit Erich. Deux jours plus tard, le soir, on frappe de grands coups à la porte de l'appartement. Nuit de pogrome. L'antisémitisme se manifeste à Vienne de façon plus brutale que n'importe où ailleurs dans le Reich. La mère et ses deux fils sont contraints de quitter l'appartement, tandis qu'on emmène le père, qui sera soumis à un interrogatoire humiliant et ne retrouvera sa famille que dix jours plus tard. Pendant toute une année, les Kandel subissent les brimades du régime nazi ; ils sont spoliés de leurs biens, obligés de quitter leur appartement ; le père devient chômeur et le petit Erich perd tous ses amis. La communauté israélite de la ville aide la famille à survivre. En avril 1939, les deux jeunes fils parviennent à partir pour les États-Unis, où ils sont bientôt rejoints par leurs parents. Le mot d'ordre des juifs survivants : « Ne jamais oublier ! » va accompagner Erich durant toute sa vie. Ses parents ont du mal à s'adapter à la vie new-yorkaise. Erich, en revanche, qui se fait maintenant appeler Eric, n'a aucune peine à s'intégrer ; il fréquente la Yeshiva de Flatbush à New York, une école juive d'élite, puis la très renommée Erasmus Hall Highschool à Brooklyn. Il est l'un des deux lauréats parmi mille quatre cents candidats à obtenir une bourse pour faire ses études à Harvard. C'est là qu'il fait la connaissance d'Anna Kris, issue d'une famille de psychanalystes. Il tombe amoureux d'Anna mais il en pince encore plus pour la psychanalyse, « la science la plus fascinante qui soit, à la fois imaginative, globale et empirique ». Kandel se plonge dans la lecture de Sigmund Freud et y découvre « le seul principe prometteur pour la compréhension de l'esprit ». S'il veut devenir psychiatre, il lui faut faire des études de médecine. Il soupire : « Une matière incommensurablement ennuyeuse. » À l'automne 1955, il est dans le bureau de Harry Grundfest, à l'université de Columbia, et fait état de son projet de recherche au neurophysiologiste stupéfait : « Je veux trouver où se logent dans le cerveau humain le "moi", le "ça" et le "surmoi" de Freud. »

Aujourd'hui, il ne peut que rire de son intention. Trois sons monotones et profondément inspirés qui évoquent moins le rire humain que l'appel amoureux du calao. Avec sa façon bien à lui de raconter, mélange de charme viennois, d'humour juif et de désinvolture américaine, Kandel parle de sa conversion qui l'a fait passer de l'état de rêveur à celui de scientifique sérieux. Une seule cellule du cerveau à la fois, tel est le conseil de Grundfest à Kandel – et, en plus, choisir un animal suffisamment rustique dans sa constitution pour permettre des expériences aux résultats clairs. Quoi qu'il en soit, Freud a lui-même commencé comme neurobiologiste, et tenté de développer sa théorie de l'« appareil psychique » sur la base de la théorie des neurones. Ce que Freud n'a pu faire à cause du manque de connaissances de son époque, Kandel veut le réaliser. Durant les deux décennies qui suivent, il va passer plus de temps avec l'escargot de mer appelé *aplysie* qu'avec sa femme. Les premières expériences qu'il avait faites en plaçant des micro-électrodes sur la cellule nerveuse d'une écrevisse avaient déjà plongé dans l'extase notre neurologue débutant. L'euphorie est toujours sensible. Il écarte les bras, sa voix devient plus forte et plus aiguë : « J'étais à l'écoute des pensées profondes et secrètes de mon écrevisse ! » Mais l'*aplysie* se révèle encore plus spectaculaire à bien des égards. « Elle était grande, fière, belle et intelligente. » L'escargot de mer n'est pas un animal très compliqué. Seules vingt mille cellules nerveuses agitent son cerveau, ce qui n'est rien comparé aux cent milliards chez un être humain. Certaines de ces cellules sont cinquante fois plus grosses que celles des mammifères et on peut les voir à l'œil nu. Kandel se jette dans le travail avec une folle énergie.

Rayonnant, il parle des conquêtes faites durant cette période de pionnier : « Eric au pays des merveilles ». Un monde où rien n'est plus excitant que la neurologie, cartographie d'un continent inconnu comparable à la physique astronomique du XVIIe siècle et à la découverte de nouvelles voies maritimes à l'époque de la Renaissance. Durant les années 50 et 60, la recherche sur le cerveau est un voyage dans un pays largement inconnu. Et le chemin qui part des cellules nerveuses de l'escargot de mer pour expliquer comment l'être humain sent, pense et se comporte pourrait difficilement être plus long. Pourtant, Kandel est optimiste. Qu'il s'agisse de l'escargot de mer ou de l'être humain, le matériau de construction est largement analogue d'un point de vue biochimique. Ne pourrait-on pas imaginer que les mécanismes des cellules qui président à l'apprentissage et à la mémoire soient restés identiques au cours de l'évolution, et fonctionnent donc de la même façon chez tous les êtres vivants ? À l'aide de légers électrochocs sur la queue de l'aplysie, Kandel stimule des réflexes au niveau des ouïes et observe la réaction sur des cellules nerveuses préalablement choisies. Il découvre que celles-ci se transforment et s'aperçoit que des processus connus, des « expériences d'apprentissage » dans la mémoire à court terme de l'escargot de mer, augmentent la plasticité des synapses : elles s'étirent. Ses premiers articles sur le processus d'apprentissage de l'escargot de mer provoquent la perplexité de ses collègues. Il sourit. Il rayonne comme un enfant qui sait que ses tours de passe-passe ont marché. « Les chauvinistes du mammifère ne savaient pas bien quoi penser. Ils croyaient que ce genre d'expérience ne marchait que sur les mammifères. »

L'étude de la mémoire, le terrain sur lequel s'était aventuré Kandel, ne pouvait être plus semé d'embûches. Mais qu'est-ce que la mémoire ? Qu'est-ce que le souvenir ? Il n'est pas facile de répondre à cette question. La mémoire n'est-elle pas en effet quelque chose comme notre identité ? Que serions-nous sans souvenirs ? Non seulement nous n'aurions pas de biographie, mais nous n'aurions pas de vie non plus, ou du moins pas de vie consciente. Comprendre, c'est pouvoir établir une relation avec d'autres choses que nous connaissons. Et nous ne pouvons connaître que ce que nous avons enregistré. Pour comprendre la phrase que vous êtes en train de lire maintenant, il vous faut d'abord comprendre chacun de ses mots pris isolément, donc les reconnaître, et en même temps reconnaître la signification de toute la phrase, donc son sens. Et c'est un grand avantage si vous vous souvenez aussi des phrases que vous avez lues avant, sinon mot à mot du moins dans ce qu'elles ont d'essentiel pour leur *signification*. J'ai fait exprès de mettre le mot signification en italique, car il nous dit quelque chose de très important : en effet, nous n'enregistrons (en règle générale) pas des mots ou des phrases dans notre cerveau, mais des choses qui ressemblent à des essences personnelles, les significations que ces choses ont pour nous. Et ce n'est pas seulement valable pour les mots, c'est valable pour tout. Très rares sont les gens capables de dessiner de mémoire des visages qui leur sont chers, même si ce sont des dessinateurs de talent. Si je pense à mon grand-père que j'ai adoré quand j'étais enfant, je le vois en images, dans un certain nombre de situations qui forment seulement de petites séquences émotionnelles. Ce sont des impressions, et non un grand film qui se déroule. Et lorsque je me représente mon appartement, je ne vois jamais toutes les pièces en même temps mais simplement quelques pièces ou quelques parties de ces pièces.

Comment expliquer ces séquences mal éclairées ? Comment passe-t-on de l'information à la signification ? Et qui décide du choix ? Pourquoi est-ce que je me souviens encore du nom du chien du concierge de mon école primaire alors que j'oublie d'appeler ma femme pour l'anniversaire du jour où nous nous sommes rencontrés – alors que je connais parfaitement cette date et que je me moque bien du chien du concierge mais pas du tout de ma femme ? Et pourquoi est-ce que, pour cet exemple, c'est ce chien qui m'est spontanément venu à l'esprit alors que je ne lui ai pas accordé une pensée pendant trente-deux ans ? Tout laisse à penser que le souvenir est dans une large mesure insaisissable. Il jaillit du néant et se retrouve devant nous sans prévenir. On ne peut pas le contrôler selon notre bon vouloir ; on ne peut même pas oublier sciemment ce dont on se souvient ! Quelle est donc cette force anonyme du souvenir qui va chercher certaines images dans les brumes de l'oubli pour les rappeler à ma conscience ? Combien de choses sont conscientes et combien sont inconscientes dans ma mémoire ? Qui ou quoi dirige le transfert du savoir conscient dans la grande malle de l'oubli ? Et qui va à l'occasion aller y repêcher telle ou telle chose ? Celle-ci, par exemple : quand je suis revenu à Berlin après douze ans d'absence, j'ai senti avec plaisir cette odeur inimitable du métro, alors que je ne savais même pas qu'elle était pour moi particulière – et que je l'avais donc appréciée d'une façon ou d'une autre. Est-ce moi qui me souviens ou bien le souvenir a-t-il une vie propre ? Suis-je vraiment le sujet de mon souvenir, n'en suis-je pas plutôt l'objet ?

Le fait que notre cerveau enregistre des significations et non des données, comme des archives ou un CD-ROM, rend très difficile l'étude de la mémoire et du souvenir. Il est certain qu'un jour tous ces processus pourront être *décrits* par la neurologie de façon génétique, chimique et électrophysiologique – mais cela permettra-t-il pour autant de les *comprendre* ? Que sait-on de la mémoire humaine une fois que l'on sait comment certaines molécules interagissent ? Il semblerait que l'étude de la mémoire donne beaucoup plus de fil à retordre aux philosophes et aux psychologues que l'étude des sentiments ou du subconscient.

Lorsque nous nous souvenons de quelque chose, nous pensons à quelque chose qui a été pensé et senti et qui a laissé des traces dans notre cerveau. Nous le pensons et le sentons de nouveau, de façon plus ou moins semblable à la première fois. Les seuls à faire exception sont un petit groupe d'individus que l'on appelle les « savants ». Ce sont des personnes capables de stupéfiantes prouesses de mémoire, comme Kim Peek. C'est lui qui a servi de modèle au personnage du film *Rainman* où Dustin Hoffman joue justement le rôle d'un autiste *savant*. Kim vit à Salt Lake City et, à l'heure qu'il est, il se rappelle par cœur et mot pour mot pas moins de douze mille livres, de la même façon qu'il sait sans réfléchir à quel jour correspond n'importe quelle date du calendrier. Mais il en paie le prix. À cinquante ans, Kim vit toujours avec son père et il est incapable de s'habiller seul, de se faire un œuf au plat ou un sandwich. Certains experts de la mémoire considèrent les *savants* comme une formidable fenêtre ouverte sur le cerveau humain. Malheureusement, ce que l'on voit par cette fenêtre est très mystérieux. Chez la plupart des *savants*, certaines fonctions du cerveau sont absentes ou déficientes, ils compensent ce déficit en se branchant sur d'autres circuits qui peuvent parfois engendrer des prouesses. Mais pourquoi un *savant* comme Stephen Wiltshire, après avoir survolé pendant quarante-cinq minutes la ville de Rome, qu'il ne connaissait pas, est-il capable de dessiner de tête chaque (!) maison avec le nombre exact de fenêtres ? Pourquoi ne retient-il pas des significations, et donc des impressions, mais simplement des informations ? Voilà une question à laquelle la science n'a pas encore de réponse.

Le fait que nous oubliions tant de choses que nous avons vécues a aussi du bon pour nous qui ne sommes pas des *savants*. Les souvenirs embellissent la vie, mais seul l'oubli la rend supportable. Or, comment fonctionnent le souvenir et l'oubli ? Les neurologues divisent aujourd'hui la mémoire en une mémoire *déclarative* (expressive) et une mémoire *non déclarative* (cachée). Cette distinction correspond exactement à celle qui est faite entre le conscient et le subconscient. La mémoire expressive fait revivre des choses vécues et pensées de façon consciente, et il est alors possible de parler de ce dont on se souvient. La mémoire cachée s'occupe de choses que nous stockons sans le savoir ou sans nous en rendre compte, comme l'odeur du métro à Berlin qui m'avait frappé sans que je m'en sois aperçu. Ces deux types de mémoire peuvent à leur tour être divisés en sous-parties, un peu comme les différents types du moi ou de l'inconscient. La mémoire expressive est de toute évidence constituée de trois composantes différentes : la *mémoire épisodique*, la *mémoire factuelle ou sémantique* et la *mémoire familière*. La *mémoire épisodique* nous accompagne durant toutes nos journées et concerne tout ce que nous vivons de façon consciente. Ce qu'il me semble important de me rappeler, ce qui m'émeut ou me préoccupe, tout cela va se fixer dans cette mémoire épisodique. De tous les types de mémoire, c'est certainement elle qui détermine le plus fortement la compréhension que j'ai de moi et mon identité. C'est ici que « nous inventons, dit l'écrivain Max Frisch, la biographie que nous considérons ensuite comme notre vie ».

Ce qui n'a pas de place dans le film de ma vie, avec moi dans le rôle principal et les autres personnes importantes à mes yeux dans les rôles secondaires, va se fixer dans la *mémoire factuelle*. Ce que je suis en train d'écrire maintenant sur la mémoire provient de ma mémoire factuelle et, de là, va certainement dans la vôtre. Recettes de cuisine, numéros de comptes, horaires des trains que je prends régulièrement, tout mon savoir sur le monde est stocké ici. Mais cette mémoire ne travaille pas sans un certain nombre de conditions. Pour pouvoir reconnaître les choses de ma vie, il me faut savoir que je les sais. Cette tâche est accomplie par la *mémoire familière*. C'est elle qui me dit si les choses me sont connues ou non. Normalement, cela ne nécessite pas une longue analyse. Cette mémoire travaille manifestement de façon assez facile et automatique : je sais très bien si je connais quelque chose ou non, et le nombre d'exceptions où je ne suis pas sûr de moi est relativement faible. Dans ses automatismes, la *mémoire familière* travaille un peu comme la mémoire cachée. S'y rapportent tout le reste des souvenirs intuitifs où la conscience ne joue aucun rôle, ou simplement un rôle mineur. Dans le chapitre précédent, il était question des doigts qui « savent » se repérer sur le clavier de l'ordinateur et de mes pieds qui « savent » où avancer quand il s'agit de rentrer à la maison. Manifestement, doigts et pieds se souviennent étonnamment bien des bonnes touches et des bonnes rues sans que la conscience, qui travaille plus lentement (ou embrumée par les vapeurs d'alcool), ait beaucoup à faire. Un automobiliste expérimenté passe « automatiquement » les vitesses et analyse « intuitivement » la circulation. Et, au football, un bon attaquant ne réfléchit pas longtemps quand il prend en une demi-seconde la décision de tirer à tel ou tel endroit, tandis que le goal lève les bras « par réflexe ». Dans toutes ces actions, c'est la mémoire cachée de notre subconscient qui travaille.

Une seconde capacité de décision de ma mémoire relève du plus grand mystère. Celle-ci ne fait en effet pas seulement une distinction entre ce qui m'est connu et ce qui ne m'est pas connu – elle fait aussi une distinction entre ce qui est *important* et ce qui ne l'est *pas*. Nous avons beaucoup de mal à visualiser tous les objets qui sont dans une pièce. Mais dès que quelque chose a changé dans cette pièce et n'est pas comme d'habitude, nous le remarquons. Nous accordons manifestement une grande importance à ce qui est nouveau et inhabituel. Et seul ce qui est considéré comme suffisamment important est aussi stocké de façon intentionnelle. Cependant, qui décide de ce qui est important ou non ? De toute évidence, le critère d'importance peut aussi bien avoir une origine consciente qu'inconsciente. La mémoire expressive et la mémoire cachée ne peuvent donc se dissocier aussi facilement que je le fais ici. Si presque tous les neurologues sont d'accord sur la division de la mémoire, cette construction n'en reste pas moins hypothétique. Et il est vrai que si l'on y regarde de plus près on s'aperçoit que toutes ces distinctions commodes sont en réalité très vagues et purement spéculatives. En fait, à strictement parler, elles ne proviennent pas de la neurologie mais sont issues de la psychologie. Et leur degré de vérité est à peu près analogue à la distinction que fait Freud entre le ça, le moi et le surmoi. Ce sont des distinctions pratiques et plus ou moins plausibles, mais elles ne reposent pas sur une base solide. La raison en est simple : il n'y a pas d'endroit dans le cerveau où serait implanté un disque dur appelé « mémoire », que l'on pourrait décrire et où certains enregistreurs seraient chargés de certaines fonctions. Il n'existe pas plus de région appelée « mémoire à court terme » que de région appelée « mémoire à long terme » ; de la même façon, la mémoire expressive et la mémoire cachée n'ont pas d'implantation visible. D'un point de vue physiologique, les neurologues avancent pratiquement à tâtons.

Mais s'il n'y a pas de lieu précis pour la mémoire, comment Eric Kandel a-t-il pu alors étudier la mémoire à court terme de l'escargot de mer, et même observer comment ses synapses s'allongent dans le processus d'apprentissage ? La réponse, c'est que le mécanisme biochimique étudié par Kandel peut être observé sur de nombreuses cellules nerveuses différentes. Il suffit de trouver quels neurones sont responsables de certaines fonctions physiques pour pouvoir procéder aux expériences adéquates. Sa prouesse décisive fut de montrer comment l'expérience laisse *une trace dans le cerveau* : une modification des synapses. La capacité plastique des synapses à se modifier permet de stocker des expériences pendant un certain laps de temps. Les synapses de tous les animaux ne cessent en effet de se modifier au fil de leurs expériences, même si c'est dans un cadre de possibilités bien délimité. Car les cellules nerveuses ne peuvent bien sûr pas tout apprendre ; elles sont flexibles mais de façon limitée. Kandel fut retenu pour le Nobel quand il parvint à montrer que les expériences faites sur l'aplysie pouvaient être reproduites sur des rats. C'est dans ce contexte qu'il découvrit, dans les années 80, la protéine CREB. Si l'on injecte du CREB dans une cellule nerveuse du cerveau, le nombre des liaisons synaptiques augmente. Kandel se rendit compte que les synapses deviennent plus *efficientes* dans la mémoire à court terme. En revanche, la mémoire à long terme ne provient pas d'une amélioration qualitative à l'intérieur des synapses mais du fait que *le nombre des liaisons synaptiques augmente* sous l'effet de la protéine CREB. C'est cette découverte qui propulsa Kandel sur le devant de la scène – c'était la première théorie digne d'être discutée sur l'origine des souvenirs remontant loin dans le passé. Kandel obtint le prix Nobel en 2000 avec le Suédois Arvid Carlsson et l'Américain Paul Greengard. Carlsson avait effectué des travaux décisifs sur le dépistage de la maladie de Parkinson et les moyens de la soigner. Greengard avait découvert que des protéines peuvent fonctionner comme messagères et modifier des réactions cellulaires dans le cerveau, découverte fondamentale aussi pour les travaux de Kandel sur la mémoire à long terme.

Kandel a bien conscience qu'il n'a fait que « gratter à la surface » de la mémoire à long terme, et s'il sait qu'il est le premier, il sait aussi qu'il ne sera pas le dernier. Car il reste évidemment de nombreuses questions en suspens. Lors de ses expériences, Kandel s'est concentré sur l'hippocampe des rats, qui est entre autres responsable de l'orientation spatiale. Au moment où le rat apprenait à retrouver son chemin dans un labyrinthe, on lui injectait une dose de CREB dans l'hippocampe. On reproduisait le même processus biochimique dans d'autres régions du cerveau qui, pour autant que l'on sache, n'avaient rien à voir avec l'apprentissage et le souvenir. Le processus déclenché par le CREB dans les cellules nerveuses est une explication certes nécessaire, mais manifestement pas suffisante quant à l'émergence de souvenirs à long terme. Si l'on compare la mémoire avec le système des hautes mathématiques, les neurologues en sont simplement à comprendre ce qu'est un chiffre.

La façon dont notre cerveau stocke des impressions, fait la différence entre ce qui est important et ce qui ne l'est pas reste donc toujours un mystère. En revanche, une chose semble claire : pour pouvoir me rappeler de façon totalement consciente une chose et aller la chercher à volonté dans un tiroir de ma mémoire, il faut que j'aie saisi cet événement par le langage. Il ne doit pas être inscrit dans des mots préalablement existants, comme un poème que j'apprendrais par cœur, mais réfléchi d'une façon ou d'une autre. Et, pour autant que nous le sachions, le cerveau humain n'est capable d'aucune réflexion sans le recours au langage. Mais si tout ce que nous savons ou croyons savoir est lié au langage, qu'en est-il alors de cet extraordinaire instrument de connaissance ? Est-il un moyen privilégié pour nous donner accès à la réalité ? Nous donne-t-il un savoir objectif du monde ?

- *La mouche dans le piège.* Qu'est-ce que le langage ?

CAMBRIDGE

La mouche dans le piège
Qu'est-ce que le langage ?

Un jour d'automne 1914, un jeune ingénieur en aéronautique est posté sur une embarcation au milieu de la Vistule. Depuis le mois de juillet, l'Autriche-Hongrie est impliquée dans une guerre qui va rester dans les livres d'histoire sous le nom de Première Guerre mondiale. Mais cet ingénieur de vingt-cinq ans affecté sur le front oriental ne s'intéresse pas à cette guerre, même s'il s'est porté volontaire. Il vient de découvrir un article dans une revue, et cet article le préoccupe plus que tout le reste. Il relate une affaire d'accident de la circulation devant un tribunal parisien. Cela a eu lieu un an auparavant, et les accidents de la circulation compliqués impliquant des automobiles sont encore des choses rares dans les grandes villes d'Europe. Pour bien se rendre compte des circonstances de celui-ci, le tribunal a fait procéder à une reconstitution avec des modèles réduits. Il y a des maisons, un camion, des personnages et un landau, tous de la taille de jouets, et que l'on peut faire avancer en les poussant. L'ingénieur est fasciné. Comment est-il possible qu'un modèle réduit puisse se substituer à la réalité ? D'abord en veillant à ce que les modèles réduits correspondent le plus fidèlement possible aux objets réels. Ensuite en faisant en sorte que le rapport entre les différents personnages corresponde exactement au rapport effectif entre les objets réels. Mais si l'on peut donner une image de la réalité grâce à des modèles réduits, ne peut-on faire la même chose avec les figures de la pensée, avec les mots ? Et il note dans son journal : « Toute phrase est un monde que l'on essaie de constituer. »

Comme Descartes avait donné une formidable impulsion à la philosophie au début de la guerre de Trente Ans, ce jeune ingénieur en aéronautique va modifier de façon radicale le cours de la philosophie au début de la Première Guerre mondiale. De façon plus radicale que n'importe qui d'autre auparavant, il place la logique du *langage* au centre de la pensée. Ce tournant fait de lui l'un des philosophes les plus influents du XXe siècle. Son nom : Ludwig Wittgenstein.

Wittgenstein est né en 1899 à Vienne, la ville de Sigmund Freud, Ernst Mach, Gustav Mahler, Heimito von Doderer et Robert Musil. Il est le cadet d'une famille de neuf enfants. Son père, Karl Wittgenstein, est un magnat de la sidérurgie ; sa mère est pianiste, et ce mélange de grande bourgeoisie industrielle et de sensibilité artistique n'est pas sans rappeler les *Buddenbrook* de Thomas Mann. Mais comparé au destin des neuf enfants Wittgenstein, celui des trois enfants Buddenbrook, Thomas, Christian et Toni, paraît presque ordinaire. Si l'un des fils devient un pianiste célèbre, trois des enfants se suicident un peu plus tard. Ludwig aussi a un caractère excentrique, tantôt incertain et dépressif, tantôt arrogant et présomptueux. Comme tous les enfants Wittgenstein, Ludwig est éduqué à la maison par des précepteurs et il ne va à l'école qu'à l'âge de quatorze ans. À la différence des autres philosophes dont il a été jusqu'ici question, il n'est pas un bon élève. Il réussit néanmoins au baccalauréat, ce qui lui permet de se lancer dans des études d'ingénieur. Wittgenstein a un faible pour la technique et les machines, chose qui n'a rien d'inhabituel à une époque où les ingénieurs révolutionnent le monde avec les automobiles, les avions, les ascenseurs, les gratte-ciel et les téléphones, inaugurant ainsi l'époque moderne.

En 1906, il s'inscrit à la Technische Hochschule de Berlin, une université de renommée internationale. En 1908, il part pour Manchester, où il travaille avec des fortunes variables sur des moteurs d'avion et des hélices. Mais il est surtout fasciné par la logique et les mathématiques. Il rend visite, à Iéna, au mathématicien Gottlob Frege qui, dans une solitude relative, tente de décrypter les lois générales de la logique, et pas seulement en mathématiques. Frege reconnaît vite le talent de Wittgenstein et le dirige vers les deux grands noms de l'époque en philosophie : Alfred North Whithead et Bertrand Russell, de l'université de Cambridge. Wittgenstein s'inscrit au Trinity College de Cambridge en philosophie, mais le vénéré Russell considère d'abord que ce jeune ingénieur excentrique n'est qu'un bavard. « Après le cours, un Allemand tout excité est venu me trouver pour se disputer avec moi... C'est une perte de temps que de discuter avec lui. » Cependant, Russell ne tarde pas à changer d'avis. Au bout de quelques semaines seulement, il considère Wittgenstein comme un génie et place même le brio de ses pensées au-dessus des siennes. Il permet à Wittgenstein de critiquer ses *Principia mathematica* et d'essayer de les améliorer, espérant apprendre beaucoup de ce jeune Autrichien de dix-sept ans son cadet. Wittgenstein se lance à corps perdu dans ce travail seulement interrompu par de fréquents voyages, notamment en Norvège où il se fait construire au bord d'un fjord une cabane dans laquelle il peut vivre son homosexualité avec un ami de Cambridge. Mais il veut faire beaucoup plus qu'améliorer simplement la logique de Russell. Tous ses efforts portent sur une œuvre personnelle : un *Traité logico-philosophique*. Il poursuit ses études pendant la guerre et ses exigences ne cessent de grandir : « Oui, mon travail est passé des bases de la logique à l'essence du monde. » Le livre est terminé avant même la fin de la guerre, durant l'été 1918. Mais il ne paraît qu'en 1921, dans une revue. En 1922 est publiée une version bilingue portant le titre sous lequel il est aujourd'hui connu, et qui est celui de la version anglaise : *Tractatus logico-philosophicus*, un petit ouvrage d'à peine cent pages, avec des phrases et des paragraphes soigneusement numérotés qui font penser au système de numérotation des versets de la Bible. La réaction, autant à Cambridge que dans le reste du monde philosophique occidental, est enthousiaste.

Qu'est-ce qui a fait de ce mauvais élève une comète au firmament de la philosophie ? Et en quoi consistait son « génie » partout célébré ? Comme on peut déjà le voir dans sa réaction au compte rendu de l'accident à Paris avec les modèles réduits, l'idée innovante de Wittgenstein était de mettre le langage au centre de la philosophie. Aussi étonnant que cela puisse paraître, le langage avait été jusque-là un parent pauvre de la philosophie. Bien entendu, tous les philosophes se rendaient compte qu'ils exprimaient leurs pensées par des mots et des phrases, mais ils s'étaient rarement penchés sur la *dépendance* de leurs idées et de leurs conclusions par rapport au langage. Même Kant, qui (comme nous le verrons dans la deuxième partie de cet ouvrage) avait mis au centre de sa philosophie les règles du jeu de notre expérience et de notre pensée, ne s'était guère soucié des nécessités du langage. Wittgenstein retrouvait cette même lacune chez Whitehead et Russell. Comment décrypter la logique de l'expérience et de la connaissance humaines du monde si l'on néglige la logique dans laquelle cette logique est formulée ? Wittgenstein affirmait au contraire que « toute philosophie est critique du langage ».

Tout cela était bel et bon, mais à quoi devait ressembler cette correction ou ce contre-projet ? Wittgenstein pensa à l'accident de la circulation où les personnages et les relations entre eux *reflétaient* la réalité. La même chose se produit dans une phrase : les mots et la structure de la phrase sont un reflet de la réalité. Les substantifs correspondent aux « choses » du monde. Et ils acquièrent leur signification par le rapport qu'ils entretiennent entre eux dans la phrase. Si les noms et la structure de la phrase coïncident avec les choses et l'ordonnancement des choses dans la réalité, alors la phrase est *vraie*. Dans le principe du moins. Car pour qu'un tel miroir reflète effectivement la réalité, il faut éliminer toutes les erreurs de construction. Dans le cas de la langue, cela signifie qu'elle doit être optimisée par rapport à son emploi quotidien. Toutes les phrases *absurdes* et toutes les phrases *dénuées de sens* doivent être éliminées. Les phrases absurdes sont celles qui n'ont pas besoin de la réalité pour être vérifiées, par exemple : « Vert est vert. » Et les phrases dénuées de sens sont celles dont on ne peut savoir si elles sont justes ou fausses parce que rien dans la réalité ne leur correspond, par exemple : « La phrase que je prononce à ce sujet est fausse. » Wittgenstein était si conséquent avec lui-même qu'il voulait même bannir du langage tous les énoncés moraux, « bien » et « mal » ne reflétant aucune des choses qui existent dans la réalité. C'est pourquoi la morale ne pouvait être exprimée que par le langage des signes, un geste ou un regard. Car « ce qu'il est possible de dire se dit de façon claire, et ce dont on ne peut parler doit être passé sous silence ».

Le rêve de Wittgenstein était une *langue de la précision* permettant de saisir et de décrire la réalité de façon objective, quels que soient les domaines de la vie. Il commença par inspirer la société Ernst Mach, un groupe de théoriciens et de philosophes réunis à Vienne, qui rejoignirent le cercle de Vienne en 1922 pour tenter de parachever le programme de Wittgenstein. Le Cercle y travailla durant quatorze ans, mais il dut finalement jeter l'éponge. Et l'on peut dire : Heureusement ! En effet, qu'est-ce qui en serait sorti ? Quel autoritarisme dans la langue et quel totalitarisme dans la société pour dicter à ses concitoyens une langue de la précision ! Quelle perte si les professeurs dans les écoles avaient dû enjoindre à leurs élèves de ne plus écrire de phrases ambiguës, de ne plus recourir à l'ironie et de bannir toutes les métaphores ! Et même si la réforme de Wittgenstein n'avait rénové que la philosophie, comme celle-ci serait devenue ennuyeuse !

La raison de cet échec n'est en rien imputable à la qualité du travail du cercle de Vienne. Elle est bien plus profonde. Une langue de la précision est en effet totalement inhumaine au sens propre du terme : elle constituerait une profonde méprise sur l'évolution humaine et la fonction fondamentale de la langue. Car le moteur du développement de la langue n'est de toute évidence pas la recherche de la vérité et de la connaissance de soi. On pourrait dire que son ressort repose plutôt sur un besoin *social* de compréhension. Wittgenstein, au contraire, considérait la langue comme un instrument général de connaissance. Il l'envisageait à la façon d'un technicien et d'un ingénieur, et n'appréciait sa valeur que par rapport à la logique. Il partageait cet excès avec Whitehead et Russell, pour qui la logique représentait une sorte de formule universelle de la pensée – ce qu'elle n'est pas. La logique n'est qu'*un* moyen de penser parmi d'autres et *un* élément de la langue. Vouloir tout juger d'après les lois de la logique conduit à l'absurde dans la pratique de la vie !

Pour bien comprendre comment des gens aussi intelligents que Russell et Wittgenstein en étaient arrivés à vouloir expliquer le monde par les seules règles de la logique, il faut se représenter l'atmosphère pleine de pathos qui régnait alors à Cambridge. L'esprit de pionniers des techniciens et des ingénieurs s'était aussi emparé de la philosophie, qui avait traversé une période vide de toute inspiration durant les décennies précédentes et qui connaissait désormais son plein épanouissement. Certes, ni Russell ni Wittgenstein ne savaient très bien s'ils allaient ainsi conduire la philosophie à son apogée ou s'ils allaient à l'inverse l'abolir. Mais ils étaient tellement pris par leurs idées qu'ils croyaient pouvoir renoncer à tout ce qui empêche la vie d'être rectiligne. Ils se montraient d'une arrogance extrême face aux autres sciences de l'homme. Wittgenstein avait lu Freud, mais, comme il jugeait tout à l'aune de l'utilité pour la logique, il trouvait la psychanalyse aussi peu féconde que la psychologie. Il ne connaissait pas la neurologie, ce dont on ne pouvait lui tenir rigueur à l'époque. Cajal ou Sherrington étaient alors inconnus de la plupart des penseurs.

La formation philosophique de Wittgenstein était assez simple, tout le contraire de celle de Russell. C'est pourquoi il ne se souciait pas trop de savoir si l'homme peut saisir de façon adéquate la réalité objective, question qui, au moins depuis Kant, préoccupait toute la philosophie. Il ne se souciait pas non plus de la psychologie de la perception qui préoccupait nombre de ses contemporains. Et dans son *Tractatus*, il ne se souciait pas le moins du monde du contexte social de la langue et du langage. Cela explique pourquoi l'homme idéal de Wittgenstein devait utiliser la langue à peu près comme le petit Joseph de onze ans dont nous parle Oliver Sacks dans son livre *Des yeux pour entendre* : « Joseph voyait, distinguait, faisait des catégories, utilisait ; il n'avait aucune difficulté avec la catégorisation et la généralisation perceptuelle (reposant sur la perception), mais il semblait être incapable de dépasser ce stade... On avait l'impression qu'il prenait tout au pied de la lettre, comme s'il n'était pas en mesure de jouer avec des images, des hypothèses, des possibilités ou bien de pénétrer dans le royaume de l'imagination ou des métaphores. Il semblait coller au présent comme un animal ou un petit enfant et être limité à l'expérience concrète et immédiate, sauf que cela lui était constamment mis sous les yeux par le biais d'une conscience qu'un petit enfant ne peut pas avoir. »

Ce qu'il y a de singulier dans l'histoire de Joseph, c'est qu'il n'est pas un élève nourri par la langue de la précision de Wittgenstein, mais un garçon sourd qui a passé les dix premières années de sa vie sans maîtriser le langage des signes. L'expérience qu'a Joseph de la langue est dénuée de toute nuance venue de son utilisation. Car il n'en a jamais eu, ni comme langue des sons ni comme langue des signes. Joseph dispose néanmoins d'une compréhension des mots et d'un sens immédiat de la syntaxe. Sa compréhension du langage est de ce fait logique au sens élémentaire du terme, mais elle n'est pas sociale.

L'explication est bien connue. Depuis la théorie du linguiste américain Noam Chomsky, qui date des années 60, tout laisse à penser que les humains viennent au monde avec un sens inné de la langue et de la grammaire. C'est pourquoi les enfants apprennent leur première langue de façon quasi automatique. Elle grandit en eux, un peu comme les parties physiques. Mais il y a à cela une condition indispensable et importante : il faut que les enfants puissent imiter la langue qu'ils entendent. Comme les chimpanzés, les humains n'utilisent environ qu'une trentaine de sons différents, mais à partir de ceux-ci ils peuvent former des phrases complexes. Il semble que chez les chimpanzés chaque son ait une signification précise. Au cours de l'évolution humaine, en revanche, des sons comme « ba » ou « co » ont peu à peu perdu leur signification. Ils sont devenus des syllabes. En d'autres termes : les hommes ont relié entre eux des sons dépourvus de signification pour en faire des mots chargés de sens.

Il est difficile de savoir pourquoi ce processus a eu lieu chez les humains – à la différence de ce qui s'est passé avec les grands singes. Il est possible que le larynx se soit peu à peu déplacé vers le bas au cours de l'évolution humaine, ce qui a considérablement augmenté les possibilités d'émettre des sons. Mais même dans ce cas de figure nous manquons d'explications claires. En revanche, nous connaissons bien la région du cerveau qui rend possible notre grammaire. C'est l'aire de Broca, qui permet de former des significations à partir d'une suite de sons, au moyen de leur articulation. Elle est située légèrement au-dessus de notre oreille gauche. Jusqu'à l'âge de trois ans à peu près, c'est à partir de là que les enfants élaborent presque exclusivement leur langue. La première, en tout cas, si Chomsky a raison. Les autres langues apprises plus tard le sont manifestement grâce à des zones voisines. L'aire de Broca permet la motricité de la parole, la formation et l'analyse des sons, l'articulation et la formation de mots abstraits ; la compréhension et l'imitation d'une langue, elles, ressortissent à une autre région, l'aire de Wernicke. Cette distinction découverte au XIXe siècle est toujours valable de nos jours, même si l'image détaillée du travail langagier est beaucoup plus compliquée, ce qui a d'ailleurs conduit les neurologues à inclure d'autres régions du cerveau dans ce processus.

Il reste que la première langue est apprise de façon inconsciente et qu'elle est pour ainsi dire socialement « singée ». Sa fonction la plus importante consiste à comprendre et à être compris. C'est la grammaire et le contexte qui déterminent si quelque chose est compréhensible ou non. C'est ainsi que la phrase « Je vois rouge » peut signifier que je vois à travers des lunettes rouges, mais elle peut tout aussi bien signifier que je suis en colère. Ce genre de phrase était une vraie torture pour le jeune Wittgenstein, mais la langue fourmille de ce genre d'ambiguïtés. Ce qui condamne toute idée d'une langue dotée d'une précision absolue, c'est le fait que la signification d'une phrase dépend de l'*emploi* des mots.

Au début, Wittgenstein ne veut pas admettre la moindre objection contre son *Tractatus*. Il estime, à sa façon bien à lui, qu'il a accompli sa part avec cet ouvrage et dit tout ce qu'il est possible de dire sur ces choses. C'est pour cette raison qu'il renonce aussi à servir la philosophie dans laquelle il a fait une brève incursion si lourde de conséquences. Il répartit son patrimoine entre ses frères et sœurs, et se met à dépenser des sommes colossales pour aider les jeunes poètes, les peintres et les architectes. L'étape suivante est une échappée vers la pédagogie pratique. Notre philosophe célèbre et vénéré, du moins en Angleterre, fréquente l'institut de formation des maîtres à Vienne et se fait employer presque incognito comme instituteur dans une école primaire de province. Le fruit de son travail est catastrophique. Il a sans doute été un vrai tyran pour la plupart des enfants de cette campagne. En 1926, à bout de nerfs, il abandonne l'enseignement et travaille quelques mois comme aide-jardinier dans un monastère. Mais bientôt il se lance à corps perdu dans un nouveau projet : avec un architecte, il dessine et construit pour sa sœur Margarete une villa cubiste à Vienne, se réservant surtout l'aménagement intérieur. La maison devient un centre de la Vienne cultivée, et le cercle de Vienne s'y retrouve souvent. En 1929, Wittgenstein retourne à Cambridge après quinze ans d'absence. Il obtient son doctorat en présentant le *Tractatus* comme sujet de thèse, mais ses nouveaux travaux prennent fréquemment le contre-pied exact de ce qu'il a affirmé dans son œuvre de jeunesse. Il travaille comme un possédé, mais il considère que rien de ce qu'il écrit ne vaut la peine d'être publié. Simple assistant à l'université, il vit de peu, aidé par des bourses, avant de devenir enfin professeur, à cinquante ans. Durant toute cette période, il a été un « ermite », un ascète, un gourou et un « guide », ainsi que le décrit l'un de ses anciens élèves ; un véritable personnage de roman qui est passé du luxe à la pauvreté et était déjà de son vivant une figure de légende.

À un moment donné, Wittgenstein s'est plus ou moins nettement rendu compte que sa théorie sur la langue comme décalque de la réalité était fausse. Le coup de grâce lui fut porté par un de ses collègues à Cambridge, l'économiste italien Piero Saffra. Au moment où Wittgenstein affirmait que la langue reflétait la structure logique de la réalité, Saffra passa le bout des doigts de sa main tournée vers l'extérieur sous son menton et demanda : « Quelle est la forme logique de *ça* ? » Wittgenstein abandonna sa théorie du reflet. Et c'est à Saffra qu'il dédia son œuvre tardive, les *Investigations philosophiques*, qu'il commença à rédiger en 1936, après de nombreuses tentatives avortées. Le livre, qui ne parut qu'en 1953, deux ans après la mort de Wittgenstein, abandonne non seulement la théorie du reflet, mais aussi l'idée que l'on ne peut comprendre la langue qu'avec les moyens de la logique. La phrase la plus pittoresque de cet ouvrage, celle qui a plus tard enthousiasmé l'écrivain Ingeborg Bachmann, est la suivante : « On peut considérer notre langue comme une vieille cité : un dédale de ruelles et de places, de maisons anciennes et neuves avec des ajouts issus de différentes époques, le tout entouré par une quantité de faubourgs avec des rues rectilignes et des maisons toutes identiques. » Wittgenstein reconnaît que la « signification d'un mot » vient de son « emploi dans la langue ». Au lieu de fixer de façon logique des significations et des structures de phrases, les philosophes devraient s'efforcer de rendre compréhensibles les règles d'emploi de la langue, les différents « jeux de langage ». C'est dans ce contexte qu'il finit par découvrir l'importance de la psychologie qu'il avait auparavant écartée d'un revers de la main. Dans la mesure où les jeux de langage n'existent pas dans l'absolu mais au sein de communautés humaines, il conviendrait de les expliquer non pas de façon purement logique mais bien plutôt de façon psychologique. Si l'on a besoin de psychologues, ce n'est pas pour qu'ils fassent des expériences sur la psyché mais pour qu'ils expliquent les jeux de langage dans leur contexte social. Car « la principale source de notre incompréhension », c'est que « nous ne supervisons pas l'emploi de nos mots ». Et, dit de façon plus jolie : « Quel est ton but en philosophie ? Montrer à la mouche comment sortir du piège à mouches. »

Comme durant la Première Guerre mondiale, Wittgenstein se porta volontaire au cours de la Seconde, mais cette fois du côté anglais. Assistant dans un hôpital, il se servit de ses expériences aéronautiques et mit au point des appareils pour mesurer le pouls, la tension, la fréquence respiratoire et le volume pulmonaire. Il enseigna encore quatre ans à Cambridge avant de demander sa mise à la retraite anticipée – il avait cinquante-huit ans. Il passa les dernières années de sa vie en Irlande et à Oxford et mourut d'un cancer en 1951. Ses dernières paroles furent à l'adresse de ses amis : « Dites-leur que j'ai eu une vie magnifique. »

Si le *Tractatus* de Wittgenstein avait été une impasse, les *Investigations philosophiques* furent un ferment durable, autant pour la philosophie que pour la linguistique, science qui venait de voir le jour. Une nouvelle discipline naquit, la *philosophie analytique*, qui est sans doute le plus important courant philosophique de la seconde moitié du XXe siècle. Suivant le principe inspiré par Wittgenstein, il faudrait toujours comprendre et analyser les problèmes philosophiques comme des problèmes ressortissant aussi à l'expression langagière. Car la façon dont les hommes font l'expérience du monde est toujours influencée par leur langage. Il n'existerait pas de « pures » expériences sensibles qui ne seraient pas troublées par la pensée (langagière). Mais, de la même façon, il n'y aurait jamais de significations claires et nettes car le langage a toujours plusieurs sens. C'est dans cette jungle où les expériences sensibles et le langage se mêlent et s'entremêlent que la philosophie analytique fait son chemin.

La linguistique a repris la théorie de Wittgenstein sur les « jeux de langage » et s'est intéressée à l'importance de la parole dans des contextes différents. C'est à partir de là que l'Anglais John Langshaw Austin et l'Américain John Rogers Searle ont développé dans les années 50 et 60 une théorie des *actes de parole*. Parce que quand on dit quelque chose, fait remarquer Austin, on « fait quelque chose ». Et la question décisive pour la compréhension des phrases n'est pas de savoir si quelque chose est vrai ou faux, mais si la compréhension *aboutit* ou non, dans le sens souhaité. La théorie sur la vérité du langage s'est transformée en théorie de la communication sociale.

Le langage humain est un formidable moyen de communication. Mais, avec Wittgenstein, la philosophie a dû reconnaître qu'il ne constitue pas le moyen exclusif d'accéder à la vérité. Ce n'est que lorsque l'on réfléchit au fait que les moyens de classement de l'esprit que sont la pensée et le langage ne dévoilent pas la réalité « en soi » mais sont simplement des modèles permettant d'expliquer le monde selon les données de leurs propres règles du jeu que l'on se rapproche de l'être humain. Celui qui perçoit des choses différentes vit aussi de façon différente. Et qui vit de façon différente pense aussi de façon différente. Et qui pense de façon différente utilise aussi un autre langage. C'est ce qui différencie les façons de penser et de parler entre individus qui fait d'abord la différence entre l'homme et les autres animaux. Les limites des appareils de perception sensorielle et les limites du langage sont celles de notre monde. Le choix d'habiller notre pensée par des mots vient de la grande garde-robe de l'espèce humaine. Et c'est en même temps la mission tacite du langage de nous « tromper » sur le caractère réel de ce que nous disons. Il a été « fait » pour « construire » la réalité et le monde d'après les besoins de l'espèce humaine. Si le serpent avait besoin d'un langage pour s'orienter, ce qui n'est pas le cas, parce que la connexion de ses perceptions sensorielles n'a pas besoin d'un langage, ce serait un « langage de serpent » sans aucune valeur pour l'être humain, de la même façon que le « langage humain » n'a aucune valeur pour le serpent. « Si le lion pouvait parler, a dit une fois Wittgenstein de façon très pertinente, nous ne pourrions pas le comprendre ! »

Notre voyage entre philosophie, psychologie et biologie, qui devait nous emmener aux confins de notre connaissance, touche ici provisoirement à sa fin. Nous avons appris un certain nombre de choses sur le cerveau, sur son origine et sa fonction. Nous avons appréhendé ses possibilités et ses limites. Nous avons vu que, dans notre cerveau, les sentiments et l'entendement sont souvent indissociables, et nous avons deviné comment se forment les sentiments du moi et une autocompréhension. Nous avons bien observé que le conscient et l'inconscient se mêlent, et que nous savons encore très peu de choses sur la façon dont le cerveau emmagasine et oublie des significations. Nous avons appris que le cerveau est un organe très complexe et sophistiqué qui permet de se comprendre soi-même, mais qui n'a pas été conçu pour une connaissance objective du monde. Nous avons vu à quoi sert notre langage, et toutes les difficultés qu'il a à être « objectif ». Réfléchir sur nous et sur le monde, c'est donc un peu comme franchir une rivière en voiture ou traverser le Sahara sur un tricycle. C'est possible, mais ce n'est pas vraiment pratique. Quoi qu'il en soit, nous connaissons maintenant quelques éléments essentiels de notre équipement qui nous permettent d'approcher d'un peu plus près nos faits et gestes. Le voyage vers nous-mêmes doit à présent nous faire pénétrer dans une autre dimension : la question de savoir *comment nous jugeons de nos actes*. La neurologie, qui nous a rendu jusqu'ici d'immenses services, va devoir se faire plus petite et laisser un peu plus de place à la philosophie, sans pour autant disparaître complètement. Nous aurons donc encore recours à elle de temps en temps, même sur la question du bien et du mal. Mais, quels que soient les apports de la biologie, la question de la morale est et reste une question philosophique, et peut-être aussi psychologique : D'où viennent nos critères sur ce qui est juste et faux ? Comment jugeons-nous de nos actes ? Et pourquoi le faisons-nous ?

QUE DOIS-JE FAIRE ?

PARIS

L'erreur de Rousseau
Avons-nous besoin des autres ?

Dans une radio où je travaille parfois, il y a une concierge, une dame d'un certaine âge, sèche et connue pour sa mauvaise humeur. Au lieu d'être aimable et serviable, elle agace la plupart des gens qu'elle côtoie à cause de son tempérament acariâtre. Mais quand elle voit mon petit garçon Oskar, elle est soudain comme transformée. Ses yeux se mettent à briller, tout son visage rayonne, et elle submerge Oskar de câlins. Elle ne semble même pas affectée par le fait que son enthousiasme ne trouve absolument aucun écho chez mon fils. Et lorsque nous sortons, elle garde son air radieux.

Je ne sais rien de la vie privée de cette femme. Mais il est certain qu'elle ne doit pas avoir beaucoup d'amis, hommes ou femmes. Elle est sans doute très seule en dépit de son métier. On se dit que ce n'est pas une situation très agréable, mais au contraire un état plutôt accablant. L'unique penseur dont le nom me vient à l'esprit et qui me contredirait sur ce point est Jean-Jacques Rousseau.

C'était un étrange solitaire. Rousseau est né à Genève en 1712, et il entra d'abord comme apprenti chez un graveur. Peu de temps après, il fit une fugue et partit sur les chemins. Il voulait absolument devenir musicien, alors qu'il ne savait même pas jouer d'un instrument. La seule chose dont accouchèrent ses rêveries fut un nouveau et étrange système musical qui n'intéressa personne. Il errait sans but, vivant la plupart du temps au crochet des femmes, car il avait beau être un peu fou, il avait assez belle allure avec ses boucles sombres et ses grands yeux marron. Mais Rousseau ne restait jamais longtemps au même endroit. À Paris, il fit la connaissance des grands esprits de l'époque sans s'attirer vraiment la sympathie des uns ou des autres.

Un jour d'octobre de l'année 1749 – Rousseau avait alors trente-sept ans –, sa vie changea si radicalement qu'il parla ensuite d'une véritable révélation. L'« illumination » eut lieu sur une route de campagne. Notre instable critique musical allait de Paris au château de Vincennes. À l'époque, ce château était encore une prison royale avec un certain nombre de détenus célèbres comme le comte Mirabeau, le marquis de Sade ou le philosophe des Lumières, Diderot. C'est ce dernier que Rousseau voulait aller voir parce qu'il écrivait pour lui de brefs articles dans l'*Encyclopédie*. En chemin, il tomba sur un exemplaire du *Mercure de France*, le journal alors le plus influent de Paris. Il y trouva une question mise au concours par l'académie de Dijon et qui était la suivante : « Est-ce que le rétablissement des sciences et des arts a contribué à épurer les mœurs ? » Rousseau répondit à la question dans une lettre au ton à la fois pathétique et résolu. La modestie et la retenue n'étaient pas son fort :

« Je tombe sur la question de l'académie de Dijon, qui a donné lieu à mon premier écrit. Si jamais quelque chose a ressemblé à une inspiration subite, c'est le mouvement qui se fit en moi à cette lecture ; tout à coup je me sens l'esprit ébloui de mille lumières ; des foules d'idées vives s'y présentent à la fois avec une force et une confusion qui me jetèrent dans un trouble inexprimable ; je sens ma tête prise par un étourdissement semblable à l'ivresse. Une violente palpitation m'oppresse, soulève ma poitrine ; ne pouvant plus respirer en marchant, je me laisse tomber sous un des arbres de l'avenue et j'y passe une demi-heure dans une telle agitation qu'en me relevant j'aperçus tout le devant de ma veste mouillé de larmes sans avoir senti que j'en répandais. Ô monsieur ! si jamais j'avais pu écrire le quart de ce que j'ai vu et senti sous cet arbre, avec quelle clarté j'aurais fait voir toutes les contradictions du système social ; avec quelle force j'aurais exposé tous les abus de nos institutions ; avec quelle simplicité j'aurais démontré que l'homme est bon naturellement, et que c'est par ces institutions seules que les hommes deviennent méchants ! Tout ce que j'ai pu retenir de ces foules de grandes vérités, qui dans un quart d'heure m'illuminèrent sous cet arbre, a été bien faiblement épars dans les trois principaux de mes écrits ; savoir, ce premier Discours, celui sur l'Inégalité, et le traité de l'Éducation ; lesquels trois ouvrages sont inséparables, et forment ensemble un même tout. Tout le reste a été perdu ; et il n'y a eu d'écrit sur le lieu même que la Prosopopée de Fabricius. Voilà comment, lorsque j'y pensais le moins, je devins auteur presque malgré moi. »

L'illumination profane de Rousseau est devenue très célèbre mais ce qui est devenu plus célèbre encore, c'est sa réponse étonnante à la question posée par l'académie et qui était vraisemblablement très éloignée de ce qu'attendait le jury. Elle correspondait parfaitement à son tempérament ombrageux. Il réfuta la question et dit que la culture et la société, loin d'améliorer les hommes, les rendaient au contraire plus mauvais : « Les hommes sont méchants, une triste et continuelle expérience dispense de la preuve ; cependant l'homme est naturellement bon, je crois l'avoir démontré ; qu'est-ce donc qui peut l'avoir dépravé à ce point, sinon les changements survenus dans sa constitution, les progrès qu'il a faits, et les connaissances qu'il a acquises ? Qu'on admire tant qu'on voudra la Société humaine, il n'en sera pas moins vrai qu'elle porte nécessairement les hommes à s'entre-haïr à proportion que leurs intérêts se croisent. »

Cet écrit de Rousseau sur la mauvaise influence de la civilisation sur l'homme fit fureur. Il gagna le premier prix. Du jour au lendemain, il acquit la notoriété. Qu'est-ce qui l'avait rendu si célèbre ? À ses yeux, les hommes étaient « naturellement » braves, paisibles et bons. Or, où que l'on regardât, on ne voyait que mensonge, meurtre et dépravation. La question s'imposait donc : D'où vient le mal ? Rousseau donna une réponse très simple : il considérait que l'homme n'était pas naturellement fait pour vivre en société. Comme les autres animaux, l'homme qui vit de façon naturelle n'a pas envie de disputes. Il préfère éviter les conflits, et le seul sentiment vraiment fort qu'il développe à côté de son instinct de conservation, c'est la pitié pour les autres. Malheureusement, les hommes ne peuvent pas vivre bravement et paisiblement seuls. Les circonstances extérieures, par exemple les catastrophes naturelles, les obligent à se joindre à d'autres. Or la vie en commun met les hommes en concurrence. Ils deviennent méfiants et envieux. Dans cette comparaison directe entre les individus, tout amour de soi devient un amour-propre exagéré. Quant aux instincts naturels comme l'« amour inné pour le bien », ils disparaissent.

Le livre fit scandale. La plupart des philosophes des Lumières partageaient les critiques de Rousseau contre la société féodale en Europe occidentale. Au milieu du XVIIIe siècle, la grande noblesse vivait dans le faste et l'opulence, alors que les paysans s'éreintaient dans les champs. Mais personne ne flirtait avec l'idée que la société et la culture étaient la cause du malheur des hommes. Les écrivains du siècle des Lumières aimaient les arts et la vie en société ; ils vantaient et soutenaient le progrès des sciences. C'était justement la science qui devait libérer la bourgeoisie du joug de la noblesse. De nombreux penseurs de cette époque rêvaient d'une société fondée sur le savoir et la discussion en remplacement d'une société féodale partout présente.

Rousseau se défendit avec véhémence. C'était un écrivain très doué et plusieurs de ses ouvrages obtinrent un grand succès. Il fut le philosophe le plus discuté de toute l'Europe intellectuelle de cette époque. Mais il ne supportait pas la critique. Il devint de plus en plus ombrageux, traversa l'Europe de long en large, mais où qu'il aille il ne tardait pas à se brouiller avec tout le monde. Même comme père, il révéla ses carences ; ses nombreux enfants finirent tous à l'orphelinat, où ils moururent sans doute. À la fin de sa vie, Rousseau devint si asocial qu'on peut penser qu'il tentait de prouver sa théorie par l'exemple de sa propre vie. Il se retira au château d'Ermenonville, près de Paris, et il ne fit plus qu'herboriser.

Qu'est-ce qui était exact dans tout ce qu'il avait affirmé au cours de sa vie ? L'homme était-il naturellement bon ? Et était-il vrai que l'on n'avait pas besoin des autres pour être heureux ? La question de savoir si les hommes sont plus heureux tout seuls ou en société n'est pas philosophique. C'est une question de psychologie. Et pendant longtemps elle a été fort mal étudiée. Ce n'est qu'au XXe siècle, au début des années 70, qu'une discipline vit le jour, que l'on appela « étude de la solitude ». Son fondateur était Robert Weiss, professeur à l'université du Massachusetts à Boston. Il montra que la solitude était l'un des plus grands problèmes de notre société, surtout dans les grandes villes. Les hommes y étaient-ils plus heureux parce qu'ils n'étaient pas obligés de frayer avec d'autres gens ?

Weiss était certain que ce n'était pas vrai et que Rousseau se trompait complètement. Les gens qui vivent seuls souffrent du fait que personne ou presque ne s'intéresse à eux et surtout de n'avoir personne avec qui partager leurs sentiments. Ce phénomène était déjà connu auparavant et tout le monde est capable de se le représenter. Mais Weiss constata une autre chose, beaucoup plus passionnante. En effet, plus frustrant encore que le manque de sympathie que d'autres peuvent nous donner est *le manque de sympathie que l'on peut soi-même donner aux autres*. Ne pas être aimé est terrible ; n'avoir personne à aimer est encore plus terrible ! C'est ainsi que Weiss explique pourquoi tant de vieilles personnes vivant seules ont un chien ou un chat, qui n'est certes pas un alter ego mais qui a quand même son importance comme substitut de l'être aimé.

Et c'est là que je repense naturellement à notre concierge du début. Elle était heureuse avec mon petit garçon, même si ce dernier ne lui prêtait pas la moindre attention et ne lui donnait aucun amour. Il suffisait apparemment à cette femme de pouvoir lui en donner : lui faire de grands sourires, le toucher et le flatter avec des compliments. Aimer quelqu'un ou lui accorder une grande attention est une belle possibilité de se faire du bien à soi-même. La théorie de Rousseau selon laquelle les hommes ne peuvent être véritablement heureux que s'ils sont seuls est donc totalement réfutée.

Les êtres humains sont sociables par nature, comme d'ailleurs tous les primates, sans aucune exception. Parmi les deux cents espèces de singes, il n'y en a pas une seule qui vive de façon absolument solitaire. Il existe bien sûr des gens plus sociables que d'autres, mais celui qui est totalement asocial a manifestement un trouble de comportement. Il est possible qu'il soit devenu amer à la suite de frustrations ou de déceptions. Dès lors, il ne se comporte plus comme un être humain « normal ». Les gens « normaux » vont à la rencontre des autres parce qu'ils y trouvent de l'intérêt (de façon plus ou moins marquée). Ils le font parce que cet intérêt pour d'autres personnes leur fait à eux-mêmes du bien. Car la vie d'un individu qui reste prisonnier de son petit monde conduit nécessairement à des atrophies psychiques. Beaucoup de gens qui vivent seuls souffrent pour ainsi dire de claustrophobie dans leur propre existence. Ils organisent leur petit univers de façon très étriquée, ils deviennent raides et inflexibles, et ont du mal à supporter une quelconque influence du monde extérieur. Comme il leur manque la possibilité de comparer leurs impressions, ils se trompent souvent quand ils se jugent ou jugent les autres.

Être prêt à échanger avec autrui, se soucier de lui est un moyen de sortir de sa propre étroitesse. Faire des choses pour les autres est important pour sa propre psyché. Quand, par exemple, on choisit un beau cadeau et que l'on voit la personne à qui on l'offre se réjouir, on se fait à soi-même un cadeau. Cette joie de donner et la joie de faire le bien sont aussi vieilles que le monde. Mais d'où viennent ce plaisir d'être avec les autres, ce besoin d'aider et cette joie de faire le bien ? Et cela signifie-t-il du même coup que l'homme est « bon », comme le pensait Rousseau ? Avait-il au moins raison sur ce point ?

- *L'épée du tueur de dragon.* Pourquoi aidons-nous les autres ?

MADISON

L'épée du tueur de dragon
Pourquoi aidons-nous les autres ?

La situation faisait peur. Ils étaient trois. Quand ils surgirent pour s'emparer de Fawn, tous les autres restèrent là sans bouger, comme pétrifiés. La peur les clouait littéralement au sol. Tous trois frappèrent Fawn et la mordirent même. Fawn était jeune et frêle, et ses agresseurs lui étaient physiquement bien supérieurs. Le combat était inégal et violent. Régulièrement, les assaillants jetaient des regards à la ronde, fixant la mère et les sœurs de Fawn pour leur faire peur. Fawn était elle-même totalement sous l'emprise de la peur. À un moment ses agresseurs, n'ayant plus envie de la torturer, disparurent, la laissant étendue sur le sol. Elle resta ainsi longtemps, allongée sur le ventre, à pousser des cris perçants ; puis elle se leva d'un bond et partit en courant. Elle demeura ensuite un long moment prostrée ; elle donnait l'impression d'être épuisée. Sa sœur plus âgée s'approcha alors et passa son bras autour d'elle. Fawn ne bougeant pas, sa sœur la poussa doucement comme pour la réveiller, avant de la prendre à nouveau dans ses bras. Finalement, les deux sœurs se firent des câlins.

Cette scène dramatique est une histoire vraie. Elle s'est déroulée dans les années 80 à Madison, dans l'État du Wisconsin, mais la police n'est pas intervenue et aucun journal ne l'a relatée. Seul le Néerlandais Frans de Waal fut le témoin de cette agression qu'il rapporta plus tard. La raison en est simple : de Waal est un comportementaliste, et l'agression menée contre Fawn a eu lieu dans le Wisconsin National Primate Research Center. Quant à Fawn, sa famille et ses agresseurs, ce sont tous des singes rhésus.

Cela fait trente ans que de Waal s'occupe des singes. Il a d'abord étudié les chimpanzés au zoo d'Arnheim, où il a découvert des comportements étonnants chez ces primates. Les chimpanzés sont des animaux très sociables qui ont besoin de vivre en communauté. Presque tous les enfants le savent maintenant. Mais lorsque de Waal a commencé à les étudier, on ne savait pas grand-chose sur eux. Il a découvert que les chimpanzés sont capables de tricher, de mentir et de se tromper les uns les autres. Mais ils sont aussi tendres et attachants, et développent entre eux des liens sociaux d'une très grande complexité. Le livre que de Waal a écrit sur les chimpanzés d'Arnheim porte d'ailleurs un titre significatif : *La Politique du chimpanzé*.

Mais les chimpanzés ne sont pas les seuls singes à être capables de sentiments tels que la pitié ou l'attachement. La sœur de Fawn l'avait prise dans ses bras et lui avait fait des câlins. Elle sentait manifestement son désarroi et voulait lui faire du bien. Même si la différence génétique entre les singes rhésus et les humains se situe aux alentours de 3 %, on trouve chez ces singes des aptitudes qui rappellent l'empathie et le comportement « moral ». Mais d'où viennent ces sentiments et pourquoi existent-ils ?

La réponse à cette question est plus difficile qu'il n'y paraît. Lorsque, au milieu du XIXe siècle, Charles Darwin prouva que les humains sont des parents très proches des grands singes, et donc des animaux, l'origine du « mal » chez l'homme se trouva d'un coup expliquée de façon très convaincante : il ne s'agissait ni plus ni moins que de son héritage animal ! Darwin expliquait le processus d'évolution en utilisant des termes tels que « lutte pour la vie » et « survie des meilleurs ». S'il n'était pas l'inventeur de ces concepts, il avait été le premier à les utiliser pour décrire la façon dont tous les êtres vivants, du brin d'herbe à l'être humain en passant par la fourmi, se livrent à une concurrence entre espèces et à l'intérieur de chaque espèce. Si l'on considère les choses simplement, cela veut dire que des milliards et des milliards d'organismes sillonnent le monde dans tous les sens avec un seul mot d'ordre : « Ma substance héréditaire est la substance la plus importante au monde. Pour qu'elle puisse vivre, il est normal que les autres soient spoliés, souffrent et même meurent. » Et chaque individu pris isolément, que ce soit vous ou moi, est partie prenante dans ce jeu à la fois méchant et immoral.

Mais Darwin était un homme prudent. Le principe qu'il avait découvert ne le satisfaisait pas entièrement. Il se refusait du moins à tirer de ses connaissances en biologie des conclusions sur la vie en commun des êtres humains. Il est vrai que d'autres l'ont fait pour affirmer des choses terribles, par exemple que seuls les individus les meilleurs et les plus forts devaient survivre, et qu'on aurait ainsi tout simplement le droit de tuer les malades et les faibles. Les preuves apportées par Darwin disant que l'être humain était un animal firent beaucoup de bruit parmi les philosophes. Qu'en était-il vraiment de la nature humaine ? Lorsque Rousseau parlait de « nature », il imaginait un état idéal de bonheur que rien ne venait troubler. Mais la nature était-elle vraiment bonne ? N'était-elle pas aussi barbare, brutale et cruelle ?

La salle de conférences, à Oxford, est pleine à craquer en ce jour de 1893, lorsque Thomas Henry Huxley, ami très proche de Darwin, fait une conférence sur un sujet au titre ambitieux : « Évolution et éthique ». Le public écoute avec attention ce que dit ce grand naturaliste. La nature, déclare Huxley, n'est pas bonne mais cruelle, sournoise et totalement indifférente au sort de l'homme. Celui-ci est un animal qui ne doit son existence qu'au hasard. Ce n'est pas une raison avisée, un « plan supérieur », qui est à l'origine de l'humanité, mais une suite d'espèces animales ressemblant aux singes. S'il n'y a eu que du chaos et non une intention supérieure, en déduit Huxley, la volonté de faire le bien ou d'accéder à la raison ne peut pas non plus être une qualité de la nature.

Pour Huxley, l'amour inné du bien proclamé par Rousseau était une totale ineptie. Les animaux et les hommes ne sont pas bons par nature, ils sont au contraire absolument immoraux. Huxley ne pouvait pourtant pas ignorer que les hommes sont aussi en mesure d'avoir un comportement moral. En Angleterre, pays où il vivait, il y avait des lois ; il était interdit de tuer et de voler ; l'État était organisé, et les citoyens pouvaient marcher dans la rue sans être obligés de craindre à tout instant pour leur vie.

Mais d'où venait cet ordre ? Huxley pensait que la civilisation et la culture tenaient la bête en lisière dans la vie commune des hommes. C'était exactement le contraire de ce qu'affirmait Rousseau. Pour lui, l'homme était bon mais la civilisation mauvaise. Pour Huxley, l'homme était mauvais mais la civilisation savait le tenir. La morale, écrivait Huxley dans sa belle langue imagée, n'est pas une qualité naturelle de l'homme, mais une « épée bien aiguisée qui a pour mission de tuer le dragon de son origine bestiale ».

Quiconque, comme Rousseau, était convaincu que l'homme était bon par nature se devait d'expliquer d'où venait le mal parmi les hommes. Mais, dans le cas de Huxley, c'était précisément l'inverse. Si l'homme était mauvais par nature, d'où venait alors le bien, cette fameuse « épée bien aiguisée » destinée à « tuer le dragon de son origine bestiale » ? Comme Huxley n'était pas croyant, cette épée ne pouvait avoir une origine divine. Alors, d'où venait-elle ? Comment était-il possible que la vie commune entre des bêtes humaines ait pu mener à une société relativement bien réglée, si, par nature, il n'y avait rien de bon dans l'homme ? D'où venait la morale, si elle ne correspondait pas à la nature humaine ? Bref : pourquoi l'homme était-il *capable de morale* ?

La question est donc de savoir s'il n'y a pas malgré tout dans l'homme quelque chose qui le pousse à se comporter selon le bien vis-à-vis des autres hommes. Si Darwin et Huxley en avaient su autant que Frans de Waal sur les singes, petits ou grands, ils auraient trouvé une explication plus simple et bon nombre de malentendus n'auraient peut-être jamais vu le jour. La morale, nous dit le primatologue, n'est en effet pas en contradiction avec l'évolution. Ce qui apparaît à certains comme une erreur stupide de notre mère nature, qui ne reconnaît d'habitude que le droit du plus fort, est en fait une faculté biologiquement sophistiquée. Trente ans d'observation sur les singes l'ont convaincu qu'« être bon » et « aider les autres » sont autant de comportements qui peuvent être très profitables autant aux singes pris isolément qu'au groupe en entier. Plus les singes s'entraident et veillent les uns sur les autres, mieux c'est pour toute la communauté. Cela étant, les modes d'entraide peuvent être très différents suivant les espèces. Les quatre familles de grands singes – orangs-outans, chimpanzés, bonobos et gorilles – présentent des différences importantes dans leur comportement. Alors que pour les chimpanzés le sexe est presque toujours associé au pouvoir, à la domination ou à la soumission, les bonobos l'utilisent extrêmement souvent pour résoudre autant que possible toute forme de tension au sein du groupe. C'est ainsi qu'ils passent presque toutes leurs journées à se faire plaisir, recourant d'ailleurs fréquemment à ce que l'on appelle la « position du missionnaire », où l'on peut se regarder dans les yeux. (Pour être exact, il faudrait d'ailleurs l'appeler la « position du bonobo », car les bonobos l'ont pratiquée longtemps avant les missionnaires.)

La « lutte pour la vie » n'a pas lieu d'être entre des individus isolés – telle a été l'erreur de pensée de Darwin et de Huxley. Les hommes ne sont pas d'impitoyables mercenaires (ou alors seulement dans des cas très rares). Nous sommes pour la plupart membres à la fois d'une famille et de groupes sociaux relativement importants. Il n'y a pas là que des luttes pour éliminer autrui, nous faisons également attention aux autres membres du groupe. Cette capacité à penser et à agir dans l'intérêt de l'autre porte un nom, c'est l'*altruisme*. Les grands singes présentent aussi des comportements altruistes qui ont de multiples facettes. De Waal fait une distinction entre un altruisme *visant à une aptitude générale,* comme l'amour instinctif d'une mère ou d'un père pour son enfant, et un altruisme *réciproque*. Or il se pourrait bien que cet altruisme réciproque ait été à l'origine de la morale humaine. Un grand singe peut en aider un autre pour que ce dernier lui vienne peut-être en aide un jour. Il renonce à certaines méchancetés pour que les autres ne soient pas non plus méchants avec lui. « Ne fais pas aux autres ce que tu ne veux pas que l'on te fasse à toi » – cette règle importante est manifestement aussi valable pour les grands singes.

Si les faiblesses humaines, l'agressivité, la sournoiserie et l'égoïsme sont des séquelles de notre origine commune avec les grands singes, nos traits de caractère « nobles » en sont également. Eux aussi sont une part de notre nature biologique originelle. Rousseau était déjà parti de l'idée que la capacité à faire le bien doit correspondre à un instinct très ancien. C'est notre amour-propre originel qui nous contraindrait à être bons, en harmonie avec notre instinct. Pour Rousseau, la bonté était le seul comportement naturel de l'homme. Pour de Waal, en revanche, l'attention à l'autre, la bienveillance et l'obligeance sont des instincts simiesques typiques parmi d'autres. Ils existent mais pas seuls ; ils sont en perpétuelle concurrence avec l'agressivité, la méfiance et l'égoïsme. Les hommes comme les singes ne sont donc ni « bons » ni « mauvais ». Ils sont capables d'être les deux, et ces deux attitudes sont des comportements parfaitement naturels. Mais si la capacité à faire le bien n'est qu'un instinct parmi d'autres, qu'est-ce qui fait qu'on y a recours ? Pourquoi est-elle devenue un principe inaliénable dans la société humaine ?

• *La loi en moi.* Pourquoi est-ce que je dois être bon ?

KONIGSBERG

La loi en moi
Pourquoi est-ce que je dois être bon ?

Nous sommes en 1730. Devant les portes de Königsberg, petite cité de la Baltique ouverte sur le monde, une mère se promène avec son fils âgé de six ans. C'est la fin de la journée. Patiemment, elle lui explique ce qu'elle sait de la nature, des plantes et des herbes, des animaux et des pierres. Les rues de la petite ville sont à peine éclairées ; il fait sombre. La mère montre alors à son enfant attentif le grand ciel étoilé. Recueillis, ils regardent tous deux ces lointains infinis. Le gamin est fasciné. « Deux choses, écrira-t-il plus tard, remplissent l'âme d'une admiration et d'une vénération toujours renouvelées qui ne cessent de croître à mesure que la réflexion s'y applique : le ciel étoilé au-dessus de moi et la loi morale en moi. Je les vois et les relie directement à la conscience de mon existence. » Effectivement, il va faire plus tard progresser les connaissances dans ces deux domaines : l'astronomie et la philosophie morale.

Ce petit garçon s'appelle Immanuel Kant, et cette enfance heureuse sous la protection d'une mère croyante et cultivée se termine alors qu'il n'a que treize ans. Car sa mère meurt très tôt et le petit garçon aux yeux bleus va en garder longtemps un profond chagrin. Son père, un maître artisan qui travaille le cuir, fait tout pour encourager son fils si sensible à faire des études. Il l'envoie au Friedrichskollegium, le meilleur lycée de la ville. Notre petit homme de constitution fragile va se révéler un élève extrêmement doué, comme il sera plus tard un étudiant brillant à l'université de Königsberg. Il est surtout fasciné par l'« observatoire » qui se trouve sur le toit de l'école et où, la nuit, il passe de longues heures à regarder les étoiles. À seize ans, il réussit au concours d'entrée à l'université de Königsberg. Bien qu'il soit censé étudier la théologie, il s'occupe surtout de mathématiques, de philosophie et de physique. Durant ses loisirs, il se distingue par ses talents de cuisinier et de joueur. Il excelle au billard et, quoiqu'il ait une petite voix et zézaie un peu, il est très apprécié par ses camarades et régulièrement invité dans les fêtes à Königsberg. Mais sa grande passion, ce sont toujours les étoiles et le cosmos. Son professeur de logique et de mathématiques, Martin Knutzen, le soutient de toutes ses forces. Son télescope à miroir – le même que celui utilisé par le grand physicien Isaac Newton – attire le jeune Kant de façon magique. Il lit l'ouvrage fondamental de Newton sur la formation de l'univers, se plonge dans des chiffres, des tableaux et des calculs, et bâtit son propre modèle du monde physique. Le livre qu'il écrit à ce sujet est un petit volume pénétrant au titre ronflant : *Histoire naturelle générale et théorie du ciel*. Sans avoir recours à des calculs mathématiques, Kant essaie de comprendre la genèse du monde par ses seules déductions personnelles. Projet aussi étrange qu'ambitieux. Bien que les scientifiques de l'époque n'accordent guère d'attention à cet opuscule, Kant considère que sa méthode est couronnée de succès. Il l'utilisera ensuite pour tous les domaines qu'il va aborder. Il est convaincu qu'un bon nombre de ses idées sont justes, ce qui sera effectivement confirmé par la postérité. Il suppose ainsi que le système solaire a surgi grâce à un processus d'attraction et de répulsion de ses différents éléments – première tentative pour expliquer la naissance du système planétaire sans recourir à Dieu.

Mais ses idées ont beau être hardies et avancées, Kant n'a toujours pas de plan de carrière. Après ses études, la voie qu'il emprunte n'a rien de rectiligne. Pendant neuf ans, il va gaspiller son temps à être précepteur. Ce n'est qu'à trente et un ans – un âge déjà avancé pour l'époque – qu'il écrit sa thèse sur le feu. Il devient maître de conférences à l'université, mais ses revenus sont très modestes et jusqu'à sa quarantième année sa vie professionnelle est assez catastrophique. Très doué et intelligent, il s'intéresse à presque tout : la théologie et la pédagogie, le droit naturel et la géographie, l'anthropologie et la logique, la métaphysique et les mathématiques, la mécanique et la physique. Au bout d'un certain temps, l'université se décide à lui proposer une chaire de professeur mais en poétique avec pour tâche de composer de jolis discours pour les cérémonies, le tout accompagné de poèmes de son cru. Kant refuse. Ce n'est qu'au bout de quinze ans d'enseignement qu'il obtient enfin le poste longtemps convoité de professeur de logique et de métaphysique.

Kant estime que, vu son état de santé fragile, il ne lui reste plus guère de temps pour laisser une empreinte durable dans le monde de la philosophie. Terrorisé, il change presque du tout au tout du jour au lendemain. Sa vie devient un modèle d'ennui. Le poète Heinrich Heine se moquera plus tard de ce style de vie, et dira que personne ne peut écrire une histoire de la vie de Kant puisqu'il n'a eu ni vie ni histoire. Il se fait réveiller à cinq heures du matin par son valet de chambre. Tous les jours à la même heure, il fait une promenade et il va se coucher tous les soirs à dix heures. C'est de cette façon qu'il atteint presque l'âge de quatre-vingts ans. Son quotidien est quasiment une insulte à la vie. Mais les livres qu'il va écrire durant les trente-quatre années suivantes sont tout sauf ennuyeux. Pour beaucoup, ils constituent l'œuvre la plus importante de toute la philosophie allemande.

Kant ne considère pas l'esprit humain comme le ferait un homme de science, ou bien en référence à Dieu, ainsi que l'ont fait de nombreux philosophes avant lui, il l'étudie en juriste. Il y cherche des « lois ». Dans sa jeunesse, il avait déjà tenté de décrypter la « constitution systématique » du cosmos. Maintenant, il s'efforce de trouver dans la conscience de l'homme des règles et des normes afin d'en déduire des lois valables pour tous. S'il veut venir à bout de cette tâche, il lui faut d'abord clarifier la question peut-être la plus importante de toute la philosophie, et qui nous a occupés dans la première partie de ce livre : Que puis-je savoir, et d'où me vient la certitude de mes connaissances ? Comme Descartes cent cinquante ans auparavant, Kant décide de chercher la certitude de la connaissance non pas dans les choses du monde mais dans la pensée humaine. Cette philosophie qui étudie les prémices de notre connaissance, Kant l'appelle *philosophie transcendantale*. Mais il est beaucoup plus prudent que Descartes en ce qui concerne le statut de ces connaissances. Descartes croyait que la pensée humaine pouvait connaître la « vraie » nature des choses. Kant, en revanche, pense que cette « vraie » nature est inaccessible à l'homme. Pourquoi pourrait-il en effet la connaître ? Quelle que soit la façon dont nous apparaît l'ordre de la nature, il est toujours organisé par le cerveau humain. De la même façon que les couleurs ne sont pas engendrées par la nature mais par nos yeux et nos nerfs optiques, l'esprit humain se crée un ordre qu'il superpose à la nature. L'homme possède donc un appareil de perception et un entendement qui structurent le monde. « L'entendement, écrit-il dans sa *Critique de la raison pure*, ne puise pas ses lois dans la nature mais les prescrit à cette dernière. » C'est à partir de cette idée aussi féconde que moderne qu'il va finalement se hasarder à aborder le problème de la morale.

Il commence de façon très prudente. Il fait peu de cas des instincts si chers à Rousseau. Il se garde aussi d'énoncer des caractéristiques simples sur la nature de l'homme. Il ne se prononce pas sur la question de savoir si l'homme est bon ou mauvais « par nature ». Ce qui est sûr, c'est qu'il est équipé d'un certain nombre de schémas qui lui permettent de saisir le monde, et manifestement l'un d'eux le rend aussi capable d'un comportement moral. C'est précisément dans cette *capacité* – c'est l'idée la plus importante de Kant – que doit se situer une loi morale déterminant la façon dont les hommes *devraient* vivre ensemble.

La capacité à faire le bien en impose tellement à Kant qu'il attribue à l'homme une distinction toute particulière qu'il appelle la *dignité humaine*. Celui qui a la liberté d'agir de façon morale est un être d'une telle qualité qu'il n'y a rien qui soit situé au-dessus de lui. Vu de cette façon, il n'y a rien de plus grand que l'être humain. Car aucun des autres êtres vivants, dit Kant, ne peut décider et agir librement. Et puisque l'homme est ce qu'il y a de plus grandiose parmi tous les êtres, il n'existe rien qui compte davantage que la vie humaine. Cette notion de « dignité humaine » n'est pourtant pas une invention de Kant. Le premier à en parler a vécu près de trois siècles avant lui. C'est l'Italien Pic de La Mirandole, l'un des plus grands philosophes de la Renaissance. L'homme, dit Pic de La Mirandole, est un être très autonome. Comme il possède la dignité de penser et d'agir librement, il est le seul maître de ses décisions et des conséquences de celles-ci.

Kant voit les choses de façon très semblable. La question n'est pas de savoir si l'homme est bon par nature, mais dans quelle mesure son humanité l'*oblige* à être bon. Voilà ce qui l'intéresse. Il se penche donc sur la raison humaine pour savoir si elle possède par nature un principe qui rend la morale possible. Il se dit que ce n'est pas le talent, ni le caractère, ni des conditions de vie favorables qui peuvent garantir qu'un homme va agir de façon bonne, mais simplement sa volonté. La seule chose qui soit bonne dans l'homme, c'est sa bonne volonté. Si les hommes veulent vivre ensemble en harmonie, ils doivent suivre cette *bonne volonté* en la considérant non comme une simple motivation mais comme une loi inaliénable. Kant appelle cette assignation à la bonté fondamentale l'impératif (assignation) catégorique (fondamentale). Dans sa formulation la plus connue, tirée de la *Critique de la raison pratique*, l'impératif catégorique est énoncé ainsi : « Agis toujours de telle façon que la maxime de ta volonté puisse être en même temps et à tout moment le principe d'une législation générale. »

L'homme étant en position de *vouloir* être bon, il *doit* donc être bon. Pour Kant, cette conséquence n'est pas le résultat d'une morale personnelle, mais la façon dont la raison humaine fonctionne de façon fondamentalement logique. La loi morale est là, dans l'homme. Et Kant n'a rien fait d'autre, à son avis, que de l'analyser, comme il a naguère analysé le cosmos. Pour lui, l'obligation d'être bon est assimilable à un phénomène naturel comparable au ciel et aux étoiles. Voilà pourquoi, à ses yeux, l'impératif catégorique a une valeur absolue et universelle. Tous les hommes dans le monde se doivent de l'appliquer. Un homme qui écoute la loi morale en lui est un homme bon qui accomplit de bonnes actions, même si ses bonnes intentions peuvent avoir des conséquences funestes. Car si la volonté est bonne, dit Kant, alors l'action est aussi moralement justifiée.

Kant était très satisfait de son système de pensée, même si, dans les dernières années de sa vie, il a été effleuré par le doute et s'est demandé si ce système élaboré avec un tel soin allait résister à l'examen de la biologie. Il finit par se tranquilliser en disant que le « schématisme de l'entendement » serait sans doute « un art caché à jamais dans les profondeurs de notre cerveau, dont nous aurons bien du mal à arracher les vraies prouesses à la nature pour les étaler sans fard sous nos yeux ». Sa vie bien ordonnée fut un refuge pour ses craintes relativement modestes. À soixante ans, il put s'offrir une maison, un domestique et une cuisinière. Étrangement, avec l'âge, son esprit si avisé succomba à la maladie d'Alzheimer ; il avait du mal à se souvenir des choses et perdait tout sens de l'orientation. Il mourut le 12 février 1804 à onze heures du matin, dans un état de démence avancée.

À cette date, Kant jouissait déjà d'une renommée considérable. Et elle n'allait cesser de grandir. Nombreux sont les philosophes à comparer ce qu'il a accompli dans leur spécialité avec ce qu'a accompli Copernic en astronomie, qui a montré à l'humanité que la Terre était une sphère tournant autour du Soleil et non l'inverse. Mais qu'a montré Kant, en fait, et qu'a-t-il prouvé ? Qu'est-ce qui est exact dans ce qu'il a présenté avec parfois de multiples contorsions ? Il a d'abord montré avec un soin particulier que notre entendement filtre le monde d'après ses propres catégories préexistantes. Et il est allé encore plus loin en affirmant que tout individu porte en lui un schéma logique qui l'oblige à faire le bien. Mais qu'en est-il vraiment ? Existe-t-il vraiment en nous une « loi morale » ? Et si oui, comment y est-elle venue et où se trouve-t-elle ?

Pour trouver comment l'homme doit être bon, il faut d'abord savoir pourquoi il veut être bon. Or, là-dessus Kant ne pouvait rien dire. Durant toute sa vie, il s'est beaucoup intéressé aux sciences de la nature, et il aurait aimé être à même de vérifier de façon scientifique comment fonctionnait le « schématisme de l'entendement humain » et pouvoir « étaler devant nos yeux ses vraies prouesses ». Mais, à l'époque de Kant, personne ne se souciait encore des grands singes et la neurologie en était à ses balbutiements. Le médecin allemand Franz Joseph Gall venait juste de commencer à mesurer le cerveau humain, mais les cartes qu'il en avait dressées étaient aussi absurdes que les cartes marines de l'Atlantique avant Christophe Colomb. Et il ne pouvait faire que de très vagues spéculations quant à ce qui se passait dans le cerveau.

Dans sa jeunesse, Kant s'était beaucoup intéressé au cosmos et aux étoiles. Il avait entrepris quelques travaux pour mettre le ciel en calculs. Plus tard, il essaya de comprendre l'entendement humain et ses lois à la manière d'un physicien voulant calculer la course des planètes et les lois de l'univers sans disposer de la moindre lunette. Kant pouvait spéculer sur le cerveau de l'homme, mais il ne pouvait pas *regarder* à l'intérieur de celui-ci. Aujourd'hui, en revanche, les scientifiques disposent d'une lunette qui le leur permet. Avec des électrodes ils peuvent faire des mesures et avec un scanner éclairer telle ou telle région du cerveau. C'est pourquoi nous pouvons reposer aujourd'hui la question à laquelle Kant ne pouvait pas répondre : Y a-t-il dans le cerveau un centre de la morale ? Si oui, comment est-il constitué et comment fonctionne-t-il ? Et qu'est-ce qui guide notre capacité à faire usage de la morale ?

Avant de nous pencher sur cette question passionnante, nous devons toutefois encore expliquer quelque chose de fondamental dont va dépendre toute la suite de nos réflexions. Kant avait fait de la raison le seigneur et maître du cerveau. Il ne doutait pas un instant que c'était la raison qui nous disait ce que nous avions à faire. Mais, comme nous l'avons vu dans la première partie de ce livre, l'inconscient nous détermine davantage que le conscient. La question est alors de savoir ce qui reste de ce que Kant nous a dit de la loi morale en nous si l'on prend au sérieux et si l'on reconnaît cette importance de l'inconscient sur notre façon de sentir, de penser et de vouloir. Et qu'en est-il ensuite de notre volonté morale ?

• *L'expérience de Libet.* Puis-je vouloir ce que je veux ?

FRANCFORT-SUR-LE-MAIN

L'expérience de Libet
Puis-je vouloir ce que je veux ?

Ce sera encore un chapitre un peu long. À cela, il y a deux raisons. La première, c'est que nous allons faire la connaissance d'un homme qui a vraiment de l'étoffe et qui compte sans doute parmi les personnages les plus originaux ayant joué un rôle en philosophie. Il a dit de lui-même un jour : « Le temps viendra où celui qui ne saura pas ce que j'ai dit sur telle ou telle chose se révélera être un ignorant. » On voit que la modestie n'était pas son fort. La seconde raison, c'est que nous allons aborder un problème très important, l'une des questions philosophiques les plus âprement discutées aujourd'hui.

Mais commençons par notre philosophe. Arthur Schopenhauer est le fils d'un riche négociant de Danzig. En 1793 – le petit Schopenhauer a alors cinq ans –, la famille part pour Hambourg. Le père a de l'ambition pour son fils. Quand celui-ci a quinze ans, il est envoyé dans différentes écoles et autres internats en Hollande, en France, en Suisse, en Autriche, en Silésie, en Prusse et en Angleterre. Schopenhauer a à peine le temps de se faire à sa nouvelle vie que déjà il est envoyé ailleurs. Les conséquences sont désastreuses. Schopenhauer parle certes couramment l'anglais, le français, l'italien et même l'espagnol, mais il est replié sur lui-même et ne fait confiance à personne. C'est un marginal. À dix-sept ans, son père l'oblige à faire un apprentissage dans le négoce. Et puis, brutalement, tout s'effondre. Le père meurt. Certains disent qu'il s'agit d'un suicide. Schopenhauer souffre beaucoup de cette perte. Il craignait son père, mais il le respectait et l'admirait aussi. En revanche, la mère de Schopenhauer se met à revivre. Elle peut enfin être ce qu'elle a toujours voulu être : une dame tenant salon. Tous deux partent pour Weimar et le salon littéraire de Mme Schopenhauer devient vite très couru. Weimar n'est certes qu'une petite ville de Thuringe, mais c'est là que vivent Goethe, Schiller, Wieland et Herder, les personnalités les plus importantes du monde littéraire.

Lorsque le jeune Schopenhauer voit comment Goethe et les autres célébrités de la scène littéraire, toutes imbues d'elles-mêmes, se pavanant dans les fauteuils et les canapés de son père, il en a froid dans le dos. Il répond aux mines ravies de sa mère par des remarques acerbes. Mais il n'est pas aussi désinvolte qu'il veut en avoir l'air. S'il est, certes, très intelligent et a de l'allure, il se sent incompris. Il a vingt et un ans quand Mme Schopenhauer le met à la porte. Il reçoit une part de l'héritage paternel et s'en va à Göttingen avant de rejoindre Berlin et Iéna, où il étudie la médecine, les sciences et la philosophie.

À vingt-cinq ans, il écrit sa thèse *La Quadruple Racine du principe de raison suffisante*, un ouvrage plein de scepticisme, radical et sans compromis. Schopenhauer affirme que l'homme n'est pas en mesure de connaître le monde de façon objective. Ce que nous pouvons voir et connaître n'est que ce que notre cerveau de mammifère veut bien nous laisser voir. Ce faisant, il va beaucoup plus loin que Kant, qui avait toujours supposé que l'appareil humain de connaissance était un instrument très sensible et tout à fait utilisable. Mais Schopenhauer ne fait aucun crédit à la conscience. Sa mère trouve que ce qu'il a écrit manque beaucoup d'élégance et surtout très ennuyeux. Elle déclare le livre « juste bon pour les apothicaires ». Par chance, Goethe, qui n'est pourtant pas très apprécié par Schopenhauer, estime que les réflexions du jeune homme sont loin d'être inintéressantes. Il reconnaît là du génie et lui prédit en public une superbe carrière littéraire. En échange, il lui fait parvenir son traité intitulé *De la théorie des couleurs* dont il est extrêmement fier. Schopenhauer, très versé dans les sciences, lit l'ouvrage de Goethe sur l'émergence et l'effet des couleurs, plisse le front et n'y voit qu'un inepte bavardage. Mais il ne s'arrête pas là : il a le culot de le répéter partout. Et d'écrire sa propre théorie *Sur la vue et les couleurs*. Goethe se rétracte aussitôt. À partir de ce moment, plus personne ne commettra l'erreur de s'engager en faveur de ce malotru arrogant. En 1820, Schopenhauer commence à donner des cours de philosophie à l'université de Berlin. Pour voler la vedette à la grande star universitaire de l'époque, Georg Wilhelm Hegel, il programme ses cours à la même heure. La rivalité tourne au désastre. Des centaines d'étudiants se pressent aux cours de Hegel, alors que Schopenhauer n'en récolte que quatre ou cinq. Il continue néanmoins à se considérer comme un génie, même si la plupart de ses pairs ne voient en lui qu'un prétentieux. L'université lui reproche le manque de fréquentation de ses cours. Piqué au vif, Schopenhauer abandonne l'enseignement et part pour Francfort, où il va rester jusqu'à la fin de sa vie. Il écrit beaucoup de livres et amuse les gens de son quartier qui le voient soliloquer dans la rue et maugréer. Il n'a d'affection que pour ses chiens et il est toujours taraudé par la peur de s'empoisonner. Avec l'âge, il parvient à une certaine notoriété mais il ne la savoure guère. Il se fait une image très négative de l'homme. Il lui reste néanmoins la consolation de pouvoir se dire : « Le monde a appris grâce à moi un certain nombre de choses qu'il n'oubliera jamais. »

Ce que Schopenhauer a accompli de plus important, il l'a découvert très tôt. À trente ans, il a publié son œuvre majeure, *Le Monde comme volonté et comme représentation*, quasiment passée inaperçue. Mais il avait trouvé quelque chose qui avait été laissé de côté autant par Kant et Hegel que par de nombreux autres philosophes. Presque tous partaient du fait que c'est l'entendement ou la raison qui dicte à l'homme ce qu'il doit faire. Et le devoir de l'homme consisterait alors seulement à se caler sur ce que lui dicte la raison. Or Schopenhauer était très sceptique vis-à-vis de ce point de vue. Et il posa l'une des questions les plus spectaculaires de toute la philosophie : « Puis-je vouloir ce que je veux ? »

La question était d'une grande provocation car beaucoup de choses en dépendaient. S'il devait s'avérer que je ne pouvais pas vouloir ce que je voulais, tout était perdu ! La volonté humaine n'était pas libre ! Et s'il n'y avait pas de libre volonté, alors la raison ne jouait plus aucun rôle non plus. Et qu'advenait-il de l'impératif catégorique, de la « loi morale » de mon entendement ? Il perdait toute valeur, car ce n'était plus la raison qui régissait mes actions mais une volonté déraisonnable ! Et Schopenhauer poussa son affirmation plus loin de façon impitoyable : la centrale de commandement, dans le cerveau, n'est pas la raison mais la volonté. Elle est cette part inconsciente qui détermine notre existence et notre caractère. La volonté est le maître et l'entendement est son valet. L'entendement est tenu à l'écart des décisions et des ordonnances secrètes de la volonté, il n'a aucune idée de ce qui de toute façon se passe depuis longtemps sans lui. Seule la volonté me dit ce que je dois faire et l'entendement suit. Car « ce qui répugne au cœur, la tête ne le laisse pas entrer » – voilà l'enjeu important. Tout le reste n'est que bavardage.

Est-ce exact ? Prenons un exemple. Vous vous souvenez de l'époque où vous étiez au lycée. Vous n'aviez aucune envie d'aller au cours de mathématiques en dernière heure et vous vous demandiez si vous ne feriez pas mieux de sécher. Bien entendu vous aviez des scrupules, vous n'étiez pas bon en maths, mais c'était aussi pour ça que vous n'aviez pas envie d'y aller. Si vous n'y alliez pas, vous risquiez encore plus de ne pas passer dans la classe supérieure. Mais l'idée de vous retrouver dans cette salle de cours vous mettait déjà passablement de mauvaise humeur. Vous hésitiez donc. En fait, vous ne saviez pas encore vraiment comment vous vous étiez laissé aller à l'intention de sécher ce cours ni à quel point, en dépit de vos scrupules, vous n'aviez pas envie d'y aller. En d'autres termes, votre entendement ne le savait pas encore. À ce moment-là, vous avez appris que d'autres camarades ne voulaient pas non plus aller à ce cours en dernière heure. Ce n'était pas vraiment un argument qui aurait résisté à la réflexion, pour combattre vos scrupules. Que vos camarades aient envie de sécher ou non ne changeait rien au fait que vous risquiez de devenir encore plus mauvais en mathématiques si vous n'alliez pas au cours. Mais quand vous avez appris qu'ils ne voulaient pas y assister, vous avez senti monter en vous une joie irrépressible qui vous a presque étonné. C'était décidé, vous n'iriez pas. C'est seulement à ce moment-là que votre entendement a compris que votre volonté avait déjà décidé, alors même que l'entendement était encore dans l'expectative et se tourmentait avec des scrupules. Avez-vous donc pris une libre décision de la volonté ? Pas vraiment. Votre volonté savait déjà ce qu'elle voulait et elle l'a fait passer en ayant recours à un faux argument pour tranquilliser votre entendement. Vous vous êtes dit : Les autres n'y vont pas non plus, même si, comme je l'ai noté plus haut, ce n'était pas du tout un argument raisonnable. Votre volonté a fait ce qu'elle voulait et votre entendement lui a simplement fourni la justification adéquate.

En mettant l'accent sur la volonté, Schopenhauer jetait une pierre dans le jardin de la philosophie, ce qui, soit dit en passant, n'était pas pour lui déplaire. Selon son propre avis, il avait enfin, après des « millénaires de philosophie », évacué la rumeur disant que l'homme était conduit et guidé par sa raison. Il avait pointé du doigt l'« erreur fondamentale de tous les philosophes », et du même coup dénoncé « la plus grande de toutes les illusions », à savoir qu'il suffirait de savoir ce qu'est le bien pour pouvoir le faire. N'était-ce pas la pensée d'Immanuel Kant : Telle raison, telle volonté ? Exactement le contraire de ce qui prévalait en réalité : ce que veut la volonté détermine le jugement de la raison.

Le ver était dans le fruit : le doute touchait la centrale de commandement de la raison. Il n'allait cesser de croître.

Changeons maintenant de décor et passons directement en 1964, un peu plus de cent ans après la mort de Schopenhauer. Le pape Paul VI pénètre dans la grande salle d'audience, somptueusement décorée à cet effet. Les cardinaux s'agenouillent, vêtus de leur longue robe rouge, et baisent son anneau. Seuls les biologistes, les physiciens et les neurologues restent debout et serrent la main du représentant du Christ sur terre. L'Académie papale des sciences a invité toutes ces sommités dans le splendide bâtiment Renaissance, lieu de résidence de Paul VI, pour réfléchir à un sujet qui fascine tous les scientifiques : l'étude du cerveau. C'était surtout une nouvelle découverte qui préoccupait les scientifiques et les cardinaux. Un neurologue de San Francisco jusque-là assez obscur avait procédé à une expérience phénoménale. Et les plus grands spécialistes de l'époque, parmi lesquels se trouvaient trois Prix Nobel, étaient très impressionnés.

Benjamin Libet était né en 1916 à Chicago et avait fait des études de physiologie. Sa formation n'en faisait donc pas vraiment un neurologue, mais il n'y avait là rien d'anormal car étudier la neurologie dans les années 30 n'était guère possible, quelle que soit l'université. Très jeune déjà, Libet s'était intéressé à la question de savoir s'il était possible de mesurer de façon scientifique ce qui se passait dans la conscience. À la fin des années 50, il se lança dans des expériences sur quelques patients à qui on avait fait seulement une anesthésie locale à l'hôpital Mount Zion de San Francisco. Les patients étaient allongés dans la salle d'opération, leur cerveau partiellement à découvert ; Libet y avait placé des électrodes pour envoyer de faibles impulsions électriques. Il avait alors pu observer avec exactitude de quelle façon et à quel moment les patients réagissaient. Le résultat fut spectaculaire : de l'excitation du cortex au soubresaut du patient, il se passait plus d'une demi-seconde. Au moment où les expériences de Libet faisaient sensation au Vatican, il ne connaissait pas encore les résultats de deux de ses collègues : ils avaient constaté un décalage analogue. Le chemin entre l'intention d'effectuer un mouvement de la main et l'accomplissement de ce mouvement durait presque une seconde. Ces mesures ne manquèrent pas d'intéresser fortement Libet. *Une seconde de différence entre l'intention et l'action* – c'était en totale contradiction avec le bon sens. Quand quelqu'un veut prendre sa tasse de café, il le fait aussitôt ; qu'en est-il de cette différence d'une seconde réellement mesurée ?

Libet en déduisit qu'on ne la remarque pas soi-même. En 1979, il se lança dans une nouvelle expérience, connue sous le nom d'*expérience de Libet* et qui valut à son auteur une renommée internationale. Libet fit asseoir une patiente dans un fauteuil en lui demandant de fixer une grande horloge. Ce n'était pas une horloge normale, mais un point vert qui décrivait un cercle assez rapidement. Puis il prit deux câbles, raccordant avec l'un le poignet de la patiente à un appareil électrique de mesure et avec l'autre une sorte de casque placé sur la tête du cobaye à un second appareil de mesure. Il demanda à ladite patiente d'observer le point vert qui se déplaçait et de bouger le poignet à un moment qu'elle aurait elle-même déterminé. Elle devait faire bien attention à la place du point vert au moment où elle prendrait la décision de bouger le poignet. La patiente fit ce que Libet lui avait demandé. Elle décida de bouger le poignet, et fit bien attention à l'endroit où se trouvait le point vert à l'instant où elle prenait cette décision. Libet consulta alors ses deux appareils de mesure. La modification de tension de l'électrode placée sur le poignet indiquait le moment exact du mouvement. Quant aux électrodes placées sur la tête de la patiente, ils montraient celui où le cerveau était prêt à agir. Dans quel ordre apparaissaient les signaux ? Il y eut d'abord un signal de l'électrode sur la tête ; une demi-seconde plus tard, il enregistra le moment où la patiente avait indiqué, le regard fixé sur l'horloge, sa prise de décision, et environ zéro virgule deux seconde plus tard il enregistra le mouvement. Libet était surexcité : la patiente s'était décidée à agir une demi-seconde avant de savoir qu'elle prenait cette décision !

Le réflexe préconscient de vouloir ou de faire quelque chose est plus rapide que l'action consciente. Cela veut-il dire que le cerveau induit des processus de volonté avant même que l'individu en soit conscient ? Et cela ne marque-t-il pas du même coup la fin de l'idée philosophique de liberté de la volonté humaine ?

Faisons un voyage dans le temps et laissons Arthur Schopenhauer et Benjamin Libet s'expliquer entre eux. Passons directement à l'année 1850 et entrons dans l'appartement de Schopenhauer, au numéro 17 de la Schöne Aussicht à Francfort. C'est le matin et il est tôt. Attention ! Il n'est pas encore très amène. Il nous faut d'abord attendre : il s'est levé entre sept et huit heures et s'est lavé tout le torse à l'eau froide avec une gigantesque éponge. Il a plusieurs fois plongé la tête dans l'eau pour se laver les yeux, l'organe des sens qu'il considère comme le plus précieux. Il pense qu'il fortifie ainsi le nerf optique. Puis il s'est assis pour prendre son café qu'il a fait lui-même. Sa gouvernante n'a pas le droit de se manifester aussi tôt. Schopenhauer tient beaucoup à pouvoir se concentrer entièrement sur ses pensées, le matin. Le cerveau, dit-il, ressemble alors à un instrument que l'on vient juste d'accorder. Il nous faut donc patienter une heure avant d'en jouer. Les salutations sont relativement cordiales, pour qui connaît Schopenhauer. Voilà au moins quelqu'un qui vient lui rendre visite et qui sait donc apprécier ses idées. Libet se voit même offrir une tasse de café. Schopenhauer déteste parler à mots couverts, et nos deux hommes arrivent bien vite dans le vif du sujet :

« Alors, comment se présentent les choses, monsieur Libet ? Puis-je vouloir ce que je veux ?

— Eh bien, si vous me posez aussi directement la question, je vous répondrai : Non. Je ne peux pas vouloir ce que je veux.

— C'est donc bien ce que je disais ! La volonté est le seigneur et l'entendement est son valet ?

— Plus ou moins.

— Hm ?

— Oui, comme je viens de vous le dire : plus ou moins.

— Qu'est-ce que ça signifie ? Ça veut dire quoi, "plus ou moins" ?

— Plus ou moins, ça veut dire que l'on ne peut être sûr de rien.

— Comment ça ? C'est pourtant clair comme de l'eau de roche. La volonté précède l'entendement conscient, comme vous l'avez très bien expliqué. D'environ combien... ?

— À peu près une demi-seconde.

— Exactement, monsieur Libet : une demi-seconde. Et cela veut dire que la volonté dicte sa loi alors que l'entendement est à la traîne. N'est-ce pas ? Et si l'entendement est à la traîne, il n'y a pas non plus de liberté de la volonté, car la volonté n'est pas influencée mais simplement perçue et commentée. Et toute la philosophie de la morale se retrouve au panier.

— Disons que...

— L'homme n'est pas fait pour avoir une vue consciente et raisonnable des choses, il ne sait que bricoler quelque chose après coup, une justification rhétorique ou un commentaire à retardement.

— Est-ce que je peux aussi m'exprimer ?

— Je vous en prie.

— Il se passe effectivement une demi-seconde entre l'impulsion de la volonté et la décision consciente. Mais il se passe encore une demi-seconde avant que la personne bouge le poignet, c'est-à-dire avant qu'elle agisse...

— Oui, et alors ?

— Cela signifie qu'elle a encore la possibilité d'interrompre cette action...

— Et... ?

— Cela veut dire qu'il n'y a certes pas de volonté libre, mais qu'il existe quand même quelque chose que l'on pourrait appeler une *non-volonté libre* qui me permet d'éviter le pire.

— Une non-volonté libre ? Vous avez de drôles d'idées !

— Il est possible que cela fasse un peu étrange, mais je crois que c'est ainsi. La volonté n'est pas libre, mais la non-volonté est libre. On a beau être poussé à faire quelque chose, nous avons toujours la possibilité de dire "Stop !".

— Et vous croyez avoir prouvé ça avec votre espèce d'horloge ? Qu'il y a une non-liberté inconsciente et une liberté consciente ?

— "Prouver" est peut-être un bien grand mot. Mais disons que j'y crois.

— Et tout ça sur la base des simples expériences que vous avez faites ?

— Je veux bien admettre, monsieur Schopenhauer, que mes expériences étaient très simples. Mais je crois qu'elles sont pertinentes. En outre, il est bon d'imaginer que quelque chose contrôle notre volonté, ce que j'ai appelé la non-volonté libre. Avez-vous pensé à ce que ça signifierait pour la société si nous acceptions l'idée que personne n'est responsable de sa volonté et ne peut donc être tenu pour responsable de quoi que ce soit ? Qu'est-ce que je ferais des assassins ? Il leur suffirait de dire : Je ne savais pas ce que je faisais ; c'est ma volonté inconsciente qui m'a poussé à agir et je n'ai pas pu la contrôler. Relisez Schopenhauer ou Libet !

— Que ce soit comme ci ou comme ça, l'humanité est infernale. Avec ou sans châtiments, avec ou sans prison.

— C'est votre point de vue, monsieur Schopenhauer. Mais ce n'est pas ce qui va nous faire avancer. »

Arrivé à ce point de la discussion, il est préférable de ne pas poursuivre. De toute façon, il ne se passerait plus grand-chose. Les positions sont bien claires et aucun compromis n'est envisageable. Benjamin Libet a sûrement raison en ne faisant pas fi de la responsabilité des hommes vis-à-vis de leurs actes. Mais Arthur Schopenhauer n'a-t-il pas raison de douter que les mesures relevées par Libet soient suffisantes pour établir de grandes théories sur la volonté, la non-volonté et la conscience ? La neurologie est encore loin de pouvoir comprendre le jeu complexe de la conscience humaine, y compris les sentiments de spiritualité, de créativité, de volonté consciente et d'imagination – et plus encore de les mesurer. Sans compter que chaque neurologue a sa propre théorie sur le rapport du matériel à l'intellectuel. Le vrai problème, en fait, dans le cas des mesures de Libet, c'est qu'il a été obligé de transcrire en mots les résultats de ses mesures enregistrées par les électrodes, en les assignant à l'inconscient ou au préconscient et en utilisant pour le repérage un point sur l'horloge : « conscience » ou « non-conscience ». Mais qu'est-ce exactement que la « préconscience » ? Il m'est sans doute possible d'appeler « préconsciente » une volonté qui fait se plier un poignet. Mais qu'en est-il de la volonté qui résout un problème de mathématiques compliqué ou élabore une argumentation philosophique par une suite ininterrompue de nouvelles impulsions ? Les résultats des mesures effectuées par Libet ont beau être prometteurs, ils ne conduisent pas à des réponses simples mais à de nouvelles questions. Il y a peu de chances pour que le grand problème de la liberté de la volonté puisse être remplacé par la question de savoir combien il se passe de temps entre une impulsion donnée au cerveau et la perception de cette impulsion. Sans compter qu'il y a une grande variété d'impulsions de la volonté. Certaines sont simples et souvent très fortes, par exemple la faim, la soif, la fatigue ou la pulsion sexuelle. D'autres sont au contraire très diversifiées. La volonté de passer le bac, de faire des études de droit ou d'organiser une grande fête pour son anniversaire est beaucoup plus compliquée que la sensation de faim qui me pousse à vouloir manger.

Quelle est l'importance de tout cela pour la morale ? Aujourd'hui, des dizaines de milliers de chercheurs répartis dans des centaines d'instituts partout dans le monde s'occupent d'étudier le cerveau. Beaucoup d'entre eux s'intéressent aussi aux instincts et aux forces pulsionnelles qui incitent l'individu à agir de façon morale. Si le *devoir-être-bon* repose en fin de compte simplement sur un *vouloir-être-bon*, il faut alors qu'il y ait dans le cerveau humain quelque chose qui déclenche cette volonté de faire le bien. Qu'est-ce que cela pourrait être ?

• *Le cas Gage*. Y a-t-il de la morale dans le cerveau ?

CAVENDISH

Le cas Gage
Y a-t-il de la morale dans le cerveau ?

Le 13 septembre 1848 est une belle journée de fin d'été. Le soleil de l'après-midi darde ses rayons, et Phineas Gage est au travail depuis les premières heures du jour. Gage est expert en explosifs, « l'homme le plus fiable et le plus capable » de la Rutland & Burlington Railroad Company, comme on écrira plus tard sur son attestation de travail. Sa mission est d'aplanir un terrain rocheux pour la nouvelle ligne de chemin de fer. Les ouvriers du Vermont sont à proximité de la ville de Cavendish et l'on posera bientôt les rails qui traverseront les États de Nouvelle-Angleterre et permettront aux passagers de parcourir rapidement les deux cents miles séparant Rutland de Boston. Gage vient de mettre de la poudre dans un trou creusé à cet effet ; il y a ajouté une mèche, et demande à son aide de recouvrir le tout avec du sable. Il prend une barre à mine de deux mètres de long pour tasser le sable au-dessus de l'explosif. À ce moment, quelqu'un dans son dos lui adresse la parole. Gage se retourne et échange quelques mots tout en enfonçant la barre à mine dans le trou comme il l'a déjà fait des centaines de fois. Il ne voit pas que son aide n'a pas encore mis le sable. Gage parle et rit ; il ne voit pas non plus que sa barre à mine cogne le rocher et provoque une étincelle.

À cet instant précis, la dynamite explose. La barre à mine transperce la joue gauche de Gage, traverse sa boîte crânienne, et ressort de l'autre côté. L'instrument retombe trente mètres plus loin, souillé de sang et de cervelle. Gage est étendu par terre. Le soleil de l'après-midi éclaire les rochers ; les ouvriers du chemin de fer restent là sans bouger, pétrifiés d'effroi. Quelques-uns finissent par s'approcher et constatent l'impensable : Phineas Gage est vivant ! Le crâne défoncé par un énorme trou, il reprend conscience. Le sang ne cesse de couler de cette plaie béante, mais Gage est en mesure d'expliquer à ses collègues comment est arrivé l'accident. Les ouvriers le transportent sur un char à bœufs. Il s'assied et va ainsi parcourir un kilomètre jusqu'à l'hôtel le plus proche. C'est vraiment un sacré gaillard. Les autres ouvriers du chemin de fer n'en reviennent pas quand ils voient Gage descendre tout seul de la carriole. Une fois à l'hôtel, il s'installe sur une chaise et attend. Lorsque le médecin arrive, il le salue par ces mots : « Voilà du travail pour vous, docteur. »

Aujourd'hui, le crâne de Gage est au musée de la vénérable université de Harvard et donne des maux de tête aux scientifiques. Phineas Gage avait vingt-cinq ans au moment de son accident ; il vécut encore treize ans avec sa terrible blessure à la tête. Une vie étrange ! Car la guérison miraculeuse de Gage fut assombrie par la suite. Notre ouvrier blessé pouvait sentir, entendre et voir. Il n'avait aucune trace de paralysie des membres ou de la langue. Il avait perdu l'œil gauche, mais tout le reste fonctionnait parfaitement. Sa démarche était assurée, ses mains étaient aussi habiles et il pouvait parler avec la même facilité qu'auparavant. Mais il ne fut plus réembauché comme expert en explosifs. Gage trouva du travail dans des fermes où il ne restait jamais longtemps. Il se produisit ensuite dans des foires, puis comme attraction dans un musée où il s'exhibait avec sa barre à mine. Il finit par émigrer au Chili, où il demeura presque jusqu'à sa mort. Il travailla dans des élevages de chevaux et comme conducteur de diligences. En 1860, il partit pour San Francisco et traîna telle une épave dans les ruelles sombres et le quartier des bars de la ville. Atteint d'épilepsie, il mourut à l'âge de trente-huit ans. On l'enterra avec sa barre à mine dont il ne s'était jamais séparé. Les journaux qui avaient fait les gros titres sur son accident ne dirent pas un mot de sa mort.

Pourquoi l'existence de Gage a-t-elle soudain pris une si mauvaise tournure ? D'après les neurologues Hanna et Antonio Damasio, qui se sont penchés sur son cas, il a poursuivi une vie parfaitement normale, continuant à apprendre et à parler – à l'exception d'une seule chose : Gage, à en croire de nombreux journaux, avait perdu tout respect pour les règles du jeu social. Il mentait et trompait de façon éhontée, cédait à des accès de colère incontrôlés, se battait très souvent et n'avait manifestement plus aucun sens des responsabilités. Que s'était-il passé ? Était-il possible qu'une lésion au cerveau ait transformé un citoyen intègre en individu présentant de nombreux troubles de caractère ? De toute évidence, la boussole morale de l'ouvrier de chemin de fer avait été démagnétisée. Si c'était exact, cela ne signifiait-il pas du même coup qu'il existe un centre de la morale dans le cerveau humain ? Et s'il existe un tel centre, est-ce lui qui décide dans mon cerveau si je vais me comporter bien ou mal ?

Hanna et Antonio Damasio ont examiné le crâne de Gage selon les règles de l'art. Ils sont certains que des parties importantes du cerveau ont été endommagées, celles par exemple qui régissent la capacité de prévoir l'avenir et de le planifier dans le cadre d'un environnement social. Ils pensent que Gage a perdu son sens des responsabilités non seulement vis-à-vis de lui-même mais aussi vis-à-vis des autres, et qu'il ne pouvait plus organiser librement sa vie. Une certaine partie du cerveau, la *région ventro-médiale* du lobe frontal responsable de ces capacités, avait dû être endommagée, alors que toutes les autres fonctions étaient intactes. Si les Damasio ont raison, cela veut dire que la conscience de Gage avait subi une lésion à la suite de l'accident. Le rapport entre pensée et sensation, décision et émotion n'était plus normal.

Il faut dire ici que tous ceux qui se sont intéressés à ce cas ne partagent pas une telle interprétation. Un certain nombre de personnes ayant étudié la vie de Gage doutent de l'expertise réalisée par le médecin qui l'a soigné. Elles pensent que le caractère de Gage ne s'est pas modifié de façon aussi spectaculaire que l'estiment les Damasio. Il faut aussi se rappeler que Gage avait perdu son travail. Il n'avait plus aucune perspective professionnelle. Mais le plus important, c'est de tenir compte du fait que les gens réagissent de façon très différente suivant qu'ils sont devant un élégant ouvrier des chemins de fer ou face à un homme défiguré. Certaines réactions de Gage ne pourraient-elles pas simplement provenir d'un tel changement d'attitude à son égard ? Et ne suffit-il pas de dire que cet accident a traumatisé Gage ?

Toutes ces objections sont justifiées, mais elles changent peu les données neurobiologiques. Les Damasio ont confirmé leurs résultats en se livrant à de nombreuses expérimentations animales. Ils ont trouvé que la région ventromédiale est une zone déterminante du cerveau. C'est là que les sentiments sont transformés, que les projets sont élaborés et que les décisions sont prises. Mais ce serait trop beau – et malheureusement aussi faux – d'assimiler la région ventromédiale à un petit centre de calculs déterminant sur commande nos jugements moraux.

Dans l'un des livres de la série *Moumine* due à l'écrivain finlandaise Tove Jansson et que je lis le soir à mon fils Oskar avant qu'il ne s'endorme, le snork, une sorte de troll, demande au magicien une machine à calculer afin de toujours savoir ce qui est juste et ce qui ne l'est pas. Or, cela, même le grand magicien doit reconnaître qu'il ne peut le lui donner. Il n'en va pas autrement de l'indicateur moral de notre cerveau. Ce n'est pas un système fermé situé dans une région spécifique mais plutôt un réseau très compliqué reliant diverses régions du cerveau. À la question de savoir s'il existe des régions responsables de la morale dans le cerveau, on peut répondre oui. À la question de savoir si une région précise du cerveau est responsable des sensations et des décisions morales, la réponse est non.

J'ai fait exprès, dans la dernière phrase, de séparer les sensations des décisions, car elles ne sont pas analogues. Dans le chapitre précédent, le neurologue Benjamin Libet avait étroitement lié les deux, pensant que nos sensations dictent nos décisions. Ce n'est certainement pas faux, mais aujourd'hui la neurologie sait bien qu'il y a tellement de régions différentes dans le cerveau qui sont associées à nos sensations et nos décisions qu'il est difficile de dire avec assurance comment se déroule exactement ce processus. Les sentiments, les pensées abstraites et certaines zones responsables des relations interhumaines sont toujours à l'œuvre en même temps. Il est difficile de dire qui décide de quoi, et il est possible, en plus, que ça ne se passe pas toujours de la même façon. De toute évidence, les sentiments et la raison se croisent constamment, et les individus réagissent de façons très diverses à des situations données.

Il y a des sentiments moraux – par exemple la pitié pour les nécessiteux. Je vois un mendiant dans la rue et il me fait vraiment de la peine. Ce sentiment monte en moi, il surgit sans aucune intention de ma part. Les *idées morales* sont quelque chose de très différent. Je veux donner de l'argent à cet homme et je me demande si c'est ce qu'il convient de faire. Je me dis : Si tout le monde lui donne quelque chose, jamais il ne cherchera du travail. Ou bien : Il va aller s'acheter à boire plutôt que de s'acheter à manger. Mais je peux aussi me dire : Il est libre de faire ce qu'il veut de cet argent. Le principal, c'est qu'il ait un peu d'argent dont il a manifestement grand besoin. Les sentiments et les idées ne se laissent pas toujours facilement dissocier les uns des autres. Mais *ce qui motive nos actes* se distingue absolument de la façon dont nous *jugeons* de leur moralité. Outre les intentions, les pensées, les habitudes et d'autres choses encore, les sentiments jouent un rôle très important dans nos actes ; mais leur influence semble décroître lorsqu'il s'agit de morale. Avant de gravir le dernier sommet de notre montagne morale, *l'intuition morale*, jetons un ultime coup d'œil dans l'atelier des neurologues.

• *Je ressens quelque chose que tu ressens aussi.* Cela vaut-il la peine d'être bon ?

PARME

Je ressens ce que tu ressens aussi
Cela vaut-il la peine d'être bon ?

Pour les uns, c'est la mort de Winnetou dans le film tiré du livre de Karl May ; pour d'autres, la mort de Ruth dans *Beignets de tomates vertes* ; et pour d'autres encore l'assassinat du Pr Albus Dumbledore dans *Harry Potter*. Nous pleurons quand nous voyons ou lisons des scènes tristes parce que nous nous plongeons dans les sentiments des héros et que nous éprouvons leur peine comme si c'était la nôtre. Nous rions mais nous avons peur aussi devant des films d'horreur, comme si nous étions nous-mêmes menacés. Chacun de nous a déjà fait ce genre d'expérience. Mais comment se produit-elle ? Pourquoi pouvons-nous comprendre ce qu'éprouvent d'autres individus ? Pourquoi avons-nous la chair de poule dans un cinéma où nous sommes absolument hors de danger ? Pourquoi les sentiments des autres se transfèrent-ils sur nous ?

La réponse est simple : c'est parce que les sentiments des autres (vrais, ou simulés au cinéma) provoquent en nous les mêmes sentiments. Et il y a de fortes chances pour que ça ne soit pas seulement valable pour les hommes. La sœur de la petite Fawn, ce singe rhésus que Frans de Waal avait observé au centre d'études de Madison, partageait de toute évidence la souffrance et la peur de Fawn. Mais l'empathie et la sympathie ont beau être des sentiments qui vont de soi, ils restaient jusqu'à il y a encore quelques années un mystère totalement inexpliqué. Et l'homme qui le premier a apporté une réponse scientifique convaincante à cette question est quelqu'un dont le nom reste étonnamment inconnu en dehors du petit monde des spécialistes.

Giacomo Rizzolatti est souvent comparé à Albert Einstein : cheveux hirsutes, moustache blanche et sourire malicieux. Mais les ressemblances ne se limitent pas à l'apparence. Pour de nombreux neurologues, cet Italien sémillant est l'un des plus grands dans sa discipline, un homme qui a ouvert de nouvelles dimensions à la recherche. Pourtant, son champ d'étude a longtemps paru subalterne à nombre de ses collègues. Depuis plus de vingt ans, Rizzolatti s'occupe de la fonction des cellules nerveuses qui guident nos actions, ce que l'on appelle les *neurones d'action*. Un domaine plutôt ennuyeux, semblait-il, car le cortex moteur qui déclenche des actions passait pour une région du cerveau assez morne. À quoi bon s'intéresser à de simples mouvements si l'on peut étudier des domaines aussi complexes que le langage, l'intelligence ou le monde des sentiments ? se disaient la plupart des chercheurs.

Voilà ce qu'on pensait. Mais en 1992, tout changea. Et ce retournement arriva de façon étonnante. Rizzolatti travaille à Parme, dans la plus ancienne université d'Europe. Mais les bâtiments de la faculté de médecine sont un complexe ultramoderne à la périphérie de la ville. Au début des années 90, les neurologues qui font partie de l'équipe de Rizzolatti s'occupent d'un problème inhabituel. Ils savent que certains comportements peuvent avoir un effet « contagieux ». Le rire, le bâillement ou même l'attitude d'un interlocuteur peuvent être tels qu'ils sont immédiatement imités par d'autres. On observe la même chose chez les singes. Certaines espèces sont connues précisément pour tout « singer ». Mais nos chercheurs se décident pour une espèce de la famille des macaques dont les membres n'imitent justement pas d'ordinaire le comportement de leurs congénères. Rizzolatti et ses jeunes collaborateurs Gallese, Fogassi et di Pelligrino placent des électrodes sur le cerveau d'un macaque. Ils posent ensuite une noix par terre devant le macaque et observent l'excitation d'un certain neurone d'action au moment où le singe saisit la noix avec sa main. Jusque-là, rien de plus normal. Mais c'est ensuite que vient la surprise : nos chercheurs placent le même singe derrière une vitre. Cette fois, il lui est impossible de saisir la noix, mais il peut voir comment un collaborateur de Rizzolatti s'en empare. Et à ce moment-là, le même neurone s'agite, exactement comme si c'était lui qui prenait la noix. Alors qu'il n'a même pas bougé la main, le singe reproduit l'action dans son cerveau. Nos scientifiques n'en croient pas leurs yeux : que le singe accomplisse effectivement certains gestes ou qu'il suive des yeux les mouvements d'un autre, dans les deux cas, ce sont les mêmes cellules nerveuses qui travaillent.

Personne auparavant n'avait encore observé la façon dont le cerveau simule certains mouvements qui ne sont pas effectués en réalité. Le premier à comprendre ce qui se passe est Leonardo Fogassi. Mais la gloire revient à toute l'équipe. Rizzolatti invente un nouveau concept : il appelle les cellules nerveuses qui déclenchent les mêmes réactions dans le cerveau, lors d'une action effective ou d'un suivi passif, les *neurones miroirs*. Un nouveau mot magique est né. De nombreux neurologues, d'abord en Italie puis dans le reste du monde, se précipitent dans leurs laboratoires pour étudier ces fameux neurones miroirs. S'il s'avère que le cerveau humain ne fait pas de différence non plus entre ce que nous vivons vraiment et ce que nous observons ou ressentons intensément, n'est-ce pas la clé nous permettant de comprendre notre comportement social ?

En tout cas, les neurones miroirs sont une pierre importante dans l'édifice de la compréhension. Ils se situent dans le cortex préfrontal, une région appelée l'*insula*. Mais cette « île » n'est pas identique au « centre social », la région ventro-médiale dont il était question jusque-là. C'est d'ailleurs clair, car si les neurones miroirs ont bien quelque chose à voir avec l'empathie inconsciente, ils n'ont absolument aucun lien avec l'élaboration de plans d'envergure, avec la décision et la volonté. On ne sait toujours pas comment ces différentes régions du cerveau s'articulent entre elles. Le monde des spécialistes a été particulièrement ébranlé lorsque Rizzolatti a pu montrer, il y a six ans, à l'aide de l'imagerie médicale, que les neurones miroirs se trouvent manifestement chez l'homme à proximité de l'aire de Broca, l'une des régions en charge du langage. Et des neurologues de l'université de Groningue, en Hollande, ont découvert récemment un rapport très intéressant entre la perception des bruits et l'excitation des neurones miroirs. Les gens qui entendent par exemple le *pschitt* d'une bouteille de boisson gazeuse que l'on ouvre réagissent dans leur cerveau exactement comme s'ils ouvraient eux-mêmes cette bouteille. Un simple bruit suffit déjà à faire vivre toute la situation. Lors de ces expériences, les personnes qui se montraient le plus réceptives étaient celles qui pensaient avoir beaucoup de facilité à se projeter dans l'autre. Plusieurs chercheurs aux États-Unis se sont alors mis à examiner des enfants qui ne réagissaient que de façon limitée lorsque d'autres leur adressaient la parole. Ils ont constaté que les enfants présentant des perturbations autistiques ont de toute évidence un problème de neurones miroirs, ces derniers n'étant que faiblement activés, ou même pas du tout.

Pour l'instant, il faut encore patienter pour savoir si les attentes liées aux neurones miroirs comme metteurs en scène de nos sentiments vont pouvoir être vérifiées par d'autres expériences. La recherche n'en est qu'à ses débuts. Mais l'espoir est grand de voir se confirmer l'hypothèse que les neurones miroirs jouent effectivement un rôle majeur dans l'émergence de l'empathie et qu'ils sont aussi importants pour la compréhension de la parole, de notre comportement social et de notre morale. S'ils s'activent de la même façon lorsque nous agissons ou lorsque nous observons une action, on est en droit de supposer que la possibilité d'éprouver les émotions d'autrui dépend de notre propre capacité à en ressentir. Une personne sensible vis-à-vis d'elle-même a plus de chances d'être sensible vis-à-vis des autres. Mais il s'agit simplement de dispositions – quant à savoir si elle en fera usage ou non, c'est une autre question. Il est possible que les neurones miroirs expliquent la partie « technique » de notre *capacité* générale à faire preuve de morale. Leur étude pourrait montrer comment fonctionne notre empathie, processus que Kant considérait encore comme impossible à décrire. Mais ce qui nous manque toujours, c'est la réponse à la question de savoir pourquoi l'empathie est à ce point gratifiante que l'on peut en faire découler des recommandations d'ordre général pour le comportement, et même des règles de conduite qui nous engagent.

Dans l'histoire de notre espèce, nous avons vu que la morale a servi à réguler la vie sociale d'un groupe. Pour que cela puisse fonctionner, il fallait que les membres du groupe soient en mesure de se caler les uns sur les autres et de reproduire leurs émotions mais aussi parfois leurs pensées. Il ne fait guère de doute que les neurones miroirs ont joué un rôle important dans cette capacité à se montrer altruiste. Les racines du comportement altruiste sont si profondes que les gens ne se contentent pas d'aider les autres mais considèrent en même temps que cela est gratifiant. Cela nous fait plaisir de consoler un enfant qui pleure, de le prendre dans nos bras, de le câliner et d'arriver peut-être même à le faire rire. L'empathie est un instinct que l'on retrouve dans chaque être humain normalement constitué. Tout laisse à penser que ces sensations morales sont premières, alors que les principes moraux ne font que suivre.

Mais d'où vient ce sentiment de récompense ? Pourquoi est-on heureux de rendre heureux ? Et qu'est-ce qui est gratifiant quand on se comporte bien d'un point de vue moral ? Si l'on interroge un neurologue, il va en général évoquer une très petite région du cerveau mais qui a des fonctions très particulières et dont nous avons déjà parlé dans notre chapitre sur les sentiments : *l'amygdale*. C'est le centre du plaisir et de la frustration, et on le connaît bien mieux que les neurones miroirs. De nombreux chercheurs sont arrivés à la conclusion que des visages amicaux provoquent de fortes réactions dans l'amygdale gauche. Ils engendrent plaisir et bonne humeur. Des visages sombres et menaçants excitent surtout l'amygdale droite. Ils engendrent la crainte et le déplaisir. De tels résultats sont visibles au scanner et ils sont très prometteurs. Bien entendu, le scanner ne peut délivrer que des images, et non un film. Mais le fait que faire plaisir aux autres nous mette de bonne humeur semble manifeste. Un sourire et un visage radieux nous récompensent de notre bonne action. Faire le bien nous met donc souvent de bonne humeur, surtout quand on peut voir le résultat de notre action sur le visage de l'autre – ou du moins se l'imaginer.

Les comportements altruistes reposent ainsi en grande partie sur une forme d'autorécompense. Je retire un bénéfice à être bon, et la société avec moi. C'est peut-être ce point que Kant a largement sous-estimé. Il pensait en effet que l'amabilité provenant d'un sentiment de devoir était plus morale que l'amabilité issue d'un penchant ou d'une appétence. Kant pensait que l'on ne pouvait pas se fier au sentiment de plaisir. Ce n'est pas entièrement faux. Mais peut-on vraiment se fier au sentiment de devoir ? En cas de doute, c'est encore pire. Car le plaisir du devoir accompli est un sentiment plutôt faible, comparé au plaisir qui consiste à donner de la joie.

Avant Kant, de nombreux philosophes avaient considéré la morale comme une forme d'obligation envers Dieu. Qui vivait et agissait pour faire plaisir à Dieu était moral et sa vie était juste. Or, Kant a libéré la morale de l'obligation de l'homme envers Dieu. Au lieu d'être redevable envers Dieu, l'homme doit être redevable envers lui-même. C'est la finalité de son idée de la « loi morale en moi ». D'un point de vue psychologique, cela veut dire : Vouloir se comporter de façon morale ou non est une question de *respect de soi*. Et sur ce point, Kant a sans doute raison. Certes, j'ai l'impression que le plaisir ressenti à faire le bien est plus humain que le devoir m'intimant de le faire. Mais cela ne devient une morale qu'à partir du moment où je transforme ces expériences de plaisir en fondement de règles générales sur le comportement – même s'il faut bien concéder aussi que le degré de gratification que l'on éprouve quand on est bon dépend également de la société dans laquelle nous vivons. Ce n'est pas forcément un impératif catégorique qui va beaucoup nous aider en prison ou dans le Bronx. Le respect de soi se combine ici avec les nécessités de l'*affirmation de soi*. Mais ce qui est fondamental, c'est que la capacité à être moral est une composante essentielle de l'être humain. Une société qui n'a aucune notion de ce qui est « juste » et de ce qui ne l'est pas est à peu près ce que nous pouvons imaginer de pire – si tant est qu'on puisse se l'imaginer.

L'« humanité », c'est l'héritage occidental chrétien qui nous conduit à considérer la morale comme la caractéristique essentielle de notre espèce. Par nature, l'homme n'est semble-t-il ni totalement brutal ni foncièrement noble – il est les deux. La blessure à la tête de Phineas Gage nous révèle aujourd'hui un certain nombre de choses sur les centres de contrôle de la morale dans le cerveau. Et les neurones miroirs nous montrent comment paraît fonctionner notre empathie au niveau des cellules nerveuses. Mais aucun processus nerveux ne peut organiser à lui tout seul l'inclination, l'amour ou la responsabilité. C'est à nous de le faire – et pas seulement parce que c'est gratifiant pour nous. La seule grande question que nous devons encore expliciter est la suivante : Est-ce l'expérience qui nous fait savoir qu'il est gratifiant d'être bon, ou bien ce savoir est-il inné ? Venons-nous au monde avec une sorte de « loi morale » en nous, comme le pensait Kant ? Quoi qu'il en soit, il est certain que la plupart d'entre nous savent si une action est bonne ou mauvaise sans être obligés d'y réfléchir longtemps. De toute évidence, nous le sentons de façon intuitive. Mais qu'en est-il de cette « morale intuitive » ?

- *L'homme sur le pont*. La morale est-elle innée ?

BOSTON

L'homme sur le pont
La morale est-elle innée ?

Mettons-nous dans la situation suivante : un wagon roule à toute vitesse sur des rails qui le conduisent directement vers un groupe de cinq ouvriers travaillant sur la voie. Vous, cher lecteur, vous êtes près de l'aiguillage et vous voyez arriver ce wagon fou. Si vous actionnez l'aiguillage à droite, vous pouvez sauver in extremis la vie de cinq personnes. Le seul problème, c'est que si le wagon bifurque à droite, il va écraser un ouvrier travaillant sur l'autre voie – mais un seul. Que faites-vous ?

Attendez un instant avant de répondre ! Je voudrais que vous réfléchissiez aussi à une seconde question. Nous sommes toujours en présence de ce wagon fou qui file à toute allure vers l'aiguillage et menace d'écraser les cinq ouvriers. Cependant, cette fois, vous n'êtes pas près de l'aiguillage mais sur un pont dominant la voie. Vous cherchez ce que vous pourriez jeter sur la voie pour arrêter ce wagon. Mais il n'y a rien – sauf un gros bonhomme qui est là, debout, à côté de vous. Le parapet n'est pas très haut. Tout ce que vous auriez à faire, c'est le pousser pour le faire basculer par-dessus le parapet. Son corps est suffisamment gros pour arrêter le wagon filant sur la voie. Vous sauveriez ainsi cinq personnes. Le feriez-vous ?

Ces deux questions ont déjà été posées à plus de trois cent mille personnes dans le monde entier. C'est le psychologue Marc Hauser, de l'université de Harvard, à Boston, qui a procédé à ce test, par Internet, pour savoir ce que les gens feraient dans des cas pareils. Et il ne s'est pas contenté d'interroger des internautes, il a aussi questionné des gens rencontrés en Amérique et en Chine, et a même interviewé des nomades. Il a demandé à des enfants et des adultes, des athées et des croyants, des femmes et des hommes, des ouvriers et des cadres. Le résultat est étonnant : les réponses ont presque toujours été identiques – indépendamment de la religion, de l'âge, du sexe, de la formation et du pays d'origine.

Quelles ont été ces réponses ? À la question 1, presque toutes les personnes interrogées ont répondu qu'elles manœuvreraient l'aiguillage ; elles accepteraient de sacrifier la vie d'un homme pour en sauver cinq. À la question 2, seule une personne sur six se disait prête à pousser un individu par-dessus le parapet pour sauver la vie de cinq hommes. L'immense majorité ne le ferait donc pas.

Ce résultat n'est-il pas étrange ? Que je manœuvre l'aiguillage ou que je pousse l'homme par-dessus le parapet, le résultat est le même ! Pour ce qui est du nombre de morts et de survivants, il n'y a aucune différence : un homme meurt et cinq sont sauvés. Et pourtant, il semble bien y en avoir une. Accepter la mort d'un individu ou la provoquer, voilà qui manifestement n'est pas la même chose. D'un point de vue psychologique, il y a une différence considérable entre être responsable de façon active ou de façon passive de la mort d'un individu. Dans le premier cas, j'ai le sentiment de commettre un meurtre, même si je sauve d'autres vies. Dans le second cas, j'ai plutôt le sentiment de me substituer au destin. Entre une action délibérée et une attitude plus passive, il y a toute une palette de différences d'appréciation. Il est d'ailleurs significatif de constater que, dans presque tous les pays, la justice fait aussi une distinction très nette entre un acte intentionnel et un acte non intentionnel.

D'un point de vue moral, ce n'est pas la même chose de participer activement ou de donner simplement un ordre. Les militaires qui ont largué les bombes sur Hiroshima et Nagasaki en ont gardé de lourdes séquelles psychologiques ;

leurs supérieurs, y compris le président Truman, qui a pris cette décision, ont manifestement eu moins de problèmes de ce côté-là. Nous faisons une différence entre les dommages intentionnels et les dommages imprévus. Nous faisons une différence entre une action directe et une action indirecte. Et la plupart des gens considèrent que les violences engendrées par un contact corporel sont plus répréhensibles que celles où il n'y a pas eu de contact physique. Il est plus facile d'appuyer sur un bouton pour tuer quelqu'un que de plonger un couteau dans le cœur d'une personne. Plus une action violente est abstraite, plus elle semble facile.

Souvenons-nous de l'origine de notre morale issue du comportement social des primates. Certes, il n'y a pas ici d'actions abstraites, mais il existe pourtant bien une différence entre faire et laisser faire. Lorsque quelqu'un n'intervient pas, on ne peut être sûr qu'il a agi – ou plutôt n'a pas agi – de façon intentionnelle. Voilà pourquoi nous hésitons à porter un jugement moral. Dans le cas d'une intervention active, en revanche, le doute n'est guère permis.

Mais Marc Hauser va encore plus loin dans les différences. Si la plupart des gens placés dans une situation identique ont une appréciation morale très semblable et un comportement quasi identique, n'est-ce pas la preuve qu'il y a en chacun de nous un fond moral général qui transcende les cultures ? N'obéissons-nous pas tous aux mêmes règles ? N'acceptons-nous pas tous plus ou moins les mêmes principes, du genre : « Sois fair-play ! », « Ne fais pas de tort aux autres ! » ou « N'aie pas un comportement agressif ! » ? Hauser est convaincu qu'il existe des règles morales en chacun de nous. Comme les individus ne sont normalement pas conscients de ces règles, elles ne sont donc pas transmises par l'éducation. Elles doivent être ancrées dans nos gènes et sont intériorisées durant les premières années de notre vie. Hauser suppose que nous acquérons un sens moral de la même façon que nous acquérons le langage. Ainsi que Noam Chomsky l'a montré, il y a au début, dans notre cerveau, une grammaire universelle à partir de laquelle les enfants développent leur langue maternelle au gré des influences de leur milieu. Nous n'apprenons pas notre première langue mais nous l'acquérons, comme une partie du corps qui grandit avec nous. Pour Hauser, il en est de même de la morale. Dans ce domaine aussi, il y a une sorte de grammaire des profondeurs, qui nous aide à intégrer de façon structurée la morale propre à notre environnement. Ainsi, chaque individu viendrait au monde avec un sens du bien et du mal, avec un « instinct moral ». Ce ne seraient pas seulement les religions et les systèmes de droit, ce ne seraient pas seulement les parents et les professeurs qui inculqueraient donc ce qu'il convient de faire ou de ne pas faire – chaque individu aurait un sens inné de ces choses-là. Ce qui expliquerait pourquoi nous sommes tous capables de dire sans trop réfléchir si une action est bonne ou mauvaise. Et même un criminel sait tout au fond de lui ce qui est juste ou faux du point de vue moral.

Marc Hauser a-t-il raison ? Avec leurs tests, les psychologues ont-ils enfin trouvé la clé de la morale intuitive que ni les philosophes, avec leurs lois et leurs impératifs abstraits, ni les spécialistes du cerveau, avec leurs scanners, ne peuvent percevoir ? Kant n'avait que dédain pour les sentiments. Ce qu'il visait était en effet exactement à l'opposé : une morale capable de fonctionner sans de tels sentiments. Il pensait que les sentiments ne peuvent être des partenaires mais seulement des adversaires de la raison, car ils troublent notre jugement moral au lieu de le rendre possible. C'est justement cette idée que combat Hauser avec sa théorie des sentiments moraux. Pour lui, les émotions ne sont pas obligatoirement de bas instincts, mais peuvent conduire au contraire à de nobles sentiments. Pour être sûr qu'il existe bien un tel *sens moral* dans chaque individu normal et sain, il va aller chercher l'aide d'un vieil ami à lui : Antonio Damasio. Avec la collaboration de ce neurologue, il examine des patients présentant des lésions dans la région ventromédiale du lobe frontal ; des individus ayant donc des lésions analogues à celles qui ont été relevées chez Phineas Gage. Eux aussi ont été soumis au fameux test du wagon. Le résultat a été clair et sans ambiguïté : comme la grande majorité des personnes ne présentant aucune lésion, ces patients ont choisi de manœuvrer l'aiguillage pour sauver les cinq ouvriers sur la voie. Mais à la différence de la plupart des gens interrogés, avec eux, le gros homme sur le pont a dû aussi y passer. Les sociopathes présentant le syndrome de Phineas Gage étaient tous prêts, sans hésiter, à le faire basculer par-dessus le parapet. Là où la plupart des gens se montraient inhibés par leur instinct moral intuitif, eux ne manifestaient apparemment aucun sentiment moral. Ils ne jugeaient la situation que sur la base de l'entendement.

Si l'on se fie à ce test, le sens moral intuitif doit se situer dans le lobe frontal. C'est là que se trouverait la grammaire universelle innée de la morale, cachée dans la région ventro-médiale. Mais avant de souscrire à cette hypothèse, il est nécessaire de soulever quelques objections : la question du test avec le wagon et l'aiguillage est claire et sans ambiguïté, alors que celle concernant l'homme sur le pont ne l'est pas. Remettons-nous encore une fois dans la situation où il nous est demandé de faire basculer un individu par-dessus un pont pour arrêter un wagon. Si l'homme nous tourne le dos, il nous est plus facile de le précipiter dans le vide. Mais s'il nous regarde droit dans les yeux, la chose est déjà nettement moins facile. Si l'homme nous est antipathique, il serait peut-être aisé de le sacrifier. Mais s'il est sympathique ? S'il est gentil et nous sourit de façon aimable ? Dans ce cas, nous n'allons certainement pas le faire passer par-dessus le parapet. Tout cela ne va pas à l'encontre de la théorie de Hauser sur l'instinct moral. Mais cela rend les choses plus compliquées. Car tous nos sentiments très personnels de sympathie et d'antipathie ont aussi partie liée avec notre morale intuitive.

La même chose vaut pour l'exemple avec l'aiguillage. Cinq personnes sur les six interrogées ont dit qu'elles accepteraient qu'un ouvrier soit écrasé pour en sauver cinq autres. Soit ! Mais qu'en est-il si je connais cet ouvrier, si c'est un ami à moi ? Vais-je aussi manœuvrer l'aiguillage dans ce cas ? Et s'il ne s'agit pas d'un ouvrier mais de ma mère, de mon frère, de mon fils ou de ma fille ? Qui, dans ce cas, oserait manœuvrer l'aiguillage ? Qui actionnerait l'aiguillage s'il avait le choix entre cinq ouvriers d'un côté et un enfant jouant sur la voie de l'autre ? Et dans le second exemple, on peut aussi être sûr que certains élèves n'hésiteraient pas à faire basculer l'homme par-dessus le pont si c'était leur professeur de mathématiques qui venait de leur coller une mauvaise note !

Dans ce second exemple, il y a encore d'autres aspects qui entrent en jeu et qui n'ont rien à voir avec les instincts. Si je pousse le gros bonhomme par-dessus le pont, qui me dit qu'il va tomber exactement sur la voie ? Que se passerait-il s'il tombait à côté ? Cela ferait un total de six morts. Qui me croira quand je dirai que j'ai fait ça avec les meilleures intentions du monde ? Toutes ces questions sont importantes au moment de passer à l'action. Et elles ne sont pas le résultat de longues cogitations ; ce sont des pensées qui me traversent l'esprit, rapides comme l'éclair. Issues de l'expérience, elles sont pour ainsi dire des réflexes socio-culturels.

Il n'est donc pas si facile de faire la distinction entre des dispositions innées et un savoir culturel. Les deux aspects sont étroitement imbriqués. Si certaines décisions sont bien prises de façon identique quelles que soient les cultures, comme dans le cas du test de Hauser, cela ne prouve pas pour autant que les représentations morales sont innées. Il se peut très bien que les représentations morales se soient développées de façon semblable dans différentes cultures parce qu'elles se révèlent partout bonnes, ou du moins profitables à ces sociétés. La vraie réponse à la question de l'inné ou de l'acquis est de dire : Il est très difficile de faire la part des choses. Un bon nombre d'enfants et d'adolescents ayant grandi sous le régime de Hitler n'ont ensuite eu aucun scrupule, une fois devenus officiers dans la SS, à tuer d'autres individus, parmi lesquels des femmes et des enfants. Comme dans l'apprentissage de la langue, nos sensations morales ne sont pas complètement tributaires de l'inné. Nous ne sommes pas pourvus dès notre naissance de valeurs mais d'une sorte de programme d'apprentissage qui nous dit quelles informations nous pouvons enregistrer, quelles en sont les conditions nécessaires et comment nous pouvons les organiser.

La diversité des représentations morales montre à quel point cette capacité d'avoir une morale peut être utilisée de façon différente. Le droit de propriété, la morale sexuelle, les préceptes religieux, les différentes façons de faire face à l'agressivité, tout cela présente et a présenté au cours de l'Histoire tant de variantes et de différences qu'il est très difficile de dire ce qui est typiquement « humain ». Même dans notre société, on relève un grand nombre de nuances. Il y a une morale du quotidien, une morale de la pensée, une morale de la responsabilité, une morale de classe, une morale du comportement, une morale féminine et une morale masculine, une morale de l'entreprise et une morale des cadres dirigeants, une morale des féministes et une morale des théologiens. Et chaque fois que notre société rencontre un nouveau problème, on voit surgir une nouvelle forme de morale en réponse à ce problème. Mais chaque nouvelle forme de morale s'appuie pourtant toujours sur les mêmes valeurs héritées du passé : elle fait intervenir la conscience, sollicite la responsabilité, réclame plus d'égalité, de fraternité et de démocratie.

Celui qui pense de façon morale divise le monde en deux domaines : le domaine qu'il respecte et le domaine qu'il suspecte. Pendant plus de deux siècles, les philosophes se sont creusé la tête pour essayer de donner un fondement inébranlable à la morale en définissant les critères qui font qu'on respecte ou non certaines choses. Le résultat vaut la peine d'être médité : d'un côté on a vu, au fil des siècles, l'émergence d'un système moral moderne tel que l'État de droit bourgeois ; mais, d'un autre côté, toute cette belle construction s'est révélée si fragile (du moins en Allemagne) qu'elle a pu être laminée en très peu de temps et sans grande protestation morale au moment du national-socialisme. Tout se passe comme si le progrès moral, au sein d'une société, provenait moins de la raison que de la capacité à sensibiliser de larges couches de la population à certains problèmes. Même au niveau social, le vrai moteur, ce sont donc les affects. Ou bien, comme l'a très bien dit le philosophe américain Richard Rorty : « Le progrès moral ne dépend pas du fait (…) que l'on se hausse au-dessus des simples sensations pour parvenir à la raison. Il ne repose pas non plus sur le fait que l'on écarte désormais les petites instances provinciales, viles et corrompues, pour juger de certains crimes et que l'on s'en remet à une grande cour de justice qui, dans ses jugements, se réfère à une loi morale anhistorique, indépendante des régions, des pays et des cultures. »

La conclusion que l'on pourrait tirer, après ces sept chapitres consacrés à la morale, serait donc la suivante : L'homme est un animal doué de morale. La capacité d'avoir une morale est une chose innée, sans qu'il soit pourtant possible de préciser dans quelle mesure. Le cerveau du primate donne la possibilité de se projeter dans l'autre et connaît les récompenses (neurochimiques) des « bonnes » actions. Le comportement éthique est un altruisme complexe. Il est fait de sentiments et de réflexions. Il n'y a pas dans l'homme de « loi morale » qui, comme le pensait Kant, le pousse à être bon. Si l'action morale s'est développée, c'est parce qu'elle est souvent profitable à celui qui agit et à son groupe. La capacité qu'a l'individu d'agir de façon morale reste néanmoins souvent une question d'appréciation personnelle qui est elle-même une question d'éducation.

Cet outil va maintenant nous permettre d'aborder la pratique. Tournons-nous encore une fois vers des problèmes moraux concrets tels qu'on peut en rencontrer dans notre société. Nous avons vu qu'il existe un droit moral affectif et sentimental qui, dans certaines circonstances, nous donne le droit de tuer, comme dans le cas de l'homme debout près de nous sur le pont. Mais y a-t-il aussi un *devoir* moral qui nous *oblige* à tuer ?

• *Tante Bertha doit vivre.* A-t-on le droit de tuer les gens ?

LONDRES

Tante Bertha doit vivre
A-t-on le droit de tuer les gens ?

Oh, ma tante Bertha ! Pendant toute sa vie, elle n'a fait que tyranniser sa famille de façon abjecte. Elle n'a pas d'enfants, Dieu soit loué ! Mais elle a réussi à démolir son frère – mon père. Ses voisins aussi ont souffert de sa présence : pendant des dizaines d'années, elle a débordé sur les limites du jardin voisin où son chien allait faire ses besoins. Et quel chien ! Une sorte de bouffe-craquettes hargneux qu'elle lâchait dès que le facteur arrivait. Une vraie teigne, cette Bertha !

Ah, j'ai oublié une chose : elle est riche. Très riche, même. Albert, son mari mort prématurément, lui a laissé un immense héritage. Et elle a bien su le faire fructifier : placements immobiliers, actions et assurances diverses. Tante Bertha est riche de plusieurs millions. Et le meilleur, c'est que je suis son héritier. Malheureusement, la vieille tante Bertha a une santé de fer ; elle vient juste d'avoir soixante-dix ans et elle est en pleine forme. Elle ne fume pas, ne boit pas et n'est même pas gourmande. Elle n'est d'ailleurs gourmande de rien si ce n'est de son argent. Elle va facilement aller jusqu'à quatre-vingt-dix ou cent ans. Or, quand elle sera centenaire, moi j'aurai déjà soixante-dix ans. Qui sait où je serai à ce moment-là et si j'aurai encore besoin de son argent ? Alors, parfois, je me prends à penser qu'il serait bien que cette vieille bique meure demain. Mieux encore : aujourd'hui.

N'y a-t-il pas suffisamment de raisons qui permettent de tuer une personne aussi abjecte pour faire le bien ? Il y a même peut-être une théorie qui permet de justifier une mort prématurée. Et je pense là à ce qu'on appelle l'*utilitarisme* en philosophie.

Jeremy Bentham est né en 1748 à Spitalfields, près de Londres. Il est issu d'une riche famille conservatrice et fréquente la célèbre Westminster School, réservée aux enfants des familles les plus riches de la ville. Parmi ceux qui ont fréquenté cet établissement, on trouve des gens comme le philosophe John Locke, l'architecte Christopher Wren et le compositeur Henri Purcell. En 1760, alors que le petit Bentham n'a que douze ans, ses parents l'inscrivent au Queen's College d'Oxford ; élève très doué, Jeremy passe sa licence en droit à quinze ans. À vingt-quatre ans, il ouvre un cabinet d'avocat à Londres, mais sa carrière prend un cours complètement différent de ce que sa famille espérait. Bentham déplore beaucoup la situation du droit et des tribunaux en Angleterre au milieu du XVIIIe siècle. Au lieu de mener sa carrière d'avocat, il veut réformer le droit, le rendre plus raisonnable et plus démocratique. Sa situation est très privilégiée car, après la mort de son père, en 1792, il dispose d'un héritage extrêmement important qui l'autorise à vivre sans se soucier de ses revenus. Durant les quarante ans qui vont suivre, il va travailler exclusivement à son projet de réforme, noircissant chaque jour entre dix et vingt feuillets. Les petits détails juridiques commençant à le lasser, il confie à un élève le soin de mettre en forme son projet de droit civil et de le transcrire dans la forme qui convient à un code du droit. Bentham était un homme aussi remarquable que sympathique. De la même façon que les Français de la Révolution se sont engagés pour la suppression des privilèges de l'Église et de la noblesse, il fait tout pour que la société anglaise devienne plus libérale et plus tolérante. Il imagine des réformes sociales, s'engage pour la liberté d'opinion, élabore un projet de prison plus humaine et soutient les premiers mouvements féministes.

Le point de départ de toutes ses théories est aussi simple que séduisant : le bonheur est bon, la souffrance est mauvaise ! Si telle est la vérité, la philosophie mais aussi l'État – dont la seule justification est l'utilité – doivent se caler sur cette option. Le but de la société devrait être de réduire autant que possible la souffrance humaine et de promouvoir le bonheur de tous, ou du moins du plus grand nombre. Plus une mesure engendre de bonheur dans le monde, plus elle est utile et bonne. Bentham a appelé ce principe l'*utilitarisme*. Quand il mourut, en 1832, à un âge très avancé, c'était un homme célèbre. Même s'il se considérait comme un libéral, les révolutionnaires français et plus tard les communistes français se sont beaucoup inspirés de ses théories philosophiques. Aux États-Unis, trois États – New York, la Caroline du Sud et la Louisiane – ont immédiatement repris le code de lois élaboré par Bentham.

Le principe selon lequel le bonheur est bon et les souffrances sont mauvaises est assez convaincant. Pourquoi alors ne pas l'appliquer à tante Bertha ? On peut d'abord partir du constat que celle-ci n'apporte aucune sorte de bonheur dans le monde. Elle ne provoque que du malheur, qu'il s'agisse des voisins ou du facteur. L'argent qu'elle a à la banque ne sert pas à faire le bien non plus. Mais tout cela pourrait changer. Si j'avais autant d'argent, je pourrais faire le bien, non seulement pour moi mais aussi pour les autres. J'ai par exemple un ami qui est médecin et qui dirige un hôpital où sont soignés des enfants atteints de leucémie. Et j'ai aussi une amie qui s'est engagée pour la défense des enfants des rues au Brésil. Si je disposais de l'argent de ma tante Bertha, je pourrais leur donner à chacun un million d'euros. Quel bonheur tout d'un coup dans le monde ! Je pense à tous ces enfants merveilleusement soignés à l'hôpital ou au sourire de bonheur de ces petits Brésiliens à qui je pourrais ainsi offrir une formation.

La seule chose à faire pour que ces rêves deviennent réalité, c'est de… Oui, je n'ai pas seulement le droit, j'ai aussi le *devoir* de tuer tante Bertha ! Car si Bentham a raison, je suis pour ainsi dire dans l'obligation de faire passer cette vieille peau de vie à trépas. La seule chose à laquelle je dois faire un peu attention, c'est m'arranger pour qu'elle ne souffre pas et ne se doute de rien. Mon ami le médecin aura sûrement une idée pour faire en sorte qu'elle s'endorme paisiblement. Qui sait ? peut-être que je lui épargnerai ainsi une mort beaucoup plus terrible. Et personne n'ira la pleurer (et c'est encore gentil de dire les choses comme ça). Qui ne se réjouirait de savoir que cette infâme bonne femme a enfin disparu de la surface de la Terre ? Les voisins auront enfin le calme, et le facteur sera sûr que seuls des propriétaires plus gentils habiteront désormais dans cette maison. Il suffirait que mon ami le médecin la trouve par hasard chez elle et établisse un certificat de décès pour que tout paraisse parfaitement naturel et que personne ne vienne y mettre son nez. Les choses ne sont-elles pas simples et limpides ? N'ai-je pas le devoir moral, dans cette affaire, de tuer quelqu'un ?

Reprenons encore une fois soigneusement toute l'argumentation : Si je tue tante Bertha pour sauver la vie d'enfants dans la misère, il ne fait aucun doute que j'opère ici la meilleure péréquation possible entre bonheur et souffrance pour tous les gens concernés. En même temps, cela veut dire qu'une issue qui est bonne pour la majorité excuse une issue mortelle pour une seule personne. Jusque-là, tout va bien. Mais que dirait Bentham si je justifiais ce meurtre en arguant de ses théories ? Bizarrement, il n'a pas écrit un seul mot dans tous ses écrits philosophiques sur cette conséquence qui est pourtant facile à imaginer. Tout ce que je sais, c'est qu'il n'a pas occis de tante à héritage – de toute façon, il n'en avait pas besoin. Il n'a pas non plus lancé d'anathèmes contre les tyrans, les propriétaires fonciers impitoyables et autres exploiteurs. C'était un esprit libéral et il l'était aussi dans le choix de ses moyens.

Mais cela ne me suffit pas. Je réfléchis à ce qui aurait pu retenir Bentham de tirer la simple conséquence que le rapport entre souffrance et bonheur justifie parfois pleinement un meurtre. L'idée est en effet trop séduisante.

Je devais avoir environ douze ans lorsque mes parents m'ont parlé pour la première fois des camps de concentration et des huit millions de personnes qui y ont péri. Tout de suite, je me suis demandé pourquoi si peu de gens ont considéré qu'il était de leur devoir de tuer Hitler pour empêcher ces terribles souffrances. Si l'on argumente avec Bentham, le cas est clair comme de l'eau de roche : un tyran qui crée des camps de concentration ou qui détruit la paix mondiale peut être tué parce que la somme des malheurs dont il menace le monde pèse bien plus lourd que le malheur personnel de l'agresseur qui trouve la mort.

Le même raisonnement ne vaut-il pas dans le cas de tante Bertha ? Le bonheur engendré par sa mort sera beaucoup plus grand que le malheur de son petit sort personnel. Pourtant, Jeremy Bentham se serait peut-être contenté de sourire malicieusement devant ce cas. Il m'aurait demandé si j'ai réfléchi à ce qui se passerait dans la société si le cas de tante Bertha venait à faire école.

Des millions d'individus, tantes à héritage, hommes politiques, hommes d'affaires, prisonniers, handicapés mentaux sans famille, devraient s'attendre à tout moment à être expédiés dans l'au-delà durant leur sommeil. Quel vent de panique soufflerait soudain sur toute la société ? Et quelles calamités seraient engendrées par cette panique ?

Bon, peut-être que j'aurais de la chance et que personne ne saurait jamais rien de la façon dont est morte tante Bertha. Mais si je considère mon acte comme juste, il faut qu'il le soit aussi *dans son principe*. Et s'il l'est dans son principe, cela veut dire qu'il est valable pour tout le monde. Et qui sait si je ne serai pas un jour la cible d'un tel acte et si mes neveux n'ourdiront pas aussi un tel plan à mon égard ? Moi non plus, je ne pourrais être sûr de rester en vie. Pour pouvoir appliquer de façon sensée le principe d'un bonheur bon et d'une souffrance mauvaise, il faut d'abord, selon Bentham, être bien d'accord sur une chose : il n'est pas possible d'additionner bonheur et malheur comme dans un simple calcul pour ensuite décider de la vie ou de la mort d'une personne. Sinon, c'est la fin de toute société civile à plus ou moins long terme.

On peut en convenir. Mais les deux principes fondamentaux de la philosophie de Bentham s'accordent-ils bien ensemble ? D'un côté, la somme proposée des bonheurs décide de ce qu'est une bonne action. D'un autre côté, Bentham fait une exception dans le cas des meurtres. Impossible de trouver un fondement moral convaincant à ce genre d'exception dans ses écrits. Ce qui parle contre l'assassinat de milliers de personnes détestables – et d'ailleurs aussi contre la torture –, c'est donc le maintien de l'ordre public, pas la morale individuelle. À l'inverse, Immanuel Kant avait reconnu à chaque individu une valeur fondamentale insurpassable : la *dignité humaine*. Il aurait aussitôt réagi à propos de ce qui se tramait contre tante Bertha en disant : « Une vie humaine ne peut être compensée par d'autres vies humaines. »

Le calcul que fait Bentham entre bonheur et souffrance et l'idée de Kant que la vie humaine est le bien suprême sont antinomiques au plus haut point. Mais qui est le plus convaincant des deux ? N'est-il pas toujours juste de dire que l'on aurait dû tuer Hitler pour des raisons morales afin d'empêcher encore plus de souffrances et de malheurs ? Le dogme de Kant sur le caractère inaliénable de la dignité humaine n'atteint-il pas là ses limites ? Dans des cas plus inoffensifs comme celui de tante Bertha, on peut imaginer qu'il en aille autrement. On pourrait dire que, quoi qu'il en soit, elle ne fait pas tant de mal que ça de façon *active*. Et, nous l'avons vu dans le chapitre précédent, cette différence entre une action active et une méchanceté passive n'est pas un simple détail – du point de vue de la victime comme du point de vue de celui qui agit. Mais, pour Bentham, cette distinction n'a aucune valeur – du moins pas pour celui qui agit. Lui ferait certainement les deux : non seulement il manœuvrerait l'aiguillage, mais il jetterait aussi le gros bonhomme par-dessus le parapet. Son utilitarisme n'envisage en effet l'action que du point de vue de son utilité morale. Et, comme nous l'avons vu, il n'y a là aucune différence entre assassinat actif et acceptation d'une situation. Mais l'équation de Bentham a beau être d'une parfaite logique, l'homme n'est manifestement pas seulement un animal logique. Il a des principes moraux qui pèsent plus lourd que la justice – d'autant plus que l'utilitarisme doit compter avec le fait que tout le monde n'interprète pas la justice selon ses propres idées (sensations). En tout cas, les hommes disposent d'une capacité d'intuition que l'on ne peut pas évacuer d'un revers de main et exclure de la morale. Certes, on ne peut bâtir la morale et le droit sur des intuitions – mais ils ne peuvent émerger sans intuitions, sauf à être totalement inhumains.

Tante Bertha restera donc en vie. Et il faudra se garder de juger de la valeur d'une personne à l'aune de sa seule utilité. Toutefois, la question qui reste encore en suspens est de savoir comment juger de la valeur de la vie. D'où vient cette valeur ? Et où commence-t-elle ?

• *La naissance de la dignité.* L'avortement est-il moral ?

DANS L'UTERUS

La naissance de la dignité
L'avortement est-il moral ?

Mettons-nous dans la situation suivante : vous allez à l'hôpital pour rendre visite à une amie. Vous traversez le hall d'entrée et prenez l'ascenseur. Comme vous n'êtes plus très sûr de l'étage où se trouve votre amie, vous appuyez sur un bouton mais ce n'est pas le bon, et lorsque vous sortez, vous vous retrouvez dans un service où des donneurs volontaires sont reliés à des patients qui ne pourraient pas survivre sans eux. Vous ne comprenez pas vraiment de quoi il retourne. Vous vous asseyez dans la salle d'attente ; à un moment donné, on vous appelle et un médecin vous fait une piqûre. Lorsque vous vous réveillez, vous êtes dans une chambre d'hôpital ; dans le lit à côté du vôtre est allongé un homme inconscient avec qui vous êtes relié par un appareillage compliqué. Vous appelez le médecin, qui vous dit que cet homme est un violoniste célèbre souffrant d'une grave maladie des reins. Il ne peut survivre que si son système sanguin est rattaché à celui d'une autre personne ayant exactement le même groupe sanguin, et vous êtes la seule personne dont le sang est compatible. Comme il s'agit d'un hôpital ayant très bonne réputation, on déplore bien sûr profondément ce malentendu. On pensait que vous vous étiez présenté comme donneur volontaire. On vous propose de vous débrancher du violoniste, à ses dépens bien entendu puisqu'il sera alors condamné à mourir. Mais on ajoute que si vous êtes prêt à rester relié à cet homme pendant neuf mois, il guérira. On pourra alors vous débrancher sans mettre sa vie en danger. Que feriez-vous ?

Vous allez me dire que c'est une histoire abracadabrante qui relève davantage du cauchemar que de la réalité. Quelle personne se rendant dans un hôpital pour aller voir quelqu'un va se laisser faire une piqûre et anesthésier sans broncher ? Vous avez parfaitement raison, mais, comme dans tout dilemme moral provenant de l'atelier des philosophes ou des psychologues, il s'agit moins là du détail que du principe. Cette histoire, légèrement modifiée, est de Judith Jarvis Thomson, célèbre professeur de philosophie au Massachusetts Institute of Technology. Et la réponse qui, pour elle, est intéressante est la suivante : C'est vraiment gentil de votre part de rester pendant neuf mois au service de ce violoniste et de le faire profiter du bon fonctionnement de vos reins en restant couché dans un lit – mais vous n'y êtes en aucun cas obligé d'un point de vue moral ! Comme vous vous en serez rendu compte en lisant le titre de ce chapitre, ce qui importe dans cet exemple, ce n'est pas le violoniste mais une chose plus générale : le fait que, sans l'avoir désiré, sans l'avoir prévu – et peut-être même y avez-vous été contraint –, vous avez été mis dans une situation qui vous rend physiquement et immédiatement responsable de la vie d'une autre personne. Et le cas le plus fréquent dans lequel se produit ce genre de situation, ce n'est bien sûr pas celui où l'on est relié à un musicien atteint d'une affection des reins – mais celui d'une grossesse non désirée.

Une femme qui tombe enceinte sans l'avoir voulu, dit Judith Thomson, se retrouve dans une situation qui ressemble beaucoup à celle de la personne reliée malgré elle à ce violoniste. Et de la même façon que vous n'êtes pas obligé d'assumer la vie du violoniste et d'en prendre la responsabilité, la femme n'est pas obligée de prendre cette responsabilité vis-à-vis de l'embryon qui grandit en elle sans qu'elle l'ait voulu. Judith Thomson nous dit que le droit de la femme à disposer d'elle-même pèse d'un poids plus grand que l'engagement pris de façon non volontaire vis-à-vis d'une autre vie. Cet argument est devenu très populaire. Il a inspiré le féminisme et a conduit au slogan : « Mon ventre m'appartient ! » Mais même si l'on souscrit volontiers à cette phrase, l'argumentation de Judith Thomson ne peut malgré tout emporter complètement l'adhésion. Imaginez un homme à bout de forces qui vient frapper à votre porte pour quémander un morceau de pain. Si l'on reprend la logique de Judith Thomson, on pourrait dire : C'est très gentil de lui donner quelque chose à manger. Mais nous ne sommes pas responsables de sa situation et nous ne sommes donc pas du tout dans l'obligation de nous engager pour cet homme qui meurt de faim. Or, peu nombreux sont les gens prêts à souscrire à cette phrase. Et ce n'est pas sans raison qu'il existe dans le Code pénal un paragraphe intitulé « Non-assistance à personne en danger ». Le fait qu'une situation ne dépende pas de notre volonté et que nous ne voulions pas nous y confronter ne constitue pas une objection de principe à la prise de responsabilité. Il s'agit en fait d'évaluer les choses au cas par cas. Le dilemme avec le violoniste conduit donc dans une impasse, car il ne représente pas un principe vraiment convaincant. Mais la plus grande faiblesse de cet exemple, c'est une erreur de logique : le violoniste est un adulte avec toutes les aptitudes physiques et psychiques correspondantes. Or, qu'en est-il de l'embryon et du fœtus ? Ont-ils un droit à la vie absolu et inaliénable comparable au premier cas ? Pour répondre à cette question, trois perspectives s'ouvrent à nous dans l'état actuel des choses : le concept kantien de « dignité humaine », l'« utilitarisme » de Bentham et le « sens moral » intuitif de Hauser.

Commençons avec Kant. Il n'existe qu'un seul passage, dans son œuvre immense, où il parle des embryons. De façon significative, l'enjeu est le droit au mariage. Kant écrit que même l'embryon est un être doté de toute la dignité humaine. S'il ne l'était pas, on se retrouverait devant le problème consistant à déterminer à partir de quel moment la liberté et la dignité de l'homme commencent dans le ventre de la mère. Cette question est très complexe. Selon Kant, en effet, la nature ne sait pas ce qu'est la conscience autonome ni la liberté, donc. Mais de quelle façon et à partir de quel moment peut-on parler de liberté, et, partant, de dignité chez l'être humain ? La réponse de Kant ne peut aujourd'hui se comprendre que dans la perspective de son époque : la liberté de l'embryon repose sur la liberté des parents. Ceux-ci l'ont en effet conçu dans le cadre d'une alliance librement consentie : le mariage ! Le fruit de ce libre contrat est un embryon libre. Mais si l'on retourne la proposition, cela veut dire aussi que seuls les embryons librement conçus au sein du mariage sont des personnes libres jouissant d'une complète dignité humaine. Les autres ne le sont pas. Cette définition qui nous paraît aujourd'hui étrange a été formulée par Kant en réaction à un problème de son époque. En 1780, Adrian von Lamezan, conseiller du gouvernement à Mannheim, met au concours la question suivante, dotée d'une récompense de cent ducats : « Quels sont les meilleurs moyens possibles de mettre un terme à l'infanticide ? » Quatre cents écrits furent envoyés en réponse à cette question qui touchait beaucoup les esprits, parce que l'avortement et même l'élimination des nouveau-nés étaient chose courante au XVIIIe siècle. La raison principale en était les abus sexuels commis par des maîtres sur leurs servantes. Le problème était urgent car si la liquidation de nouveau-nés conçus hors mariage était taboue, elle n'en restait pas moins une pratique fréquente. Dans un autre passage de sa théorie du droit, Kant montre une certaine compréhension pour cette forme d'infanticide. Comme le nouveau-né conçu hors mariage n'est pas pleinement libre, mais s'est pour ainsi dire « glissé en contrebande dans le ventre de la mère (comme une marchandise prohibée) », il assimile l'infanticide à d'autres délits de second ordre, le meurtre en duel par exemple, et plaide pour des circonstances atténuantes.

Il est très problématique de nos jours de reprendre les arguments de Kant. Et pas seulement parce qu'il y a aussi des embryons conçus de façon involontaire au sein du mariage et des embryons conçus de façon volontaire en dehors du mariage. Le problème est le suivant : comme Kant ne peut pas prouver sans avoir recours au mariage d'où vient la dignité humaine de l'embryon dans le ventre de la mère, inversement il ne peut pas condamner l'assassinat d'enfants conçus hors des liens du mariage. Et même, d'une certaine façon, il ne peut pas condamner non plus l'assassinat d'adultes conçus en dehors des liens du mariage ! L'argumentation de Kant sur l'absolue nécessité de protéger les embryons conçus dans le cadre du mariage nous apparaît aujourd'hui quelque peu tirée par les cheveux. Et il n'y a sans doute personne à l'heure actuelle pour se référer à Kant dans une discussion sur l'avortement, et pour partager son point de vue disant qu'il faut considérer différemment les embryons et les nourrissons conçus dans le cadre du mariage et ceux qui ont été conçus en dehors de ce cadre. Or, si l'on ne peut adhérer à cette argumentation jusque dans son ultime conséquence, il n'y a aucune raison pour accorder de nos jours quelque importance à l'argumentation de Kant sur la dignité humaine des embryons conçus dans le mariage. Elle est tout simplement dépassée et n'a de valeur que replacée dans son cadre historique.

Abordons maintenant la deuxième perspective, celle de l'utilitarisme. En tant qu'utilitariste, je me pose deux questions. Premièrement : Quelle est la capacité de bonheur ou de souffrance d'un embryon ou d'un fœtus ? Deuxièmement : Qu'est-ce qui pèse le plus lourd, le bonheur et la souffrance de l'enfant dans le ventre de la mère ou le bonheur et la souffrance de la mère ?

Pour répondre à ces questions, il est d'abord nécessaire de s'entendre sur la valeur d'un embryon. Aucun utilitariste n'ira partager le point de vue de Kant disant que la valeur de l'embryon dépend du mariage librement consenti entre ses parents. Est-ce pour cette raison que l'embryon est une personne qu'il faut absolument protéger ? La réponse est non. L'embryon est un être humain dans la mesure où il fait partie de l'espèce *Homo sapiens*. Cependant, il n'est pas totalement un être humain au sens moral du terme, il n'est pas une *personne*. Mais qu'est-ce qu'une personne ? À quoi puis-je la reconnaître ? Ce qu'il faut comprendre par « personne » n'est pas une idée qui vient de Bentham. Ce qui l'intéressait, c'était l'action dont la valeur morale est optimale quand elle permet le plus de bonheur possible au plus grand nombre possible. Il ne parle pas de personne. Ceux qui sont venus après lui ont décelé deux points faibles dans son argumentation et ils ont cherché à les éliminer. Cela a commencé avec la question de savoir ce que je dois entendre par bonheur. Pour Bentham, le bonheur c'était le plaisir au sens le plus large du terme. Mais son élève le plus célèbre, l'homme politique libéral John Stuart Mill, n'était pas satisfait de cette façon de voir les choses. Il ne voulait pas que l'on puisse suspecter l'utilitarisme d'avoir une idée du bonheur complètement coupée de l'esprit et de la finesse. Il plaça donc les joies intellectuelles au-dessus des joies du corps : « Mieux vaut un Socrate insatisfait qu'un porc satisfait. » Mais si l'on considère que l'esprit est supérieur aux plaisirs physiques, un adulte aux multiples talents intellectuels est alors plus précieux qu'un nouveau-né ou qu'un cheval. Et dans ce cas, seul un être humain complexe serait une « personne ». Toute une génération d'utilitaristes ont intégré cette idée dans leur théorie. Ils n'ont pas seulement considéré les désirs élémentaires des êtres vivants, ils ont accordé une importance plus grande aux désirs *humains* complexes – une importance telle qu'il fallait *absolument* les prendre en compte. On appelle cette tendance l'*utilitarisme des préférences*. Et presque tous les successeurs modernes de Bentham s'y sont référés. Pour les utilitaristes qui prennent en compte des préférences hautement développées (souhaits et intentions), personne n'a le droit de tuer une personne (pas même tante Bertha !) – en tout cas pas tant que celle-ci manifeste le désir de rester en vie.

En revanche, les embryons n'ont ni intentions ni désirs complexes. Ils ont sans doute l'instinct de vouloir rester en vie, mais cela ne les distingue pas des salamandres. Pour les utilitaristes des préférences, il n'y a donc rien chez l'embryon ou le fœtus qui interdise qu'on le tue, quelles que soient les circonstances. Certes, les fœtus ont une conscience à partir d'un certain stade de développement, mais il en est de même des cochons et des bœufs que nous tuons pour les manger. D'après ce que nous savons, les fœtus ne disposent pas d'une conscience au sens d'intentions et de désirs complexes. Il s'ensuit le principe disant qu'il est permis de tuer un fœtus à n'importe quel stade de son développement – en tout cas, chaque fois que cela réduit considérablement les souffrances de la mère ou augmente son bonheur dans les mêmes proportions.

Voilà pour l'utilitarisme. Il ne fait aucun doute que cette argumentation est plus claire que celle de Kant, qui ne reconnaît une dignité humaine qu'aux fœtus conçus au sein du mariage. Mais elle n'en a pas moins ses faiblesses. On peut, certes, avancer que l'embryon a un niveau intellectuel qui ne dépasse peut-être guère celui de la salamandre, mais qu'il a en lui le potentiel d'un Albert Einstein. Si on ne l'élimine pas par avortement, il deviendra un jour un être humain doté de désirs et d'intentions complexes. N'est-il donc pas déjà une personne *en puissance* ? C'est exact. Mais l'argument n'est pas aussi convaincant qu'il y paraît à première vue. La potentialité n'est pas un critère moral qui peut servir de référence. Celui qui tient pour sacrée la vie humaine potentielle est forcé de condamner la masturbation et la contraception comme le fait l'Église catholique (même si ce n'est que depuis cent quarante ans). La différence est encore plus flagrante si l'on prend un exemple : considérez-vous vraiment que c'est la même chose de jeter une poule vivante ou bien un œuf dans l'eau bouillante ? La potentialité ne nous dit rien sur l'appréhension actuelle du bonheur ou de la souffrance et elle n'engendre pas non plus d'état de conscience. En ce sens, elle ne peut pas servir de critère valable dans le domaine de la morale.

Mais il y a aussi d'autres objections. L'une des grandes faiblesses de l'utilitarisme, c'est de minimiser les conséquences. En effet, pour bien apprécier les différences entre bonheur et souffrance, il faut que je sois capable de prendre la mesure de toutes les conséquences de ma décision et d'en tenir compte. Or ce n'est pas chose facile. Dans des questions d'ordre purement privé, il m'est parfois difficile de savoir ce qui est le mieux (pour moi) : est-ce que je vais aller ce soir à l'anniversaire d'un ami, ou bien à la lecture faite par mon auteur préféré dans une librairie de la ville ? Comment savoir ce qui me fera le plus plaisir ? Inutile de dire qu'il est encore beaucoup plus difficile de prendre la mesure de situations morales complexes avec tout leur enchaînement de conséquences ! Qui sait si une femme qui décide d'avorter ne va pas le regretter ? Peut-être va-t-elle plus en souffrir moralement qu'elle ne le supposait. Et qu'en pense le père ? Cette décision ne va-t-elle pas compromettre leur relation ? C'est le risque de la vie, dirait un utilitariste. Ce n'est en aucun cas un argument en faveur de l'interdiction globale de l'avortement.

L'objection la plus forte contre l'argumentation utilitariste est donc d'une autre nature : s'il est exact que l'on ne peut garantir à un fœtus une protection absolue parce qu'il n'a pas d'intentions et de désirs complexes et que, de ce fait, il n'est pas une personne, n'en va-t-il pas de même pour le nourrisson ? Un bébé ne devient une personne libre et consciente d'elle-même qu'entre deux et trois ans. L'utilitarisme des préférences ne jette-t-il donc pas le bébé avec l'eau du bain et n'autorise-t-il pas aussi avec l'avortement le meurtre sur les bébés de moins de trois ans ?

Cette objection est très importante. Et il y a effectivement des utilitaristes des préférences pour qui la valeur humaine d'un petit enfant ne commence vraiment qu'à partir de deux ans. Bien entendu, ils ne vont pas jusqu'à dire qu'il est permis de tuer des enfants avant cet âge sans raison grave. Mais les raisons invoquées ne se réfèrent pas à une valeur que la personne représente pour elle-même. Elles se situent au niveau des principes sociaux. Les petits enfants ont presque toujours une immense valeur pour leurs parents et leurs proches. Et même si ce n'est pas le cas, qu'il s'agisse par exemple d'enfants trouvés ou d'orphelins, ils ont au moins droit à la *protection* de la société parce qu'ils sont des nécessiteux. Cependant pour un utilitariste des préférences, il n'est pas facile de dire pourquoi cette protection doit être plus forte que la protection des animaux, par exemple. Dans les deux cas, on peut dire qu'une société qui ne prend pas soin des êtres vivants mais les traite à la légère devient dangereusement *brutale*. Mais ce n'est pas un argument fort pour le droit à la vie des petits enfants. C'est là le talon d'Achille de l'utilitarisme des préférences.

Nous en arrivons alors à la troisième perspective. Tournons-nous vers Marc Hauser, qui dit qu'il y aurait dans chaque être humain normalement constitué quelque chose comme un sens moral, une sorte de morale « intuitive ». Nous avons vu que l'utilitarisme a une position très claire dans le cas de l'avortement. Mais elle entraîne des conséquences que beaucoup de gens considéreraient intuitivement comme problématiques, à savoir : un manque de protection accordée aux petits enfants. Lorsque les philosophes de la morale entendent le mot « intuition », ils ont les cheveux qui se dressent sur la tête. Même les kantiens et les utilitaristes deviennent en un tournemain des alliés quand il s'agit de rejeter le recours aux intuitions : les sentiments ne sont pas fiables ; ils diffèrent selon les individus, ils dépendent des humeurs et ne sont pas identiques dans toutes les cultures. En face, on trouve la tentative de la philosophie occidentale de fonder tous ses arguments de façon rationnelle – avec l'aide de la raison, donc – afin qu'ils soient applicables à tous.

Le rejet du sentiment dans la philosophie de la morale est un héritage de la lutte entre la philosophie et l'Église. Pour se libérer de la religion, la plupart des philosophes ont cherché des fondements rationnels, et le plus souvent dénués de tout sentiment, et ils ont défini l'être humain par le biais de l'entendement et de la raison. Comme nous l'avons vu dans la première partie de ce livre, cette image de l'homme est fausse. Il est impossible de séparer le corps de l'esprit, tout comme il est impossible de dissocier le subconscient du conscient. Si notre morale a toujours plus ou moins partie liée avec nos sentiments, il nous est impossible de les passer sous silence. Bien entendu, les sentiments ne sont pas un étalon à toute épreuve. Mais une morale renonçant à sa compatibilité avec notre intuition, et donc avec les fondements biologiques de notre sentiment de la morale, est sans aucun doute plus mauvaise que celle qui sait intégrer cette intuition.

Est-ce en effet bien raisonnable, comme dans le cas de la réponse utilitariste à la question des petits enfants, de laisser totalement de côté les sentiments parce qu'ils ont du mal à trouver une place dans le schéma d'argumentation ? On peut aller plus loin et se demander aussi : Est-ce bien raisonnable, comme le fait l'utilitarisme, de mettre le *sentiment de la justice* au sommet de l'échelle du jugement ? Cela correspond-il à notre nature ? Une femme est devant une maison en flammes où se trouvent son bébé et son chien. Elle ne peut sauver que l'un des deux. Doit-elle – à rebours de tout instinct et de tout sentiment d'amour – sauver le chien parce que celui-ci a, paraît-il, des préférences beaucoup plus développées que son bébé ?

Si l'on ne veut pas édicter des règles de comportement complètement abracadabrantes, on ne peut faire l'impasse sur l'intuition. Et cela vaut pour n'importe quelle philosophie de la morale, aussi raisonnable et objective soit-elle. Aucune ne peut se passer des valeurs. Et les valeurs, par leur nature même, ne sont pas les produits de la raison mais bien des sentiments. Cependant, ce n'est pas la conséquence d'une réflexion logique. Si, comme le fait l'utilitarisme, je déclare que le bien commun est important, la chose est facilement compréhensible. C'est l'affirmation d'une valeur. On s'en rend compte dès que quelqu'un fait étalage de son égoïsme et déclare que le bien commun ne l'intéresse pas du tout. Il m'est impossible de fonder de façon purement logique mon intérêt pour les autres. Et ma volonté de faire le bien est et reste une décision personnelle. La base ultime de toute règle morale est un désir et une volonté, et non une connaissance ou un savoir.

Si de nombreux philosophes refusent de nos jours de se référer à un sens moral intuitif, c'est que cette référence a quelque chose de très religieux. Quand l'Église catholique décide aujourd'hui que tous ceux qui font partie de l'espèce *Homo sapiens*, depuis la fécondation, doivent bénéficier d'une protection absolue et sans condition, elle ne le fait pas en se référant à des arguments rationnels. Elle en appelle à quelque chose qui est de l'ordre du ressenti et qui est la volonté de Dieu. Or, étrangement, cette volonté est à géométrie variable. Le fait que les embryons possèdent une âme depuis leur conception est une directive du pape Pie IX datant de 1869. Avant, c'étaient les premiers mouvements du fœtus, les premiers signes sensibles de la vie, qui manifestaient la présence de l'âme. Car la vie sentie a une tout autre valeur intuitive que la vie biologiquement détectée, qui, aujourd'hui comme hier, n'est souvent même pas perçue. En début de grossesse, de nombreuses femmes ne savaient pas et ne savent toujours pas qu'elles sont enceintes. Mais par son ordonnance, le pape Pie IX a réagi aux nouvelles possibilités ouvertes par la médecine de son époque. Dans les années 1860, il devenait soudain possible de diagnostiquer de façon fiable tout début de grossesse. De façon aussi hardie qu'imprudente, le pape a alors aussitôt décidé d'étendre le pouvoir de l'Église à *tout* ce que pouvait porter un ventre maternel.

De par son origine, la religion est la transcription d'intuitions en images et en commandements. Elle est ensuite devenue une forme de réglementation de l'ordre social. Or le dogme religieux de l'âme précoce est en contradiction avec toute forme d'intuition. Il est contre-intuitif. Il n'apporte rien de positif non plus à l'ordre social. L'importance ressentie de la vie humaine précoce dépendant de la valeur que lui accordent la mère mais aussi le père et, dans une moindre mesure, les autres parents proches. Plus le fœtus se développe, plus le lien devient fort en règle générale. Une étape importante est ensuite constituée par la naissance. Pour le fœtus, c'est l'entrée dans une autre dimension. Il est pour la première fois biologiquement indépendant, son milieu est totalement modifié et c'est une véritable révolution qui se passe dans son cerveau. Même pour la mère, le père et les autres membres de la famille comme les frères et sœurs ou les grands-parents, la naissance marque une nouvelle dimension du ressenti puisqu'on peut maintenant voir, entendre et toucher le nourrisson. Aussi étroit que soit le lien avec le fœtus dans le ventre de la mère, rares sont celles disant que ce lien est exactement le même après la naissance. Notre sensibilité morale est donc largement une question d'expérience sensible et d'imagination déclenchée par nos sentiments. Les religions conservent ce sentiment de « morale intuitive » – même si elles le font plus ou moins bien.

L'intuition corrige l'utilitarisme sur deux points. Elle suppose qu'un avortement est d'autant plus problématique qu'il intervient tard. Dans cette mesure, la limite de trois mois en deçà de laquelle un avortement est légal en Allemagne prend tout son sens. Même si le changement entre le quatre-vingt-onzième et le quatre-vingt-douzième jour n'ouvre pas directement la porte à une autre dimension, on peut dire d'une façon générale qu'au bout de trois mois on a atteint une limite naturelle en deçà de laquelle le concept de « vie végétative », et donc de vie sans conscience, peut être utilisé de façon sensée. En second lieu, l'intuition donne aux nouveau-nés et aux petits enfants un droit absolu à la vie, car on ressent de façon intuitive que leur vie a autant de valeur que n'importe quelle autre existence humaine. Qu'il y ait des individus ne possédant pas ce genre d'intuitions – et qui ne sont donc pas responsables de leurs actes sur le plan émotionnel –, cela ne change rien à l'affaire. Toute morale rencontre ce problème. D'ailleurs, comme nous l'avons vu précédemment, tout le monde ne considère pas que le bien commun est une chose importante ; pourtant, les utilitaristes présupposent ce genre d'impression, alors que des instincts directs et biologiques auraient, en comparaison, plus de fiabilité que des instincts sociaux dérivés.

Le droit à la vie, sa valeur et sa dignité ne commencent donc pas au moment de la procréation. Il est de ce fait difficile de comprendre pourquoi on n'aurait pas le droit de procéder à des avortements jusqu'au troisième mois. Chez les embryons plus développés, la chose est plus problématique. Les tuer devient de mois en mois une chose davantage contestable sur le plan moral. Les exceptions que l'on peut admettre ne font ici que confirmer la règle. Quand on apprend que l'enfant a de grands risques d'être gravement handicapé d'un point de vue intellectuel ou physique, quand le père et la mère ne se sentent pas capables d'assurer les soins qui seraient alors nécessaires, on peut prendre la décision d'une interruption de grossesse, ce qui n'est jamais facile. L'équation utilitariste qui met en balance les désirs, les intentions et les souffrances potentiels des parents avec ceux du fœtus est cruelle mais sans alternative. La décision est encore plus difficile après la naissance, lorsque l'enfant se trouve dans un état végétatif, incapable de survivre sans appareillage médical : un nourrisson présentant par exemple une grave malformation du cœur et qui ne pourra pas vivre sans être constamment relié à une machine. Quel autre étalon utiliser, sinon les impressions des parents, leur sens moral, l'évaluation de leurs désirs et de leurs intentions, si possible entourés de conseils avisés de personnes à leur écoute ? Mais ces questions ne sont déjà plus spécifiques à l'avortement et elles touchent un tout autre domaine. Elles nous invitent à réfléchir à la question de savoir dans quelles circonstances il est moralement défendable de laisser mourir une personne, ou même de la tuer si elle en exprime personnellement le désir.

- *Temps final.* Faut-il autoriser l'euthanasie ?

BERLIN

Temps final
Faut-il autoriser l'euthanasie ?

« Warnemünde est un endroit joyeux. La mer y est belle, l'air y est limpide – il y a bien des années, elle était venue ici, au bord de la Baltique, avec son fils. Elle va bientôt revenir pour l'y conduire une dernière fois. Il n'aurait pas aimé reposer sous l'épaisseur de la terre.

» Sur le meuble de la cuisine est posé le prospectus pour l'enterrement marin. Marie-Luise Nicht le reprend. Tout cela lui paraît encore irréel car son fils est allongé juste à côté, dans la plus belle et la plus grande des deux chambres. Il respire, son cœur bat, il est chaud. Parfois il ouvre les yeux. Un mort n'est pas comme ça.

» "La personne qu'était Alexander est morte il y a quatre ans, dit Mme Nicht. Un autre Alexander a pris sa place." Pour la médecine, c'est un individu sans conscience, hermétique à toute sensation, sans la moindre possibilité d'établir un contact avec l'extérieur – et sans la moindre chance que les choses puissent évoluer. Pour Marie-Luise Nicht, c'est son enfant et elle en a besoin.

» Au début elle a parfois serré le poing dans sa poche, elle l'a boxé et l'a invectivé : Reviens donc ! Tu ne peux quand même pas me laisser toute seule ! Mais maintenant, c'est du passé.

» Son fils ne lui donne plus l'impression de souffrir. Ses muscles sont détendus, il ne transpire pas, il a l'air d'être bien. Sa mère s'est depuis longtemps habituée à ce que sa bouche reste toujours ouverte avec parfois un filet de bave qui coule. Elle peut lui parler ; elle peut le masser et le caresser ; elle peut le mettre sur son fauteuil roulant et aller se promener avec lui quand il fait beau. Elle peut très bien imaginer vivre avec lui. Et pourtant elle aimerait bien qu'il ait le droit de mourir. Car son fils Alexander, Marie-Luise en est convaincue, ne voudrait pas de cette existence qui dépend de la bouillie arrivant dans son estomac par une sonde. »

C'est ainsi que le magazine *Spiegel* parlait dans l'une de ses éditions de l'automne 2006 du sort d'Alexander Nicht et de sa mère Marie-Luise. Par une nuit d'octobre 2002, cet élève de terminale d'un lycée de Berlin a été renversé par une voiture, sans qu'il y ait été pour rien ; transporté aux urgences, on a constaté de graves lésions au cerveau : une grande partie de la substance du pallium était détruite de façon irréparable. Alexander est resté presque quatre ans dans le coma, sans pouvoir communiquer avec les autres et sans la moindre chance de revenir à la vie. Pour sa mère, les choses sont claires : jamais son fils n'aurait voulu vivre de cette manière. Mais à Berlin, les médecins traitants ont insisté pour laisser branchés les appareils qui maintiennent Alexander artificiellement en vie ; quant à la justice, elle a obstinément refusé pendant des années d'écouter les doléances de cette mère. En droit, la situation est en effet plus compliquée qu'elle n'y paraît au premier regard. Certes, en Allemagne, aucun médecin ne peut prolonger artificiellement la vie d'un patient contre sa volonté – mais comment un médecin peut-il savoir ce que veut une personne dans le coma ? Au lieu de faire confiance à Marie-Luise Nicht quand elle affirme que son fils n'aurait pas voulu de cette vie, les médecins ont continué à maintenir Alexander en vie.

La situation des patients plongés dans le coma est un cas parmi d'autres qui montre toute la difficulté de la situation juridique, des réflexions éthiques, et de la question portant sur la volonté et le droit des malades condamnés ou plongés dans un coma irréversible. Qui a le droit de parler et de décider ? Et quelle est la marge de manœuvre du médecin ? Les médecins ont-ils le droit de provoquer la mort de patients condamnés en interrompant leur traitement (*euthanasie passive*) ? Ont-ils le droit de prendre le risque qu'un patient traité avec des calmants puissants succombe à cette thérapie (*euthanasie indirecte*) ? Le médecin a-t-il le droit, à la demande expresse du patient, d'aider ce dernier à mettre fin à ses jours (*assistance à une mort choisie*) ? Et, enfin, a-t-il le droit de tuer un patient qui en exprime le désir en lui donnant un médicament ou en lui faisant une piqûre (*euthanasie active*) ?

Le cas juridiquement le mieux réglé en Allemagne est celui de l'*euthanasie active*. Elle est condamnable. Le texte du paragraphe 216 « Mort sur demande » du code de droit pénal en République fédérale dit ceci : « Quelqu'un ayant été choisi pour tuer, à la demande expresse et sérieuse de celui qui a été tué, pourra être condamné à une peine de privation de liberté entre six mois et cinq ans. » Quant au médecin qui décide de tuer un patient sans l'accord express de ce dernier, il peut être condamné pour meurtre. Le paragraphe 216 ne protège pas seulement le citoyen contre lui-même, il est aussi là pour empêcher que quelqu'un tue une autre personne pour des raisons personnelles et prétende ensuite devant le tribunal que c'est cette personne qui l'a voulu. Il ne fait donc aucun doute que cette barrière du droit a un sens. La question est simplement de savoir si elle a *toujours* un sens.

Même si les normes du droit sont très différentes d'un pays à l'autre, aucun pays ne s'est jusqu'à présent résolu à autoriser directement l'euthanasie active. Une autorisation indirecte existe dans le droit hollandais depuis 2001, et le droit belge depuis 2002, sous la forme d'une règle disant que, si l'euthanasie active continue à être interdite, il peut y avoir des cas où elle n'est « pas condamnable ». En Hollande, cette loi est une réaction au fait que depuis 1969 au moins de nombreux médecins pratiquaient l'euthanasie en cachette. Et la majorité de la population soutenait cette pratique officiellement interdite. Pour supprimer cette zone d'ombre, le gouvernement a établi la réglementation d'interdiction de principe côtoyant une possibilité de noncondamnation – parallèle juridique à la réglementation sur l'avortement en Allemagne. Depuis 2001, en Hollande, un médecin traitant a le droit de tuer un patient dans la mesure où : 1. Ce patient en exprime le désir. 2. Un second médecin est consulté comme témoin et conseiller. 3. Le médecin signale son acte au parquet, de sorte que celui-ci puisse faire vérifier son déroulement par la police.

L'argument principal des gens qui voudraient voir autoriser ou dépénaliser l'euthanasie active est le droit à disposer de soi-même. Toute personne qui est jugée responsable de ses actes devrait avoir le droit de décider de sa vie, et donc aussi de sa mort. Si l'on interprète dans ce sens la loi fondamentale allemande, c'est-à-dire la Constitution, ce qui ressortit à la « dignité humaine » n'est donc pas seulement un droit à décider de sa vie mais aussi un droit à décider de sa mort. Il est intéressant de remarquer qu'autant les partisans que les opposants du droit à l'euthanasie active se réclament de Kant. Les opposants parlent du caractère absolument « inaliénable » de la vie humaine parce que, d'après Kant, l'homme est sa propre finalité. Il ne doit pas être « finalisé ». Or, donner à quelqu'un d'autre le pouvoir de tuer voudrait dire que l'on ne dispose plus de soi-même mais qu'on laisse autrui décider pour soi. L'individu libre deviendrait alors un objet à la disposition d'un autre. Et cela serait une « finalisation » pour par exemple Albin Eser, professeur émérite et spécialiste du droit étranger et international à l'institut Max-Planck de Fribourg. Cette argumentation n'est pourtant pas vraiment pertinente. Cela fait-il vraiment une différence si je décide moi-même et librement de me tuer ou si je demande tout aussi librement à quelqu'un de me tuer parce que je ne peux par exemple pas le faire dans mon lit d'hôpital ? Ne suis-je pas au contraire davantage « finalisé » quand on me maintient en vie contre ma volonté ? Pour autant qu'on le sache, Kant, à la fin de sa vie, a eu très peur d'être atteint de démence, et il a décidé que sa vie n'aurait plus aucune valeur et plus aucun sens dans ces conditions. Comme les formes modernes d'euthanasie indirecte n'existaient pas à son époque et qu'une interruption de traitement n'aurait pas forcément conduit à la mort immédiate d'une personne atteinte de démence ou de la maladie d'Alzheimer, tout laisse à penser que Kant aurait cautionné l'euthanasie active, du moins pour lui-même.

Un argument plus douteux en faveur de l'euthanasie active nous est donné par les sondages. Chaque année, l'Union allemande pour une mort humaine (DGHS) qui réclame le droit à l'euthanasie active commande des enquêtes à des instituts de sondages. Celles-ci révèlent que près de 80 % des Allemands sont pour que l'euthanasie active soit autorisée. Pour la DGHS, c'est un signal clair. Il faut que la volonté populaire trouve son expression dans la loi. Mais les sondages sont loin d'avoir valeur d'impératif moral. Jusqu'à il y a quelques années, en Allemagne, l'homosexualité était largement rejetée. Était-il pour autant juste de mettre les homosexuels en prison comme il était effectivement possible de le faire jusque dans les années 60 ? Si l'on avait effectué un sondage juste après le 11 Septembre pour savoir s'il fallait expulser du pays tous les musulmans fermement croyants, on aurait sans doute trouvé une majorité de oui qui aujourd'hui n'existe certainement plus. Les statistiques reflètent aussi les émotions et dépendent beaucoup de la façon dont sont posées les questions. Il y a quatre ans, la Fondation allemande des hospices, qui est contre l'euthanasie active, a également demandé une enquête à un institut de sondages. Elle accordait beaucoup d'importance au fait d'expliquer aux gens interrogés l'euthanasie active mais aussi les moyens de la *médecine palliative*. Ce qu'on appelle la médecine palliative (du latin *pallium*, qui veut dire « manteau ») est un traitement réservé aux patients en fin de vie et qui atténue les symptômes, de sorte que les malades sont libérés d'une très grande partie de leurs douleurs durant le temps qui leur reste à vivre. Il est intéressant de remarquer que l'image qui résulte de ce sondage est totalement différente de celle qui ressort du sondage de la DGHS. Seules 35 % des personnes interrogées se déclarent en faveur de l'euthanasie active une fois qu'on leur a expliqué ce que sont l'euthanasie active et la médecine palliative. En revanche, 56 % des personnes interrogées se disent favorables à l'usage renforcé de la médecine palliative dans les hôpitaux. L'utilitarisme qui cherche à déterminer le bonheur et la souffrance de la société à l'aide de sondages est donc assez sujet à caution.

Un troisième argument (indirect) en faveur de l'euthanasie active en Allemagne consiste à pointer du doigt les contradictions de la justice. Entre huit cent mille et neuf cent mille personnes meurent chaque année en Allemagne ; les deux tiers se trouvent dans des hôpitaux ou des centres médicalisés ; très peu sont chez elles, entourées de leurs proches. Aucune de ces personnes, semble-t-il, ne décède à la suite de l'intervention d'un médecin ou d'un accompagnateur de fin de vie. Or en réalité, au cours des dix dernières années, plus de trois cents personnes ont fait le voyage en Suisse pour se procurer des médicaments mortels auprès d'organisations telles que Dignitas ou EXIT. En droit, on appelle cela « assistance à une mort choisie ». À la différence de ce qui se passe en Suisse, l'assistance au suicide n'est pas expressément permise mais elle n'est pas interdite non plus. Et vendre des médicaments mortels n'est pas considéré non plus comme une assistance active au suicide. La seule chose qui permet de condamner un dealer de cyanure, c'est qu'il enfreint la loi sur les anesthésiants. La justice allemande se trouve placée devant un dilemme. Les organisations commerciales d'aide à la mort apparaissent suspectes. Mais il n'est pas fondamentalement interdit de faire des affaires avec le suicide. Norbert Hoester, philosophe du droit à Mayence, considère cette lacune juridique comme un gros problème, à la différence de l'euthanasie active qu'il aimerait promouvoir dans la mesure où il est avéré qu'elle correspond au désir libre d'un patient. Si Norbert Hoester est favorable à l'instauration de l'euthanasie active dans les conditions précitées, il propose en revanche que toute personne poussant ou encourageant une autre personne à se tuer soit condamnée à une peine de cinq ans de prison – à moins qu'il ne soit prouvé sans l'ombre d'un doute qu'elle a agi selon le libre désir de la personne décédée. Hoester, dont l'argumentation se réfère pour une large part aux principes de l'utilitarisme des préférences, introduit ici, mine de rien, un second critère. Ce qu'il fait entrer en ligne de compte, ce ne sont pas simplement les souhaits et les intentions de celui qui désire mourir mais aussi la *motivation* de ceux qui l'y aident. Car pour pousser quelqu'un à faire quelque chose, il faut que j'aie une raison qui peut être appréciée de façon fort différente. D'ailleurs, le fait que l'utilitarisme ne prenne généralement en compte que les conséquences d'un acte et non ses motivations est un manque notoire. Est-ce qu'un soldat contraint sur ordre de ses supérieurs de tuer des centaines de personnes au cours d'une guerre est un assassin pire qu'un meurtrier qui frappe une vieille dame jusqu'à la mort pour lui prendre son argent ? Une morale qui ne considère que les conséquences pour l'intéressé ou pour la société est à l'évidence insuffisante.

Presque tous les utilitaristes des préférences cautionnent le droit à l'euthanasie active parce que celle-ci peut être effectuée dans l'intérêt de la personne concernée et en règle générale d'un malade condamné. Mais il est significatif que les arguments de leurs adversaires se réfèrent aussi à l'intérêt de la personne concernée. Pour bien comprendre cela, il est nécessaire de se pencher sur l'euthanasie passive et indirecte. L'euthanasie passive est autorisée en Allemagne pour autant qu'elle corresponde au désir (supposé) du patient. Aucun soignant n'a le droit de prolonger artificiellement la vie d'un patient contre la volonté de ce dernier. Le cas d'Alexander Nicht nous a montré à quel point la question de la volonté du patient plongé dans le coma est compliquée. Même *l'euthanasie indirecte* est autorisée en Allemagne. Le cas le plus fréquent d'euthanasie indirecte est la *sédation palliative*. Littéralement, « sédation » veut dire « apaisement ». Comme le prévoit la médecine palliative, le patient qui est condamné reçoit une forte dose de calmants ainsi que des médicaments comme la morphine qui le plongent dans le coma lorsque les douleurs sont insupportables. Le médecin fait tout son possible pour rendre supportables les derniers jours du patient. La seule chose qu'il ne fait pas, c'est d'hydrater le patient. Si tout se déroule comme prévu, le patient meurt au bout de deux ou trois jours, faute d'eau. Conformément à l'idée de la médecine palliative, la sédation palliative n'est pas considérée comme de l'euthanasie active.

La sédation palliative est entre autres pratiquée dans des centres qui se veulent une alternative humaine à l'euthanasie. Même en Allemagne elle est un procédé très courant d'euthanasie indirecte, procédé qui se loge certes dans une zone d'ombre. Nous n'avons pas de chiffres exacts, et il n'est d'ailleurs pas obligatoire en Allemagne d'aller déclarer ces cas à la police ou au parquet. Quel que soit le lieu où l'on pratique l'euthanasie indirecte, il subsiste donc aussi des cas qui ne sont pas clairs, car il est difficile, dans la pratique, de tracer une frontière très nette entre euthanasie indirecte et active. Durant ces dernières années, il y a eu quelques cas spectaculaires d'abus manifestes qui ont de ce fait soulevé un tollé parmi les détracteurs de l'euthanasie. Comment savoir après coup si les patients étaient bien informés des risques présentés par le traitement de la douleur et s'ils n'ont pas seulement pris un risque, mais sans avoir véritablement voulu mourir ? C'est pourquoi ces opposants sont d'avis que l'euthanasie indirecte, qui est assez couramment pratiquée en Allemagne, est dans son principe plus dangereuse qu'une application bien contrôlée de l'euthanasie active.

Les principaux arguments en faveur d'une euthanasie active et encadrée dans un État de droit sont maintenant posés. Nous allons les récapituler pour que les choses soient bien claires : 1. L'exigence d'euthanasie active est un droit fondamental de l'individu libre et fait partie de son droit à disposer de lui-même. 2. L'euthanasie active est cautionnée, du moins en Allemagne, comme un moyen tout à fait légitime. 3. L'euthanasie active est plus transparente et plus facile à contrôler que l'assistance à la mort volontaire et l'euthanasie indirecte, et elle devrait de ce fait être autorisée comme un moyen parmi d'autres.

Face à ces trois arguments, nous trouvons les objections suivantes contre l'autorisation de l'euthanasie active : 1. Autoriser l'euthanasie active, n'est-ce pas, dans certaines circonstances, troubler la relation de confiance entre le patient et le médecin ? 2. L'euthanasie active n'enfreint-elle pas le serment fait par le médecin qui a juré d'« aider et de soigner » ? 3. Peut-on effectivement toujours contrôler dans les faits si un patient a souhaité recourir à l'euthanasie active ? 4. Qui pourra protéger un patient atteint de démence ou plongé dans le coma des visées égoïstes de ses parents ou de ses proches ? 5. La légalisation sur l'euthanasie active ne conduit-elle pas à ce que la société change de comportement vis-à-vis des patients condamnés, mettant ainsi en danger les liens de notre vie sociale ? 6. Ne permet-elle pas une « rupture » transformant l'euthanasie active en une obligation indirecte d'avoir recours à ce moyen ? Par exemple pour satisfaire des parents ou des proches, ou même pour ne pas alourdir les dépenses de la caisse d'assurance ? 7. La « liberté de choisir sa mort » ne va-t-elle pas devenir peu à peu une « non-liberté de choisir sa vie » ? 8. L'autorisation de l'euthanasie active ne fera-t-elle pas faire à la politique de santé l'économie de la mise en place d'alternatives coûteuses mais plus humaines, comme des investissements dans la médecine palliative ?

Les questions 1 et 2 portant sur la relation entre le médecin et le patient trouvent rapidement une réponse. Ce ne sont pas des problèmes philosophiques et elles ressortissent à une situation psychologique personnelle qui est chaque fois différente. Il se peut que la relation entre le médecin et le patient soit grevée par la possibilité de l'euthanasie active, tout comme il se peut que ce ne soit pas le cas. Du reste, même si l'euthanasie active était autorisée, elle ne représenterait pas pour le médecin une obligation de tuer son patient. Les questions 3 et 4 sur les éventuels abus des parents ou des proches touchent au droit : savoir si la justice sera en mesure de produire une réglementation suffisamment hermétique pour assurer un maximum de transparence. Les véritables questions philosophiques au sens large du terme sont les questions 5, 6 et 7 qui portent sur les conséquences sociales et sur une possible pression qui s'exercerait alors sur les patients condamnés. On aborde ici une dimension socio-éthique qui est très importante. Mais comment faire pour évaluer les conséquences sociales ? Pour les Pays-Bas, nous disposons depuis 2001 de trois grandes études portant sur la pratique de l'euthanasie active. Sur les quelque quatorze mille Hollandais qui, chaque année, ont terminé leur vie à l'hôpital, environ quatre mille cinq cents sont morts à la suite d'une piqûre effectuée par un médecin. Quatre fois plus le sont par sédation palliative. Les deux chiffres sont demeurés à peu près constants d'une année sur l'autre. Les partisans du droit à l'euthanasie active se voient ainsi confortés dans leur opinion. Impossible de parler d'une rupture, vu que le nombre des morts désirées avec intervention d'un médecin n'a pas augmenté. Mais les opposants à l'autorisation y trouvent aussi des arguments apportant de l'eau à leur moulin. Car chaque année on a enregistré au moins quelques cas inexpliqués qui ont entraîné des procès entre les parents des victimes et les hôpitaux. De nombreux opposants supposent aussi qu'il y a un nombre inconnu de morts qui n'ont jamais été signalés et qui ne sont pas présents dans les statistiques. Les données cliniques dont nous disposons ne permettent donc pas de se faire une idée précise sur l'éthique de l'euthanasie.

Reste la question 8, à savoir si la légalisation de l'euthanasie active ne pourrait pas conduire à renoncer à des alternatives coûteuses. La plupart des gens sont certainement intuitivement d'avis que des soins apaisant les douleurs et conduisant à la mort sont une voie préférable à une piqûre de poison. Ce sentiment intuitif est bien ancré dans la nature de l'homme, comme le montrent les tests de Marc Hauser (cf. *L'homme sur le pont*). Tuer de façon active n'est pas la même chose que de laisser faire, même si le résultat est identique. L'interdiction fondamentale de tuer un être humain de façon active n'est donc pas la conséquence d'un dogme religieux affirmant le caractère « sacré » de la vie humaine. C'est peut-être ce dogme qui est plutôt la conséquence d'une intuition fortement enracinée dans l'histoire de notre espèce. De ce fait, c'est un piètre argument que de vouloir en finir avec le caractère « sacré » de la vie en arguant du faible impact de la religion à notre époque. L'inhibition vis-à-vis du meurtre est plus ancienne que le christianisme, même si toutes les époques et toutes les cultures n'ont cessé de faire des entorses à cette règle. Il est significatif de voir que même la plupart des partisans du droit à une euthanasie active accordent une certaine importance à la différence entre faire et laisser faire. Car, en dépit de toutes les critiques concernant la zone d'ombre de l'euthanasie indirecte, il n'y aurait guère de partisans de l'euthanasie active pour prétendre sérieusement que la piqûre est fondamentalement le meilleur moyen à disposition. L'euthanasie active ne peut donc être qu'une solution de dernier ressort, quand il n'en existe plus d'autre.

On peut en tirer deux conséquences : la première, c'est que l'État doit mettre tout en œuvre pour encourager la médecine palliative et pour que l'euthanasie indirecte soit aussi humaine et transparente que possible. Entre autres, pour que le désir d'une euthanasie active ne soit pas amené à se manifester. Car le problème décisif dans la question portant sur les derniers jours de malades atteints d'affections incurables et qui souffrent énormément n'est pas d'ordre médical mais psychologique. Autant il est juste de prendre au sérieux le droit d'un être humain à décider lui-même de sa mort, autant il est important d'examiner les circonstances dans lesquelles un tel désir est exprimé. Le problème de l'euthanasie active n'est pas le droit compréhensible revendiqué par le patient ; ce sont les circonstances qui entraînent cette décision de vouloir mourir. Voilà pourquoi la médecine palliative est sans doute la voie la plus humaine, autant pour le patient que pour le médecin.

La seconde conséquence, c'est qu'en autorisant l'euthanasie active on transforme un moyen ultime réservé à des cas sans issue en moyen « normal ». De nombreux proches se donneraient moins de mal pour entourer un patient que plus rien ne peut sauver. Et les hôpitaux n'auraient certainement plus à se donner la peine de rendre les derniers jours d'un malade aussi paisibles que possible. Même si les statistiques venues des Pays-Bas ne confirment pas ces craintes, vu l'état des finances de la plupart des assurances sociales de presque tous les pays européens, ce droit à décider de sa propre mort pourrait facilement se transformer en son contraire : une pression sociale pour ne pas peser sur les caisses de la Sécurité sociale.

À une époque de perpétuelles coupes claires dans le budget de la santé, la question décisive est celle-ci : Quelle est la valeur d'une mort digne pour l'État et la société ? Dans cette perspective, l'argument fort du droit de chacun à décider de sa propre mort se trouve relativisé. Ce qui se passe parfois aujourd'hui dans certains hôpitaux, dans cette zone floue de l'euthanasie passive, indirecte ou active, peut en tout cas sembler préférable à une position claire et nette en faveur de l'euthanasie active ressortissant à une philosophie du droit et de la morale. Pour le philosophe, ce qui compte c'est la rationalité, la cohérence et la pertinence d'une position, alors que ce qui compte pour l'homme politique c'est sa responsabilité socio-éthique.

Le droit de chaque individu à décider de son sort bute donc partout sur des limites, chaque fois qu'il entraîne des conséquences (apparemment) insupportables et inhumaines pour la société. Mais qui intégrons-nous dans l'appartenance à cette « société » ? Quel comportement avons-nous avec des êtres vivants capables de souffrance mais qui ne peuvent ni exprimer leurs intérêts ni revendiquer leurs droits ? Les animaux, par exemple !

• *Le bon, la brute et le végétarien.* Avons-nous le droit de manger des animaux ?

OXFORD

Le bon, la brute et le végétarien
Avons-nous le droit de manger des animaux ?

Imaginez qu'un jour des êtres inconnus venus de l'espace débarquent sur notre planète. Des êtres comme ceux que présente le film américain à grand spectacle *Independence Day* : incroyablement intelligents et largement supérieurs à l'être humain. Comme on n'a pas toujours sous la main un président des États-Unis prêt à se sacrifier dans un avion de chasse et qu'il n'y a pas cette fois de génie méconnu pour paralyser les ordinateurs des extraterrestres grâce à des virus terrestres, ces êtres inconnus ne mettent pas longtemps à vaincre l'humanité et à la parquer dans des lieux fermés. Commence alors une période de terreur sans précédent. Les extraterrestres se servent des êtres humains à des fins d'expérimentation médicale ; avec leur peau ils font des chaussures, des sièges d'automobile et des abat-jour ; ils utilisent même leurs cheveux, leurs os et leurs dents. En plus ils mangent les humains, surtout les enfants et les bébés, parce qu'ils sont bien tendres et que leur chair est délicate.

Un humain fraîchement tiré de son cachot pour servir de cobaye médical se met à les invectiver :

« Comment pouvez-vous faire des choses pareilles ? Vous ne voyez donc pas que nous avons des sentiments, que vous nous faites mal ? Comment pouvez-vous prendre nos enfants pour les tuer et les manger ? Vous ne voyez pas à quel point nous souffrons ? Vous ne vous rendez pas compte à quel point vous êtes cruels et barbares ? Vous n'avez donc aucune pitié et aucun sens moral ? »

Les extraterrestres hochent la tête.

« Oui, oui, dit l'un. Il est possible que nous soyons un peu cruels. Mais, voyez-vous, poursuit-il, il se trouve que nous vous sommes très supérieurs. Nous sommes plus intelligents que vous et plus raisonnables, et nous pouvons faire un tas de choses dont vous êtes absolument incapables. Nous sommes une espèce qui vous dépasse et notre existence se situe à un niveau bien différent de la vôtre. Voilà pourquoi nous avons le droit de faire tout ce que nous voulons avec vous. Comparée à la nôtre, votre vie n'a pas grande valeur. En plus, à supposer même que notre comportement ne soit pas très correct, il y a quand même une chose qui ne fait aucun doute : vous êtes drôlement bons ! Miam ! »

Peter Singer était pensif, en ce jour d'automne 1970. Assis dans la grande salle du restaurant universitaire, à Oxford, il mangeait un steak. Ses pensées ne s'étaient encore jamais attardées sur des extraterrestres fictifs et leur possible cannibalisme. Venu d'Australie où il venait de terminer ses études de philosophie à Melbourne, Singer était arrivé en Angleterre pour occuper un poste d'enseignant à l'université. C'était son premier poste. Adolescent, déjà, rien ne le passionnait davantage que la philosophie et la question de savoir ce que pouvait être une vie juste. Ses parents étaient originaires de Vienne et ils étaient juifs. Les persécutions des juifs en Allemagne et en Autriche à l'époque de la dictature national-socialiste les avaient contraints à quitter leur pays en 1938. Ils étaient encore très jeunes et ils avaient décidé de partir pour l'Australie. Leurs parents à eux, les grands-parents de Peter Singer, arrêtés par les nazis, étaient morts dans le camp de concentration de Theresienstadt.

Singer avait pris ses études très à cœur, surtout les questions d'éthique. Il voulait savoir ce qui était bon et ce qui était mauvais, ce qu'était une vie juste et son contraire. Alors qu'il était attablé devant son steak dans le vénérable réfectoire de l'université, il vit un étudiant assis à sa table repousser la viande sur le bord de son assiette. Singer demanda à cet étudiant – il s'appelait Richard Keshen et il devint plus tard professeur de philosophie à l'université du Cap-Breton, au Canada – s'il n'aimait pas ce qu'il y avait dans son assiette. Richard lui répondit qu'il ne mangeait jamais de viande. Il était végétarien et trouvait aberrant de manger des animaux. Singer s'étonna d'une attitude aussi radicale. Mais Richard le mit au défi de lui présenter un seul argument qui puisse le justifier. Peter Singer demanda un temps de réflexion. Ils avaient prévu de se retrouver le lendemain dans le réfectoire, et Peter voulait présenter à Richard une bonne raison expliquant pourquoi il était permis de manger des animaux. Puis il finit tranquillement son steak. Il ne se doutait pas que c'était la dernière fois de sa vie qu'il mangeait de la viande.

En rentrant chez lui, après avoir quitté l'université, Singer commença à réfléchir. C'est un fait que les hommes avaient de tout temps mangé de la viande. Déjà, dans la préhistoire, ils chassaient l'aurochs et le mammouth pour les manger. Plus tard, les bergers et les paysans avaient élevé des moutons et des chèvres, des bœufs et des cochons, toujours pour les manger. Les hommes de la préhistoire, mais aussi de nombreux peuples primitifs n'auraient jamais survécu s'ils ne s'étaient pas nourris aussi, entre autres, de viande. Certes, Singer se rendait compte que tous ces arguments qui lui étaient venus à l'esprit ne le concernaient pas directement. L'argument des hommes préhistoriques ou des Esquimaux, qui doivent chasser le phoque pour survivre, ne suffisait pas pour démontrer que lui, Peter Singer, avait le droit de manger des animaux. Dans un pays comme l'Angleterre, en effet, il est parfaitement possible de disposer d'une nourriture sans viande, et cela n'est en rien préjudiciable à la santé. Singer poursuivit sa réflexion et se dit que les loups, les lions et les crocodiles mangent bien de la viande, eux aussi. Et ils ne s'occupent pas de savoir s'ils en ont le droit ou non. Car si ces animaux n'ont pas de viande, ils meurent. Singer savait que lui ne mourrait pas s'il ne mangeait pas de viande. À la différence des loups, des lions et des crocodiles, il pouvait décider de manger ou non des animaux. Le fait de pouvoir décider le distinguait des lions. Il était supérieur aux lions mais aussi aux bœufs, aux cochons et aux poules qu'il mangeait dans le restaurant universitaire. L'homme est plus avisé que les animaux, son intelligence est supérieure, il possède une langue très sophistiquée, il est doué de raison et de jugement. De nombreux philosophes de l'Antiquité, du Moyen Âge mais aussi des Temps modernes avaient affirmé que c'était la raison pour laquelle il était permis de manger des animaux. Les hommes sont raisonnables, les animaux ne le sont pas. Les humains ont de la valeur, les animaux n'en ont pas. Mais peut-on vraiment dire qu'une vie intelligente a fondamentalement plus de valeur qu'une vie moins intelligente ? Même si Singer ne connaissait pas l'histoire fictive de ces extraterrestres évoquée au début, il sentit naître en lui la même indignation qui surgit chez de nombreuses personnes à la lecture de cette petite fable. Car si le rapport entre les extraterrestres et les humains est marqué par une absence totale de morale, n'en est-il pas de même de la relation qui unit les humains et les animaux ? Une intelligence supérieure n'est pas un sauf-conduit moral permettant de faire tout ce qu'on veut. Pendant trois ans, Singer travailla sur le rapport de comportement entre hommes et animaux. En 1975, il publia son livre : *Animal Liberation* (*La Libération animale*). Ce fut tout de suite un best-seller qui se vendit à plus de cinq cent mille exemplaires.

Pour Peter Singer, le critère le plus important pour le droit à la vie n'est pas l'intelligence, ni la raison, ni le jugement. Un nouveau-né a moins de jugement qu'un cochon, et pourtant cela ne nous donne pas le droit de le manger ou de faire des expériences sur lui, pour tester l'effet d'un nouveau shampoing par exemple. Le critère décisif qui exige le respect pour un être vivant et qui lui confère un droit à la vie, c'est sa capacité à se réjouir ou à souffrir. Sur ce point, Singer rejoint Bentham qui, dès 1789, à l'époque de la Révolution française, écrivait : « Le jour viendra où l'on accordera aussi aux autres créatures vivantes les droits qu'on n'a pu leur enlever que par le biais de la tyrannie. Les Français ont déjà découvert que la noirceur de la peau n'est en rien une raison pour qu'un être humain soit abandonné sans recours au caprice d'un bourreau. On se rendra compte un jour que le nombre de pattes, la pilosité de la peau, ou la façon dont se termine le sacrum sont des raisons tout aussi insuffisantes pour abandonner un être sensible au même sort. Or, quelle autre caractéristique pourrait tracer une ligne infranchissable ? Est-ce la faculté de raisonner, ou peut-être celle de discourir ? Mais un cheval ou un chien adulte sont des animaux incomparablement plus rationnels et plus communicatifs qu'un enfant d'un jour, d'une semaine, ou même d'un mois. Et s'ils ne l'étaient pas, qu'est-ce que cela changerait ? La question n'est pas : Peuvent-ils *raisonner* ? ni : Peuvent-ils *parler* ? mais : Peuvent-ils *souffrir* ? » Singer reprend donc l'utilitarisme de Bentham : le bonheur est bon et la souffrance est mauvaise. Et cela ne vaut pas seulement pour les êtres humains mais aussi pour tous les êtres vivants qui sont capables d'éprouver le bonheur et la souffrance. Les animaux sont en effet des êtres capables de ressentir, et de ce fait ils sont en principe les égaux des hommes. La question de savoir si l'homme a le droit de manger les « autres animaux » devient de ce fait caduque : les délices du palais ne pèsent d'aucun poids face à l'indicible souffrance des animaux obligés de donner leur corps et leur vie pour ces plaisirs.

Le livre de Singer sur la libération des animaux de la domination de l'homme fit sensation. Un mouvement de contestation vit le jour, le Mouvement pour le droit des animaux, d'abord en Angleterre, puis aux États-Unis et en Allemagne. L'objectif d'organisations telles que PETA ou Animal Peace va beaucoup plus loin que ce que réclament les sociétés protectrices des animaux traditionnelles. Ces défenseurs des animaux ne luttent pas simplement contre l'élevage intensif, les élevages pour la fourrure et contre la vivisection. Ils remettent en question toute utilisation d'animaux : les hommes ne devraient manger ni saucisses ni fromage, ni enfermer des animaux dans des zoos ou des cirques, ni les utiliser à des fins d'expérimentation. Ils exigent à la place le droit des animaux à mener une vie libre et à jouir d'un développement harmonieux.

Si les idées de Singer paraissent emporter l'adhésion au premier coup d'œil, elles n'ont pas tardé à être vivement attaquées par de nombreux philosophes. En effet, si ce n'est ni la raison, ni le jugement, ni même la simple appartenance à l'espèce *Homo sapiens* qui trace la frontière morale, mais la capacité à souffrir, où se situe alors exactement cette frontière ? Les cochons et les poules peuvent souffrir, tout le monde est d'accord là-dessus. Un cochon crie quand on le tourmente ou quand il va à l'abattoir, et la poule aussi peut pousser des cris. Mais qu'en est-il des poissons, par exemple ? Est-ce que les poissons souffrent ? Les analyses les plus récentes nous montrent que les poissons éprouvent sans doute des souffrances, même s'ils ne peuvent les exprimer. Et qu'en est-il des invertébrés comme les moules, par exemple ? Nous en savons beaucoup trop peu à ce sujet pour être en mesure d'émettre une opinion. Et nous autres humains, nous ne savons même pas, à strictement parler, si les plantes elles aussi peuvent souffrir. Est-ce que la salade éprouve de la douleur quand on la cueille ?

La capacité à éprouver de la souffrance ne constitue donc pas une limite claire. Et ce critère est problématique, dans la mesure où les états de conscience des animaux ne nous sont pas directement accessibles. Dans le chapitre consacré au cerveau, nous avons évoqué la difficulté de la science à appréhender les expériences subjectives de l'homme. Il est encore plus difficile de dire quoi que ce soit sur les animaux. En 1974, l'année même où Singer écrivait son livre sur la libération des animaux, Thomas Nagel, aujourd'hui professeur à la faculté de droit de New York, écrivait un article devenu entre-temps célèbre et portant le titre : « *What Is Like to Be a Bat* » (« Qu'est-ce que ça fait d'être une chauve-souris ? »). Nagel ne s'intéressait pas particulièrement aux animaux. Le principal enjeu de son essai était de montrer qu'il n'était pas nécessaire de se donner du mal pour essayer de se mettre dans la peau d'une chauve-souris, par exemple, car c'est tout bonnement impossible. La seule chose qu'il serait possible de faire, à la rigueur, serait de se représenter ce que l'on pourrait ressentir si, doué d'un système de radar pour se repérer, on volait dans la nuit à la recherche d'insectes. Mais qui pourrait dire quelles sont les analogies avec ce que ressent vraiment une chauve-souris ? Il n'y a pratiquement rien à dire. La conscience, et c'est là le point important de l'argumentation de Nagel, est toujours liée à une expérience subjective et elle est donc pratiquement inaccessible aux autres.

Tout cela est sans doute juste. Mais même s'il est impossible de savoir exactement ce qui se passe dans la tête des animaux, on ne peut pas pour autant en tirer un argument de fond contre la position de Singer, qui veut que l'on respecte les animaux. En effet, ne presque rien savoir de la vie intime d'êtres vivants différents de nous ne nous donne pas pour autant le droit de les tourmenter. Aucun tribunal ne va autoriser la torture ou le meurtre sous prétexte que les responsables n'auraient pas été en mesure de savoir exactement ce que pouvait ressentir la victime à ce moment-là. Nous supposons que les autres disposent d'un état de conscience complexe – et cela suffit pour les respecter. Pour les animaux, en revanche, de nombreux scientifiques sont enclins à n'expliquer leur psyché que de façon biologique. Or ces modèles faits de stimuli et de réactions sont très problématiques. Est-ce que la manœuvre de leurre d'un lémurien est un pur produit de son instinct ou y a-t-il là une part de tactique ? Est-ce que les jeux de hiérarchie chez les lions obéissent à une stratégie ou simplement à une donnée du moment ? Qui peut répondre avec certitude à ces questions ? Même chez les humains, les désirs correspondent à des besoins biologiques, qu'il s'agisse de la répulsion à éprouver de la douleur ou du plaisir sexuel, sans que nous puissions pour autant les réduire à ce schéma. Pour quelle raison ce qui nous empêche de ramener les qualités de l'expérience humaine à des mécanismes fonctionnels ne serait-il pas aussi valable pour l'étude de la vie intime des animaux ? Bien entendu, il est tout à fait recommandé de ne pas faire une projection naïve de nos sentiments et de nos objectifs sur leur vie intime. Mais il est tout aussi naïf de partir du point de vue exactement opposé et de considérer les animaux comme des machines purement fonctionnelles. Comment pouvons-nous savoir que les jeux des animaux ne sont effectivement rien d'autre qu'un mécanisme purement fonctionnel ? Certes, les jeux sexuels des singes et toutes les sensations de plaisir y afférentes peuvent très bien s'expliquer de façon fonctionnelle. Mais se réduisent-ils pour autant à ce simple aspect ?

Les Chinois de l'Antiquité étaient déjà conscients qu'il est impossible de savoir vraiment ce qu'éprouvent les animaux. Mais ils connaissaient une possibilité de se rapprocher malgré tout de leur vie intime grâce au *système d'analogie*. L'anecdote suivante va permettre de s'en faire une idée. Le maître Tchouang-tse se promène avec son ami Hui-tse ; ils traversent un pont qui enjambe la rivière Hao. Tchouang-tse s'arrête, observe l'eau et dit à son ami : « Regarde ces poissons qui filent en tous sens, libres et alertes. Ils sont vraiment joyeux. – Tu n'es pas un poisson, répond Hui-tse, comment peux-tu savoir que ces poissons sont joyeux ? – Tu n'es pas moi, lui répond Tchouang-tse, comment peux-tu savoir que je ne sais pas que les poissons sont joyeux ? »

La neurologie moderne recourt aussi à ce genre d'analogies. Elle examine ce qu'engendrent certaines réactions dans notre cerveau de vertébrés et suppose que des structures identiques dans le cerveau d'autres vertébrés pourraient être mises en relation avec des qualités événementielles comparables. Et les neurologues ne vérifient pas seulement les similitudes effectives ou supposées. Ils essaient de trouver pourquoi nous croyons être capables de mieux nous projeter dans certains animaux que dans d'autres. Quand des humains regardent des dauphins, ils voient aussitôt un sourire dans leur mimique. Nos neurones miroirs (cf. *Je ressens ce que tu ressens aussi*) s'activent parce que nous croyons comprendre la mimique des dauphins. Presque tout le monde trouve que les dauphins sont sympathiques. En revanche, les animaux avec des visages « étrangers » ne stimulent pas du tout nos neurones miroirs. Ce que nous ne pouvons pas rapporter à quelque chose de connu n'émeut absolument pas notre capacité d'empathie. Avec les chiens, nous croyons pouvoir nous projeter dans un certain nombre de comportements. Nous aimons leur gaieté et nous interprétons leur joie. Mais il y a des limites. Nous ne savons pas, par exemple, nous dit Giacomo Rizzolatti, « la signification des aboiements et nous ne pouvons donc pas les refléter. Les aboiements ne font pas partie de notre répertoire moteur. On peut certes imiter l'aboiement, et certaines personnes y arrivent même très bien, mais il nous est impossible de comprendre vraiment ce qu'est un aboiement ! ».

En dépit des immenses progrès faits par la neurologie, la vie intime des animaux reste donc encore pour nous une terre largement inconnue. Il est d'autant plus problématique de constater que nous ne cessons malgré tout d'établir des frontières juridiques ou philosophiques, mais aussi dans l'usage courant de la langue, avec une assurance à toute épreuve. En Allemagne, aucun animal ne peut faire valoir son droit à être bien traité. D'un point de vue juridique, le chimpanzé et le pou sont plus proches l'un de l'autre que l'homme et le chimpanzé. Les hommes sont protégés par notre Constitution et par le code civil et pénal ; les animaux n'ont que la loi sur la protection des animaux, des directives qui mettent le chimpanzé sur le même plan que la taupe. Un éthique qui prend suffisamment en compte les faits biologiques ne peut s'empêcher de trouver tout cela très douteux.

Il faudrait au moins que les vertébrés hautement développés comme les singes ou les dauphins ne soient plus cantonnés dans une zone de non-droit. Pour Peter Singer comme pour tous les utilitaristes des préférences, la « conscience de soi » est le critère qui fait qu'une vie doit absolument être protégée. C'est assez convaincant, même si l'on est bien obligé de concéder que la conscience de soi n'est pas une catégorie neurologiquement sûre. Il est impossible de voir avec un scanner si un être vivant dispose d'une conscience de soi. Certains philosophes font une analogie entre la conscience de soi et le sentiment du moi. Partant de là, ils dénient même aux singes toute conscience de soi effective d'un point de vue moral. Mais, comme le sait bien la neurologie aujourd'hui, le sentiment du moi n'est pas une chose simple. Dans le chapitre consacré au « moi », nous avons vu qu'il y avait différents états du moi. On aurait beaucoup de mal à dénier aux singes un *moi corporel*, un *moi de territorialisation* ou un *moi perspectiviste* sans lesquels ils présenteraient de graves troubles dans leur comportement social.

Il ne fait donc aucun doute que certains vertébrés disposent de quelque chose qui ressemble à une conscience élémentaire de soi. Mais comment l'évaluer d'un point de vue moral ? Prenons les éléphants. Si des chasseurs africains tuent ces animaux très évolués et très sensibles pour prendre leurs défenses et faire ainsi le commerce de l'ivoire, avons-nous le droit – comme c'est le cas au Kenya – de passer ces braconniers par les armes ? Pour Singer, le cas est clair. On n'en a pas le droit parce que les humains sont des êtres beaucoup plus développés que les éléphants. Mais qu'en est-il si un homme tue deux, trois, quatre ou même dix éléphants ? Ou des femelles qui laisseront seuls des éléphanteaux totalement paniqués ? Dans ce cas, dit Singer, la balance penche en faveur des éléphants. Mais qu'en est-il des proches et des parents des chasseurs ? On peut tourner cet exemple dans tous les sens possibles et imaginables, on retombera toujours sur des jugements arbitraires. L'utilitarisme bute ici sur des impondérables et des enchaînements infinis dont il ne peut se libérer.

Mais le plus grand problème, quand on prend la « conscience de soi » comme seul critère pour évaluer la valeur d'un être vivant, ce sont les conséquences contre-intuitives dont il a été question dans le chapitre sur l'avortement. Car si l'on admet que la valeur d'un être vivant dépend de la complexité de ses sensations et de son comportement, alors les nouveau-nés et les handicapés mentaux se retrouvent au même niveau qu'un chien de berger par exemple, et même en dessous. Singer n'a aucunement l'intention de dévaloriser la vie des nouveau-nés ou des personnes souffrant d'un fort handicap. Il veut simplement revaloriser la vie des animaux. Mais l'avalanche qu'il a déclenchée est loin d'être arrêtée. Pour de nombreux représentants d'associations de défense des handicapés, Singer est devenu un épouvantail. Pour la question des animaux comme pour celle de l'avortement, on se rend compte que la justice prise comme seul critère ne suffit pas. Ainsi que nous pouvons le voir dans l'exemple de la mère qui préfère instinctivement sauver des flammes son bébé plutôt qu'un chien, nous ne devrions pas essayer de supprimer les bribes d'intuition et d'instinct dans la philosophie de la morale.

La question de savoir ce qu'on a le droit de faire avec les animaux ressortit donc non seulement à la réflexion raisonnable, mais aussi à l'instinct. C'est un instinct très naturel de l'homme qui lui fait préférer la vie des humains à celle des animaux. Il en est de nos sentiments moraux comme des pierres que l'on jette dans l'eau. La pierre fait des cercles concentriques. Le plus proche correspond à nos parents, nos frères et sœurs, nos enfants et nos meilleurs amis. Le suivant représente les gens que l'on connaît et peut-être l'animal domestique que l'on chérit. Puis viennent les autres personnes. Et, à l'extérieur du dernier cercle, on trouve les truites et les poulets… Ces cercles moraux ne peuvent être étendus à l'infini. Mais le fait qu'il y ait tant d'animaux comestibles hors du dernier cercle ne correspond pas à une loi de la nature ; c'est simplement une conséquence, aujourd'hui du moins, de refoulements et de manipulations.

Si l'on intègre les sentiments humains dans la question posée au début, celle-ci devient alors : Est-il défendable de manger des animaux que l'on ne pourrait pas tuer de ses propres mains ? Dans l'état actuel de la civilisation occidentale, nos sentiments font qu'il est très difficile à la plupart d'entre nous de tuer un porc ou un veau – même en sachant comment faire. Pour les poissons, en revanche, il est beaucoup plus facile de trouver des gens capables de les tuer. Et très peu sont convaincus qu'il est insupportable de « tuer » des œufs. On peut penser que dans les époques reculées les hommes avaient plus de facilité à tuer des animaux et qu'aujourd'hui encore les peuples dits primitifs, en règle générale, n'y voient guère d'inconvénients. Mais la morale est aussi toujours une question de sensibilisation culturelle. Elle est moins dépendante d'une définition abstraite de l'existence humaine que du niveau de sensibilité d'une société. Et l'on peut parfaitement supposer que le niveau actuel de sensibilité en Europe occidentale représente provisoirement un sommet dans l'évolution de l'humanité. C'est justement pourquoi on a besoin aujourd'hui du « leurre » de l'industrie de la transformation de la viande qui fait qu'un rôti de veau ressemble aussi peu à un veau. Notre intuition est ici induite en erreur et le refoulement nous soulage. Si la plupart des gens dans notre société n'ont pas peur et ne sont pas dégoûtés de manger de la viande, c'est parce que la vue de la souffrance animale leur est épargnée. Nos neurones miroirs s'activent en entendant les cris d'un petit veau dans l'abattoir, mais ils restent totalement amorphes à la vue d'une escalope panée.

La réponse à la question de savoir dans quelle mesure des réflexions avisées peuvent nous faire cesser de manger de la viande reste très personnelle. Si l'on y réfléchit de façon raisonnable, on est bien forcé de se dire que les arguments contre sont sans doute meilleurs que les arguments pour – qu'il s'agisse des arguments utilitaristes ou de l'appel à l'intuition morale. Quant à savoir si l'on va renoncer complètement à manger des steaks, des hamburgers et des poulets rôtis ou simplement en manger moins souvent, tout dépend de notre sensibilité et de notre capacité à être sensibilisé à ce problème. En d'autres termes : il faut savoir si l'estime de soi dépend de cette question ou non. Un autre regard sur notre attitude vis-à-vis de nos congénères poilus va encore activer cette réflexion.

• *Le singe dans la jungle culturelle.* Comment se comporter avec les grands singes ?

ATLANTA

Le singe dans la jungle culturelle

Comment se comporter avec les grands singes ?

« Jerom est mort le 13 février 1996, dix jours avant son quatorzième anniversaire. C'était encore un adolescent mais il n'avait plus d'intérêt pour rien, il était tout bouffi, dépressif, à bout de forces, anémique et souffrait de diarrhées. Cela faisait onze ans qu'il n'avait plus joué dehors à l'air libre. Alors qu'il n'avait que trente mois, il a été intentionnellement infecté par le virus HIV-SF2. À quatre ans il a de nouveau été infecté par un autre virus du type HIV, le LAV1. Un mois avant son quatrième anniversaire, on lui avait encore inoculé du NDK, un troisième virus. » C'est ainsi que commence le rapport du juriste Steven Wise, maître de conférences à la Harvard Law School de Needham. Jerom, un chimpanzé de laboratoire, était retenu avec dix autres de ses congénères dans une cellule d'acier et de béton, sans fenêtre, dans le bâtiment des maladies infectieuses des chimpanzés de l'université Emory d'Atlanta, et c'est là qu'il est mort. Wise est président du Centre pour le développement des droits fondamentaux à Boston, Massachusetts. Il défend l'idée d'étendre aux grands singes les trois principaux droits de l'homme : le droit intangible à la vie, les droits à l'intégrité corporelle et à l'épanouissement personnel.

L'idée d'appliquer les droits fondamentaux de l'homme aux chimpanzés, aux bonobos, aux gorilles et aux orangs-outans remonte à une quinzaine d'années. L'initiative en revient à Peter Singer et à Paola Cavalieri, qui milite en faveur du droit des animaux. En 1993, ils ont publié ensemble un livre qui est devenu dans le même temps le manifeste d'une nouvelle organisation : *The Great Ape Project (Le Projet Grands Singes Anthropoïdes)*. Leur façon de voir les grands singes y est clairement formulée : les singes ont une vie sociale et émotionnelle comparable à celle des humains et leur intelligence n'est guère moins élevée que la nôtre. Et pourtant ils ne bénéficient d'aucune vraie protection juridique. Pour Peter Singer et Paola Cavalieri, cela est un scandale.

Nos deux philosophes ont-ils raison ? Devons-nous modifier notre façon de voir les grands singes ? Dès le XVIIIe siècle, le Suédois Carl von Linné, inventeur de la nomenclature scientifique, avait considéré dans son premier essai que l'homme et le chimpanzé, l'*Homo sapiens* et l'*Homo troglodytes*, appartenaient à la même espèce. Deux cent trente ans plus tard, il s'avéra qu'il n'avait pas entièrement tort. En 1984, deux biologistes moléculaires de l'université de Yale, Charles Sibley et Jon Ahlquist, ont publié les résultats de leurs études sur l'ADN des hommes et des singes. Leurs résultats ne sont contestés par personne. Il y a une différence d'environ 3,6 % entre le patrimoine génétique de l'orang-outan et celui de l'homme, et d'environ 2,3 % entre celui du gorille et celui de l'homme ; la différence avec le chimpanzé et le bonobo est à peu près identique et correspond à environ 1,6 %. Mais ces chiffres très abstraits deviennent particulièrement délicats quand on se rend compte que la différence entre le chimpanzé et le gorille est d'environ 2 % et que les deux espèces de gibbon qu'ils ont étudiées sont séparées par un écart d'environ 2,2 %. La différence génétique supposée entre l'*Homo sapiens* et le *Pan troglodytes* (comme on dit aujourd'hui) est donc étonnamment faible : 98,4 % de l'ADN humain est identique à l'ADN des chimpanzés. Et les deux espèces sont aussi proches l'une de l'autre que le sont le cheval et l'âne. Du point de vue de la biologie moléculaire, elles sont plus proches que les souris et les rats, que les chameaux et les lamas. Au vu de ces résultats, le biologiste évolutionniste Jarde Diamond, de l'université de Californie à Los Angeles, plaide pour un nouveau système de classement des grands singes. Diamond pense que les biologistes seront bien obligés à terme de « considérer les choses autrement, dans la perspective même du chimpanzé : il n'y a qu'une faible opposition entre les grands singes supérieurs (les trois chimpanzés, y compris le "chimpanzé-homme") et ceux qui sont immédiatement en dessous (gorilles, orangs-outans et gibbons). La distinction traditionnelle entre les "grands singes" (chimpanzés, gorilles, etc.) et les humains ne correspond à aucune réalité ». La pertinence de ces données biologiques a quelque chose de véritablement sensationnel. Peut-on encore nourrir des doutes sur le fait que les grands singes et les hommes sont quasiment identiques, et qu'il faut donc au moins les traiter de façon équivalente ?

Oui, il est permis d'avoir des doutes. Et ces doutes proviennent de ce que nous dit la biologie de l'évolution elle-même. Il nous faut en effet prendre en compte d'autres critères biologiques pour faire un classement et ne pas s'arrêter à la similitude génétique. D'un point de vue phylogénétique, par exemple, les crocodiles et les pigeons sont plus proches que les crocodiles et les tortues. Et pourtant, les biologistes rangent les crocodiles et les tortues parmi les reptiles, mais pas les pigeons ! Ce qui est donc déterminant pour le classement dans le système biologique, ce n'est pas seulement le degré de parenté ; il faut aussi prendre en compte d'autres facteurs, comme l'adaptation au milieu et le mode de vie. Or, dans cette optique, quel est le degré de différence entre les grands singes et les hommes ? Ce que soupçonnait déjà au XIXe siècle celui qu'on a appelé le « père de tous les animaux », Alfred Brehm, est-il donc exact ? « Notre aversion pour les singes se fonde autant sur leurs talents physiques qu'intellectuels. Physiquement, ils ne ressemblent à l'homme que de façon superficielle mais intellectuellement ils ne lui ressemblent que pour la mauvaise part et non pour la bonne. »

Dans les années 50 et 60, des spécialistes japonais du comportement ont cru pouvoir apporter la preuve que les singes avaient une vie culturelle développée en observant une colonie de macaques à face rouge en liberté sur la petite île de Koshima. Sans la moindre intervention humaine, de jeunes macaques apprenaient des comportements que l'on n'avait encore jamais vus auparavant chez des singes vivant en liberté. Ils lavaient par exemple les pommes de terre avant de les manger ; ils séparaient les grains de blé des grains de sable en les passant dans l'eau ; ils découvraient d'autres sources de nourriture, comme les algues et les moules. De façon symptomatique, ces gestes furent ensuite repris par d'autres membres de la colonie et transmis de façon « culturelle » aux générations suivantes. D'autres observations sur les grands singes permettent d'aller même encore beaucoup plus loin. La célèbre primatologue anglaise Jane Goodall a rapporté à la fin des années 60 que des chimpanzés vivant en liberté pouvaient aller chercher de l'eau dans des anfractuosités en se servant de feuilles d'arbre, qu'ils allaient attraper des termites en utilisant des brins d'herbe et qu'ils effeuillaient même des tiges pour en faire des instruments. Lorsque Jane Goodall fit part de ses découvertes au paléoanthropologue Louis Leakey, elle reçut en réponse ce télégramme devenu fameux : « Il va nous falloir redéfinir maintenant ce qu'est un *outil* ou redéfinir ce qu'est un *homme* ou bien accepter les chimpanzés comme des hommes. »

Mais quand on compare l'homme et le singe, le critère le plus révélateur, et souvent considéré comme le plus important, c'est le langage, et plus exactement le langage humain. Personne ne conteste sérieusement qu'il existe chez les singes un système de communication complexe fondé sur les sons. Les singes aussi disposent de l'aire de Wernicke, dans le lobe temporal, qui est responsable de la compréhension des mots, et de l'aire de Broca, responsable de l'articulation et de la grammaire dans le cerveau frontal. Alors, pourquoi sont-ils incapables de communiquer entre eux comme le font les humains par un système différencié de sons ? La réponse est d'une simplicité désarmante. Le secret du langage humain, nous l'avons vu précédemment, est situé dans le larynx (cf. *La mouche dans le piège*). Celui-ci est placé chez l'homme quelques centimètres plus bas que le larynx des singes, y compris des grands singes. Il est très vraisemblable que les modifications au niveau du larynx chez les premiers *Homo sapiens* et l'évolution des centres nerveux de la communication symbolique se sont influencées de façon réciproque. Un processus qui n'a pas eu lieu chez les autres singes.

On a enregistré malgré tout quelques succès au cours d'un certain nombre d'expériences portant sur le langage. Dans les années 60, les expériences menées par Beatrice et Robert Gardner, de l'université du Nevada, ont fait grand bruit : ils ont en effet réussi à apprendre aux chimpanzés Washoe et Lucy l'« ameslan », langue des signes utilisée aux États-Unis par les malentendants. Selon ce couple de scientifiques, les deux jeunes chimpanzés disposaient d'un vocabulaire de plusieurs centaines de mots. Les grands singes sont capables d'utiliser des symboles abstraits pour des objets, des situations ou des actions, et de les mettre en relation avec certaines personnes, certains animaux ou certains objets. C'est à ce résultat qu'est aussi arrivée la psychologue Sue Savage-Rumbaugh au cours de ses expériences avec Kanzi, un singe bonobo. En deux ans, l'animal était capable de maîtriser un clavier de deux cent cinquante-six symboles ; il pouvait sans problème exprimer des demandes, confirmer une situation, imiter quelque chose, choisir, dans le cas d'une alternative, et bien sûr exprimer un sentiment. Kanzi savait aussi réagir à quelques centaines de mots anglais. Les expériences de Lyn White menées avec des orangs-outans à l'université du Tennessee à Chattanooga confirment ces résultats.

Mais tout cela est largement dépassé par la femelle gorille Koko à Woodside, en Californie, au sud de San Francisco. Après vingt-cinq ans d'un entraînement intensif, sous la conduite de Francine Patterson, Koko maîtrise plus de mille concepts de la langue des signes américaine et elle comprend près de deux mille mots anglais. En 1998 fut organisé le premier live chat sur Internet avec Koko. Ses phrases comportent entre trois et six mots ; elles intègrent des notions de temps et même parfois des blagues. Le QI de Koko, qui a été évalué suivant des normes strictes, se situe entre 70 et 95. Une intelligence humaine ordinaire se situe autour de 100. Koko sait faire des rimes, elle fait par exemple rimer *do* avec *blue* et *squash* avec *wash*, et invente des métaphores comme « cheval-tigre » pour le zèbre et « bébé-éléphant » pour Pinocchio. À la question : « "Pourquoi Koko pas être comme les autres hommes ? », elle répond de façon pertinente : « Koko être gorille. » En plus de trente ans d'un entraînement régulier, cette dame gorille a acquis une virtuosité dans le maniement du langage humain que ne maîtrise aucun autre être vivant non humain. Pour Francine Patterson, Koko nous apprend des choses sur la psychologie des gorilles d'une façon générale. Par exemple : Que disent les gorilles quand ils sont contents ? « Gorille prend dans ses bras. » Et que disent les gorilles quand ils ne sont pas contents ? « Aux chiottes ! »

Ce qu'il y a de paradoxal dans les succès de Koko, c'est qu'ils ne sont possibles que dans des conditions de laboratoire, à l'écart du monde. Les gorilles en liberté de même que les gorilles des zoos ont d'autres choses à faire que de se soucier de la grammaire des humains. Pourtant, tout laisse à penser que les gorilles sont plus intelligents qu'il n'est nécessaire pour leur orientation dans l'espace et leur recherche de nourriture. Comme pour l'homme, l'intelligence de tous les primates procède des nécessités et des contraintes du comportement social. Parmi toutes les exigences posées par l'univers des singes, les règles du jeu de la horde sont certainement les plus complexes. Et l'intelligence des grands singes est aussi tributaire de cet échiquier social. Cette constatation révèle en même temps pourquoi toutes les expériences menées sur le langage avec les grands singes sont problématiques. Ils ne peuvent apprendre que ce qui est présent dans leur monde de singes ou qui peut en découler. Tout le reste est « par nature » opaque pour eux, de la même façon que beaucoup de ce que font les grands singes est un mystère pour l'homme. L'intelligence est donc étroitement liée au contexte social propre à l'espèce. Or les expériences menées avec les grands singes ne mesurent pas les capacités de ces animaux selon un critère qui leur est propre, mais selon un critère spécifique à l'espèce humaine. Leur acquisition du langage étudiée de cette façon correspond à celle d'un enfant de douze ans environ. Leurs capacités de calcul établies d'après les expériences menées avec la femelle chimpanzé Ai, à Kyoto, peuvent atteindre celles d'un enfant du primaire. Ce qui est ainsi prouvé, c'est que des grands singes peuvent apprendre à manier les rudiments du langage et du système des nombres au détriment des formes de comportement et de communication propres à leur espèce. Quelle en est la conséquence au niveau de la morale ?

L'habileté à manier le langage et les capacités à bien calculer ne sont généralement pas considérées comme des critères d'appartenance à la communauté morale humaine. Les grands handicapés mentaux ou les nourrissons ne disposent pas d'énormes capacités de ce point de vue. Et pourtant ils jouissent à bon droit d'une protection morale totale qui est presque partout déniée aux grands singes. Alors que d'un côté, dans les laboratoires, les chimpanzés et les gorilles semblent s'inscrire dans la communauté morale humaine grâce à leurs prouesses au niveau du langage et du calcul, d'un autre côté, chez les humains, l'intelligence n'est en rien un critère de reconnaissance morale.

En dépit de ce fait, les représentants du Great Ape Project n'hésitent pas à utiliser les capacités d'intelligence des grands singes comme un argument. Pour eux, ce ne sont pas seulement les gènes mais aussi les qualités intellectuelles intrinsèques comme la conscience de soi, l'intelligence, les formes complexes de communication et les systèmes sociaux qui relient les « grands singes humains et non humains » pour en faire une communauté morale. Le critère d'intégration est la notion de « personne » employée par les utilitaristes des préférences. Dans la mesure où les grands singes ont des désirs et des intentions et dans la mesure où ils poursuivent des intérêts, ils sont des personnes. En conséquence de quoi, non seulement ils doivent jouir d'une protection sans condition, mais ils disposent aussi de droits fondamentaux : les grands singes auraient de ce fait le droit de ne pas être maltraités et blessés lors d'expérimentations médicales. Ils auraient le droit de ne pas être exhibés dans des zoos ou dans des cirques. Ils auraient droit à un espace vital naturel comme tout peuple naturel menacé. Et ce ne sont pas les associations de protection des espèces qui devraient les prendre en charge, mais l'ONU.

Il est facile de trouver des objections à ces demandes : est-il vraiment raisonnable de parler des « droits » des grands singes à une intégrité physique, à un libre épanouissement de leur personne et d'autres choses du même genre sans réfléchir en même temps à la façon dont ils devraient remplir les « devoirs » qui en découlent ? Comment ces grands singes ainsi intégrés à la communauté humaine feraient-ils pour payer leurs impôts ou accomplir leur service militaire ? Et même si l'on fait abstraction de ce genre d'ironie, reste la question de savoir ce qui se passerait si un grand singe venait à enfreindre les droits de l'homme, qu'il n'aurait certes pas acceptés lui-même mais dont nous lui accorderions la protection. Comment juger de la « guerre » entre chimpanzés, du « meurtre » et du « cannibalisme » entre grands singes ? Que faire d'un grand singe qui blesse ou même tue un être humain ? Va-t-on le juger d'après les règles du droit que l'on applique à une « personne » ?

Une deuxième faiblesse du Great Ape Project, c'est sa contradiction logique. D'un côté, les défenseurs des animaux voudraient abolir la frontière entre l'homme et l'animal, stigmatisée comme « spécisme », forme de discrimination concernant les espèces. Le critère de la morale ne serait pas l'appartenance à l'espèce humaine, mais le fait d'avoir des impressions complexes et de posséder au moins des intérêts profonds. Les humains devraient apprendre à ne pas toujours partir d'eux-mêmes, mais à accepter tout être vivant qui remplit les conditions faisant de lui une « personne ».

Très bien. Mais, dans ces conditions, quels sont les arguments du Great Ape Project pour prétendre que les grands singes doivent bénéficier d'un traitement privilégié au niveau de la morale parce que ce sont les animaux *les plus semblables à l'homme* ? Pour certains défenseurs des animaux, le Great Ape Project manque beaucoup trop de rigueur ou est trop « anthropocentrique ». Un peu comme les critiques conservateurs qui ne veulent pas entendre parler d'un déplacement de frontière entre l'homme et l'animal, ils demandent ce que l'on gagne à déplacer cette frontière, à l'abolir entre l'homme et le chimpanzé mais à la conserver avec l'orang-outan et le gibbon.

La justification des avocats du Great Ape Project est le caractère symbolique de leur revendication. Peter Singer aussi aimerait bien déplacer la frontière au-delà du gibbon et accorder les mêmes droits à tous les animaux capables de souffrance et de joie. Vue sous cet angle, la revendication visant à faire reconnaître les droits de l'homme pour les grands singes n'est qu'un premier pas ; tentative qui a d'ailleurs enregistré ses premiers succès. En octobre 1999, le gouvernement de Nouvelle-Zélande a accordé à tous les grands singes vivant sur son territoire, une trentaine environ, un droit inaliénable à la vie. Et même la Grande-Bretagne a interdit en 1997 toute expérimentation sur les grands singes. Début d'un bouleversement des mentalités ? Ne se pourrait-il pas qu'entre-temps l'ancienne frontière entre l'homme et l'animal soit devenue obsolète ? Et ne serait-ce pas à la science cognitive plutôt qu'à l'éthique traditionnelle de s'occuper de cette affaire ? Comme nous l'avons vu, la neurologie établit de nouvelles hiérarchies quant aux impulsions et aux réflexes, aux réactions et aux processus de transformation. Nous savons aujourd'hui que la conscience de l'homme a très peu à voir avec la raison. La plupart des choses de notre monde sont fixées bien en amont du langage, conséquence de capacités que les hommes ont en commun avec d'autres animaux. La clarté de l'entendement comme caractéristique centrale de l'action humaine est une fiction. Quant à savoir si, pour cette raison, nous devons considérer les grands singes comme des hommes plutôt que comme des animaux, cela reste une question de définition. On ne peut mieux dire les choses que ne le fait le primatologue japonais Tishida Nishida : « Les chimpanzés sont stupéfiants à leur façon. À certains points de vue, ils nous sont supérieurs ; à d'autres, ils nous sont inférieurs. » Quoi qu'il en soit, l'état actuel des connaissances sur les hommes et les grands singes nous oblige à une révision de nos mentalités, même si ça ne doit faire l'objet que de notes de bas de page dans des textes de loi. La direction semble claire : plus la neurologie nous révèle de choses, plus nous nous retrouvons près de nos parents les plus proches. Les résultats de la psychologie actuelle du comportement ne vont pas tarder à disparaître derrière les nouvelles découvertes des neurologues. De même que ceux qui pensent que les animaux n'ont aucune idée de ce que peut être la mort vont devoir réviser leur opinion face aux déclarations sages, drôles et apaisantes de Koko, la femelle gorille, à qui Francine Patterson demande : « Qu'est-ce que la mort ? » et qui répond après un moment de réflexion en montrant trois signes différents : « Douillet – caverne – au revoir. »

Après avoir prouvé que l'origine de l'homme se trouvait dans le monde animal, Darwin s'est pourtant longtemps gardé de considérer l'homme comme un « animal intelligent ». Et même au XXe siècle, le célèbre biologiste de l'évolution Julian Huxley, descendant du plus célèbre partisan de Darwin, Thomas Henry Huxley, a trouvé pour l'homme une niche biologique toute à fait spécifique, la « psychozoa ». Mais la neurologie actuelle nous tire de cette niche artificielle pour nous replacer près de nos congénères. Ils ne sont ni des automates ni des êtres « inférieurs ». Eux aussi ont une valeur que nous devons prendre en compte. Mais où commence cette valeur dans la nature ? Faut-il protéger toute la nature ? Et devons-vous vraiment conserver tout ce qui vit autour de nous ?

• *La chasse à la baleine.* Pourquoi protéger la nature ?

WASHINGTON

La chasse à la baleine
Pourquoi protéger la nature ?

Elles sont intelligentes, elles ont le sens de la musique et elles sont sensibles. Les mères allaitent leurs petits pendant onze mois et s'en occupent pendant plusieurs années. À treize ans, elles atteignent leur maturité sexuelle. Leur vie sociale est variée et presque sans équivalent ; leur langue est riche et complexe ; l'attention qu'elles portent aux autres est un vrai modèle. Leur caractère enjoué est charmant et exquis. Elles meurent vers soixante-dix ou quatre-vingts ans. Leurs seuls ennemis sont les méchants Norvégiens, les méchants Islandais et les méchants Japonais. Vingt-cinq mille baleines sont mortes durant les vingt dernières années sous les harpons des chasseurs, organes déchiquetés, poumons éclatés, diaphragme transpercé. Vingt-cinq mille baleines tuées ! Comment Dieu ou la communauté mondiale des États peuvent-ils permettre un tel massacre ?

Normalement aucune baleine n'a le droit d'être tuée, dans aucune mer du monde. Telle est la décision prise en 1986 par la Commission internationale sur la chasse à la baleine. La seule exception, c'est un droit accordé aux peuplades de l'Arctique ou pour des fins scientifiques. Depuis, tout se passe comme si les Japonais avaient soudain été pris d'une frénésie de savoir et d'études, pour tuer ainsi des milliers de baleines chaque année. Quant aux Norvégiens, ils sont visiblement redevenus un peuple primitif de l'Arctique. Car quand on veut vraiment tuer des baleines, on peut le faire.

Et la Commission internationale regarde et approuve, votant même comme un seul homme contre l'interdiction qu'elle a elle-même édictée.

Bien sûr, tout le monde sait, même les Japonais, que la chasse à la baleine n'est pas une affaire très ragoûtante. Ce n'est pas non plus une affaire très rentable – un Japonais sensible a aussi peu envie de manger de la baleine qu'un Européen sensible. Sauf que la pêche à la baleine fait partie des traditions ancestrales du Japon. Et on ne peut mettre fin aux traditions en rappelant simplement qu'on risque de décimer une espèce. Or cela reste le seul argument des adversaires de la pêche à la baleine dans la Commission ad hoc. Leur unique motivation pour le maintien de l'espèce, c'est sa *rareté*. Et non son droit à la vie ! C'est pourquoi, s'il y a une commission des droits de l'homme à l'ONU, il y a simplement une commission sur la pêche à la baleine et pas de commission sur les droits de l'animal. Il n'existe aucune société internationale de protection des animaux, encore moins un droit de l'animal décidé et reconnu au plan international. Il faut dire que la chose ne va pas de soi. Il est quand même écrit dans le code pénal allemand que les animaux ne peuvent être considérés comme des choses. Et la loi allemande sur la protection des animaux interdit toute forme de torture inutile contre les animaux. Mais il n'y a rien d'équivalent ni dans le droit de la Communauté européenne ni dans le droit international. La seule chose qui existe, ce sont des commissions comme celle sur la pêche à la baleine ou – instance supérieure – la conférence de la CITES (Convention on International Trade in Endangered Species of Wild Fauna and Flora).

La première conférence de la CITES a eu lieu en 1973 à Washington, ce qui fait que l'on parle aussi du comité de Washington sur la protection des espèces. Mais depuis 1973 les hommes n'en ont pas moins exterminé près de la moitié de toutes les espèces animales et végétales qui existaient alors – un massacre sans précédent. La situation est dramatique. Au cours des dernières décennies, les hommes ont infligé à la planète plus de blessures qu'elle n'en a reçu depuis son origine jusqu'à la Seconde Guerre mondiale. Chaque année, 5 % de la surface terrestre sont la proie des flammes et partent en fumée. Aujourd'hui, 6 % de la surface terrestre sont recouverts de forêts tropicales, le biotope le plus riche de la planète ; mais en l'espace de trente ans, les forêts vont diminuer presque de moitié. Au rythme où va le déboisement actuellement, on peut être sûr, si cela continue, que le dernier arbre de la forêt tropicale sera abattu en 2045. Chaque jour, des centaines d'espèces animales meurent ; la plupart n'ont même pas de nom et n'ont jamais été découvertes par la science.

Personne ne sait présentement combien il y a encore d'espèces différentes. Il est possible qu'il y en ait trente millions comme on le dit souvent, mais il est possible aussi qu'il y en ait cent millions ou simplement six millions. À la différence du crétacé, au moment où a commencé la grande période des mammifères, après la disparition des dinosaures, l'actuel taux de disparition d'espèces est d'environ un million de fois supérieur au taux de formation d'espèces nouvelles. C'est ainsi qu'un cinquième de toutes les espèces d'oiseaux connues a disparu ou est directement menacé de disparition. Avec la disparition de chaque espèce, c'est aussi le capital génétique complexe de un à dix milliards de paires de base (échelons de l'ADN) qui disparaît à jamais. Le refoulement de ce désastre écologique dans les médias et dans la sphère politique place les générations à venir devant un problème quasi insoluble. Et l'on peut également s'étonner qu'en Allemagne, par exemple, il n'y ait qu'une seule chaire de professeur en environnement alors qu'il existe près de quarante chaires de philosophie du XVIIIe siècle. Le désintérêt des universités pour ce problème est terrifiant. Il n'y a guère de discipline philosophique qui soit plus négligée que l'éthique environnementale. Or de qui devrait-on attendre, sinon de cette discipline, des réponses convaincantes à la question fondamentale portant sur la protection des espèces :

Pourquoi et avec quels moyens les hommes devraient-ils préserver de l'extermination la diversité des espèces ?

À première vue, la réponse semble simple. Nous devons protéger la nature pour nous protéger nous-mêmes : « D'abord c'est l'arbre qui meurt, ensuite c'est l'homme. » Ce n'est sans doute pas faux. Mais ce n'est pas non plus aussi simple que cela. Les choses deviennent plus claires quand on se demande ce que doit être l'environnement. Une « valeur » ? Un rapport écologique fonctionnel ? Un grand être vivant ? Pour l'Anglais James Lovelock, par exemple, il faut *respecter tout ce qui vit*. Lovelock est un chimiste réputé, il est également médecin et géophysiologiste ; il a publié de nombreux articles, et c'est de plus un inventeur qui a déposé plusieurs brevets. Mais son image du monde est pour le moins singulière. Lovelock compte non seulement, parmi les êtres vivants, les plantes et les animaux, mais aussi des matières présumées mortes comme le pétrole, l'humus, le calcaire et l'oxygène. Tous ces éléments sont nés d'une relation entre des processus biochimiques nécessitant une grande dynamique. En Allemagne, dans les années 80 et 90, un certain nombre de philosophes réclamaient aussi, avec moins d'emphase mais avec des prémices comparables, de faire preuve de respect et de responsabilité vis-à-vis de la nature entière.

Quand on déclare, comme Lovelock, que tout dans la nature a une valeur, on en arrive très vite à quelques conséquences étranges, et même inhumaines. Déjà, l'homme apparaît comme un dangereux facteur de troubles dans un monde merveilleux où règnent l'harmonie et un « équilibre toujours en mouvement ». Rien d'étonnant à ce que Lovelock, qui a désormais plus de quatre-vingt-dix ans, puisse trouver un côté positif à la catastrophe de Tchernobyl et l'explosion du réacteur nucléaire. Comme plus personne n'a le droit de s'aventurer dans la zone irradiée, de nombreux arbres et buissons ont maintenant poussé dans cette région désolée. Les plantes sont en général plus résistantes à la radioactivité que les individus, et c'est ainsi qu'a vu le jour un espace vital que la main de l'homme a laissé intact et qui réjouit grandement Lovelock. Mais c'est le genre d'idées que peut uniquement avoir quelqu'un qui n'a pas été touché par cette catastrophe. Je me demande si une mère dont l'enfant est atteint de leucémie a vraiment le cœur à se réjouir. Il y a peu de chances.

La belle nature n'est pas équivalente à la bonne nature, et dès que l'on fait l'expérience de sa cruauté elle perd sa beauté. Les falaises, les canyons, les déserts et les gorges profondes que nous trouvons grandioses sont les vestiges de catastrophes inouïes. Des explosions cosmiques, des chutes de météorites, des éruptions volcaniques et d'autres désastres géologiques ont écrit l'histoire de la planète, où il ne reste plus guère qu'un centième de toutes les formes de vie qui ont un jour existé. Le reste a disparu à jamais, étouffé dans les cendres des volcans, gelé sous d'impénétrables nuages de poussière, prisonnier de dispositifs cruels et de pièges sournois, de mâchoires acérées et de griffes impitoyables – autant de perdants dans la froide lutte pour la survie. Il faut une bonne dose d'ignorance romantique pour intégrer les cruautés et les dissonances de la vie dans l'image d'un jardin d'Éden animé par la paix de la Création. « En soi », la nature n'est ni bonne ni mauvaise ; elle ne sait même pas ce que veut dire bon ou mauvais.

Quand on parle donc de la valeur de la nature « en soi », on s'engage sur un chemin périlleux. Lorsque l'on sait que des millions d'espèces animales ont disparu sans la moindre intervention humaine – et il y a des philosophes en Occident pour affirmer que cela fait partie d'un « processus harmonieux » –, que dire contre l'extermination momentanée de la faune par les hommes ? L'homme aussi est un animal, c'est bien connu, et s'il élimine, voire extermine d'autres espèces animales, c'est un processus « naturel » qui ne cesse de se reproduire – dans un ordre de grandeur moindre – au sein de toute la nature. Dans cette perspective, l'*Homo sapiens* qui, au cours des millénaires, a pris possession de toute la planète et qui s'est multiplié jusqu'à atteindre une population de plusieurs milliards d'individus n'est qu'une catastrophe naturelle parmi d'autres maintenant passées. Comme facteur biologique de sélection, c'est lui qui détermine les buts de l'évolution, décidant qui a le droit de survivre et qui doit mourir.

Quiconque n'est pas partisan de la valeur absolue de la nature peut préférer une autre forme de réflexion. Si la nature a une valeur, elle la possède sans conteste *pour l'homme.* Une des bonnes raisons de préserver la nature serait l'*égoïsme écologique.* Il a fallu à peine dix ans pour que des concepts tels que « éco » et « bio », portés comme des graines par l'esprit du temps, quittent les arrière-cours obscures des communautés alternatives pour envahir le jardin de la conscience citoyenne. C'est aussi à elles que l'on doit cette sage parole disant que la mort des arbres précède de peu la nôtre. Nous avons besoin de la forêt tropicale pour notre atmosphère et nous avons besoin d'océans propres pour notre climat et notre ravitaillement en eau potable. Tout se tient sur notre planète, voilà ce que l'on entend souvent. Le monde serait un seul et vaste écosystème où chaque espèce aurait sa place. Mais est-ce vraiment ainsi que les choses se passent ? Cette façon de voir est tout aussi problématique. La question du sens écologique de la diversité des espèces est loin d'être réglée une fois pour toutes. Si l'on simplifie les choses, on peut dire qu'il y a deux écoles parmi les écologistes. Supposons que le monde soit un avion. Quel est alors le rôle des nombreuses espèces de plantes et d'animaux ? L'un des groupes pense que chaque espèce est un rivet spécifique qui rend l'avion solide. Chaque fois que l'on supprime une espèce, on porte atteinte à la solidité de l'appareil qui peut finir par se disloquer et tomber. Le second groupe voit les choses autrement ; pour lui, les différentes espèces ne sont que les différents passagers de l'avion qui peut très bien continuer à voler, même avec un taux de remplissage réduit.

Sans se prononcer sur l'image la plus exacte, une chose semble sûre en tout cas : toutes les espèces de plantes et d'animaux ne sont pas absolument nécessaires ! Il est symptomatique de constater que cela vaut surtout pour certains joyaux de la nature tels que les tigres de Sibérie, les okapis, les pandas, les orangs-outans et certaines espèces de dauphins, tous menacés de disparition. Mais les forêts de la taïga de Sikhote-Alin sont encore debout, et elles ne vont pas disparaître avec les quelque trois cents derniers tigres qui rôdent dans leurs sous-bois. Même chose pour les okapis de la forêt d'Iouri, les pandas de Chine et les derniers orangs-outans de Sumatra et de Bornéo. Et l'on peut rassurer tous les amis des dauphins : les océans ne vont pas s'assécher si les baleines viennent à disparaître. Même si l'on ne sait pas ce que vont produire à terme les interventions humaines, la disparition de certaines espèces ne semble pas avoir de conséquences décisives. Il se pourrait que quelques espèces d'arbres suffisent pour maintenir la photosynthèse des forêts tropicales. L'empoisonnement de l'eau potable et la destruction de la couche d'ozone qui nous protège causent des dégâts considérables aux divers cycles de la nature. Mais rien de tel avec la disparition des tigres, des okapis, des pandas, des orangs-outans et des baleines. Tout laisse à penser que nous aimerions bien sauver de nombreux animaux de l'extermination, même s'ils n'ont absolument rien d'indispensable pour l'écosystème dans lequel nous vivons. Les hommes mettent même souvent beaucoup plus d'argent et d'énergie à sauver des animaux dont l'importance au niveau écologique est relativement faible qu'à sauver des insectes, des microbes et des bactéries absolument indispensables. L'écologie n'est donc manifestement pas le seul motif qui pousse à s'engager pour des espèces menacées. Et c'est d'ailleurs très bien ainsi. Car si l'on ne jugeait de la valeur de la vie que d'après sa fonction pour le cycle biologique, on en arriverait à des résultats effrayants. Certaines bactéries ont un rôle plus important et plus salutaire pour l'écologie que l'être humain. Faudrait-il alors les préférer à celui-ci en cas de dilemme ? Et se réjouir que chaque année sur cette terre sept millions d'individus meurent de faim, parce que leur mort épargne les ressources naturelles de la planète ?

Une écologie pensée de façon vraiment conséquente ne connaît aucune morale. Personne, sous nos latitudes, ne voit dans ses congénères de purs catalyseurs biologiques qui transforment les matières et les énergies, même pas un sociopathe comme Phineas Gage. Si nous respectons le fait que les hommes ont une autre valeur que des arbres à caoutchouc, c'est parce qu'ils ont une *sensibilité* complexe. Mais un chien, un chat, un cochon, un tigre ou un éléphant aussi ont une forme de sensibilité. La différence entre le droit à la vie des hommes et celui des autres animaux est donc pour le moins graduelle, liée à la complexité de la vie sensible supposée. Une protection des espèces laissant de côté le droit à la vie d'êtres très complexes n'a donc aucun sens – ce droit à la vie est le seul et unique argument éthique. Voilà pourquoi, lors des discussions de la CITES sur les quotas de baleines, il n'est pas seulement question de savoir si les baleines grises ou les baleines Minky si convoitées par les Norvégiens et les Japonais sont effectivement menacées d'extermination ou non. Même le débat relatif à la légitimité de tuer des éléphants d'Afrique ne peut faire l'économie de ce genre de réflexion. Quiconque considère comme légitime de tuer des animaux prétendument en surnombre dans des parcs nationaux devra se demander également s'il considère que le même raisonnement est défendable pour des humains manifestement en surnombre.

La question du sens de la protection des espèces ne devra pas à l'avenir se contenter d'une réponse basée sur leur utilité écologique. De la même façon, la rareté n'a aucun caractère éthique absolu. Car la rareté d'une espèce animale n'ajoute rien à sa capacité de souffrance. Il ne fait aucun doute que les okapis, les tigres et les orangs-outans ont tous un désir de vivre. Mais est-ce que ce qui vaut sans conteste pour un individu pris isolément vaut aussi pour une espèce ? Il y a une grande différence, dirait-on, selon que l'on argumente au nom de la morale ou au nom des victimes. Dans quelle mesure un animal devrait-il savoir qu'avec lui c'est toute une espèce qui disparaît et dans quelle mesure devrait-il en souffrir ? Si le tigre de Sibérie disparaît dans les années à venir et s'il déserte à jamais les grandes forêts de bouleaux de Mandchourie, la disparition de son espèce l'intéressera sans doute moins qu'elle ne nous intéresse. Nous ne sauvons pas le tigre, dans l'intérêt du tigre, mais dans l'intérêt de tous ces gens qui trouvent le tigre fascinant et ne veulent pas rester sans rien faire quand des braconniers exterminent le dernier représentant de ces beaux félins pour une poignée de roubles ou de dollars. Mais on peut se demander quelle est la portée de sentiments esthétiques quand il s'agit de protéger à long terme des espèces animales ou végétales. Pourquoi faut-il qu'il y ait encore des tigres dans la taïga de Sikhote-Alin ? Cela ne suffit-il pas qu'ils se reproduisent tranquillement dans des zoos ? Le besoin esthétique de reconnaître sur la Terre des « valeurs » que nous n'avons pas créées nous-mêmes ne disparaît-il pas avec leur disparition ?

Aucun philosophe ni aucun écologiste n'est vraiment en mesure de dire de façon pertinente pourquoi il doit y avoir des millions d'espèces animales sur cette planète. Mais il ne pourra pas dire non plus, sans recourir à tout un appareillage philosophique, pourquoi il doit y avoir des hommes. L'argument le plus sûr en faveur de la valeur des êtres humains est leur capacité complexe à éprouver de la souffrance et du bonheur. Mais si c'est aussi valable pour les baleines et les éléphants, ces animaux ne doivent pas être tués et il n'est pas non plus permis de détruire leurs milieux. Non parce qu'ils sont rares ou beaux, mais parce qu'ils ont un désir de vie que nous ne pouvons éliminer d'un simple revers de main. Et même dans notre relation avec des êtres vivants dont la conscience semble moins développée, on devrait au moins procéder avec circonspection. Nous savons très peu de choses sur le monde sensible des grenouilles et des oiseaux, des plantes et des méduses. Et les humains comprennent encore relativement peu de choses sur eux-mêmes et sur leurs propres intérêts – qu'ils qualifient de façon un peu trop alerte d'« anthropocentrés », comme si la pollution des mers, la pollution de l'air et le pillage éhonté de toutes les ressources de notre planète étaient effectivement orientés vers le bien et l'avenir de l'humanité, et n'étaient pas tout simplement de la bêtise.

Mais où se situent les limites entre le domaine où l'on peut se permettre de modifier la nature biologique dans l'intérêt de l'humanité et le domaine où ce n'est pas possible ? Dans quelle mesure avons-nous le droit d'intervenir et de manipuler la nature ? Et qu'en est-il alors de notre propre nature ?

• *La clownerie des clones*. A-t-on le droit de faire des copies d'humains ?

MONTRÉAL

La clownerie des clones
A-t-on le droit de faire des copies d'humains ?

Que fait la secte des raëliens – ce mélange inquiétant de capitalisme assassin et de science-fiction, de rêve hippie et d'Église de l'horreur qui, il y a quelques années à Montréal, a annoncé la conception du premier bébé cloné et du même coup le chemin de l'éternité ? (Le bébé Ève, s'il avait vu le jour, aurait aujourd'hui six ans, tout comme les enfants clones 2 et 3 annoncés par la secte et qui auraient dû naître en janvier 2003.) La réponse est simple : les raëliens ne font pas grand-chose. Quant à leur chef, le fondateur de la secte, Claude Vorilhon, ancien journaliste sportif français, il s'est contenté depuis d'annoncer des réussites relativement mineures comme celles de cacahuètes génétiquement modifiées pour les personnes allergiques à l'arachide. Si Michel Houellebecq n'avait pas cru bon de refaire parler de ces gens-là en les approuvant, plus personne ne s'occuperait d'eux. Les raëliens n'étaient que le ridicule sommet d'une montagne de pacotille entourée d'idées fumeuses.

Que fait par exemple – pour s'intéresser à un deuxième sommet de cette montagne – le gynécologue italien Severino Antinori ? On se souvient peut-être qu'il avait annoncé, dès le mois d'avril 2002, avoir réussi à provoquer trois grossesses avec des bébés clonés. Fin novembre 2002, il avait encore confirmé les grossesses, et le premier bébé cloné devait naître dans la première semaine de janvier 2003. Mais les bébés clonés disparurent dans le tourbillon fait autour de

Vorilhon et de sa secte, et plus jamais on ne parla d'eux. Le dernier signe de vie publique envoyé par le Dr Antinori fut une grève de la faim annoncée fin janvier 2003 pour protester contre le ministre italien de la Santé.

Et que fait Panayiotis Zavos, scientifique américain travaillant à l'université de Lexington, dans le Kentucky ? Au cours de l'été 2004, il avait prétendument cloné un embryon humain avant de le tuer quatre jours plus tard. Zavos avait affirmé que tout cela n'était qu'un essai en vue d'un autre projet : implanter un embryon humain cloné dans l'utérus de sa mère. Faute de preuves et d'annonces de ce professeur pourtant guère avare de communications et de battage médiatiques, le succès de son entreprise reste très douteux.

Plus de dix ans après la naissance de Dolly, cette brebis clonée qui a vu le jour dans un laboratoire écossais, il n'y a toujours pas de bébés clonés qui découvrent le monde et jouent dans les bacs à sable. Cette perspective, qui a provoqué autant d'enthousiasme que de perplexité et d'effroi, s'est avérée totalement irréaliste jusqu'à présent. Or, pourquoi cette idée d'humain cloné nous gêne-t-elle à ce point ? Qu'y a-t-il de moralement douteux ou répréhensible dans le clonage ? Précisons encore la question : à quel moment du clonage peut-on parler d'un manque de morale ?

La reproduction artificielle d'êtres humains, affirment ses détracteurs, est une atteinte à la dignité humaine. L'homme, comme l'avait dit Kant, est une « fin en soi » et il ne doit donc pas être « finalisé ». Le clonage serait une façon de finaliser l'être humain, d'en faire une chose et de dégrader sa dignité. Pour bien examiner ces réticences, il convient d'entrer dans le détail. Les généticiens font aujourd'hui la différence entre deux concepts : le « clonage reproductif » et le « clonage thérapeutique ».

Le *clonage reproductif* est la création d'un organisme très largement identique d'un point de vue génétique à son modèle. Pour y parvenir, on isole le noyau d'une cellule humaine – c'est là que se trouve tout le matériel génétique. On prend ensuite un ovocyte dont on enlève le noyau. Puis le noyau de la cellule précédente est placé dans la cellule énucléée. Après, on implante l'ovocyte ainsi manipulé dans l'utérus d'une mère porteuse. Si la chose réussissait, la mère donnerait naissance, neuf mois plus tard, à un bébé dont le patrimoine génétique serait presque totalement identique à celui de la cellule somatique. Jusqu'à présent, on a réussi à le faire avec des souris, des rats, des bœufs, des chevaux, des chiens et des moutons – comme ce fut le cas avec la célèbre Dolly. Mais, comme je l'ai dit, il n'y a jamais eu d'expérience réussie faite avec des humains.

Et le nombre de ceux qui souhaitent que le clonage reproductif réussisse est d'ailleurs très réduit. La plupart des États réprouvent par des lois sans équivoque toute entreprise visant à créer des individus génétiquement identiques, même si l'ONU n'a toujours pas réussi à interdire cette pratique dans le monde. En revanche, il n'y a guère d'objections en ce qui concerne les plantes et les animaux. Depuis les années 90, la reproduction à l'identique de plantes et d'animaux est considérée comme parfaitement normale. Alors, pourquoi y a-t-il, dans le cas du clonage humain, des réticences éthiques fondées sur la raison ou l'intuition, et pourquoi n'en rencontre-t-on pas quand il s'agit d'animaux ?

Intuitivement, beaucoup de personnes éprouvent un sentiment étrange à l'idée que l'on puisse copier le patrimoine génétique d'un individu pour le transposer à un autre individu. Les livres et les films sont pleins d'histoires de ce genre, et ce sont presque toujours des fictions où se mêlent la peur et l'horreur. Que chaque individu soit *unique* fait manifestement partie des vérités que l'on ressent avec le plus d'insistance. Et ce caractère unique est une valeur partagée par un très grand nombre de gens. Enfreindre cette « loi » apparaît donc comme un blasphème. On est en revanche beaucoup moins sourcilleux avec les animaux. Notre chien peut être unique à nos yeux, notre chat ou notre cheval aussi. Dans le cas des poissons rouges, l'unicité est déjà moins marquée ; quant à savoir si le porc qui est dans notre assiette est unique ou non, voilà qui préoccupe à vrai dire bien peu de gens. Le sentiment d'unicité est donc réservé à une forme de vie très exclusive.

Ce scrupule intuitif s'appuie sur différents arguments, d'ailleurs plausibles, si l'on souligne bien celui qui porte sur la valeur de l'unicité. Si l'on veut reproduire un être vivant, on a besoin d'un très grand nombre d'ovocytes car, parmi les milliers d'ovocytes énucléés et remplis d'un autre noyau, seuls un très petit nombre peuvent se développer pour devenir des organismes avancés qui donneront naissance à des êtres vivants en bonne santé. Le rendement chez les animaux est donc très réduit. Ce serait aussi le cas avec les êtres humains. Et même si tout semble marcher à première vue, il se pourrait que les jours des individus ainsi engendrés soient comptés. La brebis Dolly n'a vécu que six ans – la moitié de l'espérance de vie d'un mouton normal. Et lorsque Dolly est morte, le 14 février 2003, des suites d'une grave maladie pulmonaire, elle était dans un état physique déplorable. Elle souffrait d'arthrite et son patrimoine génétique était très endommagé.

Rappeler la fragilité de cet animal cloné est un argument qui semble pertinent contre le clonage reproductif des humains. Mais en réalité il est très faible. Qui s'y réfère doit en effet répondre à la question de savoir si la reproduction d'individus identiques serait acceptable dans le cas où l'on parviendrait à éliminer ces erreurs « techniques ». Et même l'évocation des nombreux ovocytes qui meurent dans ce genre d'expériences ne va impressionner que celui pour qui un ovule humain possède déjà la dignité d'une vie et représente donc un patrimoine qu'il faut absolument protéger. Il convient ici de s'arrêter dans sa réflexion – on la reprendra plus tard. Car la question de la valeur d'un ovule humain nous conduit directement à la deuxième question du clonage, celle de l'utilité et des inconvénients du « clonage thérapeutique » pour l'homme.

La première chose à dire à ce sujet, c'est qu'il faut tout de suite remplacer un tel concept par un autre. Déjà, le concept de « clonage reproductif » peut induire en erreur car le clonage est toujours reproductif, donc « dédoublant ». Le concept de « clonage thérapeutique » se rapporte à une vision de l'avenir rêvée par la médecine : imaginer qu'il serait un jour possible, à l'aide d'embryons, de cultiver des tissus, peut-être même des organes, qui pourraient ensuite être transplantés sur des personnes malades. Dans ce but, on détruit des embryons dès le premier stade de leur développement, après quelques divisions cellulaires. Les différentes cellules sont ensuite cultivées pour produire un tissu correspondant. Une autre idée, qui va encore plus loin, est celle de transplanter à des fins thérapeutiques ces « cellules souches » directement dans l'organe d'un patient afin de remplacer les cellules somatiques endommagées ou détruites.

Voilà pour l'idée de la thérapie par clonage. Mais même s'il était possible de la réaliser un jour, ce qui, comme nous le verrons, est plus qu'improbable, ce clonage ne serait pas « thérapeutique » mais tout aussi reproductif que le « clonage reproductif ». La différence ne réside pas dans le *processus* de clonage, mais dans le but qui est poursuivi par le clonage : est-ce que j'ai envie de cloner pour faire des individus génétiquement identiques ou est-ce que je clone à des fins médicales ? Comme le clonage lui-même n'est jamais thérapeutique, il faudrait remplacer ce concept par celui de *clonage à des fins scientifiques,* car c'est bien de cela qu'il s'agit.

L'enthousiasme de quelques scientifiques pour les cellules souches embryonnaires vient de l'énorme éventail de possibilités théoriques. On peut se représenter les cellules souches embryonnaires comme de la neige fraîche, susceptible de prendre toutes les formes et toutes les couleurs possibles et imaginables. Les généticiens les qualifient de « totipotentes » (capables de tout). Théoriquement, on peut cultiver n'importe quel tissu à partir de cellules souches, mais il faut insister sur le « théoriquement », car jusqu'à présent les résultats sont bien minces. Un autre obstacle de taille vient de la réaction de rejet des systèmes immunitaires où doit être implanté le tissu étranger issu des cellules souches. Lors d'expériences sur des animaux, on a enregistré un taux de rejet extrêmement élevé, comme d'ailleurs aussi une possibilité de cancer non négligeable.

Comment alors juger du clonage ? Commençons par l'argument portant sur la dignité humaine. Dans quelle mesure l'être humain n'est-il plus considéré comme une « valeur en soi » lors du clonage, mais est-il « finalisé » de façon moralement inadmissible ? Dans le cas du clonage reproductif, l'affaire semble simple. De toute évidence (et en dépit des doutes d'Ernst Mach), cela fait partie des besoins naturels de l'homme de se considérer comme unique, comme un « moi » différent des autres hommes. Toute notre perception personnelle mais aussi la perception de notre culture se fondent essentiellement sur ce caractère unique. Les personnes qui ont des difficultés à se dire « je » ont en général un grave problème psychique. Un humain produit par clonage reproductif aurait sans doute des problèmes à se vivre comme un individu à part entière, dans la mesure où il devrait sa création à un partage. Au lieu d'être unique, il serait relégué au statut de copie. Sauf si – et ce serait la moindre des conditions – il ne connaissait jamais son modèle ni son statut de clone.

Mais pourquoi se lancer dans une expérience psychologiquement et sociologiquement aussi cruelle ? Face à des chercheurs qui s'intéressent au clonage sous tous ses aspects, on trouve le destin d'un individu pour qui le risque de troubles psychiques est très élevé. Il ne peut y avoir de « finalisation » plus claire. Il n'est donc pas étonnant qu'une très large majorité d'individus et d'États soient contre le clonage reproductif et l'interdisent par la loi. D'autant plus qu'actuellement on ne voit aucun intérêt qui puisse contrebalancer cet immense inconvénient.

Le cas du clonage à des fins scientifiques semble très différent. En effet, tout ce que l'on pouvait objecter jusqu'ici contre le clonage ne se retrouve pas dans ce cas précis. Exprimé en raccourci : personne ne subirait de dommages psychiques, sinon des êtres déjà endommagés, c'est-à-dire des embryons sans conscience et tués au stade élémentaire de leur développement. Mais comme nous l'avons vu dans le chapitre sur l'avortement, un embryon représente sans aucun doute de la vie humaine au sens biologique. Il est membre de l'espèce *Homo sapiens*. Sur la base de cet argument, la recherche sur les embryons est interdite en Allemagne grâce à une loi qui les protège.

Or, même cette loi ne traite pas les embryons comme des personnes. Détruire un embryon de façon illégale ou tuer un être humain après sa naissance sont deux choses bien différentes. La peine encourue dans le premier cas est beaucoup moins sévère. La différence est encore accentuée par le fait que les législateurs en Allemagne ont autorisé quelques chercheurs à faire malgré tout des expériences sur les embryons. Cela mis à part, l'État ne connaît aucune exception autorisant des chercheurs à tuer des individus déjà nés – ce qui permet de se rendre compte que le législateur n'accorde pas pleinement foi à son propre argument disant que tous les embryons doivent pouvoir bénéficier d'une absolue protection. On se retrouve alors devant la même contradiction constatée à propos du règlement sur l'avortement qui définit les embryons comme des êtres humains, tant du point de vue biologique que du point de vue moral, mais qui autorise néanmoins que l'on tue ces individus au tout premier stade de leur développement.

L'affaire n'est donc pas simple quand on parle de la dignité humaine des embryons. Si l'on s'en tient aux arguments des chapitres précédents, la valeur et la dignité d'une vie ne viennent pas de son appartenance à un genre ou à une espèce, mais du fait de savoir si un être vivant a une conscience élémentaire de soi et de ses intérêts. Il ne peut certainement pas être question de cela dans le cas d'un ovule humain qui a été divisé six ou huit fois. Vu sous cet angle, rien ne permet d'accorder une quelconque dignité humaine à un embryon. La recherche sur les cellules souches embryonnaires finalise, certes, l'homme du point de vue biologique, mais absolument pas du point de vue moral. Dépourvu de dignité humaine, l'embryon est une chose que l'on peut opposer à d'autres choses. Même si les promesses des chercheurs sont encore très éloignées de la réalité, elles nous disent que l'on pourrait soigner grâce au clonage thérapeutique des maladies telles que le diabète, la maladie de Parkinson ou d'Alzheimer, et l'on peut alors en toute bonne conscience et de façon utilitariste mettre en balance l'absence de souffrance d'embryons morts et le bonheur immense de centaines de milliers, voire de millions de patients guéris.

Cet argument a beaucoup de poids. Et il faut de très bons contre-arguments pour le désamorcer. Il est intéressant de constater que l'objection la plus forte contre le clonage à des fins scientifiques n'est pas un argument de fond mais un argument utilitariste. On a fait beaucoup de bruit ces dernières années autour du clonage destiné à la recherche. Or les succès enregistrés par les prétendus thérapeutes généticiens sont très maigres. Pourtant, l'idée de reconstituer des tissus malades à l'aide de cellules manipulées est sans aucun doute bonne. La seule question est de savoir si les cellules souches embryonnaires représentent vraiment la voie royale dans ce domaine.

On ne trouve pas des cellules souches uniquement dans les embryons. Nous possédons tous des cellules souches, par exemple dans la moelle osseuse, dans le foie, le cerveau, le pancréas et l'épiderme. Les scientifiques parlent alors de cellules souches « adultes ». Ces cellules souches adultes sont elles aussi très diversifiées et capables de se développer ; elles sont « pluripotentes » (capables de beaucoup de choses). Tout au long de notre vie, elles ne cessent de produire de nouvelles cellules spécialisées pour notre corps. Dans les éprouvettes des chercheurs, elles peuvent évoluer et donner de nombreux tissus cellulaires. Mais, à la différence de ce qui se passe avec les cellules souches embryonnaires, il y a des limites. Une cellule souche du cerveau peut prendre toutes les formes du tissu neuronal, mais elle ne peut sans doute pas devenir une cellule du foie. Il est possible malgré tout qu'il y ait des exceptions dans les cellules souches issues du liquide amniotique, de l'ombilic et des dents de sagesse.

Pour l'instant, on en est encore au stade de la discussion à ce sujet.

En revanche, personne ne vient contester l'immense avantage représenté par les cellules souches adultes face aux cellules souches embryonnaires. Si la recherche parvenait à cultiver des cellules souches de mon cerveau, grâce à une stimulation biologique et chimique pour faire un nouveau tissu, et à les retransplanter dans mon cerveau en remplacement des tissus malades, tout laisse à penser qu'il n'y aurait aucun phénomène de rejet de mon système immunitaire. Quant aux risques de cancer, ils ne sont pas connus pour l'instant. Depuis les années 60, la médecine utilise contre la leucémie et les lymphomes des cellules souches génératrices de sang issues de la moelle osseuse. À cela, il faut ajouter les nombreuses études cliniques sur la thérapie des maladies du cœur et des vaisseaux grâce à des cellules souches adultes. On a aussi enregistré quelques succès en études cliniques dans des cas de paralysie et de maladie de Parkinson, de même que dans les processus de régénération après un infarctus. Actuellement, la médecine traite avec succès des tumeurs du cerveau chez les rats par injection de cellules souches adultes.

La recherche à partir de celles-ci est très prometteuse. Si, dans les deux prochaines décennies, on parvient à soigner la maladie de Parkinson, il faudra faire davantage confiance à la recherche à partir de cellules souches adultes qu'à partir de cellules embryonnaires. Mais il n'est pas rare que les deux domaines de recherche entrent dans une concurrence acharnée pour attirer l'argent public ou privé. Soutenir la recherche sur les cellules souches embryonnaires, cela revient à ne pas investir dans le domaine si fécond de la recherche à partir de cellules souches adultes. Or cette dernière n'a pas seulement l'avantage d'être beaucoup plus réaliste dans ses promesses de succès : elle ne pose aucun problème social. On peut récupérer sans difficulté des cellules souches adultes, tandis qu'il faut recourir à des ovocytes humains, surtout à la suite d'inséminations artificielles, pour avoir des cellules souches embryonnaires. Or cette réserve est limitée. Il ne faut pas exclure le fait que le don d'ovules puisse devenir un commerce à l'avenir ; les femmes des pays en voie de développement seraient alors fortement sollicitées – ce qui déclencherait sans conteste un problème d'éthique.

Si l'on fait la part des choses, de façon utilitariste, entre le possible bonheur apporté par la recherche sur les cellules souches embryonnaires et celui apporté par la recherche sur les cellules souches adultes, cette dernière semble constituer la meilleure voie. Cela ne veut pas dire qu'il devrait être interdit de faire des recherches sur les cellules souches embryonnaires pour des raisons morales, car la pensée utilitariste ne peut jamais prendre en compte que les succès *supposés*. Mais cela relativise la prétention et l'importance sociale de cette branche de la recherche, qui a fait parler d'elle de façon si désagréablement pathétique au cours des dernières années.

La technique génétique n'est donc pas seulement une question fondamentale et morale, elle a aussi une dimension socio-éthique très importante. Et c'est justement cette dimension que nous allons retrouver dans le problème de la biomédecine moderne, avec la question du diagnostic génétique préimplantatoire.

• *Des enfants sur mesure*. Où mène la reproduction médicalement assistée ?

GAND

Des enfants sur mesure
Où mène la reproduction médicalement assistée ?

Gand est une jolie ville portuaire de Flandre-Orientale, célèbre pour son marché aux fleurs et ses ruelles médiévales. Dans les années 2002 et 2003, il y avait une autre raison qui pouvait pousser les jeunes couples à venir dans cette ville. C'est en effet là que travaillait le médecin de la reproduction Frank Comhaire ; contre une certaine somme d'argent, il leur proposait un service très spécialisé : le choix du sexe de leur futur enfant. Près de quatre cents couples furent ainsi gratifiés d'un enfant dont ils avaient choisi le sexe.

Le Dr Comhaire travaillait en relation avec un laboratoire américain basé à Fairfax, dans l'État de Virginie. Le médecin belge envoyait la semence du père aux États-Unis, où les cellules du sperme étaient triées selon le sexe. Comme les chromosomes masculins Y brillent moins sous la lumière d'un laser que les chromosomes féminins X, il était relativement facile de les séparer selon un procédé appelé *Micro Sort*. On envoyait ensuite le résultat en Belgique, où notre médecin fécondait dans une éprouvette un ovule de la mère avec la semence du père préalablement sélectionnée, avant de l'implanter.

Le cabinet du médecin belge était un maillon dans une chaîne d'expérimentations de grande envergure menées sous la surveillance des autorités médicales américaines, la FDA (Food and Drug Administration). Soixante cliniques et sept centres internationaux de reproduction s'étaient associés à la plus grande entreprise de tous les temps pour sélectionner le sexe des enfants. Parmi les clients, on comptait des Espagnols, des Belges, des Hollandais, des Anglais, des Scandinaves, des Français et des Allemands.

La seule condition que devaient remplir les parents voulant participer à cette opération portait sur l'âge de la future mère, qui devait se situer entre dix-huit et trente-neuf ans. Il était aussi préférable qu'ils aient déjà un enfant – c'était bon pour ce qu'on appelait le *Family Balancing*. Les autres contraintes étaient régulées par le marché. L'analyse de sang coûtait mille deux cents euros ; les frais de laboratoire et de transport pour le sperme se montaient à deux mille trois cents euros ; enfin, il fallait compter six mille trois cents euros pour la fécondation in vitro et l'implantation dans l'utérus. Si l'on souhaitait avoir une garantie sur le sexe que l'on avait choisi pour son futur enfant, il fallait encore débourser six mille euros. Ces prix astronomiques permettaient à Comhaire d'avoir bonne conscience. Notre médecin belge assurait en effet que, vu les prix prohibitifs, il était impossible que l'on assiste à une large commercialisation. Plus l'accès à cette pratique était donc restreint, plus la problématique éthique du procédé était limitée. Cet « équilibre des familles » devait plutôt redouter la justice. En Belgique, il n'était pas interdit de choisir le sexe de son enfant, même pour des motifs non médicaux. Mais l'indignation des médias transforma le planning familial de Comhaire en un véritable scandale. Et le parlement de Belgique réagit en promulguant une loi qui l'interdit.

Les Américains n'ont pas fait tant d'histoires. Leur loi autorise aujourd'hui encore le choix du sexe des futurs enfants engendrés dans une éprouvette. Le processus *Micro Sort* breveté dès 1992 est un véritable succès. Au départ, il devait être mis au service de la santé, en permettant par exemple de choisir des filles dans les familles où une maladie du sang se transmettait de façon héréditaire aux garçons. Mais, depuis 1998, la société éponyme offre également ses services – qui sont loin d'être gratuits – à des patients en bonne santé.

En 2003, un couple écossais fit la une des journaux. Les parents avaient trois garçons ; leur unique fille était morte dans un accident. Pour rétablir la « dimension féminine » de la famille, le couple demanda le droit de faire un bébé-éprouvette avec possibilité de choisir son sexe. Les autorités britanniques compétentes refusèrent la demande, arguant qu'il n'y avait aucune raison médicale qui l'imposait. Ce cas occupa aussi les médias mais, à la différence de ce qui s'était passé en Belgique, les journaux prirent fait et cause pour les parents. En mars 2005, le Comité parlementaire britannique pour la médecine et la technologie demanda une modification de la loi. Dans des cas bien précis, les parents sont autorisés à déterminer le sexe de l'embryon dans l'éprouvette. Si le Livre blanc du gouvernement britannique de décembre 2006 maintient l'interdiction d'une façon générale, il est néanmoins pensable que l'on puisse autoriser quelques exceptions à l'avenir.

Plus la technique fait de progrès, plus les demandes de parents ambitieux ou sans états d'âme augmentent. Dès lors qu'on pourra choisir le sexe de son futur rejeton, on ne tardera pas à vouloir aussi déterminer la couleur de ses yeux ou sa taille. De telles éventualités ne sont pas sans inquiéter ceux qui connaissent bien la reproduction médicalement assistée. Les enfants ne deviennent-ils pas des produits triés d'après les règles du management de la qualité et du contrôle des marchandises ? Les détracteurs de cette tendance parlent d'« eugénisme de consommation », processus qui conduit à faire des « bébés design ». Tout comme la chirurgie esthétique, la reproduction médicalement assistée pourrait connaître un rapide essor qui imposerait de nouvelles normes. Tout individu ne listant pas dans les temps les caractéristiques esthétiques de son enfant pourrait vite passer aux yeux de la société pour une personne n'ayant pas les moyens financiers de le faire, ou comme un mauvais parent ayant agi avec désinvolture et envoyé dans ce monde un enfant qui n'a rien de charmant et qui est doué de bien peu d'atouts sociaux. C'est encore une simple vision, mais elle pourrait très bien devenir réalité.

Tentons donc de parcourir pas à pas et d'un point de vue éthique le vaste domaine du diagnostic génétique préimplantatoire (DPI), avec toutes ses possibilités et tous ses dangers. Parmi les vastes questions induites par la conscience de soi, il y a celle de savoir où l'on a été conçu : dans un lit, sur un chemin de campagne, sur une banquette de voiture ou dans une éprouvette ? Non pas qu'elle soit véritablement nécessaire et capitale pour la personne concernée – mais pour les juristes, les médecins et les philosophes de la morale, c'est la question clé : Que penser de la conception in vitro ? Que sommes-nous en droit de savoir sur cette vie à peine ébauchée ? Et selon quels critères avons-nous le droit de choisir ?

La fécondation in vitro est aujourd'hui une pratique courante. Le gynécologue porte plusieurs ovules à maturité grâce à un traitement hormonal, puis il examine la qualité du sperme. Si le traitement hormonal fait effet, le médecin prélève le liquide folliculaire des différents follicules avec, de préférence, entre cinq et douze ovules parvenus à maturité. Les ovules ainsi prélevés sont fécondés in vitro par le sperme du géniteur – le taux de réussite se monte à environ 70 %.

Il existe un nouveau processus qui consiste à prélever un seul spermatozoïde (soigneusement sélectionné à l'avance) et à l'injecter dans l'ovule grâce à un micromanipulateur. Si l'ovule s'est divisé une première fois dès le deuxième jour, deux embryons sont alors implantés dans l'utérus de la femme. Une autre possibilité largement répandue est l'implantation au cinquième jour de l'ovulation. Les ovules en surnombre sont ensuite soit détruits, soit, comme cela est autorisé dans certains pays, congelés dans de l'azote. Deux semaines environ après l'implantation, on peut faire un test de grossesse fiable. Le taux de réussite se situe dans ce cas autour de 40 %. Voilà pour les différents procédés.

En Allemagne, près d'un enfant sur quatre-vingts est un bébé-éprouvette. Cette mesure a été mise en place au départ pour deux grandes catégories de couples. Elle devait aider les gens issus de familles ayant des maladies héréditaires dangereuses afin qu'ils puissent se rendre compte à temps si leurs futurs enfants étaient menacés et prendre une décision le cas échéant. Elle devait aussi donner une chance d'avoir des enfants à des couples qui ne pouvaient en avoir de façon naturelle. Dans le second cas, il est également possible que le sperme provienne d'un autre homme ou que l'ovule provienne d'une autre femme ; ou encore que l'on ait recours à une mère porteuse. Mais, en Allemagne, la loi sur la protection des embryons interdit autant le don d'ovule que le recours à des mères porteuses. En revanche, le don de sperme est autorisé.

Le diagnostic génétique préimplantatoire est aussi interdit en Allemagne. En revanche, il est autorisé dans certains pays de prélever dans l'embryon conçu in vitro, au troisième jour après la fécondation, une cellule dont on va voir si elle contient certaines maladies héréditaires ou des particularités chromosomiques. Le médecin et les parents peuvent ensuite décider d'implanter ou non l'embryon dans l'utérus de la mère. Or, en Allemagne, il n'est pas permis de voir si l'embryon est porteur de maladies héréditaires *avant* l'implantation mais seulement *après*, à un moment où c'est plus dangereux autant pour la mère que pour l'enfant. Si l'on diagnostique une future maladie à laquelle la mère croit ne pas pouvoir faire face, il lui est permis d'avorter, même quelques mois seulement avant la naissance. Mais si le fœtus survit à l'avortement, elle est obligée de l'accepter, avec tous les dommages entraînés par cet avortement.

Les partisans du DPI voient dans cette pratique un non-sens, puisqu'un diagnostic précoce fait in vitro pourrait épargner des interventions souvent graves. Rien d'étonnant à ce que les pays de l'Union européenne aient des positions très différentes par rapport au DPI. En Grande-Bretagne par exemple, il n'y a aucun problème pour que des parents fortunés puissent faire analyser leur embryon selon les règles de l'art. Une pratique qui est à l'origine du désir de ce fameux couple écossais qui avait trois fils et voulait absolument avoir encore une fille, sans rien y voir de répréhensible. Est-ce d'ailleurs vraiment terrible que, parmi tous les critères possibles, le sexe puisse jouer un rôle dans le choix de l'embryon ? Après tout, ce couple écossais serait heureux, et personne ne se retrouverait lésé. De toute façon, les embryons en surnombre dans une fécondation artificielle sont bien détruits ou congelés. Alors, qu'est-ce que cela change, si l'on choisit expressément une cellule féminine ou masculine au lieu de laisser faire le hasard ?

Dans ce cas précis, il n'y a rien d'immoral, reconnaissent même les plus critiques. À l'exception de ceux qui refusent le DPI pour des raisons religieuses, parce qu'ils n'y voient pas la main de Dieu mais la main des parents ! Le principal argument contre le DPI relève de ses conséquences socio-éthiques. Si la sélection préalable des embryons devenait la norme, cela pourrait donner lieu à des excès dangereux. C'est pour cette raison que les critiques les plus engagés refusent le DPI. Ils y voient une distinction faite entre une vie *qui a de la valeur* et une vie *sans valeur*, et ils considèrent que cette sélection est dans tous les cas immorale. Ils affirment que personne n'a de droit fondamental à avoir un enfant en bonne santé et non handicapé. Des critiques moins engagés ne voient aucun inconvénient à ce qu'il y ait un choix fait selon des critères médicaux. Pour eux, l'absence de morale ne commence qu'avec les critères de choix qui n'ont rien à voir avec la médecine, par exemple le sexe, la taille et des caractéristiques esthétiques.

Considérons le premier point de vue. Qu'y a-t-il de répréhensible à faire une différence entre une vie qui a de la valeur et une vie qui n'en a pas ? Cette distinction nous rappelle la barbarie nazie, qui considérait que les personnes mentalement ou physiquement handicapées n'avaient aucune valeur et qu'il fallait les éliminer. Ce qui est terrible, c'est qu'un État se soit haussé au rang de juge, ait décidé de la valeur ou non d'êtres humains et les ait ensuite éliminés, alors même qu'ils étaient animés du désir de vivre. Les deux choses doivent être absolument condamnées d'un point de vue moral. C'est un immense mépris de la vie humaine qui ne peut être accepté à aucune condition.

Est-ce que ces deux cas, qui enfreignent gravement la morale, sont aussi valables pour le DPI ? Non, parce que des embryons à quatre ou huit cellules ne sont pas encore des personnes, comme nous l'avons déjà maintes fois mentionné. De plus, le choix n'est pas ici opéré par l'État mais par les premiers concernés : les futurs parents. Et de quelle façon peut-on dénier à des parents – sauf à recourir à des arguments religieux – le droit d'avoir des enfants en bonne santé et ne souffrant d'aucun handicap ? Surtout si ce droit peut être appliqué sans mettre en danger ou tuer quiconque. Le choix d'embryons sains va à l'encontre de l'idée traditionnelle que nous nous faisons du hasard médical lors des grossesses. Mais la société a déjà beaucoup fait pour réduire ce hasard ; elle a sensiblement réduit la mortalité infantile et amélioré les conditions des naissances. Pourquoi devrait-elle se crisper sur des conceptions traditionnelles dans le cas du DPI ? Ce progrès médical n'apporte-t-il pas plus d'avantages que d'inconvénients, plus de bonheur que de souffrance ?

Considérons maintenant le second point de vue. Qu'est-ce qui peut condamner un choix opéré selon des critères non médicaux ? Si la chose était permise, disent ses détracteurs, tout le monde y aurait recours, du moins tous ceux qui pourraient se le permettre financièrement. Le hasard d'autrefois serait remplacé par l'arbitraire des parents. Dans les pays en voie de développement, il n'y aurait bientôt plus que des garçons et presque plus de filles, comme on peut le voir d'après ce qui se passe dans la société chinoise qui a fait de l'avortement une pratique courante pour qu'il n'y ait plus que des familles avec un seul enfant – et de sexe masculin. Dans les pays développés, on ne verrait plus que des enfants blonds aux yeux bleus, grands, sveltes et athlétiques. Et si l'on veut forcer le trait, on peut dire que cela ne sera pas permis à tout le monde non plus mais seulement aux classes les plus riches. Les riches sélectionneront, deviendront de plus en plus blonds, tandis que les enfants des classes modestes resteront « moches ». Ou bien c'est l'inverse qui se passera : les enfants des classes modestes seront sélectionnés d'après des critères de mode momentanés et deviendront des parias parce que les modes changent. Car ce qui existe en trop grand nombre perd rapidement de sa valeur. Seuls les plus avisés s'en rendront compte à temps et prendront leurs distances par rapport aux modes du moment. Mais, quoi qu'il se passe, qu'est-ce qui est répréhensible dans tout cela au point de devoir l'empêcher et même l'interdire ?

Beaucoup de gens sont mal à l'aise en imaginant ce qui pourrait arriver. Mais est-ce un argument suffisant ? Tout cela n'est pour l'heure que de la science-fiction. Cependant, si ces possibilités sont un jour permises et si l'on peut les appliquer, le malaise pourrait bien se transformer. Qui sait si une génération d'enfants engendrés de cette façon, par sélection embryonnaire, ne considéreront pas cette pratique dont ils sont les héritiers comme parfaitement normale ?

Il y a encore une dizaine d'années, la chirurgie esthétique avait mauvaise presse ; aujourd'hui – du moins dans certains pays et dans certains milieux –, elle est une chose parfaitement normale. Combien d'enfants iront se plaindre auprès de leurs parents de ne pas avoir tout fait pour les « optimiser » à temps ? Car, à plus ou moins longue échéance, on va voir arriver, après le DPI, la réparation de préimplantation (RPI) et l'optimisation de préimplantation (OPI). Des gènes endommagés pourraient à l'avenir être remplacés dans l'embryon par des gènes intacts. Ce serait sans doute plus simple, plus fiable et surtout meilleur marché que de soigner un individu déjà malade ou handicapé. L'OPI commence avec des gènes que l'on a bien étudiés, que l'on connaît bien et qui sont responsables de certaines caractéristiques. Dans l'état actuel de nos connaissances, cette correspondance entre un gène et une caractéristique donnée demeure très rare, mais elle existe. On sait par exemple que c'est un gène qui détermine la couleur de nos yeux. Un échange de gène pourrait ainsi donner des yeux bleus au lieu d'yeux marron ou inversement. Cette idée d'OPI incite même certains illuminés à rêver d'une optimisation de toute l'espèce humaine pour qu'elle devienne plus pacifique et plus morale, comme si la morale était exclusivement une prédisposition génétique que l'on peut repérer à loisir et limiter à un gène.

La palette des possibilités est immense. Trente et un ans après la naissance du premier bébé-éprouvette, Louise Joy Brown, la reproduction médicalement assistée est devenue un « monde des merveilles ». Si l'on veut se faciliter les choses, on pourrait défendre la frontière qui sépare le choix fait sur des critères médicaux et celui qui est fait selon des critères non médicaux et qui peut être assimilé à une optimisation. Lorsque le choix est opéré selon des critères médicaux ou quand il répare des anomalies génétiques, personne n'est lésé ; tout est fait au contraire pour le bien des parents et de l'enfant. En revanche, si le choix et la correction sont purement esthétiques, les parents font courir à leur enfant un risque incalculable. Car c'est le choix des parents qui prime, et non le choix de l'enfant. Difficile d'ergoter sur la santé ; à l'inverse, on peut discuter quand il s'agit de critères de beauté. Ce que je trouve beau aujourd'hui me paraîtra peut-être kitsch ou totalement insipide dans vingt ans. Et même si mon goût ne varie pas, mon enfant n'est pas obligé de le partager. Pourquoi alors la société devrait-elle encourager cette sélection esthétique en donnant son autorisation ? Ne devrait-elle pas plutôt protéger les parents d'eux-mêmes et les enfants du goût de leurs parents ?

On peut voir les choses ainsi. On peut aussi se demander dans quelle mesure il appartient au législateur de s'immiscer dans un tel domaine. Depuis quand, en effet, est-ce le devoir de l'État de protéger les gens d'eux-mêmes ? Et même décider de protéger les enfants des valeurs de leurs parents n'est pas chose évidente. « Il n'y a pas de droit d'un tiers, pas même celui des futurs parents, pour décider de la valeur d'un individu », déclarait il y a quelques années Margot von Renesse, présidente de la commission d'enquête « Droit et éthique de la médecine moderne » au parlement allemand. Mais, comme presque toutes les belles paroles, celle-ci n'est guère en lien avec la réalité.

Car, pour l'avortement, c'est exactement ce qui se passe : c'est la mère qui décide du droit à la vie, et donc de la valeur de l'embryon. Le principe énoncé par Mme von Renesse n'en est ainsi pas vraiment un, ni en Allemagne ni dans les autres pays européens. Et il y a peu de chances que ce principe devienne partout applicable à l'avenir.

Ce qui a plus de chances d'arriver, c'est que ce monde des merveilles produise un peu partout de nouveaux miracles tout aussi douteux les uns que les autres. C'est ainsi que la reproduction médicalement assistée a permis dans l'intervalle un rapport tout nouveau avec le temps. En juillet 2005, en Californie, une femme de quarante-cinq ans a mis au monde un enfant dont elle avait fait congeler l'embryon – treize ans auparavant. Ses deux jumeaux de douze ans ont maintenant une petite sœur avec qui ils forment des triplés, car les trois enfants proviennent du même processus de fécondation. Pour Steve Katz, médecin américain spécialiste de la reproduction, tout cela n'est qu'un début. Il envisage que des embryons congelés puissent être décongelés au bout de cinquante ans, voire un siècle, à un moment où leurs parents seront morts depuis très longtemps.

Une autre question est celle de la « culture de pièces détachées ». En juillet 2004, le cas de la petite Joshua Fletcher, âgée de deux ans, a fait grand bruit en Grande-Bretagne. Joshua est atteinte d'une maladie du sang très rare ; son corps ne produit plus assez de globules rouges et son espérance de vie est de ce fait très limitée. Pour la sauver, il faudrait que quelqu'un de très proche, un membre de sa famille, fasse un don de cellules souches. Mais comme ni ses parents ni son frère ne sont suffisamment semblables d'un point de vue génétique, il faudrait concevoir un parent de ce type, et le mieux serait de le faire dans une éprouvette afin de pouvoir choisir l'embryon le plus compatible parmi les frères et sœurs possibles. Une fois implanté dans le ventre de la mère, l'enfant, dont les cellules souches permettraient d'aider Joshua, grandirait sans subir le moindre dommage. Les autorités britanniques ont donné leur autorisation, vu le bien-fondé de ce cas. Rien n'a filtré sur la réussite d'une telle expérience.

Une autre possibilité de la reproduction médicalement assistée, c'est le déplacement de l'âge limite au-delà duquel une femme ne peut plus avoir d'enfant. Le dernier cri, déjà à la fin des années 90, était ce qu'on appelait le transfert de cytoplasme. Si, lors d'une fécondation artificielle, une femme d'un certain âge pense que ses ovules ne sont plus assez fertiles, elle peut les rajeunir avec du cytoplasme issu de l'ovule d'une femme plus jeune. L'inventeur de cette méthode est le médecin américain James Grifo, qui est le premier à avoir tenté un transfert de cytoplasme et à avoir ainsi engendré des embryons. L'expérience a été couronnée de succès et ces enfants vivent maintenant en Chine. En effet, pour contourner les interminables demandes d'autorisation, Grifo avait décidé d'aller s'installer dans l'empire du Milieu où toutes les innovations sont bien accueillies.

Quelque temps plus tard, il n'était déjà plus nécessaire d'aller s'expatrier en Chine. Un groupe de chercheurs de l'équipe de Jacques Cohen, de l'institut Saint-Barnabas, à Lexington, dans le Kentucky, a annoncé en 2001 la naissance de quinze enfants dont la conception avait été rendue possible par un transfert de cytoplasme. Mais ce que Grifo s'est bien gardé de dire à ses patientes, c'est que le cytoplasme venant d'une autre femme n'est pas une matière neutre : il contient de nombreux organes cellulaires de la mère donneuse, parmi lesquels les mitochondries porteuses d'un patrimoine génétique. Lorsque les mitochondries de la mère donneuse se mêlent au patrimoine génétique de l'ovule traité, les embryons ainsi conçus se retrouvent avec trois parents : la mère, le père pour les gènes du noyau ovulaire – mais aussi la mère porteuse et la mère donneuse de cytoplasme pour les gènes mitochondriaux. L'enfant est ainsi un mélange génétique non pas de deux, mais de trois personnes.

En novembre 2005, Douglas Wallace, de l'université de Californie à Irvine, a fait état d'un très grand risque lors du transfert de cytoplasme. En effet, il avait constaté, suite à ses expériences, que de nombreuses souris conçues de cette façon étaient stériles. Il est donc tout à fait possible que les enfants conçus par Grifo et Cohen soient eux aussi atteints de stérilité. Les études montrent qu'aux États-Unis, pour les expériences en matière de reproduction, on peut manifestement se dispenser de ce qui est prescrit et obligatoire dans tous les pays industrialisés pour le moindre sirop ou la moindre crème pour les mains : un test de longue durée pratiqué sur des animaux. Elles révèlent en outre l'insuffisance de la législation de la plupart des États face aux produits miracles de la reproduction médicalement assistée quand un heureux hasard ne lui vient pas en aide – et, dans ce cas, le pronostic est plutôt sombre.

Quiconque autorise des expérimentations sur des embryons et des diagnostics génétiques préimplantatoires dans un cadre un peu plus large aura du mal à combler les failles et à interdire de nouvelles techniques qui, sur la base de ce qui est permis, introduisent des méthodes pouvant se révéler condamnables dans leurs résultats. En effet, lorsque des procédés apparemment inoffensifs ont des conséquences douteuses, les problèmes juridiques soulevés sont immenses. Personne ne se doutait de l'étendue du désarroi autant éthique que juridique que cela allait provoquer : est-ce que les enfants nés grâce aux interventions de Grifo et Cohen vont un jour accuser ces médecins pour cause de stérilité ? Vont-ils un jour demander une part d'héritage et des prestations compensatoires à leur seconde mère, qui, au départ, ne voulait que donner un peu de cytoplasme pour régénérer des ovules étrangers ? Ou bien, inversement, ces secondes mères ne vont-elles pas monter au créneau pour avoir le droit de voir ces enfants et même de s'en occuper ?

Comme je l'ai dit, ce n'est pas la mission de l'État de protéger les futurs parents de leurs propres goûts ou de leurs propres idées. Une législation de ce type conduit immanquablement au totalitarisme. Mais, d'un autre côté, l'État a le devoir de protéger la société de dommages prévisibles. C'est dans cette marge morale et juridique qu'évoluent les nouvelles possibilités de la reproduction médicalement assistée. Si l'on peut déterminer aujourd'hui et à l'avenir ce qui était auparavant du ressort du hasard, les conséquences seront incommensurables. Une société de ce type perdra en effet une caractéristique auparavant irréductible et inévitable : l'acceptation d'une situation donnée.

Si la chirurgie esthétique a nourri le rêve accessible à tous d'avoir un beau visage et un beau corps, la reproduction médicalement assistée nous promet que tous les défauts pourront être éliminés d'emblée. Santé et beauté deviennent alors les aspects d'une double exigence : exigence des parents envers leurs enfants et exigence des enfants envers leurs parents. Une telle société perd non seulement sa compréhension et sa tolérance face à des défauts ou des caractéristiques qui ne correspondent pas à une majorité, mais elle met aussi les parents et les enfants dans une situation difficile. Les enfants vont-ils approuver les corrections que leurs parents ont jugé bon de pratiquer ? Inversement, vont-ils accepter que leurs parents y aient renoncé et fassent d'eux des marginaux en quelque sorte ?

Toute possibilité nouvelle exige de la part des législateurs une chose pratiquement impossible : être capable de faire la part des choses entre l'utilité potentielle et les dégâts potentiels. Si Joshua Fletcher a un petit frère ou une petite sœur qui peut lui sauver la vie sans subir de dommages, n'est-ce pas une bonne chose, même si ce petit frère ou cette petite sœur apprend un jour pourquoi il ou elle a été conçu(e) ? Après tout, nous non plus n'avons pas été conçus sous l'effet d'un amour totalement désintéressé. Et qui dira à cet enfant qu'il n'a été conçu que dans ce seul but et qu'il n'est pas né du désir de ses parents ? Même l'aspect non utilitariste peut être moralement faux.

D'un autre côté, l'eugénisme de consommation, cette recherche de caractéristiques physiques précises, ouvre les portes à une évolution sociale qui n'est guère souhaitable : une profonde incertitude générale ! Même si l'eugénisme de consommation ne peut pas être refusé au cas par cas selon un principe moral bien défini, il n'empêche que les craintes prédominent. Quelle image de nos enfants voulons-nous en effet établir ? Voulons-nous faire de notre droit d'assistance pour un être vivant autonome un droit de propriété pour un objet que nous aurions façonné ? Quelle étrange conception de la vie ! Ce n'est pas non plus forcément un mal de savoir que tout ne peut pas être corrigé dans la vie. Tout en sachant que les possibilités de correction apportées par la technique génétique et la reproduction médicalement assistée ne seront à l'avenir que des nains, comparées aux géants promus par la neurologie.

• *Le pont vers le royaume de l'esprit.* Quel est le droit de la neurologie ?

CLEVELAND

Le pont vers le royaume de l'esprit
Quel est le droit de la neurologie ?

« Le singe pouvait voir. Son regard me suivait dans la pièce. Il pouvait manger, et si l'on avait mis un doigt dans sa bouche, il l'aurait mordu. » Robert White aime bien parler de ses expériences avec les singes. C'est en effet grâce à elles que ce neurologue de Cleveland, dans l'Ohio, aujourd'hui âgé de quatre-vingt-deux ans, est devenu célèbre, il y a une trentaine d'années. Ce qu'il y a de singulier dans l'histoire de ce singe qui l'aurait volontiers mordu, c'est que la tête qui était posée sur son corps n'était en fait pas sa vraie tête !

White ne se souvient plus exactement du nombre de singes qu'il a décapités dans son laboratoire de l'université Case Western Reserve de Cleveland. Il avoisine la centaine. Tout a commencé dans les années 70. C'est dans une aile de l'école de médecine, un bâtiment imposant de style néoclassique, que White s'est mis à l'ouvrage. Il a d'abord ouvert méticuleusement un crâne de singe rhésus avant de le raccorder au système de circulation sanguine d'un autre singe rhésus parfaitement vivant. Une fois cette expérience réussie, notre neurochirurgien s'est intéressé à la transplantation de tête. Pour cela il lui fallait sectionner la tête, les muscles et les tendons, la trachée artère et l'œsophage, la colonne vertébrale et la moelle épinière. Seuls six vaisseaux assuraient l'irrigation du cerveau. En l'espace de quelques minutes, White a raccordé le système circulatoire de la tête du singe à un corps de singe spécialement préparé à cet effet. Les têtes de singe ainsi greffées survivaient plusieurs jours. Puis le visage se mettait à enfler, la langue s'épaississait de manière irrégulière et les paupières se fermaient à jamais. Le système immunitaire s'était rebellé contre ce corps étranger. Mais une autre découverte avait mis notre neurochirurgien dans un véritable état d'euphorie : selon toute apparence, le cerveau n'avait pas été rejeté.

Ce jeune professeur de neurochirurgie va chercher le concours des plus hautes instances pour ses expériences bien peu catholiques. Ce père de dix enfants, catholique convaincu, s'entretient plusieurs fois avec le pape Jean-Paul II. Membre du cercle d'études le plus fermé au monde, l'Académie pontificale des sciences, il fait partie de l'élite mondiale. Tout laisse pourtant à penser que le nouveau pape va émettre de sérieuses réserves face au projet de ce « Frankenstein de l'Ohio » : transplanter un cerveau ou une tête d'homme.

La doctrine catholique de l'âme a toujours protégé ce chirurgien des scrupules moraux, lors de ses expériences sur les primates. Pour White, « un singe n'a rien à voir avec l'homme, du moins en ce qui concerne le cerveau ou l'âme ». Mais l'annonce qu'il va faire une transplantation sur l'acteur paraplégique Christopher Reeve (entre-temps décédé) ou sur le physicien Stephen Hawking, souffrant de sclérose en plaque, touchait au saint des saints. « Quelle différence si je transplante un foie, si je fais une greffe du bras ou si je transplante un corps ? m'a demandé White il y a cinq ans. Il ne viendrait à l'idée de personne d'aller chercher l'âme dans le foie ou dans un bras. L'âme siège uniquement dans le cerveau. »

Tout laisse à penser que le pape voit la chose différemment. Mais il n'a pas besoin de financer ce projet. À l'époque, White m'a dit qu'il ne lui manquait que quatre ou cinq millions de dollars pour aller à Kiev, en Ukraine, et procéder à sa première transplantation de tête humaine. Bien entendu, cette opération, la plus importante dans toute l'histoire de l'humanité, entraînerait quelques problèmes esthétiques. Le patient ne pourrait bouger ni ses bras ni ses jambes ; il ne pourrait pas parler, pas avaler ni digérer. Et en plus, a ajouté White dans un sourire, il ne pourrait pas se plaindre non plus. Il faudrait encore vingt ans pour que réussisse le raccordement à la moelle épinière qui réglerait tous les problèmes d'un coup. Je lui ai demandé s'il serait prêt à mettre son propre corps à la disposition de la science. Dans un nouvel éclat de rire, il m'a répondu : « Bien entendu... mais je préférerais donner ma tête, elle a plus de valeur. »

Robert White a fait plusieurs voyages en Ukraine, mais « la plus grande opération de tous les temps » n'a pas encore eu lieu. Les philosophes, les médecins et les juristes ne sont donc pas obligés de répondre à la question de savoir ce qui a été transplanté : la tête ou le corps. Tout comme ils ne sont pas obligés de savoir qui la famille du donneur a en face d'elle : le donneur ou le receveur. Mais si les projets de White n'ont à ce jour abouti à aucune réalisation, on ne devrait pas être tranquillisés pour autant. Ses expériences ne sont que la pointe émergée d'un iceberg. En effet, la neurologie ne représente pas seulement le plus grand challenge du XXIe siècle – c'est aussi le plus grand challenge auquel est confrontée notre morale. Forte de ses succès, la neurobiologie transforme notre image traditionnelle de l'homme tout en ouvrant des possibilités nouvelles mais grosses de dangers.

Il ne fait aucun doute que nombre de ces possibilités sont un bienfait. Une discipline relativement nouvelle est représentée par la *neuroprothétique*, un mélange de neurologie et d'engineering. Les succès que celle-ci a enregistrés laissent entrevoir des possibilités fantastiques. La neuroprothétique stimule des organes tels que le cœur, la vessie ou l'oreille et conduit à des résultats étonnants. L'un des exemples les plus marquants est ce que l'on appelle l'*implant cochléaire*, une prothèse auditive particulière destinée aux sourds profonds ou aux sourds totaux, qui ne tirent aucun bénéfice d'un appareillage auditif conventionnel, même surpuissant. La cochlée est le terme scientifique qui désigne le colimaçon de l'oreille interne. Les choses se passent comme suit : un petit processeur vocal placé derrière l'oreille d'une personne malentendante transforme les sons en signaux électriques. Il les achemine ensuite jusqu'à l'oreille interne où, grâce aux différentes micro-électrodes, ils vont directement stimuler le nerf auditif. La prouesse, dans ce genre de neurostimulation, c'est que le processeur placé derrière l'oreille transforme les sons de telle manière que les neurones en charge de l'audition dans le cerveau peuvent les comprendre alors qu'à strictement parler ils n'entendent rien. La neurostimulation est l'art d'utiliser la transmission de signaux électriques dans le cerveau pour « court-circuiter » les fonctions sensorielles déficientes.

Le même but est poursuivi avec les *implants rétiniens*, qui permettent de rendre la vue à des malvoyants ou des personnes presque aveugles. Dans l'état actuel des choses, on peut seulement permettre à ces gens-là de distinguer entre le clair et le sombre. Les expérimentations cliniques sont très intéressantes. Les chercheurs se sont également beaucoup activés pour tenter de redonner une motricité à des paraplégiques. Là aussi, l'idée est de stimuler artificiellement les canaux électriques du corps. Au début des années 90, des chercheurs ont réussi à mesurer de façon exacte grâce à des capteurs l'état moteur du patient. Le langage des neurones en charge du mouvement était connu. La question était de savoir si l'on arriverait à agir sur le mouvement tout en le contrôlant et en le régulant. Il y a six ans, un groupe de chercheurs de Munich a réussi à faire de cette idée une réalité. À l'aide de poignées fixées à son appareillage, un paraplégique a pu donner des ordres à un ordinateur qu'il portait dans un sac à dos : « Debout ! », « Avancer ! » ou « Monter les marches ! » L'ordinateur envoyait alors des impulsions aux électrodes fixées sur les jambes du patient. Les impulsions faisaient effectivement réagir les muscles de façon adéquate, tandis que d'autres électrodes mesuraient le processus et envoyaient leurs résultats à l'ordinateur, qui en retour adaptait ses ordres aux exigences de la marche.

Une autre possibilité est de placer un implant de mouvement directement sous la peau du patient, comme dans le cas de l'implant cochléaire, et l'on y travaille, non sans succès. Même si les patients atteints de paraplégie n'ont pu faire jusque-là que quelques pas, l'avenir est prometteur.

On peut voir actuellement dans certains documentaires comment des personnes atteintes de la maladie de Parkinson ou souffrant d'épilepsie sont soudain délivrées de leurs souffrances grâce à des stimulations du cerveau. Les deux maladies sont en étroite relation avec une région précise du cerveau. Les impulsions électriques d'un « pacemaker du cerveau » agissent sur les régions maladivement hyperréactives et bloquent aussitôt les symptômes. La personne atteinte de la maladie de Parkinson et qui ne pouvait même pas tenir sa tasse dans ses mains tremblantes se retrouve soudain tranquillement assise dans un fauteuil en train de boire son thé. Le patient souffrant d'épilepsie est instantanément bloqué dans sa crise. Et ce qu'il est possible de réaliser au niveau de l'audition ou de la motricité grâce à la neuroprothétique pourrait aussi se révéler fructueux dans le cas de désordres psychiques. Des électrodes placées dans le cerveau pourraient directement influer sur les circuits neurochimiques. Un homme souffrant de dépression pourrait recevoir une électrode qui, une fois placée dans sa tête, activerait des éléments signalétiques positifs qui resteraient sinon inertes.

Tout cela correspond à de merveilleuses conquêtes, avec des perspectives carrément bibliques : les sourds pourront entendre ; les aveugles pourront voir et les paralytiques pourront à nouveau marcher. Où se situe alors le problème ? Quel rapport entre des implants neurologiques, des stimulations du cerveau et des transplantations de tête à la manière de Frankenstein ? La réponse est assez simple : on peut recourir à ces manipulations nouvelles de notre système nerveux à des fins douteuses ou même carrément criminelles. Quoi qu'il en soit, il sera possible d'influencer le cerveau de façon beaucoup plus importante qu'on ne peut le faire aujourd'hui avec des médicaments biochimiques. Et cela suscite nombre de convoitises.

Les premiers qui pourraient faire un mauvais usage de ces possibilités seraient les militaires et les services secrets. Il ne devrait pas être très difficile, lors d'un interrogatoire, non seulement de torturer un prisonnier à l'aide de stimulations neuronales mais aussi de le manipuler en jouant sur certaines régions de son cerveau. Et qu'est-ce qu'un traditionnel détecteur de mensonge, comparé aux scanners les plus modernes ? C'est justement l'idée qu'a eue, il y a huit ans, Daniel Langleben, psychiatre à l'université de Pennsylvanie à Philadelphie. Puisqu'il était possible de repérer et de rendre visibles les processus neurologiques grâce au scanner, il suffisait de découvrir l'endroit où se cachaient les mensonges. Pour Langleben, c'est une région située dans le cortex prémoteur, qui est activée quand il s'agit d'évaluer des conflits. Comme mentir est beaucoup plus fatigant que de dire simplement la vérité, les mensonges s'accompagnent forcément d'une activité plus intense du cerveau : « Mentir fatigue ! » On peut se demander si cela est valable dans tous les cas. Les menteurs invétérés dépensent sans doute beaucoup moins d'énergie à mentir qu'ils ne le feraient en essayant de dire la vérité. Quoi qu'il en soit, deux sociétés cherchent en ce moment à proposer sur le marché des scanners antimensonges.

Les cabinets d'avocats américains sont très demandeurs. Quant aux expertises faites sous scanner, elles jouent déjà un rôle non négligeable dans les cours de justice américaines. Les neuropsychiatres utilisent cet appareil pour constater si les grands criminels avaient toutes leurs facultés au moment de leurs actes. On constate souvent chez les grands criminels et les serial killers des déficiences et des troubles dans la région ventro-médiale de leur cerveau – exactement comme chez Phineas Gage. Ces instantanés de l'état intellectuel d'assassins et de violeurs aident à répondre à la question de savoir si ces criminels étaient en pleine possession de leurs facultés mentales et placent la justice face à la situation de savoir ce qu'il faut faire de ces gens.

Il n'est pas du tout exclu que l'on puisse à l'avenir soigner certains dysfonctionnements du cerveau qui entraînent de graves troubles du comportement. Ne serait-il pas préférable, autant pour la société que pour le criminel souffrant de troubles graves, que l'on puisse pratiquer sur lui – peut-être même de force – une opération du cerveau, au lieu de l'emprisonner à vie ou même de l'exécuter ? Mais qui déciderait en dernier ressort ? Le neuropsychiatre, le juge, le criminel ou ses proches parents ? Et qui empêcherait des dérives où, dans des cas litigieux par exemple, on préférerait recourir au bistouri plutôt que de payer pour qu'un criminel reste toute sa vie en prison ?

L'autre criminel potentiel, c'est la mafia de la drogue. Plus on sait de choses sur le cerveau, plus il est facile de le manipuler. Des substances psychoactives permettant à des personnes malades d'avoir une meilleure attention seraient certainement très appréciées par une partie de la jeunesse consommatrice de drogue. Ce qui est particulièrement dangereux dans des cas pareils, c'est l'effet entraîné sur les récepteurs de la sérotonine et le métabolisme de la dopamine (cf. *Mister Spock est amoureux*). Avec son noyau de phénéthylamine, la dopamine a la même composition chimique que la mescaline ou le LSD. Elle conduit à exciter, et même surexciter certaines régions du cerveau. Plus on pourra cibler de façon précise le taux de dopamine dans le cerveau, plus on pourra fabriquer des drogues efficaces et sur mesure.

Et même s'il ne s'agit pas de drogues dures et criminelles, où mettre une limite à l'action de substances psychoactives qui améliorent l'attention ? Doit-on l'autoriser pour les personnes atteintes de démence ? Des personnes ne pouvant se concentrer ? Ou bien verra-t-on dans un avenir plus ou moins proche des parents mettre tout naturellement une pilule le matin dans le cacao de leurs enfants pour augmenter leurs capacités de concentration au moment des contrôles et des examens ? Avons-nous vraiment besoin de la technique génétique et de la reproduction médicalement assistée, si nous pouvons déjà augmenter les capacités de nos enfants de façon aussi simple ? Les hommes politiques et les grands patrons font des journées de seize heures sans ressentir la moindre fatigue. Quant aux coureurs du Tour de France, ils ne sont pas seulement dopés physiquement, ils restent euphoriques jusque dans les cols les plus raides.

Il existe une autre clientèle qui, en comparaison, paraît bien inoffensive : c'est celle qui est dès maintenant avide de toute nouvelle connaissance neuropsychologique. Les départements de marketing des supermarchés, les agences de publicité et les designers du Web se réjouissent tous les jours ou presque d'avoir de nouvelles informations sur l'inconscient de leurs groupes cibles. Les gens ont une tendance naturelle à aller vers la droite pour s'orienter dans des espaces nouveaux – les supermarchés utilisent ces connaissances pour installer leurs produits et aménager leurs rayons. Les psychologues des couleurs testent leurs catalogues sur des personnes placées dans des caissons de scanner. Quant aux fabricants de jeux vidéo, ils analysent les préférences psychiques de leur clientèle en recourant aussi à l'IRM. Tout cela est-il bien inoffensif ? Ce qui était autrefois du domaine des suppositions et des sondages devient une source d'informations sur le cerveau que l'on peut exploiter directement.

Mais quels sont les effets de ces gigantesques expérimentations à très grande échelle ? Il ne fait aucun doute que l'environnement dans lequel nous nous trouvons n'agit pas seulement sur notre cerveau : il modifie aussi nos connexions neuronales, et parfois de façon durable. Celui qui joue très souvent aux échecs optimise ses capacités dans ce domaine. C'est bien pour lui, et apparemment il n'y a rien à y redire. Mais qu'en est-il de celui qui joue à un jeu vidéo et tue chaque jour des milliers de guerriers ennemis ? Lui aussi devient un bon joueur – la seule question est de savoir quelles conséquences entraîne dans son cerveau cette capacité à faire feu des milliers de fois par jour. Les images des vidéoclips et autres films plus ou moins violents ne laissent-elles aucune trace dans le cerveau de nos enfants ?

Personne s'y connaissant un tant soit peu en neurologie ne peut l'affirmer avec certitude.

Et cette évolution qui s'appuie de plus en plus sur les connaissances livrées par la neuropsychologie pour créer des impulsions supplémentaires est loin d'être terminée. Allons-nous bientôt assister à la guerre entre les créateurs de jeux vidéo et les neuropsychiatres ? Les uns trouvant toujours de nouvelles impulsions, les autres réclamant de nouvelles interdictions sur la base de dommages possibles ou déjà diagnostiqués à plus ou moins long terme. Le « rapt d'attention » est un délit qui n'est jusqu'à présent condamné dans aucune société. Ne faudra-t-il pas changer cela à l'avenir ?

Thomas Metzinger, philosophe à l'université de Mayence, a inventé le concept d'« évaluation des conséquences anthropologiques » pour désigner ce phénomène. De la même façon que nous évaluons les conséquences des techniques à risques pour la société, nous devrions le faire à l'avenir pour les conséquences à risques de la neurologie. Metzinger nous dit que le challenge de la neurologie exige une tout autre appréhension des possibilités et des risques pour notre cerveau, une « culture de la conscience ». Il propose que l'on instaure des cours de méditation dans les écoles, indépendamment de toute religion. Nos enfants devraient apprendre à défendre leur attention, leur capacité de concentration et leur capacité au recueillement face à la convoitise des pirates dont ils sont de plus en plus entourés. Pour la médecine, il prévoit tout un ensemble de règles auxquelles devraient se tenir les neurologues et les technoneurologues : aucune collaboration avec l'armée, aucune commercialisation illicite des résultats des recherches, pas de mauvaise utilisation des tissus humains, pas de mauvaise utilisation médicale ou commerciale des patients.

Il ne fait aucun doute que nous avons besoin d'une réglementation de fond dans ce domaine. Inutile de se focaliser sur les transplantations opérées par Robert White pour voir que la situation est grave. Dans la recherche sur les infarctus, on attend dans les prochaines années et au niveau international des approches sur la transplantation du cerveau afin de remplacer des régions de celui-ci qui ont été « atteintes ». Mais cela ne peut réussir que si la médecine parvient à restaurer lors de la transplantation les circuits et les contacts nerveux endommagés. Et si l'on y arrive, ne va-t-on pas du même coup posséder le savoir disant comment on peut fabriquer un cerveau entier ? Créer de toutes pièces des « cerveaux humains artificiels » a toujours enflammé l'imagination des hommes, et les nouvelles prouesses de la « neuroprothétique » et de la « neurobionique » peuvent désormais laisser espérer qu'il y aura bientôt des « prothèses du cerveau ».

Difficile de prévoir tout ce que cela va entraîner sur notre image de l'homme. En effet, une prothèse du cerveau ne serait pas mortelle au sens où nous l'entendons actuellement. C'est une machine avec de l'esprit. Cette prothèse ne va-t-elle pas faire de celui qui la possède un surhomme ? Et la science ne résout-elle pas cette exigence que l'artiste Franz Marc posait en son temps à l'expressionnisme en peinture : construire « un pont vers le royaume de l'esprit » ?

Le challenge moral de la neurologie et de ses réalisations pratiques est donc au moins double, de ce point de vue. Il doit protéger les gens de toute mauvaise utilisation et préparer la société autant que faire se peut à des révolutions dans notre façon de nous appréhender nous-mêmes et d'appréhender le monde, car c'est bien ce que nous préparent certaines interventions médicales dans le cerveau. Une fois encore, nous nous retrouvons à la frontière établie par Kant disant que l'homme ne doit pas être finalisé. Car toute mauvaise utilisation, qu'elle soit le fait des militaires ou des services secrets, du marketing ou de l'électronique de divertissement, contient certains aspects de finalisation.

Les conséquences sociales de tous ces aspects pourraient être considérables, et il sera parfois difficile de faire la part des choses de façon utilitariste entre le bonheur et la souffrance. La société ferait donc bien d'instaurer aussi vite que possible des contrôles éthiques, ainsi qu'une collaboration entre les neurologues et les neurobioniciens d'une part, les philosophes, les psychologues et les sociologues d'autre part, afin d'évaluer les travaux de recherche et de prévoir certaines évolutions.

Mais, avant de quitter les frontières connues de l'homme et de notre image de l'homme, il conviendrait d'en savoir encore un peu plus sur nous-mêmes. Nous avons appris un certain nombre de choses sur notre capacité de connaissance et nous avons abordé un certain nombre de questions morales importantes. Ce qui nous reste à faire, c'est jeter un regard sur le désir humain, sans lequel nous ne serions pas ce que nous sommes – sur notre désir, nos joies et nos envies, bref, sur la foi, l'amour et l'espérance.

QUE SUIS-JE EN DROIT D'ESPÉRER ?

LE BEC-HELLOUIN

La plus grande de toutes les idées
Dieu existe-t-il ?

    Dieu existe-t-il ? Et peut-on prouver son existence ? Que penser par exemple de ceci : la seule idée sensée que nous pouvons avoir de Dieu est celle d'un être infiniment grand et parfait. Car tout le reste ne pourrait être Dieu, du moins au sens chrétien du terme. On pourrait ainsi dire que Dieu est ce au-delà de quoi on ne peut imaginer quelque chose de plus grand. Mais si l'idée de Dieu est associée à l'idée qu'il possède toutes les qualités de la grandeur, il faut aussi y associer sa qualité d'existence. S'il n'existait pas, il lui manquerait en effet au moins *une* qualité, à savoir celle d'*être* – et dans ce cas il ne serait pas Dieu. Quelque chose au-delà de quoi on ne peut imaginer quelque chose de plus grand doit donc forcément exister, sinon cette idée est absurde. On peut donc en tirer la conclusion que Dieu existe !

    Je ne sais pas si cela vous a convaincu – mais si ce n'est pas le cas, je décline toute responsabilité. Car ce n'est évidemment pas moi qui ai imaginé cette preuve de Dieu. L'homme qui a émis cette idée était un Italien qui a passé la plus grande partie de sa vie en France. Mais son nom est rattaché à une ville anglaise, il s'appelait Anselme de Canterbury. Il est né en l'an 1033 à Aoste, dans le nord de l'Italie, qui faisait alors partie de la maison de Savoie, et il s'appelait de son vrai nom Anselmo. À quinze ans, il voulut entrer dans un monastère proche de chez lui, mais son père avait d'autres ambitions pour ce fils qu'il savait très doué ; il voulait qu'il fasse une carrière politique. À partir de sa vingt-troisième année, Anselme parcourut les routes de France pendant trois ans. Il fut surtout fasciné par le Nord. Depuis plus d'un siècle, les Normands avaient repoussé les Francs de cette partie du pays et y avaient développé une culture florissante. Ils avaient repris la langue française de leurs prédécesseurs ainsi que le christianisme. C'est ainsi qu'à l'époque des Normands, plus de cent vingt abbayes virent le jour – autant de lieux où se développèrent la culture, l'économie et la vie de l'esprit.

Pour ce qui est de l'art religieux, la Normandie faisait aussi partie des régions les plus riches de France. Parmi les monastères et les abbayes très célèbres, on relève les noms de Saint-Wandrille, Mondaye, Jumièges, Hambye, le couvent trappiste de Soligny et l'abbaye bénédictine du Bec-Hellouin. Lorsque Anselme arrive en Normandie, Lanfranc, un des élèves les plus illustres de cette région, a fait de l'abbaye du Bec-Hellouin l'un des principaux centres spirituels de toute la Normandie. Trois ans plus tard, Lanfranc est nommé à la tête de la toute nouvelle abbaye de Caen, et Anselme lui succède comme prieur à la tête de l'abbaye du Bec-Hellouin. Les relations étroites que Lanfranc entretient avec Guillaume le Conquérant déterminent la suite de son destin. En 1066, Guillaume le Conquérant envahit l'Angleterre et Lanfranc devient archevêque de Canterbury. La cathédrale de cette ville, qui aura une renommée mondiale, n'est alors guère plus qu'un tas de ruines, suite aux guerres de conquête menées par les Normands. Ce que Lanfranc a fait au Bec-Hellouin, il le reproduit à Canterbury. Des ruines émerge le tracé d'une église romane aux proportions imposantes avec un transept et un chœur. Tandis que Lanfranc fait de Canterbury le centre culturel et religieux le plus important d'Angleterre, Anselme continue à développer Le Bec-Hellouin.

L'homme, qui, d'après le seul portrait que nous avons de lui, présente un profil noble, avec un visage anguleux, un nez fort, un grand front et de longs cheveux blancs qui lui couvrent la nuque, se révèle génial dans son entreprise, à l'instar de son prédécesseur. Il devient le chef d'une abbaye qui ne cesse de se développer, et qui forme les générations futures au sein d'une école attenante au couvent avec des séminaires de rhétorique. Il commence aussi à s'atteler à ses propres œuvres philosophiques. En l'an 1080, il rédige deux textes : le *Monologion* et le *Proslogion*. C'est dans le *Proslogion*, assez longue méditation sur l'essence de Dieu, que se trouve la fameuse preuve de son existence qui ouvre ce chapitre.

La phrase disant que Dieu est ce au-delà de quoi rien de plus grand ne peut être pensé est l'un des arguments philosophiques qui ont été le plus discuté dans l'Histoire. L'argumentation d'Anselme est devenue célèbre sous l'expression : *preuve ontologique de Dieu*. Étymologiquement, « ontologie » veut dire « science de l'être ». Et une preuve ontologique de Dieu est une preuve qui, à partir d'une réflexion, conclut *directement et sans détour* à l'existence de Dieu. Rappelons-nous cette singularité : comme Dieu est la plus grande de toutes les idées possibles, il n'est pas possible qu'il n'existe pas. Car s'il n'existait pas, cela réduirait de façon intolérable la grandeur de Dieu. Si quelque chose de plus grand pouvait être pensé, cela serait en contradiction avec la notion de chose au-delà de laquelle quelque chose de plus grand ne peut être pensé. En conséquence de quoi, je ne peux imaginer de façon sensée que Dieu n'existe pas.

Pendant tout le Moyen Âge et jusqu'au début des Temps modernes, la preuve de Dieu donnée par Anselme a eu un poids énorme alors qu'elle ne fait pas plus d'une page. Mais elle a aussi, naturellement, suscité toutes sortes de critiques. Son premier adversaire fut le comte de Montigny qui, après une vie trépidante et dissolue, devint moine sous le nom de Gaunilo au couvent de Marmoutiers, près de Tours, sur les bords de la Loire. Gaunilo écrivit à Anselme qu'il ne suffisait pas d'une notion déterminée de façon acrobatique pour prouver l'existence de quelque chose. Gaunilo recopia la preuve d'Anselme en remplaçant chaque fois les mots « être parfait » par les mots « île parfaite ». De cette façon, et en n'utilisant que les mots d'Anselme, il prouva sa nécessaire existence. De la même façon que l'excellence insurpassable de Dieu prouvait son existence, l'excellence insurpassable de l'île suffisait à prouver son existence.

Anselme veilla à ne pas envenimer la discussion et répondit de façon conciliante. Il se défendit en disant que son argument ne valait pas pour les îles ou d'autres choses, mais pour un cas bien particulier. Passer par déduction de la perfection à l'existence ne valait que pour ce qui était *absolument* parfait, et donc uniquement pour Dieu. Une île n'a jamais rien eu de parfait et n'a jamais été de par sa nature la plus grande de toutes les idées. Mais Anselme prit tellement au sérieux la critique de Gaunilo qu'il insista pour que sa preuve de Dieu soit désormais toujours accompagnée de la critique de Gaunilo, chaque fois qu'elle serait diffusée ou recopiée par des moines. Cette façon de faire était assez magnanime, et la controverse autour de la preuve de Dieu ne fit qu'accroître la célébrité d'Anselme.

Lorsque Lanfranc mourut, en 1089, le célèbre abbé du Bec-Hellouin apparaissait comme le successeur tout désigné pour devenir archevêque de Canterbury. Mais Guillaume le Roux, fils et successeur de Guillaume le Conquérant, hésita quatre ans avant de faire venir en Angleterre ce personnage aussi intelligent que sûr de sa valeur. Les hésitations du souverain se révélèrent justifiées. Certes, la cathédrale de Canterbury connut à plus d'un titre une période de gloire sous Anselme : le bâtiment fut considérablement agrandi et la vie intellectuelle eut aussi une période très faste – mais il ne fallut pas attendre longtemps pour que ce roi au caractère abrupt et ce fier archevêque deviennent des rivaux acharnés s'affrontant sur les prérogatives de l'Église et de la couronne. Après être resté quatre années en fonction, Anselme se vit refuser par le roi son entrée en Angleterre au retour d'un voyage à Rome. Anselme passa alors trois ans à Lyon. C'est le successeur de Guillaume le Roux, le roi Henri I, qui lui permit de revenir en Angleterre, mais pour presque aussitôt le condamner de nouveau à l'exil, en 1103, suite à la querelle des Investitures, et cette fois pour quatre ans. Rentré à Canterbury en 1107, Anselme y passa les deux dernières années de sa vie et mourut à l'âge de soixante-seize ans. Cet homme qui croyait avoir prouvé l'existence de Dieu fut canonisé en 1494.

La controverse la plus argumentée contre la preuve de l'existence de Dieu donnée par Anselme fut l'œuvre, un siècle et demi plus tard, d'un théologien et philosophe dont la renommée devait largement dépasser celle de l'archevêque de Canterbury. Thomas d'Aquin était italien comme Anselme ; fils d'un duc, il est né vers 1225 au château de Roccasecca près d'Aquino, petite ville située entre Rome et Naples. Vers l'âge de six ans, il est confié par sa famille à l'abbaye bénédictine du Mont-Cassin, où on le forme aux arts libéraux qui regroupent le quadrivium (arithmétique, astronomie, géométrie et musique) et le trivium (grammaire, rhétorique, logique). Il étudie ensuite à l'université de Naples, où il découvre les œuvres d'Aristote. À dix-neuf ans, il est reçu parmi les novices de l'ordre dominicain, déclenchant une vive opposition de sa famille, qui ne tolère pas de le voir entrer dans un ordre mendiant et qui le fait enlever et séquestrer dans son château. En 1245, il rejoint quand même les Prêcheurs, et part à Paris où il étudie à la faculté de théologie sous la direction d'Albert le Grand, qui encourage la diffusion des philosophies grecque et arabe et dont il devient ensuite le bras droit à Cologne, à partir de 1248. De retour à Paris en 1252, Thomas y enseigne la Bible puis les *Sentences* de Pierre Lombard, jusqu'en 1256. C'est à cette époque qu'il écrit son *Commentaire des sentences* et son traité *L'Être et l'Essence*. Il prépare ensuite sa maîtrise de théologie, qu'il obtient en 1259, alors qu'il a commencé la rédaction de la *Somme contre les gentils*. Il revient alors en Italie, où il enseigne à Naples (1259), à Orvieto (1261), puis à Rome (1265) ; là, il commence la rédaction de la *Somme théologique*, œuvre maîtresse et colossale dans laquelle il élabore une explication de la foi qui s'accorde avec la raison. En 1268, il reprend sa chaire à Paris puis retourne à Naples en 1272. Il meurt par accident sur le chemin du concile de

Lyon, en 1274, à l'âge de quarante-neuf ans. Il sera canonisé en Avignon par le pape Jean XXII en 1323 et proclamé docteur de l'Église par Pie V en 1567. On peut dire qu'aucun philosophe du Moyen Âge n'aura eu plus d'influence que lui sur la pensée de son temps.

Depuis Anselme, il était de bon ton de commencer tout traité théologique par une explication aussi raisonnable et claire que possible de l'existence de Dieu. Mais notre jeune dominicain à l'esprit vif avait de sérieux problèmes avec la preuve de Dieu avancée par Anselme. Sans citer son prédécesseur, Thomas critique la façon alerte dont Anselme déduit l'existence effective de Dieu de l'idée de Dieu. Si je pense un Dieu parfait, je peux seulement en déduire que Dieu existe dans ma pensée mais pas qu'il existe de fait. Et Thomas va encore plus loin. Il conteste le fait que l'on puisse parler de « la plus grande de toutes les idées ». Car la plus grande de toutes les idées est soit tellement grande qu'il m'est impossible de me la représenter, soit trop petite. En effet, quoi que je pense ou imagine, je peux toujours imaginer quelque chose en plus, et donc quelque chose de plus grand. Si l'on prend le plus grand nombre connu, on peut toujours lui ajouter 1. La preuve de Dieu avancée par Anselme était de ce fait fausse dès ses prémices parce que la plus grande de toutes les idées n'existe pas.

Thomas était loin de vouloir démontrer qu'il n'y a aucun Dieu. Bien au contraire : il voulait établir comment il était possible de mieux démontrer l'existence de Dieu. À la différence d'Anselme, il se disait que l'être de Dieu est quelque chose de si grand qu'il ne peut être saisi par l'imagination humaine. Voilà pourquoi sa tentative pour prouver l'existence de Dieu emprunte des chemins très différents. Thomas explique Dieu par la logique de la cause et de l'effet. Sa preuve de Dieu est une *preuve causale*. Vu que le monde existe, il a forcément dû naître un jour car rien ne naît de rien. Il a fallu un effet premier pour tout créer, ou du moins donner une impulsion. Et ce qui est premier est en soi immobile – sinon, il ne serait pas au début de tout mais serait lui-même l'effet d'une cause première. À l'origine de tout se trouve donc un « moteur immobile » – concept que Thomas a repris d'Aristote, qui disait que Dieu est un être « qui meut le monde sans être mû ».

Mais comment se représenter ce moteur immobile ? À proprement parler, on ne peut se l'imaginer, comme nous l'avons vu plus haut. Car pour être ce qu'il est, il doit posséder en propre toutes les qualités que le monde n'a pas. Il doit être absolu, éternel, vrai, incroyablement intelligent et parfait. Pour se faire une image de Dieu, l'homme doit se départir peu à peu de toutes ses idées habituelles. Plus je me débarrasse de mes idées humaines, plus les ténèbres qui m'entourent se dissipent. Il me faut imaginer un être qui n'est pas fait de matière et qui n'est pas soumis au temps. Dieu est tout-puissant, il sait tout, il est infini et insondable. Sa volonté est absolue et parfaite, infinie dans son amour, et elle est le bonheur même.

Pour des philosophes comme Thomas d'Aquin, le but était de faire le lien entre la raison et la foi de la manière le plus convaincante possible. Tout l'art de la preuve de Dieu consistait à expliquer comment l'homme peut en fait savoir qui est Dieu et ce qu'il est. Aucun philosophe important du Moyen Âge ne doutait de l'existence de Dieu. Il fallait simplement montrer comment Dieu *se manifestait* à l'entendement.

C'est justement dans cette faille que s'est engouffré Immanuel Kant en 1781 dans sa *Critique de la raison pure*. Toutes les idées que je me fais du monde, dit Kant, sont des idées dans ma tête (cf. *La loi morale en moi*). Je fais des expériences grâce à mes sens, mon entendement en fait des idées, et ma raison m'aide à les mettre en ordre et à les juger. Mais en fait je ne peux absolument rien savoir de ce qui est situé en dehors de la sphère de mon expérience sensible. Et pour Kant, c'est là que se trouvent tous les problèmes liés à la volonté de prouver l'existence de Dieu. Quand j'ai l'idée d'un être absolument parfait, ce n'est qu'une idée dans ma tête. Anselme en était d'ailleurs convenu. Mais quand je déduis de l'idée que j'ai dans ma tête que cela ressortit à la perfection de Dieu d'exister effectivement, *cela reste seulement une idée dans ma tête* ! Anselme n'avait manifestement pas vu cela. Pour lui, Dieu avait directement sauté de ma tête dans le monde. En réalité, Anselme s'était contenté de montrer que l'idée que Dieu doit exister se forme dans ma tête. Pas moins, mais pas plus ! Or toutes ces définitions nées dans ma tête n'ont absolument rien à voir avec le monde situé hors de mon champ d'expérience.

La critique de Kant sur la logique des preuves de Dieu a démarré à partir de la preuve ontologique de Dieu. Il la connaissait dans la variante de Descartes, très proche de la preuve avancée par Anselme. Et l'influence de Kant fut énorme. Même si l'on a ensuite encore essayé de prouver l'existence de Dieu, la preuve ontologique de Dieu passa aux oubliettes pour un long moment.

Il est donc d'autant plus surprenant de voir resurgir à l'époque actuelle une discussion scientifique portant sur les preuves de l'existence de Dieu. L'eau qui vient soudain alimenter les moulins de ceux qui aimeraient bien prouver l'existence de Dieu arrive cette fois d'un horizon jugé plutôt neutre : la neurologie. Celle-ci ne se contente pas de réhabiliter les sentiments où qu'ils se trouvent – un certain nombre de neurologues croient qu'ils sont sur les traces du mystère de Dieu. Le premier qui a cru gagner du terrain dans ce domaine fut le neurologue canadien Michael Persinger, âgé maintenant de soixante-quatre ans et qui travaille à l'université Laurentienne, à Sudbury. Dès les années 80, il s'est lancé dans des expériences hasardeuses. Il a demandé à des personnes de prendre place sur un fauteuil dans une cave insonorisée de l'université ; il leur a mis des lunettes avec des verres fumés très sombres, puis les a coiffées d'un casque de motard légèrement modifié et pourvu d'aimants qui donnaient des décharges relativement importantes. Grâce à ces aimants, il était non seulement possible de mesurer les courants électriques dans le cerveau mais aussi de les manipuler. De nombreuses personnes soumises à ces tests ont senti une

« réalité supérieure » ou une « présence », comme si brusquement il y avait quelqu'un d'autre dans la pièce. « Beaucoup disent qu'ils ont senti la présence de leur ange gardien ou de Dieu ou de quelque chose dans ce genre », rapporte Persinger. Pour notre Canadien qui n'a pas froid aux yeux, la chose est claire : les sentiments religieux naissent manifestement sous l'influence de champs magnétiques. C'est surtout visible, pour Persinger, lors d'oscillations abruptes du champ magnétique terrestre, par exemple au cours de tremblements de terre. Il arrive souvent que des événements mystiques coïncident avec des catastrophes naturelles. Ce sont principalement les personnes présentant une grande sensibilité au niveau du lobe temporal qui sont réceptives à ces influences magnétiques. Dieu et le magnétisme terrestre sont donc étroitement liés – telle est du moins la théorie de Persinger. Malheureusement, aucun autre neurologue n'est jamais parvenu à répéter ces expériences. Il passe désormais pour un original parmi ses pairs.

Un collègue plus jeune, Andrew Newberg, de l'université de Pennsylvanie, a eu plus de succès. À la fin des années 90, ce spécialiste en médecine interne, médecine nucléaire et cardiologie nucléaire, a procédé à toute une série de tests pour essayer d'éclaircir le mystère de la foi. Pour mener à bien ses expériences, il a sélectionné des personnes ayant une prédisposition pour le spirituel : des nonnes franciscaines et des bouddhistes zen. Newberg a placé tout ce beau monde dans le caisson d'un scanner pour observer les afflux de sang dans le cerveau. Les personnes commençaient à méditer et à se plonger dans leur foi. Quand elles avaient atteint un certain stade de méditation ou d'extase, elles appuyaient sur un interrupteur, et Newberg pouvait voir sur un moniteur comment l'image se modifiait. Les régions particulièrement touchées étaient le lobe pariétal et le lobe frontal. Alors que l'activité diminuait dans le lobe pariétal, elle augmentait dans le lobe frontal. Ce qui, pour Persinger, était dans le lobe temporal était dans le lobe frontal pour Newberg : l'endroit où Dieu nous touche.

Mais si Persinger reste malgré tout assez prudent, Newberg, lui, est aussi euphorique que hardi. S'il y a un centre religieux dans le cerveau, ce ne peut pas être un hasard, proclame notre homme qui est maintenant professeur de radiologie. Qui, sinon Dieu lui-même, a pu mettre en place ce centre doué de telles capacités ? Le livre que Newberg écrivit sur ses expériences fut un énorme succès aux États-Unis : *Why God Won't Go Away* (*Pourquoi Dieu ne disparaîtra pas*, éd. Sully, 2003), que l'on pourrait traduire littéralement par : « Pourquoi Dieu ne nous abandonne pas ». Pour Newberg, la raison en est simple : parce que Dieu est ancré dans notre cerveau et qu'il est toujours avec nous. Jamais nous ne le perdrons.

L'illumination éprouvée, selon la légende, par Diogène dans son tonneau est à présent du ressort d'un moine allongé dans le caisson d'un scanner. Mais le fait que Persinger ait identifié le centre de la sensation religieuse de l'homme dans le lobe temporal et Newberg dans le lobe frontal jette une lumière très significative sur l'état effectif des connaissances. Le lobe temporal contient surtout des fonctions qui sont importantes pour l'audition, comme l'aire de Wernicke pour la compréhension du langage. Il joue en outre un grand rôle pour la mémoire explicite. Le lobe frontal, en revanche, commande nos mouvements tout comme la planification de nos gestes et de nos actions. Ces deux régions du cerveau coïncident dans la mesure où elles sont surtout responsables d'actions de conscience « supérieure », mais leur structure est très différente. Tout comme pour Persinger, les critiques déplorent chez Newberg le ton décidé qui préside à l'annonce de ses résultats. Ce sont des conclusions très importantes qui ne se fondent pourtant que sur un très petit nombre d'expériences. Ne se pourrait-il pas que, pour nos sensations religieuses, ce qui entre en jeu englobe plus qu'une seule région du cerveau ? Et même si cette « boîte aux lettres » identifiée par Newberg et destinée à recevoir les messages religieux existe, qui nous dit qu'il y a bien un expéditeur appelé « Dieu » qui me fait ainsi part de ses intentions et m'éclaire ? Est-ce que ça ne pourrait pas être aussi des spams que je fabrique moi-même de façon inconsciente et avec lesquels je me bombarde ? Simple conséquence d'une erreur d'aiguillage dans l'évolution ?

La preuve neurothéologique de Dieu est loin d'être complète. Dans le meilleur des cas, elle peut montrer comment des effets religieux que l'on ressent se manifestent d'un point de vue neurochimique. Mais dire que Dieu parle effectivement aux hommes reste encore une pure spéculation. Car même s'il existe des centres du cerveau dédiés aux possibilités d'expériences religieuses, ils ne passent pas de la tête au monde suprasensible. La mise en garde de Kant, qui dit que les preuves de l'existence de Dieu passent de façon illicite du monde de l'expérience personnelle dans le monde réputé objectif, reste donc aussi valable dans ce cas.

La critique de Kant ne s'adressait qu'à la preuve ontologique de Dieu, mais elle touche également sa preuve neurothéologique. Touche-t-elle aussi la preuve causale ? Celle-ci ne part pas des idées, comme nous l'avons vu. Elle cherche une réponse à la question de savoir pourquoi le monde existe. Ne sommes-nous pas obligés de prendre Dieu comme l'origine première de toute chose, qui a tout mis en mouvement ? On peut le faire, mais rien ne nous y oblige. Démontrer que quelque chose ne peut pas venir du néant, c'est constater qu'il y a une cause première – mais faut-il pour autant que cette cause première soit Dieu ?

Pour un certain nombre de personnes, il est plus facile d'imaginer un dieu éternel qu'une matière éternelle. Pour d'autres, c'est exactement l'inverse. Quoi qu'il en soit, on sait que la matière existe. On ne sait rien de tel sur Dieu – en tout cas, pas de façon comparable et sensible. L'idée que la matière pourrait être éternelle a poussé Bertrand Russell (cf. *La mouche dans le piège*) à douter qu'il doive forcément y avoir une cause première. Car si tout a une cause, il n'y a pas de début. Ni début de la matière ni Dieu « premier ». Avec une joie froide, Russell esquissait l'image de plusieurs dieux pouvant se créer les uns à la suite des autres.

La théorie de Thomas faisant de Dieu la cause première de tout n'est donc pas une preuve vraiment convaincante de l'existence de Dieu. Il aurait peut-être été préférable qu'il reste plus conséquent dans son objection faite à Anselme : celle que toute idée de Dieu est nécessairement trop petite. Ce qui n'est pas accessible en entier à notre expérience ne devrait pas être présenté avec trop d'assurance comme une chose certaine. C'est aussi avec cet argument que de nombreux théologiens ont refusé toute preuve de l'existence de Dieu. « Quiconque croit pouvoir dire quelque chose sur la réalité de Dieu avec des preuves de Dieu ne fait que disputer avec un fantôme », constatait le théologien protestant Rudolf Bultmann. Notre cerveau de vertébrés n'est pas fait pour avoir un accès direct au monde suprasensible – sinon, cela ne serait justement pas suprasensible. C'est donc dans la nature des choses que Dieu ne puisse pas être reconnu, mais seulement – et quelle qu'en soit la façon – vécu. Ou non.

Pourtant, ceux qui voudraient malgré tout prouver l'existence de Dieu ont encore un atout en main. S'il n'est pas possible, pour les raisons évoquées plus haut, de prouver directement l'existence de Dieu, ne peut-on pas au moins la prouver de façon *indirecte* ? C'est cette voie qu'emprunte en ce moment, surtout aux États-Unis, la « théologie naturelle » qui est à l'origine de débats houleux.

• *La montre de l'archidiacre*. La nature a-t-elle un sens ?

BISHOP WEARMOUTH

La montre de l'archidiacre
La nature a-t-elle un sens ?

Le jeune Charles Robert Darwin ne passe pas pour une lumière. Il s'est révélé étudiant paresseux et manquant de concentration durant ses études de médecine à Édimbourg. Dégoûté par les exercices de dissection, il s'est beaucoup plus intéressé à l'observation des phénomènes de la nature – les étoiles de mer apportées par les vagues et les crabes sur les plages ou les oiseaux dans la campagne – qu'aux manuels universitaires. Pendant deux ans, son père a laissé faire sans broncher, mais maintenant il perd patience. Fini la médecine ! Le fils prodigue est envoyé au Christ's College de Cambridge, l'une des universités anglicanes les plus respectables de tout le pays. S'il ne veut pas devenir médecin, on peut toujours en faire un pasteur.

Lorsque Darwin arrive à Cambridge en 1830, on lui attribue deux pièces très particulières dans l'enceinte du Christ's College. Une personnalité célèbre a établi ici ses quartiers autrefois : le philosophe et théologien William Paley. Vingt-cinq ans après sa mort, il est presque considéré comme un saint dans cette université. Ses œuvres sont au programme des études de Darwin. Loin d'être de vieilles sommes indigestes, ce sont des chefs-d'œuvre de théologie dont la valeur semble insensible aux siècles. Darwin aussi est enthousiasmé. Si les études de théologie l'ennuient encore plus que les études de médecine, les livres de Paley sont de splendides exceptions. Durant ses moments de liberté, il se promène dans la campagne, les prairies et les champs, collectionnant les insectes et les plantes. Mais une fois revenu dans sa chambre, il se plonge dans la *Théologie naturelle* – le livre qui explique le plan de la création de l'univers, tout le système de la nature, imaginé et pensé par le génial créateur de toutes choses, discernable dans le moindre insecte, le moindre œuf d'oiseau et le moindre brin d'herbe. Mais qui était cet homme qui faisait une si forte impression sur Darwin ? Cet auteur de tant de preuves de l'existence de Dieu que son œuvre est passée jusqu'au milieu du XIXe siècle pour donner des explications suffisamment claires sur tout ?

Né en 1743 à Peterborough, William Paley est issu d'une famille de petits employés au service de l'Église. Bedeau de la cathédrale, son père donne à sa femme trois filles puis un garçon, William. Les bonnes connaissances de ce père en grec et en latin lui permettent de prendre la direction d'une petite école primaire à Giggleswick, un village situé à l'ouest du Yorkshire. William ne tarde pas à se montrer très bon élève. Il comprend vite, il a l'esprit éveillé, et tout cela laisse bien augurer de son avenir, en dépit de sa constitution fragile. Il a quinze ans lorsque son père décide de l'inscrire à l'université de Cambridge. Le Christ's College est une pépinière de jeunes talents pour le clergé et le monde politique. William va apprendre ici à faire carrière et réaliser les rêves de son père.

William Paley est le plus jeune de tous les étudiants de Cambridge, mais ses capacités sont effectivement admirables. Et il fait vite sensation. Ses longs cheveux soigneusement frisés, ses chemises à jabot, ses bas de soie, tout cela révèle le désir du jeune homme d'attirer l'attention. Dans les débats publics organisés au collège, c'est une figure chatoyante : chacune de ses prises de parole est accompagnée de gestes emphatiques et marquée d'une passion débordante. Si certains le considèrent comme un excentrique, beaucoup l'admirent et louent son esprit aiguisé et son talent rhétorique. Paley termine premier de sa promotion.

Mais la récompense qu'il espérait n'est pas au rendez-vous. Il est contraint de vendre ses services comme professeur de latin dans une petite académie à Greenwich jusqu'à ce qu'il soit appelé par son ancienne université. En 1776, il retourne donc au Christ's College de Cambridge. Un an plus tard, il est ordonné pasteur de l'Église anglicane. L'ambition de Paley demeure intacte ; il veut faire carrière à tout prix. Dans ses rêves, ce jeune homme de trente ans se voit déjà avocat à la Cour royale. Seul dans sa chambre, il joue des plaidoyers enflammés. Il croise le fer avec le Premier ministre William Pitt et les orateurs les plus doués du Parlement anglais. Mais les seules choses que l'on offre à ce carriériste issu d'un milieu modeste, ce sont deux cures de faible importance. En septembre 1777, il se voit proposer une troisième cure, celle d'Appleby, dont les revenus vont lui permettre de s'en sortir. Paley avait certes rêvé de mieux, mais les revenus de ces cures lui assurent de quoi vivre. Il épouse la fille d'un riche marchand de spiritueux. Sa femme lui donne quatre filles et quatre garçons. Elle ne voit guère son mari. En 1780, l'évêque de Carlisle, ville de moyenne importance située non loin de la frontière écossaise et dotée d'une cathédrale, fait venir Paley, qu'il nommera archidiacre deux ans plus tard. À quarante ans, Paley peut enfin montrer au monde ce dont il est capable.

Au lieu de se lancer dans des duels rhétoriques au Parlement, il écrit de longs plaidoyers. Son style est net, convaincant et facilement compréhensible. Il rejoint son célèbre contemporain et compatriote Jeremy Bentham, et réconcilie l'utilitarisme avec la position de l'Église. Comme Bentham, Paley perçoit le but de toute philosophie dans un seul et même principe : l'augmentation du bonheur. L'homme ne devient pas bon au sens chrétien du terme grâce à sa foi, mais seulement par ses actes, par sa responsabilité et son engagement social. De la même façon que Dieu a inventé les différents mécanismes de la nature, des relations et des emboîtements qui se complètent, chaque homme doit s'adapter à son environnement social pour parvenir à ce à quoi il est destiné.

Paley a du succès : l'évêque de Londres lui offre un emploi bien doté à la cathédrale Saint-Paul ; l'évêque de Lincoln le nomme doyen de son diocèse ; l'évêque de Durham lui procure un emploi bien payé de pasteur à Bishop Wearmouth. Mais son attitude critique envers l'Église et son idéologie libérale empêchent Paley d'accéder au statut d'évêque. Il est nommé docteur honoris causa à l'université de Cambridge avant de partir pour Bishop Wearmouth, petite ville idyllique au bord de la mer du Nord.

C'est là qu'il trouve le temps d'écrire sa grande œuvre. Il est toujours partisan du principe que l'essentiel est d'augmenter le bonheur et d'éviter les souffrances. Plus une vie est articulée sur ce principe, autant individuel que social, meilleure elle est. Mais comment l'idée de finalité est-elle ancrée dans ce monde ? De quelle nature est la liaison entre la volonté du Créateur et les maximes de vie de l'individu isolé ? Dans son bureau, à Bishop Wearmouth, s'élabore peu à peu le livre le plus important de Paley : *Théologie naturelle*.

Le travail avance lentement. Une grave maladie des reins empêche parfois Paley d'écrire pendant des semaines et il souffre de crises douloureuses. Sans compter que le projet qu'il veut mener à bien se révèle extraordinairement difficile : rien de moins qu'une théorie de l'univers fondée sur l'étude exacte des phénomènes de la nature. Paley étudie soigneusement tout ce qu'il peut trouver à Bishop Wearmouth et qui témoigne de la grande architecture de la nature : il ramasse les plumes des poules dans les cours de ferme, les arêtes de poisson sur la plage ; il cueille des herbes et des fleurs le long des chemins, et se plonge dans des manuels d'anatomie.

Le mot-clé de son nouveau livre, c'est « adaptation ». Comment Dieu a-t-il arrangé tous ces millions d'êtres vivants dans la nature et comment se sont-ils à leur tour adaptés à sa volonté pour s'articuler, autant sur le plan physique qu'intellectuel, et former ainsi une grandiose unité ?

En 1802, le livre est enfin terminé. C'est aussitôt un best-seller. Même cinquante après, la *Théologie naturelle* de Paley reste l'argumentation la plus connue sur la preuve téléologique de l'existence de Dieu dans la théologie anglaise. Comme l'écrit Paley dans son sous-titre, il s'agit ni plus ni moins de « la preuve de l'existence et des attributs de la divinité, tirées des apparences de la nature ».

Paley a beaucoup de respect pour la complexité du monde vivant. Il comprend qu'elle doit être expliquée de façon particulière. Sa réponse n'est pourtant ni neuve ni originale. Environ un siècle auparavant, en 1691, le naturaliste John Ray s'était lancé dans un projet équivalent, et avait entraîné dans son sillage de nombreux philosophes et théologiens. Mais Paley formule ses idées de façon plus claire et plus convaincante que tous ses prédécesseurs. Le passage le plus célèbre du livre se trouve tout au début : c'est l'image du Grand Horloger. Qu'y a-t-il de plus formidable que la précision avec laquelle sont faits les rouages et les ressorts d'une montre, et que la complexité avec laquelle toutes ces pièces sont assemblées ? Si, en traversant une lande, nous trouvions un objet comparable à une montre, sa précision et la minutie de son mécanisme nous obligeraient – même si nous ne savons pas comment elle a été faite – à en déduire que « cette montre a bien dû avoir un créateur : qu'il a dû exister, à un moment donné, et à un certain endroit ou à un autre, un ou des artisans qui l'ont façonnée en vue de l'exigence à laquelle nous constatons qu'elle répond effectivement ; qui ont compris sa construction et ont conçu son utilisation. Chaque indication d'adaptation, chaque manifestation de conception qui a existé dans la montre existe dans les travaux de la nature ; avec la différence, du côté de la nature, d'être plus grande ou plus variée, et cela en un degré qui dépasse tous les calculs ».

L'image du Grand Horloger de la nature est inséparable de la théorie de Paley, qui touche un très large public grâce aux vingt éditions successives de sa *Théologie naturelle*. Ce n'est cependant pas lui qui a inventé cette image. Il l'a trouvée au fil de ses lectures chez le théologien hollandais Bernard Nieuwentijdt. Mais ce dernier n'est pas non plus l'auteur de cette métaphore. En 1696 déjà, l'Anglais William Derham avait publié un ouvrage intitulé : *Artificial Clockmaker* (« L'Habile Horloger »). Et Derham lui-même n'avait fait que traduire une image issue de l'Antiquité et que l'on trouve dans Cicéron, qui en est le véritable inventeur dans son essai *De natura deorum* (« De la nature des dieux ») pour expliquer le mécanisme compliqué de la nature.

Mais même si cette image du Grand Horloger n'a rien de très original à son époque, Paley va la reprendre de façon beaucoup plus rigoureuse que ses prédécesseurs. Il examine tout le corps humain, des pieds à la tête, et montre que chaque partie, même la plus infime, correspond au mécanisme d'une montre merveilleusement agencée. Ce qu'il admire le plus, c'est l'œil humain. Il le compare à un télescope, et en conclut qu'il y a une exacte similitude de preuves entre le fait que l'œil a été conçu pour voir et que le télescope a été conçu pour aider l'œil à voir. Il a bien fallu un concepteur de l'œil, comme il a bien fallu un concepteur du télescope. Paley étaie son argumentation en recourant à une foule d'exemples : « Change ne serait-ce qu'un seul détail du corps humain, prends un ongle du doigt et mets-le sous le doigt et non dessus et tu verras à quel point c'est absurde ! C'est la même chose avec les plumes de l'aigle ou tout le système solaire. Ce sont des œuvres d'une immense sagesse. »

Paley termine son livre en proie à de grandes souffrances physiques. Il ne cesse de chercher des explications au fait qu'il puisse y avoir des souffrances et des douleurs au sein de la Création, qui est pourtant bonne et pensée par Dieu jusque dans ses moindres détails. Si Dieu a créé les reins, pourquoi n'a-t-il pas empêché qu'ils fassent mal et saignent ? La réponse reste nébuleuse. Parfois, Paley prend la défense de la Création de Dieu en disant que le bien l'emporte largement sur le mal. Une autre fois, il espère que l'évolution de la Création sera définitivement terminée le jour où le mal et la souffrance auront disparu de la surface de la Terre. Mais les souffrances de Paley ne disparaissent pas. Il ne peut accepter la barrette de cardinal qu'on lui offre – bien trop tardivement – à Gloucester. Il passe les derniers mois de sa vie alité. Il meurt le 25 mai 1805, aveugle mais en possession de tous ses moyens intellectuels, dans sa maison de Bishop Wearmouth.

L'œuvre de Paley était accomplie. Il croyait avoir trouvé la réponse au mystère de la Création dans le principe d'*adaptation* des différents organismes à leur milieu. Toute la nature biologique était organisée par son créateur selon un plan bien défini. Mais Paley ne pouvait pas savoir qu'il n'avait pas conduit sa philosophie à son terme. Bien au contraire, trente ans plus tard il fut justement à l'origine d'une nouvelle théorie qui replaçait l'« adaptation » dans un cadre complètement nouveau.

Deux ans après avoir terminé la lecture de la *Théologie naturelle* de Paley, le pasteur anglican Darwin, frais émoulu de l'université, embarqua pour l'Amérique du Sud à bord d'un navire d'expéditions, le *Beagle*. Les observations auxquelles il se livra alors, autant sur des animaux vivants que sur des fossiles, firent vaciller la vision qu'il avait du monde. Les plantes et les animaux s'adaptaient bien à leur milieu, comme l'avait écrit Paley. Mais ils ne le faisaient pas qu'une seule fois ; ils répétaient sans arrêt ce processus. Il n'était plus question d'un grand plan, d'un grand horloger qui aurait réglé une fois pour toutes les mécanismes de la nature. Le dogme religieux évoquant l'existence d'un Dieu personnifié perdait de sa crédibilité.

Darwin réfléchit à ce problème pendant plus de vingt ans et passe par de grandes phases d'hésitation. Puis, en 1859, paraît son grand livre écrit contre le modèle de Paley : *De l'origine des espèces au moyen de la sélection naturelle*. C'est presque avec regret que Darwin constate : « Nous ne pouvons pas plus longtemps déduire que le merveilleux système de fermeture d'une moule à deux valves doit obligatoirement avoir été formée par un être intelligent comme le système de fermeture d'une porte l'a été par l'homme. » Là où Paley avait voulu voir une grande harmonie, Darwin revient à l'image de la « lutte pour la vie ». Si la nature est un grand horloger, alors cet horloger est aveugle : la nature n'a pas d'yeux et ne regarde pas vers l'avenir. Elle ne prévoit rien. Elle n'a aucune imagination, aucun pressentiment, elle ne voit absolument rien. Une seule fois, Darwin cite dans son livre le nom de l'archidiacre de Carlisle qu'il a pourtant tellement apprécié – c'est un compliment à propos d'une observation juste : « La sélection naturelle ne peut jamais engendrer dans une espèce un modèle pour lequel celle-ci est plus nuisible que favorable. Comme Paley l'a bien remarqué, aucun organe ne peut être constitué pour apporter des souffrances et des tourments à celui qui le possède. Une comparaison faite entre les avantages et les inconvénients, quelle que soit la partie concernée, montrera toujours qu'elle est un avantage pour le tout. »

L'influence de Paley sur Darwin n'a pas empêché sa théorie de l'évolution concernant l'adaptation autonome des espèces à la nature. Au lieu de prendre Dieu comme principe premier, Darwin prend la nature. « La nature fait » (*Nature does*), telle est l'une de ses formules les plus fréquentes. Un contemporain de Darwin, Pierre Flourens (cf. *Le cosmos de l'esprit*), avait déjà déploré ce subterfuge, disant que la nature n'était pas un sujet ! Comment pouvait-elle agir selon un objectif précis, si, justement, elle n'avait pas d'objectif ? Comment pouvait-elle penser des objectifs si elle était incapable de penser ? Même si la théorie de Darwin sur l'adaptation autonome des espèces s'était largement imposée en l'espace de trente ans, il restait quelques doutes qui n'ont toujours pas disparu aujourd'hui. Les adversaires de Darwin se rassemblent volontiers derrière le terme d'*intelligent design*.

L'homme qui est à l'origine de ce concept est le grand physicien irlandais lord Kelvin, un adversaire acharné de Darwin. La critique de Kelvin avait beaucoup affecté Darwin, car ce professeur de physique à l'université de Glasgow jouissait d'une renommée internationale. En premier lieu,

Kelvin doutait que l'évolution proposée par Darwin ait pu avoir le temps de s'accomplir. Il avait calculé que la Terre avait quatre-vingt-dix-huit millions d'années, avant de réduire ensuite cette période à vingt-quatre millions d'années. Si la Terre était plus vieille, disait Kelvin (qui se trompait sur ce point), son centre ne pourrait pas être aussi chaud qu'il l'est actuellement. Ce qu'il n'avait pas vu, c'était que la radioactivité maintenait plus longtemps la chaleur au centre de la Terre. En 1871, l'année même où Darwin publiait *La descendance de l'homme*, Kelvin déclarait qu'il fallait forcément supposer l'existence d'un *intelligent and benevolent design*, un « projet intelligent et parfaitement calculé ».

Aujourd'hui encore, le concept d'*intelligent design* rassemble un grand nombre de partisans convaincus que c'est Dieu et non la nature qui est à l'origine des relations complexes propres au vivant. Leur organisme de diffusion le plus efficace est le Discovery Institute, une fabrique à penser d'inspiration conservatrice et chrétienne située à Seattle, dans l'État de Washington. Les différentes théories de l'*intelligent design* ont deux positions fondamentales en commun : elles partent toutes du fait que la physique et la biologie sont incapables d'expliquer le monde. Et leurs représentants pensent qu'il n'y a qu'une solution vraiment convaincante pour résoudre ce problème : accepter un dieu intelligent avec un projet. Pour eux, l'une des preuves indirectes de l'existence de Dieu, c'est que les constantes du monde physique sont merveilleusement articulées les unes aux autres. Le moindre écart rendrait impossible toute vie sur Terre, y compris humaine.

Cette observation est sans conteste exacte. La question de savoir s'il faut en déduire l'existence de Dieu dépend de la façon dont on évalue l'articulation évoquée plus haut. Le hasard qui a présidé à la venue de l'homme sur la Terre est en effet si extraordinaire que l'être humain a quelque chose d'invraisemblable. Mais est-ce la preuve d'une nécessité ? Même les contingences les plus invraisemblables sont possibles, simples variantes parmi des millions d'autres. De nombreux naturalistes s'accordent à penser qu'il ne faut pas surestimer la finalité de la nature. Ce sont surtout les biologistes qui ont du mal à imaginer que tout dans la nature est bien agencé, beau et adapté à un but. L'histoire de notre planète a quand même connu, au cours des grandes ères précédentes, cinq désastres géologiques qui ont entraîné des destructions massives de plantes et d'espèces animales. Et tous les détails autorisés par l'évolution sont loin d'être bénéfiques. Tous les mammifères possèdent sept vertèbres cervicales, mais les dauphins seraient certainement beaucoup plus avantagés s'ils en avaient une ou deux de moins. En revanche, celui qui observe une girafe en train de boire ne peut que lui souhaiter d'avoir quelques vertèbres en plus. Le babiroussa, ou cochon-cerf, une espèce de cochon vivant sur l'île de Sulawesi, en Indonésie, possède deux défenses recourbées qui manifestement ne lui servent pas à grand-chose. Et qu'il en soit pourvu n'est pas un signe de la finalité de la nature. Ce qui est plus vraisemblable, c'est que ces défenses ne le gênent pas et ne représentent pas un grand inconvénient pour lui.

Quand on y regarde de près, on s'aperçoit que tout ne relève pas d'un projet intelligent. Ce n'est ni l'intelligence de Dieu ni l'adaptation intelligente de la nature qui ont fait par exemple que les crevettes des grands fonds sont d'un rouge écarlate. Ça fait joli. Mais pour qui ? Dans les abysses, il n'y a pas de lumière et il fait très sombre. Même les crevettes sont incapables de reconnaître leur propre couleur. Ce rouge n'apporte aucun avantage. Même la théorie de l'évolution de Darwin ne permet pas d'expliquer une couleur aussi vive. Dans quel but supérieur les merles imitent-ils les sonneries de téléphone portable ? Pourquoi leur chant est-il le plus beau après la période des amours, lorsqu'il n'est plus d'aucune utilité du point de vue de l'évolution ? Comment se fait-il que des gens tombent amoureux d'une personne du même sexe ? De telles questions montrent qu'il y a des lacunes dans la théorie de l'évolution, qui interprète chaque phénomène et chaque comportement comme une forme d'adaptation optimale au milieu. Mais elles ne sont pas pour autant des atouts en faveur de l'*intelligent design*. En effet, quels que soient les reproches que l'on peut faire à la finalité présente dans la théorie de Darwin, on trouve au moins autant à redire à l'idée d'un grand projet splendidement agencé.

Voilà pourquoi la tendance aujourd'hui, en biologie, est de relativiser avec prudence cette idée de finalité absolue. Dans cette optique, l'étoile de l'*intelligent design* pâlit encore un peu plus. On considère maintenant que la vie est bien davantage que la somme de ses parties. Au lieu de voir partout de simples relations de cause à effet, on privilégie ce que l'on appelle l'« auto-organisation ».

Les organismes ne naissent pas simplement d'un assemblage d'atomes et de molécules, comme des Lego, mais dans une relation d'échange avec leur milieu. Un germe de pomme de terre reste blanc et sans feuilles quand il pousse dans une cave, mais il devient vert et feuillu en plein champ. La même chose se passe avec tous les êtres vivants, et dans des proportions beaucoup plus grandes. Et c'est dans cette interaction avec le reste du monde que la nature s'invente et se régénère sans cesse. On suppose à présent que la vie a une structure si complexe qu'on est obligé de la décrire comme une forme d'organisation très particulière. Elle produit des choses qui sont davantage que la somme de leurs parties. Les concepts et les modèles de pensée hérités de la physique classique sont aussi insuffisants dans ce domaine que dans celui des origines du cosmos.

Albert Einstein disait en 1929 dans une interview : « Nous nous trouvons dans la situation d'un petit enfant qui entre dans une gigantesque bibliothèque remplie d'une multitude de livres écrits dans une multitude de langues différentes. L'enfant sait que quelqu'un a écrit ces livres. Mais il ne sait pas comment cela est arrivé. Il ne comprend pas les langues dans lesquelles les livres sont écrits. L'enfant devine de façon diffuse un ordre mystérieux dans la façon dont sont rangés les livres, mais il ne sait pas ce qu'il en est. Voilà à mon avis la situation de l'homme le plus intelligent au monde face à Dieu. Nous voyons un univers qui est merveilleusement agencé et qui obéit à des règles précises, mais ces règles, nous ne les comprenons que de façon parcellaire. Notre entendement limité est incapable de saisir les forces mystérieuses qui font se mouvoir les constellations. »

Laissons de côté dans cette situation le fait qu'Einstein supposait effectivement l'existence d'un créateur intelligent des constantes de la nature, une sorte d'auteur de la multitude de livres présents dans la bibliothèque. Ce qu'il y a de vraiment intéressant dans sa comparaison et qui a une valeur globale, c'est que notre entendement est tout simplement limité. Quoi que nous étudiions, nous ne faisons que construire la nature avec les moyens et selon les possibilités de notre pensée. Mais le cerveau des vertébrés et la réalité objective ne sont pas les pièces d'un puzzle qui vont obligatoirement ensemble. Cela vient déjà du fait que nous engendrons nous-mêmes toute idée de ce que pourrait être la « réalité objective ». La « réalité vraie » est et reste nécessairement de ce fait une construction, et la place que nous voulons y accorder à Dieu relève d'un choix strictement personnel.

Expliquer le monde vivant sur la base d'un enchaînement de cause à effet ou sur la base d'une auto-organisation est une chose qui va occuper encore longtemps les biologistes. Le débat ne fait que commencer. Il est alors d'autant plus étonnant de voir que le concept biologique d'auto-organisation a été repris d'emblée par un scientifique totalement étranger à la biologie : un sociologue. C'est ce sociologue, peut-être le plus grand de toute la seconde moitié du XXe siècle, que l'on va retrouver dans le chapitre suivant. Et on va le voir confronté à l'un des phénomènes mystiques les plus importants en dehors de la religion : l'amour.

• *Une chose improbable tout à fait normale.* Qu'est-ce que l'amour ?

BIELEFELD

Une chose improbable tout à fait normale
Qu'est-ce que l'amour ?

En 1968, les universités ne fonctionnent plus comme elles fonctionnaient jusqu'alors. Le mouvement étudiant a atteint son paroxysme, et l'université Johann-Wolfgang-Goethe, à Francfort, est, avec Berlin, l'un des centres de la révolte. C'est surtout en sociologie que les discussions s'enflamment entre les étudiants et leurs professeurs. Jürgen Habermas et Theodor W. Adorno sont très proches de leurs étudiants, mais ils se refusent à partager leur élan révolutionnaire. Autant ils sont d'accord avec le fait que la République fédérale est un État « réactionnaire » et « postcapitaliste », autant ils pensent qu'on ne peut pas changer cet État en ayant recours à la violence.

La crise éclate au cours du semestre d'hiver 1968-1969. Adorno est chahuté dans ses cours ; le célèbre sociologue et philosophe devient la risée de ses étudiants et l'Institut de recherches sociales est occupé. Sous la pression des événements, Adorno abandonne du jour au lendemain toutes ses fonctions. L'université se retrouve confrontée à un problème. Où trouver rapidement quelqu'un capable de le remplacer en cours de semestre ? Quelqu'un d'assez fou pour plonger dans le chaudron bouillonnant de la faculté de sociologie ? À la surprise générale, on trouve un candidat : un homme presque inconnu qui vient de Münster. Il a quarante et un ans, et il est spécialiste de l'administration et des systèmes sociaux. Son nom : Niklas Luhmann. Le sujet de son séminaire : « L'amour comme passion ».

Un cours magistral sur l'amour ? Alors que la sociologie voire toutes les sciences humaines sont en train de discuter du postcapitalisme et de son avenir ! Qui est donc cet homme qui n'a pas froid aux yeux et qui, dans le foyer même de la révolte étudiante, consacre ses cours à une « théorie de l'intimité » devant une vingtaine d'étudiants turbulents, dans le grand amphithéâtre au deuxième étage du bâtiment principal ?

Il est né en 1927 à Lunebourg. Son père possède une brasserie ; sa mère est issue d'une famille hôtelière suisse. Luhmann fréquente le lycée Johanneum. Peu de temps avant de passer le bac, il doit servir comme auxiliaire dans la Luftwaffe et il est fait prisonnier par les Américains en 1945. En 1946, il réussit enfin à passer son bac et commence des études de droit à Fribourg. Après son examen d'État, Luhmann obtient un poste au tribunal de grande instance de Lunebourg puis de Hanovre. Comme il s'ennuie profondément, il dévore des montagnes de littérature spécialisée de toutes les époques et dans tous les domaines, notant sur des fiches toutes les idées qui lui paraissent intéressantes. En 1960, il apprend par hasard qu'il a la possibilité d'aller passer un an à l'université de Harvard, à Boston.

Luhmann étudie là-bas les sciences de l'administration et fait la connaissance du célèbre sociologue américain Talcott Parsons. La théorie de ce dernier divise la société en plusieurs *systèmes fonctionnels* indépendants les uns des autres – une idée qui convainc aussitôt Luhmann. À son retour en Allemagne, il accepte un poste de modeste assistant à l'École d'administration de Spire. Personne ne remarque qu'il est largement surqualifié pour ce travail. Ce n'est que lorsque cet administrateur obstiné et original publie son livre *Fonctions et conséquences d'une organisation formelle* qu'il attire l'attention de deux professeurs de sociologie de Münster. Helmut Schelsky, l'un des sociologues les plus en vue à cette époque, se rend compte qu'il y a là un géant qui dort. De la même façon que Bertrand Russell avait découvert le génial Wittgenstein à Cambridge, Schelsky voit en Luhmann un génie méconnu. Mais ce dernier n'est guère enthousiasmé par une carrière universitaire, et Schelsky a toutes les peines du monde pour l'attirer à Münster afin qu'il « ne passe pas à la postérité comme le seul conseiller du gouvernement dépourvu du titre de docteur ». En 1966, à trente-neuf ans, Luhmann soutient sa thèse avec le livre qu'il a déjà publié à Spire – une autre analogie avec Wittgenstein et une procédure très rare dans le système universitaire allemand. La même année, fait encore plus rare, il obtient son habilitation. Schelsky a même prévu pour Luhmann un poste de professeur à l'université de Bielefeld qui vient juste d'être créée. En 1968, il est nommé professeur. Comme les cours ne sont pas encore vraiment organisés, il passe le semestre d'hiver de l'année universitaire 1968-1969 à Francfort et y remplace Adorno. Jusqu'à sa retraite en 1993, il travaille à Bielefeld, où il habite d'ailleurs durant les dix premières années. Après la mort de sa femme, Luhmann déménage dans la petite ville d'Oerlinghausen, dans la forêt de Teutoburg. Ses journées sont organisées de façon très stricte. Il travaille à ses livres du matin jusqu'au soir, ne s'autorisant qu'une promenade à l'heure de midi, en compagnie de son chien. Luhmann meurt d'une leucémie en 1998, à l'âge de soixante et onze ans.

Schelsky avait parfaitement raison : ce spécialiste de l'administration est devenu un géant de la sociologie. Il est donc un peu artificiel de le présenter ici comme un philosophe de l'amour. Certes, pareil artifice ne lui aurait certainement pas déplu car, ainsi que le prouve son intervention à Francfort, Luhmann ne manquait pas d'humour. Il n'aurait sans doute pas pu réprimer un sourire ironique, un éclair de malice au fond des yeux. Ne choisir dans toute l'œuvre de Luhmann que ce qui se rapporte à l'amour, ce serait comme faire de Kant un simple philosophe de la religion ou de Descartes un simple médecin. Cependant cette approche n'est pas absurde, car le thème de l'amour permet de se faire une idée de l'œuvre complexe de Luhmann. Il avait en outre effectivement beaucoup à apporter à la philosophie de l'amour. Mais avant d'aller plus loin, il est nécessaire de présenter succinctement sa théorie.

Ce qui intéressait Luhmann au premier chef, c'était de savoir comment *fonctionne* la société. Il trouva un point de départ prometteur pour ses réflexions dans la théorie des systèmes de Parsons. La biologie lui en fournit un second. La chose n'était pas inhabituelle : l'un des fondateurs de la biologie, Herbert Spencer, contemporain de Darwin, avait déjà fait dériver la sociologie de la psychologie, qui, à son tour, s'appuyait sur la biologie. Mais Luhmann était très sceptique vis-à-vis d'un modèle qui, à partir de l'observation d'organismes simples, conclut que la société est un grand organisme global. Il était d'accord pour admettre que l'évolution des systèmes sociaux pouvait s'expliquer en recourant, comme le faisait Parsons, à des concepts de la théorie de l'évolution. Mais les systèmes sociaux n'en étaient pas pour autant une forme particulièrement compliquée de système biologique, même si les hommes sont bien des êtres vivants. Pourquoi ? Parce que les systèmes sociaux ne proviennent pas de l'échange organique de transformation de matière et d'énergie, mais de l'échange de *communication* et de *sens*. Or la communication et le sens sont des choses si fondamentalement différentes des protéines, par exemple, qu'il est inutile pour un sociologue de passer trop de temps à analyser ces bases biologiques. Le fait que les hommes soient des êtres vivants, et par conséquent des sortes d'« animaux sociaux », voilà qui n'intéresse guère Luhmann. Ce qu'il recherche dans la biologie est tout autre.

Le moteur de ses considérations se trouve chez le neurologue chilien Humberto Maturana et son élève Francisco Varela. Maturana est l'un des fondateurs de la « biologie théorique ». Dans les années 60, ce spécialiste de la reconnaissance des couleurs par le cerveau s'était occupé de la question de savoir ce qu'est la vie. Maturana avait expliqué que la vie est « un système qui s'engendre et s'organise tout seul ». De la même façon que le cerveau produit lui-même la matière dont il s'occupe, la grande préoccupation des organismes serait de se maintenir en vie, et donc de s'engendrer. Maturana appela ce processus *autopoiesis* (autocréation). Quand il présenta ce point de vue en 1969 lors d'une conférence à Chicago, Niklas Luhmann, qui avait exactement le même âge, commençait à faire ses cours à Bielefeld. Dès qu'il entendit parler du concept d'autopoiesis, il fut séduit. En effet, le neurologue chilien n'avait pas seulement décrit l'autocréation de la vie et du cerveau, il avait aussi donné une nouvelle définition de la notion de communication. Pour Maturana, quand on communique, on ne fait pas que transmettre une information. On organise également un système à l'aide de la langue que l'on utilise, quelle que soit sa structure. Les bactéries s'échangent entre elles et forment donc un système écologique. Les régions du cerveau communiquent entre elles et engendrent donc un système neuronal que l'on appelle la conscience. Les systèmes sociaux ne sont-ils pas, eux aussi, un système autopoïétique engendré par la communication langagière (et donc symbolique) ?

Le projet de Luhmann ne datait pas de la veille : il voulait décrire de façon exacte les systèmes sociaux sur la base du concept de communication. Il trouvait dans l'autopoiesis une pierre importante qui manquait à son édifice. Même si Maturana allait considérer par la suite avec beaucoup de scepticisme cet ambitieux transfert, notre sociologue de Bielefeld dépassa largement le biologiste chilien et tous ceux qui avaient été à l'origine de son idée. Luhmann n'est pas seulement devenu l'un des observateurs les plus sagaces des processus sociaux de la seconde moitié du XXe siècle, il fut à lui tout seul un véritable « continent intellectuel ». Commencer par le concept de « communication » était déjà en soi une révolution.

Jusqu'à présent, les sociologues avaient parlé d'êtres humains, de normes, de rôles sociaux, d'institutions et d'actions. Or, chez Luhmann, les hommes n'agissent plus : il *se produit* de la communication. Et ça n'a aucune importance de savoir qui communique. La seule question qui importe est celle-ci : « Avec quel résultat ? » Dans la société humaine, il n'y a pas d'échanges de matière et d'énergie comme dans les bactéries ; pas de neurones comme dans le cerveau, mais des *attentes*. Or, comment s'échangent ces attentes ? Quelles attentes sont attendues ? Et qu'est-ce qui en résulte ? En d'autres mots : comment la communication réussit-elle à échanger des attentes de telle sorte que cela engendre des systèmes sociaux modernes fonctionnant effectivement de façon largement équilibrée et indépendamment d'autres influences ? Des systèmes tels que la politique, l'économie, le droit, la science, la religion, l'éducation, l'art ou... l'amour ?

En effet, même l'amour est considéré comme un système social constitué d'attentes. Ou, plus exactement, d'attentes largement attendues et donc bien établies : des *codes*. L'ouvrage de Luhmann intitulé *Amour comme passion* – il ne l'a publié que quinze ans après son intervention à l'université de Francfort – est un livre sur l'histoire et le présent des codes amoureux. Ce que nous entendons par amour, nous dit Luhmann, est moins un sentiment qu'un code, un code très bourgeois, d'ailleurs, qui a vu le jour au XVIIIe siècle. La phrase : « Je t'aime ! » est en effet bien plus que l'expression d'une sensation, comme on peut dire par exemple : « J'ai mal aux dents. » Ce que l'on entend par là, c'est tout un système de promesses et d'attentes. Qui assure l'autre de son amour, lui promet qu'il considère que son sentiment est solide et qu'il va tout faire pour l'être aimé ; qu'il est donc prêt à se comporter en amoureux, avec tout ce que cela induit pour l'autre dans notre société.

Le besoin d'amour naît ainsi d'une certaine forme de rapport à soi. Moins l'homme est déterminé par un cadre social solide et fixé à un endroit, plus il a besoin de se sentir comme quelque chose d'important – un individu. Mais les sociétés modernes ne facilitent pas les choses. Elles se décomposent en une kyrielle de systèmes sociaux, des mondes autopoïétiques qui n'ont qu'un souci : assurer la pérennité du système. Dans le descriptif de Luhmann, les systèmes se comportent de ce fait comme des organismes dans les conditions du darwinisme. Ils se servent du milieu pour se maintenir. Il ne reste alors plus beaucoup de place pour les individus. Les dix années qu'il a passées dans l'administration semblent avoir convaincu Luhmann que les systèmes sociaux ne se préoccupent guère de l'individualité. L'individu isolé est aujourd'hui éparpillé entre différents domaines : il est père ou mère de famille, il a un rôle à tenir de par sa profession, il est joueur de boules ou de badminton, membre d'une communauté sur Internet, voisin, contribuable, époux, épouse, etc. Difficile dans ces conditions de se construire une identité unitaire. Ce qui manque, c'est une confirmation dans le miroir de laquelle quelqu'un peut s'appréhender comme un tout, c'est-à-dire comme un individu justement.

C'est cette « autoreprésentation » qui, selon Luhmann, est apportée par l'amour – telle est d'ailleurs sa fonction. Une forme très rare et donc très « improbable » de communication, mais une forme malgré toute normale. L'amour est cette capacité improbable et absolument normale de pouvoir « trouver son propre bonheur dans le bonheur de l'autre ». L'image qu'il se fait de l'autre est tellement modifiée et déterminée par l'amour que l'être humain est soustrait à une observation « normale ». C'est là sa qualité propre : celui qui aime voit le sourire mais pas la dent qui manque. Dans le style inimitable et objectif de Luhmann, cela donne : « Le maintien extérieur est démonté, les tensions intérieures sont aiguisées [au sens de : intensifiées]. La stabilité doit dès lors être assurée à partir de ressources personnelles. »

Bien entendu, ce processus dans lequel les amoureux accordent ensemble leurs attentes est très précaire car il est très exposé aux déceptions. C'est précisément le plus fragile de tous les codes – et c'est là le paradoxe de l'amour – qui doit assurer le plus haut degré de stabilité. Plus celui qui aime peut être certain que ses attentes en matière de stabilité seront comblées, moins les relations amoureuses deviennent palpitantes – dans le bon et le mauvais sens. Des « attentes d'attentes » parfaitement accordées sont fiables, mais elles manquent de piment : elles éclipsent justement cette part d'improbable qui fait l'attrait de l'amour. L'idée romantique de l'amour comme unité de sentiment, de désir érotique et de vertu est donc toujours, selon Luhmann, une exigence exagérée. Trouver du sens dans l'univers d'un autre – même si c'est sur une période limitée –, c'est déjà trop.

Il convient de s'arrêter sur ce point pour demander : Pourquoi ? – question à laquelle Luhmann ne donne pas de réponse. Pourquoi l'ardent désir qui marque souvent le début d'une liaison ne se maintient-il pas ? Pourquoi s'érode-t-il ? N'est-ce vraiment qu'une question d'attentes d'attentes trop prévisibles ? Ne s'use-t-il pas aussi dans des relations amoureuses où la communication, c'est-à-dire l'accord entre des attentes, fonctionne mal ? Dans des relations amoureuses qui sont néfastes, donc ? N'y aurait-il pas une autre raison à cette usure, totalement en dehors du champ d'investigation de Luhmann : une raison biochimique, par exemple ?

Luhmann s'est attiré beaucoup de critiques pour avoir laissé à l'écart la biologie et son influence sur notre univers affectif. Pour Gerhard Roth, neurologue à Brême, il est totalement incompréhensible qu'un sociologue tel que Luhmann ne veuille absolument pas appréhender l'être humain comme un individu biologique. Pour aggraver son cas, il faut savoir que Maturana et Varela, qui sont à l'origine de ses observations, sont considérés par la majorité de leurs pairs comme des originaux. Leurs conceptions sont en effet impossibles à vérifier ou à réfuter d'un point de vue expérimental.

La réponse de Luhmann à ces critiques a toujours été très sereine. Tant que la neurologie fait communiquer entre elles des associations de neurones dans le cerveau et non des attentes, la sociologie a tout loisir de faire communiquer des attentes et non des associations de neurones. C'est là que se situe justement la singularité des systèmes fonctionnant de façon autonome d'après Luhmann, tels que la biologie et la sociologie : n'est pertinent que *ce qui est pertinent dans un système*. Quoi qu'il en soit, il est permis de faire remarquer ici qu'avec sa conception de l'amour Luhmann mélange, d'un point de vue biologique, toute une série d'états de conscience bien différents les uns des autres. Certes, on peut dire à sa décharge que le concept d'amour, tel qu'il est compris dans le contexte social, n'est généralement pas source de beaucoup d'ambiguïtés. Dans la vie, on comprend presque toujours ce qui est dit. Mais ça ne change rien au fait que le concept d'« amour » utilisé de façon très générale par Luhmann comme besoin d'« autoreprésentation » dans le regard de l'autre ne recouvre qu'un cas parmi bien d'autres, et que sa *pertinence* non seulement biologique mais aussi *sociale* est limitée. Il n'est sûrement pas entièrement valable pour le sentiment amoureux naissant. En pincer pour quelqu'un ne veut pas nécessairement dire que l'on veut trouver une confirmation de soi dans le regard de l'autre. Sinon, l'amour d'une teenager pour une pop star serait d'emblée encore plus stupide qu'il ne l'est déjà effectivement. Et le besoin de sexe qui va souvent de pair avec le sentiment amoureux n'est pas forcément un besoin d'expérience totale. Le sexe qui pour les uns est la chose à réaliser est au contraire pour d'autres la chose à éviter. Et parfois, au lieu d'attendre une confirmation de son identité, on cherche exactement le contraire, un jeu de masques ou de rôles, un mystère qui peut justement attiser l'excitation sexuelle.

Autre objection : si l'amour n'était vraiment qu'un code social, cela n'aurait aucun sens d'utiliser ce concept dans le domaine animal – je reviendrai sur cet aspect. Pas plus que de l'utiliser dans les relations avec les animaux. « Aimer les animaux » serait une entreprise absurde à tous les points de vue. Il faut donc segmenter ce concept d'« amour ». Ce qu'il y a de commun à l'amour parental (dans le domaine animal comme dans le domaine humain), à l'amour sexuel, l'amour fraternel et l'amour amical, c'est simplement que la personne qui aime se tourne vers un autre être vivant de façon intense, qu'elle « chérit » quelqu'un. Ce faisant, on peut distinguer entre des impressions amoureuses sensuelles ou intellectuelles, des sentiments amoureux plus complexes, et même un impératif moral tel que le commandement chrétien qui dit : « Aime ton prochain comme toi-même ! » On peut d'ailleurs douter du sens de cette proposition, qui existe sous une forme analogue dans d'autres religions. On ne peut provoquer des sentiments amoureux par une quelconque contrainte. Ils sont donc assez peu fiables comme garantie de la morale. « Respecte ton prochain même si tu ne l'aimes pas » serait certainement le maximum de ce que l'on peut exiger.

Savoir si les animaux ont des sensations amoureuses est une question très controversée et il ne peut en être autrement. Si nous ne pouvons savoir ce que c'est que d'être une chauve-souris (cf. *Le bon, la brute et le végétarien*), nous ne pouvons pas savoir non plus si les animaux sont capables d'amour. Sur ce point, les opinions divergent fortement. Dans l'état actuel des choses, en tout cas, l'étude du comportement met toujours entre parenthèses la notion d'« amour » et la divise en sexualité et « attachement ». Certains comportementalistes ont eu l'idée singulière de déduire la capacité spécifique d'amour de l'être humain de sa capacité à une liaison monogame durable, à l'exclusion de quoi que ce soit d'autre. Il y a là au moins un triple problème. D'abord, ce qui est totalement absent de cette conception, c'est l'« amour des parents ». La relation mère-enfant, qui peut être très intense chez certains mammifères évolués, est une « liaison » complètement passée sous silence avec une rapidité suspecte. Ensuite, on peut se poser la question de savoir pourquoi on ne décrit pas des liaisons monogames durables dans le monde animal comme des relations amoureuses. Les gibbons et les oiseaux de proie seraient capables d'amour, mais les chimpanzés et les oies ne le seraient pas ! Enfin, on peut constater que les êtres humains ont eu et ont toujours des relations amoureuses qui ne sont pas monogames – et cela sans doute depuis l'origine de l'humanité, où souvent le père biologique n'était sûrement même pas connu. Tout laisse à penser que la monogamie chez les êtres humains est beaucoup plus récente que le sentiment amoureux – et non l'inverse ! La théorie biologique si répandue selon laquelle l'évolution a inventé l'« amour » comme « lien social » pour assurer la survie des enfants qui ont besoin de protection pendant très longtemps est maintenant fortement contestée. Les biologistes chevronnés n'ont donc pas tort de hausser les épaules ou de froncer les sourcils quand ils doivent s'exprimer sur l'amour. Le concept d'« amour » n'est en effet pas défini en biologie. Une fois de plus, ce sont les neurologues qui se montrent les plus courageux. En tout cas, les aires du cerveau qui commandent à nos désirs sexuels sont connues – en premier lieu, on trouve l'hypothalamus. Il est d'ailleurs symptomatique de constater que ce sont des centres différents qui sont ici à l'œuvre quand on compare l'homme et la femme. Chez la femme, le désir sexuel est commandé par le *nucleus ventromedialis*, alors que chez l'homme c'est le *nucleus preopticus medialis*. (Un certain nombre de neurobiologistes considèrent que c'est la raison pour laquelle les hommes sont plus excités par la vue que les femmes.) Des études récentes menées grâce à l'imagerie médicale laissent supposer que ces deux centres ont aussi quelque chose à voir avec le sentiment amoureux. D'un point de vue biochimique, il y a une relation entre pulsion et état amoureux – mais qui doit être appréciée avec modération. Dans le monde réel, loin du caisson d'un scanner, les deux choses ne vont en effet pas forcément ensemble. Même si le sentiment amoureux va souvent de pair avec le désir sexuel, l'inverse n'est pas toujours vrai. Sinon, les consommateurs de pornographie seraient dans un perpétuel état amoureux.

Une hormone joue un rôle clé dans l'état amoureux, c'est l'*ocytocine*. Lorsque des hommes et des femmes s'adonnent aux joies du sexe, de l'ocytocine est libérée chez les uns et les autres. Son effet est comparable à celui d'une drogue : l'ocytocine est à la fois excitante et enivrante mais aussi apaisante. Elle a été adoubée comme « hormone de la fidélité », ou « hormone de liaison », après une série d'expériences faites sur des campagnols. À la différence des campagnols de montagne, qui ont peu de récepteurs sensibles à l'ocytocine, les campagnols de prairie sont monogames. Une équipe de chercheurs américains regroupés autour de Thomas Insel, directeur du fameux Yerkes Regional Primate Research Center de l'université Emory, à Atlanta (cf. *Le singe dans la jungle culturelle*), a détruit de nombreuses relations de couple très harmonieuses entre des campagnols de prairie simplement pour leur avoir injecté des bloquants à l'ocytocine. Fini la fidélité ! Ils sont devenus aussi coureurs que leurs frères des montagnes. Et si les campagnols de prairie ont présenté un « comportement de copulation aléatoire », les campagnols de montagne sont devenus des modèles de fidélité après qu'on leur a eu injecté de la *vasopressine* (très proche de l'ocytocine).

Tout laisse à penser maintenant que les récepteurs d'ocytocine exercent une influence importante sur le plaisir de la relation et la capacité à avoir une relation durable chez les êtres humains. C'est ainsi que le psychologue Seth Pollack, de l'université de Californie à Monterey, a montré que le taux d'ocytocine est plus bas chez les orphelins que chez les enfants dont la relation avec les parents est forte. L'ocytocine est donc une sorte de colle ou de ciment. Chez les parturientes, c'est elle qui déclenche les contractions, qui régule l'apport de lait et intensifie la relation avec leur enfant. Dans les couples, elle fait le pont entre les premières expériences sexuelles et une relation durable.

Mais, indépendamment de cela, il y a encore bien d'autres centres et matières biochimiques à l'œuvre dans le cerveau quand on est amoureux. Parmi ceux-ci, on trouve le *cortex cingulaire*, une aire en relation avec l'attention ; le *système mésolimbique*, qui ressemble à un centre de récompense ; quant aux *phényléthylamines*, elles permettent des sentiments « apaisés ». Il ne faut pas oublier non plus les autres éléments (cf. *Mister Spock est amoureux*) : la *noradrénaline* pour l'excitation et la *dopamine* pour l'euphorie ; leur taux monte, tandis que la sérotonine qui fait dormir diminue, garantissant ainsi une certaine forme d'irresponsabilité. À cela, il faut ajouter une bonne dose de drogues propres au corps, comme l'*endorphine* et le *cortisol*. Au bout d'un moment, toute cette fantasmagorie disparaît d'elle-même. On dit que l'état amoureux dure tout au plus trois ans, et que la moyenne se situe entre trois et douze mois. D'après une enquête internationale, le moment du divorce vient au bout de quatre années de vie commune. Les dents qui manquent deviennent soudain très visibles ! Seul salut pour la pérennité du couple : l'ocytocine !

Qu'est-ce que cela nous permet de dire sur l'amour ? Qu'avons-nous appris entre les récepteurs d'ocytocine et l'« autoreprésentation dans le regard de l'autre » ? Où est la vérité entre le cerveau d'un côté et Luhmann de l'autre ? Tout ce qui est nouveau excite, tout ce qui surprend stimule – de façon aussi bien négative que positive. Ce qui est improbable excite davantage que ce qui est probable. Ce qui n'est pas certain déconcerte, dans le bon comme dans le mauvais. Sur tous ces points, la neurologie et la théorie des systèmes sont d'accord. L'amour est une « chose improbable tout à fait normale » du point de vue tant biochimique que sociologique : expérience de l'exception réglée selon des modèles biochimiques connus et des codes sociaux tout aussi connus. Nos cerveaux ont peur de l'ennui – et, pour eux, c'est déjà une raison suffisante pour aimer l'amour. Rien n'est plus suspect que l'exigence chrétienne qui se pare d'une simplicité inoffensive, et que le remarquable pasteur évangélique Dietrich Bonhoeffer a formulée ainsi : « L'amour ne veut rien de l'autre. Il veut tout pour l'autre. » On peut se demander à bon droit : dans quel but ? S'il est exact que l'amour est autoreprésentation dans le regard de l'autre, il ne fait que représenter une seule chose, la plus excitante de toutes en dépit de toute modestie supposée : nous-mêmes.

Qui est ce « soi-même » ou quel est-il ? Voilà ce que nous ne savons pas encore. Mais il a une relation très marquée – comment pourrait-il en être autrement ? – avec les décisions que nous avons prises dans notre vie et que nous continuerons à prendre. Car les décisions, pour conserver les termes de Luhmann, sont les différences qui rendent notre vie différente. Quelle est notre part de liberté dans ces décisions ?

• *Do be do be do*. Qu'est-ce que la liberté ?

NAXOS

Do be do be do
Qu'est-ce que la liberté ?

    Dans la vieille ville de Chora, à Naxos, qui, comme beaucoup de cités grecques, s'accroche à une falaise de pierre ocre au-dessus de la mer, se trouve à mi-hauteur une petite place avec une taverne. Les eucalyptus dressent leur feuillage brun vers la lumière pour échapper à l'ombre des ruelles. La nourriture est assez bonne et relativement peu chère, ce qui explique que, le soir, cette taverne est toujours pleine de routards et de familles avec de jeunes enfants. Certains parlent très fort à qui veut les entendre, des filles gloussent et des gazouillis d'enfants emplissent la place. C'était du moins ainsi durant l'été 1985, au cours de ces fameuses vacances dans les Cyclades qui marquèrent pour moi le début de toute philosophie. La biologie avait été ma première passion ; enfant déjà, je me demandais pourquoi on n'a pas un cerisier qui nous poussait dans le ventre quand on avalait un noyau de cerise. Mais le début de mon voyage en philosophie a commencé avec une petite phrase. Dès le premier soir, j'avais remarqué dans la taverne une pierre scellée dans le mur comme un ex-voto. Dessus était écrit :

> *To be is to do* – Socrate
> *To do is to be* – Sartre
> *Do be do be do* – Sinatra

Personne dans cette taverne – je m'en suis rendu compte après – n'était à l'origine de cette citation assez connue – mais que je ne connaissais pas à l'époque. Et elle me retint plus longtemps que la plaisanterie ne l'exigeait. C'est au cours de ces vacances, comme je l'ai dit dans l'introduction, que je me suis vraiment intéressé pour la première fois à Socrate. J'ignorais s'il avait effectivement dit qu'être c'est faire quelque chose. Mais ce n'était pas très important. En effet, il me semblait assez évident qu'être c'était aussi faire. Beaucoup plus intéressante me semblait être la deuxième phrase : faire quelque chose, ce serait… être ? C'était en effet mystérieux. J'avais déjà entendu parler de Sartre. Je savais que c'était un homme politiquement très engagé qui avait rendu visite à Fidel Castro à Cuba et qui était allé voir le terroriste Andreas Baader dans sa prison de Mannheim. Mais ça ne me disait pas du tout pourquoi faire équivalait à être. Ne fallait-il pas d'abord être, et donc exister, avant de pouvoir faire quoi que ce soit ? J'avais du mal à comprendre cette phrase. Et il y a peut-être une bonne raison à cela. Je pense en effet aujourd'hui qu'ils se trompent tous les deux, autant Socrate que Sartre. Le seul qui a vraiment raison, c'est Sinatra. Tel est l'objet de ce chapitre.

Au retour de mes vacances en Grèce, j'ai commencé des études de philosophie à Cologne. J'ai très vite fait la connaissance d'une jeune fille, étudiante comme moi, avec des boucles brunes, de grands yeux noirs, et une voix marquante et profonde. Je ne sais pas si elle aimerait que je cite son nom ici et je vais donc simplement l'appeler Rosalie. Lorsque je suis allé pour la première fois chez elle – étagères Ikea, plantes suspendues dans des filets en macramé, futon –, mon regard a été attiré par le titre d'un livre posé sur sa table de nuit : *Les Mandarins*, de Simone de Beauvoir. La célèbre philosophe française, amie de Sartre, y parle des années d'après-guerre à Paris merveilleusement pessimistes. Tous les intellectuels français, et parmi eux bien sûr Sartre et Beauvoir, passent des nuits entières à parler de l'absurdité de l'existence et de l'incompréhension entre les hommes ; ils se retrouvent dans un rêve de rédemption qu'apporte une grande action. Le livre fut un best-seller, et même s'il avait alors plus de trente ans, il captivait Rosalie. Cela venait d'abord bien sûr du fait que Paris exerçait à l'époque une sorte de fascination. Dans les années 80, Paris était toujours la ville la plus palpitante d'Europe – du moins dans l'imaginaire des étudiants. Les choses ont changé après 1989, avec la chute du Mur, et pour beaucoup Berlin a pris le relais. D'un autre côté, ce qui plaisait à Rosalie, c'était cette idée de liberté absolue qu'elle trouvait dans la philosophie de Sartre. Ce n'est en effet ni la société ni les marques psychiques qui déterminent l'individu ; chaque individu est libre de faire ce qu'il veut. Il est pleinement et totalement responsable de lui-même. Ce qui fait l'individu, chacun l'« invente ». La formule aujourd'hui reprise par toutes les grandes marques de produits, et qui dit qu'il faut toujours se réinventer, vient de Sartre : « C'est par ses actes que l'homme dessine sa figure » – *To do is to be.*

L'idée que toutes mes décisions ne dépendraient que de ma libre volonté me plaisait également. Sauf que jusqu'ici j'en avais fait aussi peu usage que Rosalie. Comparée à celle des Mandarins de Paris, notre vie à Cologne était assez ennuyeuse. Cela venait-il simplement de ma lâcheté face à l'existence ? Cette idée me préoccupait et me mettait en même temps mal à l'aise. Je me disais qu'il y avait quelque chose de faux là-dedans. Était-ce en effet uniquement mon manque de courage ou bien y avait-il autre chose derrière ? Quoi qu'il en soit, Rosalie réussit à changer de vie. Elle arrêta ses études et partit pour Stuttgart où elle s'inscrivit dans une école de théâtre. Mais jouer la comédie n'est qu'un métier parmi d'autres. Rosalie fréquenta donc des groupes marginaux où il s'agissait de trouver son « moi » secret. Quand nous nous rencontrions, on se heurtait beaucoup dans nos discussions. Je citais Niklas Luhmann, qui avait acquis une grande popularité à l'université de Cologne. C'était mon futur directeur de thèse en philosophie qui avait introduit la théorie de Luhmann de Bielefeld à Cologne. La question : « Qui suis-je ? » ne fait que conduire dans une impasse, lui lançai-je, et l'on ne peut en sortir sans se montrer malhonnête. Cela n'impressionna guère Rosalie. Elle faisait des thérapies. Pour ça aussi, j'avais une réponse toute prête empruntée à Luhmann : « Il est difficile d'évaluer l'influence des thérapeutes sur la morale, mais on ne peut que la redouter. » Je me disais à l'époque qu'une thérapie était plus ou moins le contraire du *To do is to be* de Sartre. C'était la recherche d'un être devant précéder tout le reste. Et c'était justement ce que je prenais pour une hérésie.

Je me dis aujourd'hui que mon jugement sur Rosalie était trop dur. Sans m'en rendre compte, je lui avais appliqué la règle que je ne voulais pas m'appliquer à moi-même, à savoir que l'homme est libre de toute contrainte intérieure et extérieure. Du moins s'il est assez fort pour s'en libérer. Et que la seule chose qui importe pour juger un homme, c'est de regarder ses actes : « C'est par ses actes que l'homme dessine sa figure. » N'était-ce pas là une exigence bien trop grande pour l'homme ? Et comment Sartre en était-il arrivé à cette conclusion ?

L'idée que l'homme est « condamné à être libre » se trouve dans son ouvrage majeur, *L'Être et le Néant*. Ce livre est pour une large part une confrontation avec les idées de Husserl et de Heidegger, qui sont tous deux à l'origine de sa philosophie. Husserl est le fondateur de la phénoménologie. La nouveauté, c'est qu'il ne cherchait plus à expliquer l'être humain et le monde à partir d'une essence cachée ou d'un « être intérieur » avec des règles et des lois, comme l'avait fait Kant, mais qu'il prenait exactement le chemin inverse. Comme un neurologue moderne, il se posait des questions sur les conditions de notre connaissance. En effet, si Kant a étudié les conditions de la connaissance, il n'a pas étudié celles de l'expérience. Il les a simplement présupposées, sans s'y attarder trop longtemps. Husserl, en revanche, plaçait l'expérience au centre de son questionnement : Comment mes sens me transmettent-ils le monde ? N'étant pas biologiste, il a trouvé toute une série de belles métaphores et de concepts pour parler de notre perception sensible, surtout en ce qui concerne le rapport entre la vue et la connaissance. Son élève, Martin Heidegger, personnage trouble s'il en est, en fit une sorte de philosophie de la vie, une « attitude » par rapport au monde. Loin des concepts marquants de Husserl, les mots de Heidegger baignaient dans un mélange de mystique et de nébulosité. C'est ce qui l'a rendu fascinant aux yeux de beaucoup – Sartre y compris.

Quand il publia son livre, Sartre avait trente-huit ans. C'était en 1943 et la France était occupée par l'armée allemande. Lorsqu'il rejoignit la Résistance, ses adversaires étaient justement ces nazis avec lesquels Heidegger avait sympathisé. La joute avec Heidegger, qui continuait malgré tout à faire forte impression sur lui, est l'un des combats qui se dissimule dans *L'Être et le Néant*. L'opposition entre l'intellectuel du IIIe Reich et l'étoile montante de l'intelligentsia française ne pouvait guère être plus grande. D'un côté un Heidegger au corps noueux, ancré dans sa région et profondément bourgeois, pris dans la double morale politique de l'opportuniste mais aussi dans la double morale sexuelle du petit-bourgeois – de l'autre, un Sartre doux, d'un mètre cinquante-six à peine, écœuré par le milieu bourgeois, qui se libère de toute double morale, autant politique que sexuelle, et s'efforce toujours d'être intègre et de choisir une voie sans compromission.

Au début des années 40, un fils de bonne famille, dont le père, mort prématurément, était officier de marine et la mère originaire d'Alsace, se retourne sur son enfance élitiste et bourgeoise et sa jeunesse passée dans la maison de son grand-père. Il a eu des précepteurs, il a fréquenté des lycées d'élite et il a acquis une culture impressionnante grâce à un rythme de travail strict qu'il s'est imposé lui-même. Il lit beaucoup et travaille régulièrement tous les jours de neuf heures à treize heures et de quinze heures à dix-neuf heures – il gardera ce rythme toute sa vie. La philosophie le convainc qu'il n'y a rien de sûr dans le monde, pas de puissance supérieure et pas de loi morale non plus dans l'homme. Il s'est toujours senti en trop dans la maison de son grand-père, et il ressent de la même façon que l'homme est contingent et perdu dans ce monde. Heidegger avait employé l'expression « jeté dans la vie » pour définir l'existence humaine, formulation que Sartre confirme par sa propre expérience du monde. Avec sa compagne et amante, Simone de Beauvoir, il entame une carrière de professeur de lycée qui va les faire souvent changer de ville. En 1933, au moment de la prise du pouvoir par Hitler, il est à Berlin pour un an et commence son roman teinté d'autobiographie *La Nausée*. Après son retour en France, Sartre et Beauvoir poursuivent leur « union libre » à Paris. Ils vivent ensemble, sans être mariés, dans deux pièces d'un petit hôtel parisien. Au début de la Seconde Guerre mondiale, Sartre, qui a été incorporé dans l'armée travaille à un livre sur l'époque des Lumières. Même pendant sa captivité à Trèves, sa vie n'est pas trop difficile. Libéré en 1941 à cause d'une faiblesse à l'œil, il organise avec Simone de Beauvoir un réseau de résistance contre le régime de Vichy favorable aux Allemands. Sartre continue à écrire des pièces de théâtre et des romans, et se lance dans son œuvre philosophique majeure. Après la défaite allemande à Stalingrad, il reprend contact avec la Résistance et renforce son engagement politique. Lorsque *L'Être et le Néant* paraît, au printemps 1943, en dépit de la pénurie de papier, Sartre est déjà un homme célèbre, une figure centrale de la vie culturelle française avec un solide réseau de relations.

Le titre *L'Être et le Néant* a une signification très simple. Pour Sartre, l'être humain est le seul animal capable de se préoccuper de choses qui n'existent pas. Les autres animaux n'ont pas cette capacité d'imagination complexe ; ils ne peuvent pas penser ce qui n'existe plus ni ce qui n'existe pas encore. Les hommes, en revanche, sont capables d'inventer des choses qui n'ont même jamais existé – ils peuvent mentir. Plus un homme a d'imagination, plus il est libre. Inversement, et toujours selon Sartre, cela veut dire que l'homme seul en tant que simple existence ne possède aucune substance. À la différence des animaux déterminés par des instincts et des schémas de comportement préétablis, l'homme doit trouver seul ses modèles de comportement : « L'existence précède l'essence. » Sartre prétend que les théologiens et les philosophes ont toujours méconnu ce fait. Ils ont toujours cherché des règles et des modèles pour définir l'homme. Mais dans un monde sans Dieu, ces déterminations de l'essence de l'homme à partir de valeurs et de maximes morales n'ont plus de sens. La seule part existentielle de l'homme, c'est ce qu'il ressent : le dégoût, la peur, la crainte, l'ennui et le sentiment de l'absurde. Sartre a appelé sa philosophie *existentialisme*.

La fermeté avec laquelle Sartre efface tout ce que ses devanciers avaient projeté dans l'homme, de même que l'accent mis sur les sensations négatives, tout cela a sans doute partie liée avec l'expérience de la guerre. De la même façon, son esprit de résistance contre l'indolence et le vide est particulièrement marqué. Il s'agit de faire de la résistance (contre les nazis) et de bâtir quelque chose de nouveau. D'un point de vue philosophique, ce sentiment s'exprime dans de nombreuses exhortations à l'action : « L'homme n'est rien d'autre que ses actes » ou : « Il n'y a de réalité que dans l'action. » Aucune excuse pour les individus qui errent et se complaisent dans le néant. Ils ne font en effet que fuir face à eux-mêmes et à leurs responsabilités. Une façon de se leurrer soi-même, selon Sartre.

De tout cela naît pour le philosophe existentialiste une tâche ambitieuse. Dans son ouvrage suivant, intitulé *L'existentialisme est un humanisme*, Sartre définit le philosophe comme un homme des Lumières. Il est là pour encourager les autres à vivre leur liberté et à se réaliser comme hommes. Ce qui importe à Sartre, c'est d'abord la notion de « projet », cette idée que l'homme a de lui-même : « L'homme n'est rien d'autre que son projet, il n'existe que dans la mesure où il se réalise, il n'est donc rien d'autre que l'ensemble de ses actes, rien d'autre que sa vie. » La volonté en revanche, d'après Sartre, n'est qu'une conséquence d'un tel projet toujours premier : l'homme commence par se projeter avant d'atteler sa volonté à ce projet. C'est exactement ce que Sartre a affirmé : « Ce que nous entendons ordinairement par vouloir, c'est une décision consciente, et qui est pour la plupart d'entre nous postérieure à ce qu'il s'est fait lui-même. » Cette idée ne fascinait pas seulement mon amie Rosalie. Elle a poussé toute une génération d'intellectuels de l'après-guerre à mener sa vie comme un « projet ». Mais ces projets hautement individuels ont fini par tous se rassembler : habillé de noir, l'existentialiste promène son spleen entre les caveaux de jazz, l'université, les cinémas et les cafés – singulier conformisme soumis à la mode.

La vie de Sartre, elle, est restée palpitante et excitante jusqu'à sa mort en 1980. Il fut le philosophe français le plus marquant du XXe siècle et une autorité morale respectée. Quant à savoir si son idée de la liberté humaine était réaliste – c'est une autre question. L'individu est-il à ce point libéré des contraintes intérieures et extérieures qu'il peut se réaliser lui-même comme un artiste réalise une œuvre ? Si Sartre avait raison quand il disait que le « projet » que l'on a de soi-même précède la volonté, alors l'homme ne serait pas seulement en mesure de se libérer des attentes sociales ; il serait aussi le maître de ses pulsions, de ses habitudes, de ses désirs, de ses rôles, de ses représentations morales et de ses réactions instillées depuis l'enfance. Il suffirait d'un peu de courage pour réfléchir à ces circonstances intérieures et extérieures, et ensuite les modifier. L'« autoréalisation », au sens où l'entend Sartre, ne serait donc qu'un simple inventaire de notre psyché. On vide les rayonnages des anciennes marchandises et on les remplace par des articles plus alléchants. Je suis bloqué par mon éducation petite-bourgeoise ? Qu'à cela ne tienne ! Je jette tout par-dessus bord, et j'adopte la vie bien plus excitante et insouciante d'un artiste ou d'un bon vivant ! Kant avait déjà accordé un tel pouvoir à la volonté : décider de façon raisonnable et libre. Il est vrai que pour lui l'action libre équivalait à une bonne action – limitation tout aussi marquante. C'est pratiquement la même chose chez Sartre. Certes, il ne croit pas le moins du monde à la « loi morale » de Kant qui serait en chacun de nous. Mais dire que la liberté est autodétermination et que l'autodétermination est bonne, telle est aussi l'équation de Sartre.

Sauf que la liberté de la volonté n'est pas une chose aussi simple. Comme nous l'avons vu précédemment (cf. *L'expérience de Libet*), la plupart des neurologues sont aujourd'hui d'un avis totalement différent de celui de Sartre. Pour eux, l'homme n'est pas libre. Il est en premier lieu un produit de ses dispositions, de son expérience et de son éducation. En second lieu, ce n'est pas notre conscience qui nous dicte en toute clarté ce que nous devons faire, mais notre inconscient, sombre comme une forêt en pleine nuit. Même si je parviens à me libérer de nombreuses contraintes extérieures, mes désirs, mes intentions et mes aspirations restent dans tous les cas privés de liberté. Ce n'est pas moi qui dispose de mes besoins, ce sont eux qui disposent de moi ! Et, de l'avis de nombreux neurologues, c'est justement la raison pour laquelle il m'est absolument impossible de me « réinventer ».

C'est une nouvelle qui a effectivement de quoi déprimer. Car on doit admettre que la philosophie de la liberté de Sartre a quelque chose de séduisant. Dans *L'Homme sans qualités* de Robert Musil, livre qui m'a fasciné à l'époque, une question est posée d'emblée : savoir s'il n'y aurait pas un « sens du possible » à côté du « sens du réel ». Ouvrir les yeux aux nombreux possibles qui m'entouraient était un besoin profond qui m'habitait depuis ma jeunesse passée dans cette terrible province de Rhénanie-Westphalie. Mais que reste-t-il de ce sens du possible si nous ne disposons pas de la libre volonté pour le mettre en œuvre ? Si je suis effectivement destiné au manque de liberté sociale par mon expérience, mon éducation et ma culture, alors toutes mes actions ne font que répéter des programmes sociaux ; je joue des rôles, je réponds à des normes en suivant un scénario social. Ce que je considère comme étant *ma* volonté, *mes* idées et *mon* esprit, tout cela n'est rien d'autre que le réflexe d'idéologies et de schémas culturels. En d'autres termes : je n'ai pas de volonté, je n'ai pas d'idées propres, je ne fais que me les *attribuer*.

C'est également de cette manière que les neurologues envisagent ma volonté et mes idées, déclare le neurologue Gerhard Roth. Ce que je considère comme la liberté de ma volonté n'est qu'une simple gesticulation. La raison, c'est que ma conscience se surestime de façon éhontée. Ce que le cortex préfrontal imagine être sa propre production n'est en réalité qu'un pis-aller : « Notre entendement peut être considéré comme un état-major d'experts dont le système limbique se sert pour guider notre comportement. » Les vrais décideurs qui commandent à nos actions se trouvent dans le diencéphale. Ce sont eux les experts de nos expériences et de nos émotions, eux qui gèrent nos sentiments, même s'ils ne comprennent rien aux réflexions et aux argumentations compliquées. Malgré tout, c'est le système limbique qui, en fin de compte, décide de ce que nous allons faire, de ce qui est « émotionnellement acceptable ».

Il est impossible de nier la sombre puissance de l'inconscient. La question est seulement de savoir ce qui en résulte. Pour Gerhard Roth, la liberté telle que nous l'avons décrite plus haut est une pure illusion. Mais on peut aussi se demander si ma liberté de volonté s'arrête effectivement là, si je *vois clair* dans mes motivations. Posée autrement, la question est la suivante : Jusqu'à quel point devrais-je me découvrir et me contrôler pour que Gerhard Roth m'accorde au moins une petite portion de liberté de volonté ?

Prenons un exemple : dans le cadre de mes possibilités limitées, je pense que je me connais assez bien. Autrefois, j'avais beaucoup de difficulté à contrôler mes sentiments quand quelqu'un n'était pas d'accord avec moi dans une discussion politique ou philosophique, par exemple. C'est ainsi qu'à l'université j'étais assez soupe au lait. Aujourd'hui, dans une discussion, je prends le parti de rester calme, ce qui me réussit d'ailleurs assez bien. Autant autrefois je ne voulais pas que mes sentiments s'emballent avec moi, autant aujourd'hui ils obéissent à ma volonté dans les situations citées. Cela s'explique par l'expérience. Je dirais donc que mes sentiments ont appris à se soumettre au contrôle de mon entendement. N'est-ce pas là une preuve que ce n'est pas seulement le sentiment qui guide l'entendement, mais que l'inverse est aussi possible ? Bien sûr, si l'on y regarde de près, les choses sont un peu plus compliquées. Car si j'arrive à tenir en lisière mon esprit passionné, c'est aussi une chose qui est en rapport avec les sentiments. Combien de fois ne me suis-je pas énervé après de telles discussions enflammées ? La décision d'être plus calme était donc tout à fait « émotionnellement acceptable », ou plus exactement elle était émotionnellement souhaitée. Je maintiens néanmoins que c'est ma libre volonté qui a agi sur mon tempérament. Je reste calme, même quand certaines choses me paraissent émotionnellement « inacceptables ».

Le point décisif dans cet exemple, c'est que les sentiments sont susceptibles d'apprentissage. Ce qui me faisait très peur autrefois ne me fait plus du tout trembler aujourd'hui. Ce qui m'a enthousiasmé il y a encore quelques mois ne fait plus que m'ennuyer. Et cet apprentissage des sentiments a bien sûr partie liée avec l'entendement. On peut donc dire que, dans cette mesure, le sentiment et la raison s'interpénètrent dans ma biographie. Ils se marquent et se démarquent l'un l'autre. Même si, dans une situation très concrète, mes sentiments décident, à long terme c'est aussi mon entendement qui détermine ceux-ci. S'il est encore impossible de décrire avec les moyens actuels de la neurologie ce processus de réaction à long terme, cela ne veut pas du tout dire qu'il n'existe pas. En effet, si ce processus d'apprentissage des sentiments n'existait pas, les adultes réagiraient toujours comme des enfants, quelles que soient les situations. Ce serait le règne du meurtre et de la violence.

On peut donc dire que nous sommes libres d'une certaine façon, car nous nous déterminons nous-mêmes. Mais cette liberté est limitée par nos expériences. Nous sommes ceinturés par notre propre histoire. L'homme est à lui-même son propre cadre. Cependant, à l'intérieur de ce cadre, certaines modifications sont tout à fait possibles. On devrait simplement se garder de surestimer ou de sous-estimer cette liberté. Qui ne se fait pas confiance n'évolue pas. Et qui voudrait vivre sa liberté à plein, selon les idées de Sartre, ne tarderait pas à s'épuiser. L'homme ne commence pas par faire un projet auquel il attelle ensuite sa volonté. Rien d'étonnant à ce que cette exigence de l'existentialisme soit passée de mode, de même que le modèle chrétien disant d'aimer les autres « comme soi-même », ou les trop grandes exigences psychiques du socialisme.

Cette forte interdépendance entre entendement et sentiment explique pourquoi les hommes sont aussi merveilleusement imprévisibles. Cela explique pourquoi de si belles idées ne sont jamais réalisées, pourquoi les bonnes intentions ne sont pas toujours suivies d'effet : l'alcoolique qui veut décrocher, l'employé qui se promet de dire ses quatre vérités à son patron, tous ces rêves à jamais irréalisés... Même si cela peut être préjudiciable à l'individu pris isolément, pour la société c'est généralement une bonne chose. Un monde où tous les gens voudraient se réaliser selon leurs désirs les plus radicaux serait loin d'être un paradis. Et il ne faut pas non plus oublier que les contraintes extérieures ont aussi parfois du bon. Elles donnent une forme de stabilité et de sécurité. S'en libérer n'est pas forcément un gage de bonheur. On n'a pas forcément envie de vivre libéré des liens familiaux, libéré de son attachement à un pays, libéré de souvenirs qui sont devenus chers.

La réponse à la question de savoir si c'est le psychisme qui détermine nos actes ou si ce sont nos actes qui déterminent notre psyché est donc marquée par l'ambivalence. Mes actions et mes états de conscience se croisent allègrement. Suite ininterrompue de faire et d'être : *Do be do be do*. Dans cette chaîne, les possibilités de divergence sont très différentes d'un individu à l'autre. Et elles dépendent beaucoup des conditions de vie. Me réaliser ou non est aussi facteur de ma liberté matérielle, et donc de mes possibilités financières. Nous en arrivons à un autre sujet que nous serons forcés d'envisager dans son rapport avec le bonheur et l'espérance. Savoir si la liberté passe par la propriété ou si propriété et possession ne sont que des liens de dépendance.

• *L'huile de vidange de Robinson*. Avons-nous besoin de propriété ?

MAS A TIERRA

L'huile de vidange de Robinson
Avons-nous besoin de propriété ?

Je suis quelqu'un de gentil. Et je suis généreux. J'ai décidé de vous faire cadeau des arbres de mon jardin : un vieux cerisier noueux auquel j'ai toujours beaucoup tenu et un magnifique saule pleureur. Vous pouvez les avoir tous les deux à une seule condition : me promettre de ne jamais les abattre ou faire quoi que ce soit d'autre.

Qu'en dites-vous ? Le cadeau vous déçoit ? Pourquoi ? Parce que ça ne vous avance pas à grand-chose ? Vous avez raison. Mais pourquoi ? Parce que avoir ou posséder quelque chose n'a de sens que si l'on peut en disposer à sa guise – ou en tout cas plus ou moins, dites-vous. Et pourquoi ? Justement parce que ça vous appartient. Faire ce qu'on veut de ce que l'on possède, que ce soit une affaire, une chose ou un animal, voilà le sens de la propriété. Posséder quelque chose dont on ne peut faire ce qu'on veut revient à ne pas le posséder. Vous avez peut-être raison. Je reprends mes arbres. Ça ne sert à rien de les posséder si on ne peut en disposer librement. Mais d'où vient cette impression ?

La propriété, dites-vous, c'est ce qui appartient à quelqu'un. C'est exact. C'est la relation entre une personne et une chose, qui n'intéresse personne d'autre. Est-ce bien exact aussi ? Évidemment, dites-vous. Vous montrez votre bicyclette en disant : C'est *mon* vélo ! Vous montrez votre veste et vous dites : C'est *ma* veste ! C'est l'Anglais sir William Blackstone qui, en 1766, au début du deuxième volume de son célèbre *Commentaires sur les lois anglaises*, a énoncé de façon claire et précise le principe qui préside au sens que vous donnez au mot « propriété » : « Rien n'agit plus sur l'imagination humaine, rien ne captive autant les passions que le droit de propriété, cette souveraineté despotique et sans partage qu'un homme réclame et exerce sur les choses extérieures de ce monde, excluant ainsi le droit de tout autre individu dans l'univers. »

Blackstone était un progressiste. Il était très populaire à son époque. Son livre a connu de son vivant huit rééditions, et près d'un siècle après sa première parution il était encore considéré comme une référence. Le but de Blackstone était de ne plus fonder le système du droit sur des représentations traditionnelles mais sur « la nature et la raison ». Et pour lui la propriété était le rapport entre une personne et une chose. Et je suppose que vous envisagez le problème de la même façon. La relation qu'il y a entre votre veste et vous ne concerne personne d'autre que vous. Mais est-ce vraiment ainsi que les choses se passent ?

Considérons l'œuvre d'un autre Anglais. Elle a été écrite en 1719, soit presque un demi-siècle avant les commentaires de Blackstone. Son auteur était un négociant ruiné répondant au nom de Daniel Foe, et son titre était : *La Vie et les Surprenantes Aventures de Robinson Crusoe*. Foe avait déjà mené une vie très agitée lorsqu'il publia son *Robinson* à l'âge de soixante ans. Il avait participé à une révolte contre le roi, et avait passé quelque temps en prison avant de se lancer dans le commerce du vin et du tabac, qui lui avait procuré de solides revenus. Mais cette embellie économique fut de courte durée. La guerre entre la France et l'Angleterre lui coûta plusieurs précieuses cargaisons de marchandises et le plongea dans la ruine. Mais Foe fonda une briqueterie tout en se livrant à un travail de journaliste qui lui permettait de vivoter.

Ses deux sujets de prédilection étaient la religion et l'économie. Il faisait partie des presbytériens, en opposition avec l'Église anglicane et les puritains qui dominaient alors l'Angleterre. Il luttait avec d'autant plus d'énergie pour la tolérance religieuse. Sa faillite de 1692 l'avait tellement fait réfléchir qu'il appliquait aussi ses réflexions à la politique et aux règles de l'économie. Il rédigea de nombreux essais où il s'engageait avec passion pour un nouvel ordre de propriété qui devait abolir les privilèges de la noblesse et instituer une nouvelle réglementation de la propriété terrienne en Angleterre. Il n'était jamais à court d'idées pour réformer l'économie, la société et la culture, et elles étaient souvent discutées un peu partout. Foe fut très fier de pouvoir ajouter à son nom la particule « de », en imitation de la noblesse. Cela ne manque pas de piquant de voir qu'il cherchait à s'agréger à un état dont il avait stigmatisé les privilèges dans ses écrits. En 1703, l'Église et les autorités le firent incarcérer une nouvelle fois à cause de ses « pamphlets incitant à la révolte », mais il ne resta pas très longtemps en prison.

Il écrivit son best-seller après avoir rencontré à Londres le matelot Alexander Selkirk. L'histoire de Selkirk avait fait grand bruit à l'époque. À l'automne 1704, ce matelot s'était révolté contre son capitaine. Comme le *Cinque Ports*, le navire sur lequel Selkirk avait embarqué, avait la coque rongée par les moules, il s'était mutiné, refusant d'aller plus loin. Pour le punir, le capitaine l'avait abandonné sur l'île déserte de Más a Tierra, dans l'archipel de Juan Fernández, au large des côtes chiliennes. Le navire sombra effectivement, et presque tout son équipage mourut dans le naufrage. Selkirk en revanche vécut quatre ans et quatre mois sur l'île de Más a Tierra. Il fut recueilli en 1709 par un bateau de corsaires. Ironie du sort, parmi l'équipage de ce bateau se trouvait le capitaine qui l'avait abandonné et qui n'était plus que simple matelot. Selkirk fit un retour triomphal à Londres avant de repartir vers de nouvelles aventures. Foe s'empara de cette histoire pour en faire un palpitant roman d'aventures et d'éducation. Il laissa son héros vingt-huit ans sur une île déserte et ajouta d'innombrables considérations sur la religion et l'économie. Et la notion de propriété occupait dans son livre une place de choix.

Essayons de nous mettre dans la situation de Robinson Crusoe et d'imaginer pourquoi la propriété est aussi importante pour lui. Imaginez que vous êtes Robinson et que vous passez vingt-huit ans sur une île déserte. Elle est très montagneuse. Une étroite bande côtière entoure une végétation luxuriante et souvent impénétrable. Les pentes de la montagne sont couvertes de gigantesques fougères parfois aussi hautes que des arbres. Le climat est tout à fait supportable, ni trop chaud ni trop froid. Et l'on trouve partout sur cette île des chèvres laissées là par des navigateurs inconnus. Après avoir exploré les lieux et vous être rendu compte que vous êtes vraiment seul sur cette île qui n'appartient à personne, vous vous dites : Ces fougères géantes sont *à moi*, ces chèvres *m'appartiennent*, ce perroquet est *ma propriété*, cette cabane que j'ai construite de mes mains est *mon bien*. Vous passez les jours et les semaines à vous approprier ce que vous voyez. Vous pouvez même dire : Cette côte est à moi, cette mer est à moi, etc. Et c'est exactement ce que fait Robinson durant tout ce temps. Mais à quoi bon ? Car tout cela est bien dérisoire. En effet, tant que personne ne se montre et ne vous dispute ce qui vous appartient, vos exigences de propriétaire sont sans importance.

Vous vous rendez compte que l'idée de propriété n'a de sens et d'intérêt que si d'autres individus se manifestent. Je n'ai pas à expliquer à mon téléphone portable qu'il est à moi, mais je dois l'affirmer à quelqu'un qui s'aviserait de me le prendre. La propriété n'est donc pas uniquement une affaire entre un individu et des objets, mais aussi et peut-être davantage encore une forme de « contrat » entre des individus. Blackstone lui-même l'avait reconnu quand il parlait de l'exclusion du « droit de tout autre individu ». Néanmoins, si la phrase de Blackstone concernant la « souveraineté despotique et sans partage » sur la propriété peut encore concerner Robinson Crusoe, elle n'est plus valable pour notre société.

Si j'achète une barre chocolatée, je peux revendiquer une souveraineté exclusive et despotique sur cette friandise. Je peux même la manger sans rien demander à personne. Mais dans un monde qui n'est pas une île déserte, je ne peux pas disposer aussi librement de tout ce qui m'appartient comme le fait Robinson Crusoe. Si Robinson avait dû se débarrasser d'huile de vidange, il l'aurait certainement jetée à la mer. Or, moi je ne peux pas me permettre de jeter dans la mer l'huile de vidange de ma voiture, je n'ai même pas le droit de la jeter dans la mare qui est dans mon jardin. On pourrait me dénoncer pour atteinte à l'environnement. Si je loue un appartement à quelqu'un, je n'ai pas le droit d'y entrer sans avoir demandé la permission au locataire qui l'occupe, ou du moins sans l'en avoir dûment informé auparavant. Je n'ai pas le droit de torturer mon chien ou de lui faire livrer des combats, on pourrait m'accuser de torture envers les animaux. Alors même que tout cela m'appartient : l'auto, l'huile de vidange, la mare dans le jardin, l'appartement, le chien.

La propriété est une chose compliquée. La phrase : « La propriété est la relation entre moi et une chose » semble avoir perdu toute pertinence. Car, d'un côté, la propriété est un contrat entre individus, et, d'un autre côté, une chose n'est pas simplement une chose : c'est un ensemble complexe fait de droits et de devoirs. Dans le code civil allemand, la phrase est même écrite noir sur blanc : « La propriété engage. » Toutes les questions sont-elles maintenant réglées ? Pas encore.

Le cas de Robinson Crusoe est loin d'être épuisé. Robinson n'est en effet pas aussi naïf qu'il en a l'air quand il arpente son île à la recherche de choses à s'approprier. Même s'il se déclare propriétaire de toutes ces choses, il sait pertinemment que personne ne va les lui disputer. Il dirait que la propriété est beaucoup plus une relation entre une personne et une chose que les juristes ne veulent bien l'admettre. Car l'affirmation n'est pas aussi fausse qu'elle semblait l'être tout à l'heure. Ce que Robinson exprime par ses exigences de propriété est un rapport *psychologique* aux choses. Ce qui lui appartient est plus proche de lui que ce qui ne lui appartient pas. Ce qui est sa propriété est important à ses yeux – le reste, beaucoup moins.

Le rapport psychologique à la propriété, et partant l'« amour » des choses qui m'appartiennent, est l'un des chapitres les moins bien documentés dans l'histoire de la psyché humaine. Cela est d'autant plus étonnant que cet amour joue un très grand rôle dans notre société : c'est le désir d'acquisition et de possession. L'un des premiers à s'être aventuré dans ce domaine était un sociologue berlinois d'une grande finesse. Outre différents autres phénomènes, Georg Simmel a étudié l'importance des objets pour l'estime de soi.

En 1900, cet assistant de quarante-deux ans publia *Philosophie de l'argent*. Quoique Simmel ne cite jamais *Robinson Crusoe*, on y trouve la clé qui nous permet de comprendre ce qui pousse Robinson, sur son île déserte, à marquer son territoire comme le ferait un chien. Quand on acquiert quelque chose, même si ce n'est que de façon symbolique, comme Robinson sur son île, la chose devient notre propriété. On peut dire aussi qu'on se l'intègre et qu'on la prend un peu comme une partie de soi. Ce mouvement d'intégration est à double sens : il va des choses vers moi et de moi vers les choses. Pour reprendre les termes de Simmel : « D'un côté, toute l'importance de la possession réside dans le déclenchement de certains sentiments et certaines impulsions dans mon esprit ; d'un autre côté, la sphère du moi déborde sur ces objets "extérieurs" et les pénètre. » La propriété ou la possession est donc une possibilité de s'étendre par le biais des objets ou, comme le dit Simmel, d'« élargir son moi ».

Les objets dont je m'entoure, et qui sont donc *mes* objets, fonctionnent comme une partie de mon moi. Les vêtements que je choisis et que je porte donnent à ma personnalité une apparence – image de moi qui me revient par le regard des autres. Il en est de même pour la voiture que je conduis. Avec un véhicule, j'acquiers même une *image*, valable autant pour moi que pour les autres. Le canapé contemporain qui orne mon salon révèle aussi ma personnalité. Les signes extérieurs de mes goûts sont une partie apparente de mon identité. Rouler en Porsche, porter une Rolex, se faire une crête de punk… autant d'identités qui se révèlent comme des types.

Si Robinson est loin de se constituer en type – genre marginal avec barbe hirsute, pantalon de flanelle et parasol –, l'enjeu est pourtant exactement le même que celui qui est décrit par Simmel : s'étendre et s'élargir par le biais des choses possédées. Une fois qu'il a construit sa cabane, Robinson sent poindre en lui la fierté du propriétaire. Une fois qu'il a capturé et apprivoisé des chèvres, il sent germer en lui la fierté du paysan, etc. Chaque fois, Robinson constitue ainsi une image de lui-même par le biais des choses qu'il possède. Ce que son environnement ne peut lui renvoyer, faute de congénères, il le crée de toutes pièces. Pour reprendre les termes de Simmel : « Si le sentiment du moi a dépassé ses frontières immédiates et s'est installé dans des objets qui ne le touchent alors que de façon indirecte, cela prouve à quel point la possession n'a d'autre signification qu'une extension et un prolongement de la personnalité dans ces objets, livrant ainsi une sphère d'extension dans le pouvoir que l'on exerce sur eux. »

Mais comment se fait-il que les individus (à des degrés divers) se « réalisent » dans la possession d'objets qu'ils acquièrent ? Et pourquoi l'acquisition est-elle plus importante que la possession, qui, comparée à l'acquisition, apparaît comme une chose relativement insipide ? L'excitation éprouvée au moment de l'achat et la dynamique d'émotions qui en résulte n'ont guère fait l'objet de recherches jusqu'à présent. Pour Simmel, c'est avec les premiers outils et les premières armes des chasseurs et des cueilleurs qu'a commencé l'« extension du moi » dans les choses. Aujourd'hui l'acquisition d'objets – et donc d'images – est l'un des plus grands plaisirs dans nos pays industrialisés. Ce qui peut expliquer ce fait, c'est que les autres pourvoyeurs de plaisirs ne sont plus ce qu'ils étaient, qu'il s'agisse de la foi religieuse ou de l'amour. On peut se demander si les relations amoureuses de plus en plus courtes ne sont pas une conséquence de l'attitude consumériste, comme on le prétend souvent –

l'amour devenant un marché de plaisirs intenses et brefs que l'on acquiert avant de les jeter.

L'option inverse est tout aussi plausible : vu que l'amour ne garantit plus le long terme, je me tourne vers des biens de consommation – tout simplement parce que c'est plus fiable. La consommation à outrance serait donc le signe d'une peur existentielle ou un signe de commodité, ou les deux. Lorsque les univers affectifs d'autres personnes sont trop compliqués pour moi, je préfère m'en remettre à l'univers moins aléatoire des objets. Une Mercedes reste une Mercedes – même cinq ans après. Mais rien ne garantit qu'un être aimé, un partenaire ou un ami ne s'éloignera pas un jour. On peut alors comprendre pourquoi les gens d'un certain âge, dans des conditions de vie plus calmes, préfèrent en général des choses dont la valeur est durable ; les jeunes, avec un besoin moindre de fiabilité émotionnelle, préfèrent au contraire changer fréquemment – comme la mode.

D'un point de vue culturel, l'« amour pour les objets » a atteint un sommet dans les pays industrialisés. Nous sommes partie prenante d'une gigantesque expérimentation sociale. Notre économie vit au rythme effréné du besoin d'inventer du nouveau et d'oublier l'ancien. Aucune société – à l'exception des sectes – n'a jamais mis en question la propriété. Même le communisme, sous la forme par exemple du socialisme d'État dans les pays de l'Est, n'a jamais rien eu à redire contre la propriété privée. Ce qui était interdit, c'était la propriété privée des moyens de production permettant la « valeur ajoutée », responsable désignée de l'inégalité engendrée par le capitalisme. Mais jamais il n'y a eu dans l'histoire de l'humanité une société et un style de vie se définissant autant par rapport à l'acquisition que la nôtre aujourd'hui dans le monde industrialisé.

La question : « Qu'est-ce que la propriété ? » n'est donc pas seulement une question de droit, mais aussi une question psychologique. La propriété offre en effet une possibilité relativement stable de s'étendre sur le plan émotionnel – même si c'est parfois aux dépens de possibilités alternatives et sociales. Le prix exigé par ce désir de possession et répercuté sur celui qui possède a été jusqu'à présent largement négligé par la psychologie. En revanche, on a beaucoup discuté depuis des siècles sur la question de savoir quel prix ce désir de posséder exige de la part des autres membres de la société. À l'origine de cette question, il y a un problème philosophique : s'il est exact que la propriété est le résultat d'un contrat, on peut se demander quels principes sont à la base de ce contrat. Quels sont les principes d'un ordre social équitable ?

• *Le jeu de Rawls.* Qu'est-ce qui est juste ?

BOSTON

Le jeu de Rawls
Qu'est-ce qui est juste ?

On va faire un petit jeu. On va essayer d'imaginer une société vraiment juste et équitable ! Nous avons un plateau de jeu et un ensemble de pions. Vous et moi, nous sommes les maîtres du jeu et nous pouvons en définir les règles, pour le plus grand bénéfice de tous les participants. Notre situation de départ est la suivante : un groupe d'individus vit dans une région définie qui correspond à la surface de notre plateau de jeu. Cette région offre tout ce dont ces gens ont besoin. Suffisamment à boire et à manger, des endroits chauds pour dormir et assez d'espace pour chacun. Il y a des hommes et des femmes, des jeunes et des vieux. Pour pouvoir vraiment commencer de zéro dans l'élaboration de notre société, on décide que les gens présents sur notre plateau de jeu ne savent absolument rien sur eux-mêmes. Ils ne savent pas s'ils sont intelligents ou bêtes, beaux ou laids, forts ou faibles, jeunes ou vieux, hommes ou femmes. Il y a comme un « voile d'ignorance » sur les qualités, les préférences et les capacités de chacun. Ce sont des pages vierges, sans biographie.

Ces individus doivent maintenant voir comment ils arrivent à se débrouiller entre eux. Pour cela, ils ont besoin de règles afin que ce ne soit pas le chaos et l'anarchie. Chacun d'entre eux veut naturellement et en premier lieu assouvir ses besoins fondamentaux d'être humain : avoir un accès à l'eau potable, avoir assez à manger et disposer d'un endroit chaud pour dormir. Tous les autres besoins sont encore inconnus, le voile d'ignorance les empêche de se voir et de s'apprécier de façon plus nette. On s'assied donc ensemble et l'on cherche des règles permettant d'aller plus loin, sans être sûrs de rien.

À votre avis, sur quel principe va-t-on se mettre d'accord en premier ? Ce n'est pas si simple, car derrière ce voile personne ne sait qui il est dans la vraie vie, et personne ne peut prédire ce qu'il y a de mieux pour lui. Le voile empêche que certains intérêts d'individus isolés puissent influencer la décision. Comme il se pourrait que, de l'autre côté du voile, on n'ait en réalité pas de très bonnes conditions de départ, il est conseillé de se mettre dans le rôle du plus faible. Le mieux est donc d'adopter le point de vue de l'ensemble et de s'engager pour des règles équitables qui intègrent aussi les plus faibles. Comme personne donc ne veut prendre de risque, vu qu'il ne sait pas s'il serait à la hauteur de ce risque, le groupe établit la liste de toutes les propositions qui ont été faites pour distribuer les produits de base. Le groupe note ensuite les propositions sur lesquelles il est possible de s'entendre au mieux afin que chacun puisse avoir un minimum de libertés et de produits de base. Pour que nul ne soit lésé ou avantagé, on pourrait établir les règles suivantes :

1 Les libertés fondamentales sont les mêmes pour tous. La liberté de l'individu ne peut être limitée qu'au profit de la liberté des autres.
2 Les inégalités sociales et économiques doivent être envisagées de la manière suivante :
a) Le bien-être visé et obtenu doit aussi apporter le plus grand avantage aux plus défavorisés.
b) Il doit y avoir égalité des chances. Tous les biens et produits doivent être accessibles à tous.

Êtes-vous convaincus, ou du moins d'accord avec tout ça ? Si oui, vous êtes intellectuellement très proche du philosophe américain John Rawls, qui est à l'origine de ce modèle. Avant de devenir philosophe, Rawls a eu une vie très agitée. Il était le deuxième enfant d'une famille qui en comptait cinq ; en l'espace d'une année, deux de ses frères sont morts de la diphtérie, le plus jeune décédant après avoir été contaminé par John. Les parents de John Rawls étaient politiquement très engagés ; sa mère militait dans un mouvement luttant pour le droit des femmes et son père était un avocat très actif dans le parti démocrate. Après sa scolarité dans une école privée et huppée, Rawls alla faire des études à la célèbre université de Princeton. Mais c'était le moment où les États-Unis entraient en guerre. Il dut partir à l'armée et servit comme fantassin dans le Pacifique, en Nouvelle-Guinée et dans les Philippines. Il arriva au Japon très peu de temps après l'explosion des bombes atomiques au-dessus d'Hiroshima et Nagasaki. À Hiroshima, il vit les ruines et les conséquences du désastre. L'armée lui offrit la possibilité de faire une carrière d'officier, mais il était tellement bouleversé par ce qu'il avait vu qu'il abandonna aussitôt son service. Il reprit le chemin de l'université et rédigea une thèse sur la philosophie de la morale : Comment juger des caractères humains ? Rawls fit une grande carrière de philosophe. En 1964, il devint professeur de philosophie politique à la célèbre université de Harvard, dans le Massachusetts. Mais il était tout sauf un brillant orateur. Il bégayait et donnait l'impression d'être très timide face à un grand auditoire. En revanche, avec ses collègues, ses étudiants et ses amis, c'était un homme exquis, toujours modeste et toujours à l'écoute. On le trouvait généralement dans son bureau, en chaussettes, les pieds posés sur le bord du canapé, un bloc-notes sur ses genoux. Quand on parlait avec lui, il ne cessait de prendre des notes qu'il revoyait ensuite avant de les donner à ses interlocuteurs. Lui-même ne se considérait pas comme un grand philosophe, mais comme un homme pour qui philosopher est une réflexion commune. En 1995, il fut frappé par un infarctus qui fut suivi de plusieurs autres et qui le handicapa beaucoup dans son travail. Il mourut en 2002, à l'âge de quatre-vingt-un ans.

Même s'il a écrit quatre gros ouvrages et un grand nombre d'articles, Rawls ne doit sa réputation qu'à un seul livre, qui est peut-être le plus célèbre écrit sur la morale durant la seconde moitié du XXe siècle : *Théorie de la justice* (*A Theory of Justice*). Ce titre sobre cache en fait une monumentale tentative d'établir une philosophie moderne de la morale. Le principe qui sous-tend l'ensemble est d'une simplicité et d'une clarté époustouflantes : ce qui est équitable pour tous est aussi juste ! Et une société qui serait telle que l'imagineraient des individus libres et égaux serait équitable et juste. Un ordre social est donc juste quand chacun peut y souscrire avant même de savoir quelle place il occupera dans cette société.

Le premier principe est le suivant : dans un État équitable, tous les citoyens ont les mêmes libertés fondamentales. Mais comme les individus sont diversement doués et ont des intérêts différents, on ne tarde pas à voir aussi apparaître dans ce genre d'État des inégalités sociales et économiques. L'un est plus capable, l'autre a plus le sens des affaires ou simplement plus de chance, etc. Cela suffit pour que l'un possède déjà davantage que l'autre. On ne peut rien y changer. Pour que l'État continue à être régi par des principes équitables, Rawls édicte un second principe : ces inégalités sociales et économiques qu'on ne peut éviter ne sont acceptables que si les personnes les moins favorisées continuent à en tirer le plus grand avantage possible.

Rawls a dit plus tard que son livre n'était destiné à l'origine qu'à une poignée d'amis. Mais le succès fut retentissant. L'ouvrage fut traduit en vingt-trois langues et, aux seuls États-Unis, il s'est vendu à plus de deux cent mille exemplaires. Cette réussite phénoménale obligea Rawls à continuer de peaufiner sa théorie. Durant trente ans, il a travaillé à son modèle, le complétant, le révisant, l'affinant. L'idée qui le sous-tend est très ancienne d'un point de vue philosophique. Le philosophe grec Épicure (cf. *Le lointain jardin*) avait déjà estimé que l'État devrait reposer sur un contrat réciproque. Un État idéal est celui que les membres d'une société, tous en pleine possession de leurs capacités intellectuelles, fixeraient librement par contrat. Les philosophes anglais Thomas Hobbes et John Locke reprirent cette idée au XVIIe siècle, et élaborèrent différentes théories de contrat. Même Rousseau a rédigé un *Contrat social*. En revanche, au XXe siècle, les théories de contrat n'ont pas fait florès. Wittgenstein a même essayé de bannir toute éthique de la philosophie. Dire comment les hommes devraient vivre ensemble lui apparaissait hors de toute logique et donc absurde. Dans un tel contexte, il est d'autant plus étonnant de voir Rawls, à la fin des années 60, renouer justement avec la tradition du contrat social.

D'un point de vue politique, dans cette période agitée de l'histoire, il ne pouvait d'ailleurs guère satisfaire grand monde. En 1971, la guerre du Vietnam avait atteint son paroxysme et les manifestations se multipliaient contre le gouvernement. Partout dans le monde occidental, on assistait à de violents débats sur l'État et son ordre de propriété, sur les droits des citoyens et la liberté personnelle. Le capitalisme et le socialisme se faisaient face, irréconciliables, et tous deux avaient montré la laideur de leur visage : l'un au Vietnam, l'autre en Tchécoslovaquie. Dans cette situation, et sans qu'il l'ait prémédité, le livre de John Rawls apparaissait comme une tentative de grande réconciliation. Mais pour les gens de droite, son système orienté vers une compensation sociale était beaucoup trop à gauche. Pour les gens de gauche, en revanche, Rawls apparaissait comme un libéral beaucoup trop précautionneux et timoré. C'est justement cette ligne de front qui a fait de sa *Théorie de la justice* un véritable brûlot.

Les critiques conservateurs aiment à souligner que partir d'un état primitif fictif n'apporte pas grand-chose. Comme Rousseau le savait déjà très bien – et Rawls aussi, évidemment –, il s'agit là d'une construction. On peut discuter à l'infini sur sa valeur cognitive. En réalité, disent les critiques, les choses ont été engendrées de façon bien différentes. Et cela pour une bonne raison : la justice et l'équité n'ont jamais été les véritables pulsions motrices de l'être humain. Le grand besoin de justice que voudrait asseoir Rawls à l'aide de son état primitif est en réalité beaucoup moins marqué. Ce qui importe plus que la justice, c'est l'égoïsme et le besoin effréné d'épanouissement. Au XVIIIe siècle déjà, le philosophe de la morale, Adam Smith, avait montré de façon convaincante que ce qui fait avancer une société ce n'est pas la justice mais l'égoïsme, autant sur le plan économique que moral. « Ce n'est pas de la bienveillance du boucher que nous attendons notre dîner, mais bien du soin qu'il apporte à ses intérêts. » Pour tirer son épingle du jeu, le boucher doit tenter de vendre ses marchandises à un prix équitable lui permettant d'être moins cher que les autres, ou du moins d'être en phase avec les conditions financières de ses clients. C'est ainsi que naît une communauté capable de fonctionner, une « économie libre de marché ».

D'après la *Théorie des sentiments moraux* de Smith, c'est le désir de possession qui nous conduit « comme une main invisible » et qui, « sans le vouloir, sans même le savoir, promeut l'intérêt de la société ». Au XXe siècle, les adeptes d'Adam Smith, au premier rang desquels on trouve un collègue de Rawls à Harvard, Robert Nozick, ont défendu de cette façon le statu quo de toute société. Chacune est en effet le résultat plus ou moins réussi des vraies pulsions humaines. Il est impossible d'inventer de nouvelles pulsions en faisant des schémas. Pour Nozick, c'est une grande erreur de la part de Rawls d'avoir voulu fixer les règles de la communauté des hommes selon les principes de l'équité. La société n'a nullement besoin de tels principes. Pourquoi l'individu n'aurait-il pas le droit de profiter pleinement de ses talents naturels ou immérités et des avantages aléatoires dont il bénéficie dans la course aux biens naturels et sociaux de sa vie ? Pourquoi ses réussites devraient-elles toujours profiter aux autres ? Cela ne suffit-il pas qu'ils le fassent déjà tous plus ou moins ? Pour Nozick, Rawls est un socialiste déguisé qui méconnaît totalement la vraie nature de l'homme.

Rawls, un socialiste ? Parmi les socialistes, une telle affirmation ne fait que déclencher des rires et des remarques acerbes. Dans ce camp aussi, la critique part de l'état primitif fictif. Les individus ont beau ne rien savoir, à cause du fameux voile d'ignorance, ils n'en restent pas moins des personnalités libres. Or, faire de la volonté des *personnes* le point de départ d'une théorie de la justice n'est pas sans poser quelques problèmes. Tout le monde sait que ce ne sont pas les membres d'une société qui décident eux-mêmes librement de leur destinée. Qu'en est-il des petits enfants et des individus fortement handicapés ? Ils ne peuvent pas participer aux délibérations dans la mesure où ils n'en comprennent pas les enjeux. Si seuls comptent les intérêts des personnes raisonnables, on pourrait donc facilement se débarrasser des enfants et des handicapés mentaux qui n'ont pas de famille. L'égalité de tous les hommes est par là un point de départ qui pose de nombreux problèmes, même dans une construction fictive. Il est possible que tous les individus aient en principe les *mêmes intérêts*, mais cela ne les rend pas *égaux* pour autant.

Cette question de l'égalité devient particulièrement intéressante quand on applique l'idée d'un état primitif de Rawls à différents pays ou différentes régions. Même si le développement d'intérêts identiques fait qu'une société peut être bonne et prospérer, ne pourrait-elle pas, en même temps, s'éloigner ainsi des autres ? Peter Singer (cf. *Le bon, la brute et le végétarien*) objecte que les habitants des pays riches peuvent, dans leur intérêt commun, se mettre d'accord sur la répartition de leurs excédents au lieu de les donner aux habitants d'autres pays. Le nombre des intérêts communs entre tous les hommes de tous les pays est beaucoup plus réduit que ne le pense Rawls. Et l'on pourrait aussi discuter de la question de la propriété. Ce qui est trop à gauche pour Nozick est trop à droite pour les critiques de gauche. Quoi qu'il en soit, Rawls inscrit le droit à la propriété parmi les libertés politiques fondamentales. La propriété aide l'individu à être personnellement indépendant et contribue à asseoir son estime de soi. Et seul celui qui s'estime est aussi en mesure d'estimer les autres, c'est-à-dire d'agir de façon morale. Or, pour certains critiques de gauche, c'est donner là beaucoup trop de poids à la propriété. On peut en discuter longuement, ce qui ne fut pas toujours du goût de Rawls. La *Théorie de la justice* est complétée par un index exhaustif. On n'y trouve ni le concept de « propriété » ni celui de « possession ».

Rawls a beau s'être efforcé de trouver un modèle politiquement impartial et des principes qui puissent être reconnus par tous, il n'a pas pu plaire à tout le monde. Rien d'étonnant à cela. On n'a encore jamais écrit un livre de philosophie qui obtienne un consensus général. Et si on l'écrivait, il n'aurait sans doute pas grand intérêt. Si l'on considère les trois principales critiques adressées à la théorie de Rawls, sans esprit partisan de droite ou de gauche, on peut affirmer les choses suivantes :

Le premier point qui divise les esprits, c'est celui de la valeur d'un modèle de société fondé sur une construction fictive : l'état primitif. Cet état primitif – à la différence de ce que l'on trouve dans d'autres théories du contrat – n'est pas un état de nature mais un état social. En effet, tout ce qui distingue l'état de nature classique tel qu'on peut le trouver par exemple chez Thomas Hobbes ne figure pas ici : violence, anarchie et absence de lois. L'état primitif de Rawls ressemble plutôt à une coopérative cultivée. Et la situation matérielle de départ – suffisamment de produits et de biens pour tout le monde – fait davantage penser à la Suisse qu'au Sahel ou à l'Angleterre pauvre de l'époque de Hobbes. Toutes les aberrations de la nature et de la pénurie sont soigneusement tenues à l'écart afin de libérer la bonne nature de l'homme et de lui permettre de se développer. Si l'état primitif de Rawls était marqué par des catastrophes et par la pénurie, il y a fort à parier que, même derrière le voile de l'ignorance, la solidarité ferait long feu. Quand le naufrage est imminent, personne ne va discuter de l'égalité des chances : chacun se bat pour avoir une place dans le canot de sauvetage.

Le deuxième point, c'est de savoir si la justice, comme c'est le cas chez Rawls, est effectivement un facteur déterminant dans une société. La liberté occupe la première place dans les qualités retenues pour l'état primitif. Cette liberté est limitée par la justice. La justice est déterminée par l'égalité des chances et par l'équilibre social. Et en quatrième position on trouve l'efficience et le bien-être. La grande importance donnée à la justice est tout à l'honneur de Rawls et rend sa théorie sympathique. Il estime moins un État riche et dictatorial – le Koweït par exemple – qu'une démocratie pauvre. Ses critiques, en revanche, considèrent qu'il y a d'autres choses plus importantes que la justice : une liberté aussi peu entravée que possible, la stabilité, l'efficacité. Mieux vaut pour eux un État riche, stable et injuste qu'une société juste mais pauvre à cause de cela. Rawls place la justice dans la balance en face de la somme des bonheurs exigés par le bien-être (cf. *Tante Bertha doit vivre*) pour l'utilitariste. « Ce qui est bien pour le grand nombre est juste », disent les utilitaristes. « Ce qui est juste est bien pour le grand nombre », déclare Rawls. On a beau discuter dans tous les sens, il est impossible de donner l'avantage à telle ou telle maxime. Il y a peut-être des valeurs plus sympathiques que d'autres. Mais c'est dans la nature des valeurs d'être subjectives et de ne pouvoir être prouvées de façon objective. Et même une théorie aussi élaborée que celle de Rawls ne peut évacuer ce problème.

Le troisième point, c'est la question de la raison. La position de Rawls en tant que philosophe est celle d'un constitutionnaliste. De façon raisonnable, pondérée, progressive et juste, il élabore un ordre général qui essaie de prendre en compte les besoins de tous les humains, hommes et femmes (à l'exception malheureusement des grands handicapés mentaux). Il imagine en même temps que ces principes sont aussi valables pour n'importe quel autre individu. Mais le point qui pose un problème est justement celui de savoir si tout individu est aussi sage, incorruptible et raisonnable que John Rawls. Tout comme les termes « propriété » et « possession », les termes « sentiment » et « émotion » sont absents de son index. Mais si l'on parle malgré tout beaucoup de la propriété dans la *Théorie de la justice*, les sentiments n'y jouent, eux, pratiquement aucun rôle. La chose est d'autant plus étonnante que toute cette théorie est fondée sur l'un d'eux : le sentiment de justice ! Dans l'état primitif, derrière le voile de l'ignorance, ce sentiment de justice est induit par l'égoïsme. La conscience du risque que je cours provoque la peur en moi. C'est la raison pour laquelle je cherche des règles générales pouvant atténuer cette peur dans la mesure où elles protègent tout le monde. Le sentiment de justice n'est-il alors qu'un sentiment de peur bien canalisé ? Rien n'est dit là-dessus. Rawls ne parle pas de sentiments.

En place du sentiment, on ne trouve chez lui qu'un « sens de la justice » dont il n'explique pas vraiment l'origine psychologique. Des problèmes analogues sont soulevés par des sentiments en lien les uns avec les autres, par exemple la jalousie et l'envie. Ce qui est particulièrement gênant pour Rawls, c'est que Sigmund Freud a justement bâti toute sa théorie de la justice sur ces sentiments : seuls les défavorisés réclament la justice ! Chez Rawls, en revanche, le sens moral semble faire partie de la nature de l'homme, comme pour Marc Hauser (cf. *L'homme sur le pont*). Sauf que Rawls n'est pas allé fouiller cet instinct qu'il prend pour base. Sans doute parce que, à l'instar de Kant, il le considère comme une loi innée de la raison, et non comme un sentiment.

La question de savoir s'il faut accorder plus d'importance à la justice ou au bien-être sépare Rawls des utilitaristes (cf. *Tante Bertha doit vivre*). Si des utilitaristes comme Jeremy Bentham ou John Stuart Mill devaient répondre à la question de savoir comment faire une société juste à partir de l'aspiration au bonheur de chaque individu libre, Rawls doit montrer comment une société juste peut conduire à la liberté, et donc au bonheur de tous. Chez Bentham et Mill, l'État est un mal nécessaire. Chez Rawls, il est le législateur moral.

C'est cette ligne de partage qui sépare aujourd'hui encore les fronts politiques. La justice est-elle d'abord une mission de l'État ou se situe-t-elle en premier lieu dans l'engagement moral de chaque individu vis-à-vis de soi ? Partout où ce sont uniquement les intérêts de l'individu qui sont concernés et où ses actions ne limitent pas ou n'encombrent pas de façon inadaptée d'autres membres de la société, l'État ne doit pas intervenir, selon Bentham et Mill. Son rôle est celui d'un gardien de nuit qui ne sonne l'alarme qu'au moment de l'incendie. Chez Rawls, au contraire, l'État veille en de nombreux endroits à l'équilibre des intérêts. Il est tout à la fois un directeur plein de sagesse et un pédagogue attentionné. Le pluralisme dans la gestion de la vie de chaque individu – ce fut son dernier grand sujet d'étude avant sa mort – prend fin là où il menace dangereusement le pluralisme de la société dans son ensemble. Un État qui serait trop tolérant vis-à-vis des regroupements politiques, intellectuels ou religieux risquerait de saper ses propres fondements. En d'autres termes : le pluralisme privé prend fin là où il détruit le pluralisme politique.

Les deux théories se rejoignent dans leur condamnation de l'uniformatisation telle qu'on peut la voir dans le socialisme d'État. Une société qui vise exclusivement l'égalité serait en totale contradiction avec la nature humaine, et donc condamnée à stagner ou à péricliter. Les pères fondateurs du socialisme, Karl Marx et Friedrich Engels, ne voyaient d'ailleurs pas les choses autrement quand ils écrivaient dans le *Manifeste du parti communiste* : « Le libre épanouissement de l'individu est la base du libre épanouissement de tous. »

Ce qui est intéressant dans toute théorie sur la justice, et aussi dans celle de Rawls, c'est qu'elle considère la justice comme une base du bonheur – même si, à l'inverse, celle-ci ne semble être qu'un aspect annexe dans la philosophie du bonheur. Il est d'ailleurs significatif de voir comment Rawls définit le bonheur, dans son style à la fois très honnête et très sobre : « L'idée principale, c'est que le bien d'un individu se définit comme le plan de vie à long terme le plus raisonnable dans des circonstances relativement favorables. Un individu est heureux quand il a quelque succès dans l'exécution de ce plan. Pour dire les choses brièvement : ce qui est *bon*, c'est la satisfaction de besoins raisonnables. » L'évidence avec laquelle Rawls dans ce résumé passe du mot « bonheur » au mot « bon » est déjà frappante en soi. Car considérer que ce qui est bon doit être du bonheur est une façon bien singulière et limitée de considérer la nature humaine. D'un point de vue psychologique, il y aurait certes beaucoup à redire à la *Théorie de la justice*. Mais si le bonheur ne prospère pas dans le fait d'être bon, que faut-il y ajouter ?

• *Les îles de la félicité*. Qu'est-ce qu'une vie heureuse ?

VANUATU

Les îles de la félicité
Qu'est-ce qu'une vie heureuse ?

Les gens les plus heureux du monde n'ont pas de routes carrossables. Ils n'ont pas non plus de richesses notables dans leur sous-sol. Ils n'ont pas d'armée. Ce sont des paysans et des pêcheurs ou des gens qui travaillent dans des restaurants et des hôtels. Ils ont plutôt de la difficulté à se comprendre entre eux. Le pays où ils vivent a la plus forte densité de langues au monde. Deux cent mille habitants sont là, qui parlent plus de cent langues différentes. L'espérance de vie n'est pas très élevée : les gens les plus heureux du monde ne dépassent guère l'âge de soixante-trois ans. « Ici les gens sont heureux parce qu'ils se contentent de peu, dit un journaliste local. Leur vie tourne autour de la communauté, de la famille et de tout ce que l'on peut faire de bien avec les autres. C'est un endroit où l'on n'est pas obligé de se faire beaucoup de souci. » Les gens ne redoutent que les cyclones et les séismes.

À en croire le *Happy Planet Index* publié durant l'été 2006 par la New Economics Foundation, le Vanuatu serait le pays où les gens sont le plus heureux. Vanua-quoi ? Oui, ce pays existe bien. C'est un archipel de Mélanésie, dans le sud-ouest de l'océan Pacifique ; il était connu autrefois sous le nom de Nouvelles-Hébrides. Cette enquête combine trois variables : le degré de satisfaction de la vie, l'espérance de vie et l'empreinte écologique par habitant ; elle introduit à travers le premier indicateur une mesure de la satisfaction « subjective » globale des individus par rapport à la vie qu'ils mènent.

Ce qui conviendrait donc le mieux à l'être humain, ce serait de vivre sur une île volcanique avec une densité de population de dix-sept habitants au kilomètre carré ; un climat doux avec beaucoup de soleil et une végétation luxuriante ; un mélange religieux fait d'animisme, de protestantisme, d'anglicanisme, de catholicisme et d'adventisme ; des conditions de travail modestes mais honnêtes, avec un grand nombre de travailleurs indépendants ; une démocratie parlementaire avec un Premier ministre fort, un président sans grand pouvoir et un système juridique à l'anglo-saxonne. Mais ce n'est pas ce que voulaient savoir avec autant de précision les initiateurs de cette étude parmi lesquels se trouvait l'organisation écologique Friends of the Earth. Leur but premier était de déterminer dans quelle mesure l'homme peut intervenir sur la nature et dans quelle mesure il est obligé de mettre à mal son environnement pour créer des conditions propres à assurer son bonheur. Et la réponse donnée par le gagnant de cette enquête est celle-ci : Moins on intervient, mieux c'est.

Si l'on compare en effet cette île volcanique avec les pays du monde industrialisé, on s'aperçoit que le facteur de bonheur est assez misérable dans ces derniers pourtant considérés comme les pays du progrès, avec une espérance de vie élevée et des offres incroyables en matière de consommation, de loisirs et de divertissement : l'Allemagne occupe la 81e place, quatrième pays le plus heureux d'Europe derrière l'Italie, l'Autriche et le Luxembourg. Tous les pays scandinaves si réputés pour leur style de vie terminent loin derrière : 112e place pour le Danemark, 115e pour la Norvège, 119e pour la Suède et 123e pour la Finlande. La France occupe la 124e place. On serait beaucoup plus heureux en Chine, en Mongolie ou à la Jamaïque. La qualité de vie est jugée déplorable au « pays de la liberté » : les États-Unis terminent à la 150e place. Quant au Koweït et au Qatar, où les gens n'ont pas besoin de travailler tant l'État est riche grâce aux revenus du pétrole, ils occupent les 159e et 166e places. En queue de peloton des cent soixante-dix-huit pays étudiés, on trouve la Russie, l'Ukraine, le Congo, le Swaziland et le Zimbabwe.

Oublions pour l'instant que les jours de ces îles bienheureuses sont comptés car, le niveau de la mer montant avec le réchauffement climatique, l'océan va bientôt submerger cette Atlantide. Demandons-nous plutôt ce que nous pouvons apprendre de ces gens du Pacifique Sud qui sont tenus pour les plus heureux du monde. La première leçon est simple, claire et tout à fait dans l'optique des initiateurs de cette étude : l'argent, la consommation, le pouvoir et une forte espérance de vie ne font pas le bonheur. C'est un message intéressant, surtout à une époque où le revenu de larges couches de la population, même dans les pays industrialisés de l'Occident, ne progresse plus vraiment. C'est sans doute la raison pour laquelle des instituts économiques comme la New Economics Foundation se penchent sur le fait de savoir dans quelle mesure l'argent peut rendre heureux, et si les critères de revenu et de propriété ont effectivement une importance pour mesurer le bonheur et le taux de réussite d'une société. Dans cette perspective, l'« économie du bonheur » (*Happiness Economics*) représente une branche très prometteuse de la recherche et ses résultats méritent qu'on s'y attarde. C'est ainsi que les économistes du bonheur se sont aperçus, grâce à une série de sondages et d'enquêtes, que le revenu réel et le niveau de vie aux États-Unis ont doublé depuis les années 50. En revanche, la part des gens se considérant comme heureux n'a pas augmenté dans les mêmes proportions et est même restée quasiment constante. Le calcul détaillé effectué par une autre étude en arrive à la conclusion qu'à partir d'un revenu annuel d'environ vingt mille dollars par habitant le bonheur n'augmente plus de façon proportionnelle au revenu. L'une des raisons susceptibles d'expliquer ce fait serait que si l'acquisition de biens peut satisfaire de façon brève, la possession ne rend pas heureux (cf. *L'huile de vidange de Robinson*). Dès que certains désirs sont réalisés, il en vient d'autres qui demandent à être réalisés à leur tour, tandis qu'on s'habitue à ce que l'on a comme si c'était la chose la plus naturelle du monde. La richesse est donc une notion très relative. C'est avant tout une impression, et ce sont les autres qui donnent généralement la mesure de cette impression. Un RMIste en Europe ne va pas se sentir riche, alors qu'avec ce qu'il touche il serait un vrai Crésus en Inde, par exemple.

Ce qu'il y a d'étrange dans toutes ces données, c'est qu'elles n'ont guère d'influence sur notre vie. Le rêve d'indépendance financière est toujours très répandu dans les pays industrialisés. Voilà pourquoi nous nous échinons toute la journée et passons le plus clair de notre temps à travailler, alors que la plupart d'entre nous n'arriveront jamais à être vraiment « libres ». L'argent et le prestige occupent les deux plus hautes marches de notre système personnel de valeurs, avant même la famille et les amis. C'est d'autant plus étonnant que l'échelle de valeurs des économistes du bonheur est exactement l'inverse. Selon cette évaluation, il n'y a rien qui rende plus heureux que les relations interpersonnelles, c'est-à-dire les échanges avec sa famille, son ou sa partenaire, ses enfants et ses amis. En deuxième position vient le sentiment d'être utile ; puis, selon les circonstances, arrivent la santé et la liberté. Si l'on se fie donc à cette échelle de valeurs, on peut dire que la plupart des gens des pays riches se trompent en accordant autant d'importance à l'argent : ils ne font que prendre de mauvaises décisions. Ils cherchent à atteindre une sécurité qu'ils n'auront sans doute jamais. Ils sacrifient leur liberté et leur autonomie pour un salaire toujours plus élevé. Et ils achètent des choses dont ils n'ont pas besoin pour impressionner des gens qu'ils n'aiment pas avec de l'argent qu'ils n'ont pas.

Le problème, c'est que non seulement toute notre façon de penser mais aussi tout notre système social sont fondés sur cette orientation matérielle. Dans les années 50, l'écrivain Heinrich Böll a écrit un court récit intitulé *Anecdote sur la baisse de la morale du travail*. Dans un petit port de la Méditerranée, un pauvre pêcheur est allongé au soleil sans rien faire. Un touriste s'approche et cherche à le convaincre qu'il serait préférable pour lui d'aller pêcher. « Pourquoi ? demande le pêcheur. – Pour gagner plus d'argent », répond le touriste. Et il s'empresse de lui démontrer, chiffres à l'appui, combien ses sorties en mer pourraient faire de lui un homme riche à la tête d'une petite entreprise prospère avec des employés. « Et pour quoi faire ? demande à nouveau le pêcheur. – Eh bien, vous serez alors si riche que vous pourrez passer toutes vos journées à ne rien faire, allongé au soleil, lui dit le touriste. – N'est-ce pas justement ce que j'étais en train de faire ? » répond le pêcheur avant de replonger dans sa sieste.

Si je me souviens de cette histoire, c'est parce que j'ai dû l'étudier au lycée. Ce récit était dans notre manuel, mais notre professeur d'allemand, qui était une jeune femme, avait du mal avec ce texte. La plupart de mes camarades n'avaient pas tardé à être totalement convaincus par cette histoire et à décrocher du cours pour rêvasser près des radiateurs. Notre jeune professeur, en revanche, ne cessait de chercher la raison expliquant pourquoi cette histoire si démotivante était justement au programme et quelle en était la valeur pédagogique. Elle prenait la défense du touriste, et s'efforçait de nous convaincre qu'avoir plus d'argent permettait d'avoir une meilleure couverture sociale et une meilleure retraite. Sauf que le texte était de Heinrich Böll et n'émanait pas d'un quelconque service de la Sécurité sociale. Était-ce vraiment l'intention de Böll de plaider en faveur de la protection sociale et contre les risques de la vie ?

Une chose est sûre, les économistes du bonheur s'en remettent davantage au point de vue du pêcheur qu'à celui de ma professeure. Pour eux, le taux de divorce et de chômage dans un pays donné est un meilleur indice du bien-être national que le PIB. Et ils sont très sérieux dans leur démarche : ils sont d'avis qu'il serait préférable de disposer d'un « indice national de satisfaction » plutôt que d'essayer de mesurer la satisfaction d'un peuple et les réussites de son gouvernement. Ce serait en effet un revirement dans les mentalités à la hauteur de notre époque. Quelqu'un s'est vraiment engagé dans ce sens ; il s'agit de l'économiste britannique Richard Layard, professeur à la London School of Economics and Political Science. Pour Layard, ce qui est certain, c'est qu'il y a plus important, pour être heureux, que ce désir d'avoir toujours plus. Celui qui ne cherche qu'à avoir davantage de bien-être et de statut social (comparé aux autres) révèle un comportement de manque. La recherche effrénée de biens matériels engendre un état constant d'insatisfaction qui ne peut produire de bonheur durable.

La croissance, qui est l'objectif de tous les pays industrialisés, ne rend donc pas les gens heureux. Au contraire, ils paient le prix fort de cette croissance dans la mesure où ils en retirent bien peu de bonheur. Même si aujourd'hui nous avons davantage à manger, si nos voitures sont plus puissantes et si nous pouvons partir de temps en temps aux Maldives, notre état psychique ne s'améliore pas avec notre pouvoir d'achat – et pourtant nous sommes convaincus par cette idée fausse. Pour Layard, la conséquence est claire : comme les gens ont plus peur de perdre qu'ils ne sont heureux avec ce qu'ils acquièrent, il faut reconsidérer toute la politique des pays industrialisés. Le plein-emploi et la paix sociale sont plus importants que l'augmentation du PIB. Bonheur pour tous et non-croissance pour l'économie, tel devrait être le nouveau slogan.

On peut bien sûr se demander si les exigences de Layard sont réalistes ou non. Nous n'allons pas entrer dans ce débat. Une chose est sûre : ce n'est pas le bien-être ni l'argent, ni même l'âge, le sexe, l'apparence, l'intelligence ou la culture qui décident de notre bonheur. Ce qui est plus important, c'est la sexualité, les enfants, les amis, la nourriture et le sport. Et ce qui prime par-dessus tout, ce sont les relations sociales. D'après une enquête menée par la World Values Survey (*Étude des valeurs au niveau mondial*), institut de recherche sur les questions de culture, de morale, de religion et de politique, un divorce est aussi négatif pour le bien-être que la perte des deux tiers de son revenu. Il est également intéressant de constater que l'espoir d'être heureux contribue de façon non négligeable au bonheur. En effet, il est très difficile de vivre sans une idée de bonheur et sans un désir de bonheur. Le rêve de bonheur nous accompagne – même si ce n'est que l'image de tout ce que nous n'avons pas, de ce qui nous cause de la douleur ou de ce qui nous manque.

Au-delà de toute statistique, le bonheur est toujours une chose très personnelle. C'est à moi de trouver *mon* bonheur. « Le bonheur est cet instant de profonde harmonie avec soi-même », écrivait Ludwig Marcuse en 1949 dans son livre *Philosophie du bonheur entre Job et Freud*. Mais cette harmonie n'a rien de simple. On pense à Rosalie (cf. *Do be do be do*). Cependant, s'il est vrai qu'il n'y a pas un seul et unique moi, mais seulement des états différents du moi (au nombre de huit), que veut alors dire « harmonie » ? Qu'est-ce qui s'harmonise avec quoi ? Et l'état de bonheur est-il alors plus « essentiel » que mes autres états ? Suis-je vraiment plus proche de moi quand je suis heureux ?

Il est temps de solliciter à nouveau la neurologie et d'aller voir du côté de ces vieilles connaissances que sont la sérotonine et la dopamine (cf. *Mister Spock est amoureux* et *Une chose improbable tout à fait normale*). Quiconque s'allonge au soleil pour se détendre n'est pas étonné que la sensation de bonheur soit en relation étroite avec la chimie du corps. Les rayons du soleil sont bons pour le moral dans la mesure où ils provoquent une augmentation du taux de sérotonine. Il n'est donc pas étonnant que l'on sourie davantage au Vanuatu que sous nos latitudes. La température influe sur le tempérament. Ce que nous apprend la neurologie sur le mécanisme qui engendre le bonheur est souvent raccourci de façon drastique. C'est l'hémisphère gauche du cerveau qui est sollicité pour les affects négatifs et l'hémisphère droit pour les affects positifs. Cela rappelle un peu la cartographie sommaire du cerveau établie au XIXe siècle. Or, en fait, il s'agit d'un jeu assez complexe de sentiment et de conscience, de système limbique et de cortex préfrontal. Ce qui est simple, c'est uniquement l'influence de certaines substances comme la caféine, l'alcool, la nicotine et la cocaïne. Toutes augmentent l'émission de neurotransmetteurs tels que la dopamine, et parfois aussi la sérotonine, et engendrent des états d'excitation et de satisfaction passagers. Mais on est encore loin d'avoir une explication pour des états de bonheur complexes et durables. Si l'on considère des plaisirs relativement simples, comme celui que l'on éprouve lors d'un bon repas, on se rend compte que la vue, l'odorat et le goût jouent un rôle prépondérant ; même l'ambiance et l'attente du repas ont un rôle important dans ce sentiment de bonheur.

L'élément crucial qui se cache derrière la plupart des situations de bonheur, qu'il s'agisse de flirt, de sexe, de nourriture, de voyage ou même de sport, c'est le jeu de l'*attente* et de l'*accomplissement*. La plupart des théories neurochimiques sur le bonheur s'arrêtent avant que les choses aient vraiment commencé. Le chocolat rend heureux parce qu'il libère de la sérotonine ; son odeur suffit même à produire des anticorps qui protègent des maladies ; d'une façon générale, les bonnes odeurs favorisent l'émission de sérotonine. Mais il ne suffit pas de manger du chocolat, de prendre certaines drogues ou de respirer des fleurs pour comprendre le bonheur. Il faut donc aller plus loin et remonter jusqu'aux attentes. Quelqu'un qui fait du jogging peut vivre des états de grand plaisir parce que courir libère des endorphines, c'est ce que l'on appelle le *runner's high*. Mais il éprouve des sentiments de bonheur plus forts encore quand il bat un record ou gagne une course. Cependant, ce « plus » ne vient pas de la réaction naturelle du corps en train de courir ; il surgit grâce au cortex préfrontal, car ce dernier est le seul à connaître les chiffres des records. La victoire *récompense* le coureur et le rend heureux. Une attente a été comblée, et même dépassée.

Rien d'étonnant, donc, à ce que la neurologie s'intéresse tant aujourd'hui à la question de savoir quel chemin spécifique réunit ici sentiment et conscience. Car les sentiments de bonheur sont souvent bien plus que de simples émotions. Si le rire peut dérider des patients profondément taciturnes et s'il y a même aujourd'hui des thérapies par le rire, ce n'est pas uniquement une question de réflexes. Des études ont montré que le simple fait de penser à une chose négative provoque une baisse du système immunitaire. En revanche, dès que l'on stimule le souvenir de choses positives, le moral s'en ressent et les anticorps sont plus actifs.

Le bonheur est une chose très complexe. Parfois c'est une émotion très positive, parfois une grande joie, parfois un enthousiasme, parfois un ravissement. Tous ces états sont en rapport avec une sensibilité accrue et des sens plus ouverts, plus aiguisés. Mais d'un autre côté, il ne faut pas sous-estimer l'apport de la conscience : une appréciation positive des choses et de l'environnement associée à une perception tout aussi positive qui touche également le souvenir. Quand on est amoureux ou que l'on a du succès, tout semble soudain facile. Cette impression mêle et condense les idées abstraites d'harmonie, d'intensité, d'unité et de liberté. On est satisfait, et l'estime de soi augmente dans des proportions qui donnent parfois le vertige. Quelqu'un d'heureux se montre plus ouvert ; il est aimable, spontané, souple, productif. Il se sent capable de déplacer des montagnes.

Mais tout le monde sait que ce sentiment d'ivresse et d'harmonie ne dure pas. Et c'est sans doute bien ainsi. Trop de sérotonine rend indifférent au monde extérieur. Et un excès de dopamine conduit à une forme d'aliénation, d'ivresse du pouvoir, de folie des grandeurs et de démence. Au bout d'un moment, les récepteurs du cerveau se ferment aux sollicitations chimiques et la magie disparaît. Vouloir prolonger artificiellement cet état conduit au fiasco : la dépendance à la drogue, la bêtise amoureuse, la terreur de la recherche effrénée du succès.

Personne ne peut vivre en harmonie absolue et constante avec soi-même. Se fondre constamment dans son action du moment, tout dissoudre autour de soi y compris le temps, ne s'attarder que sur le ici et maintenant, autant de belles pensées héritées de la sagesse extrême-orientale. Mais d'un point de vue psychologique, c'est une situation intenable. Et d'un point de vue neurochimique, c'est vouloir faire de l'exception la règle. Les moments de grand bonheur sont des « îles de la Félicité » dans l'océan de notre vie. De tels états ne sont bien sûr pas des recettes pour une vie réussie mais révèlent une attente irréaliste.

On ne peut arriver à un bonheur durable que si les attentes sont réalistes. Quand les états de bonheur et de malheur sont essentiellement *home made*, ils sont largement une question de relation avec soi-même, c'est-à-dire avec ses propres attentes. C'est la seule façon d'expliquer pourquoi des gens qui vivent dans des conditions difficiles peuvent être parfois plus heureux que des gens vivant dans des situations privilégiées. « Être en harmonie avec soi-même », comme le dit Ludwig Marcuse, c'est être en harmonie avec ses propres attentes. Y compris les attentes que j'attends des autres – ce que Niklas Luhmann appelle les « attentes d'attentes ».

Chacun sait qu'il importe peu d'être en accord avec soi-même si l'on n'est pas aussi en accord avec les autres. C'est la raison pour laquelle de nombreuses idées extrême-orientales ne peuvent subsister au-delà des murs d'un monastère.

Pendant que je faisais mon service civil, au milieu des années 80, j'ai rencontré un travailleur social dont la devise me choquait beaucoup. Il disait que son but dans la vie – et, pour autant que j'aie bien compris, le but que devrait adopter tout le monde –, c'était de se libérer de ses attentes. Grands dieux, quelle attente exagérée ! De toutes les attentes que je peux avoir dans la vie, celle-ci est sans conteste la plus grande et la plus irréalisable, car rien ne peut nous couper de nos attentes. La question n'est pas de savoir comment s'en séparer, mais de savoir comment les structurer. Selon un autre précepte, il faut toujours avoir des attentes le plus modestes possible pour ne pas être déçu. On peut voir les choses ainsi. Mais ce n'est pas une vision très séduisante. Des attentes minimales révèlent deux choses : une peur de la vie et une difficulté manifeste à faire face aux déceptions. Ne serait-il pas plus facile d'apprendre à gérer ses déceptions ? Celui qui attend peu de la vie ne vit guère non plus.

La morale petite-bourgeoise des petites attentes peut néanmoins se prévaloir de l'aide de nombreux philosophes. Le bonheur et le plaisir de vivre n'ont jamais compté parmi leurs sujets préférés. Nombre d'entre eux se sont arrêtés à la notion de « satisfaction » – le niveau le plus bas du bonheur. Immanuel Kant en est un bon exemple. Pour lui, le seul bonheur réaliste consiste à accomplir son devoir moral. Tentative pour le moins maladroite et timorée de raccorder le devoir avec le bonheur. En revanche, il est réjouissant de lire ce qu'écrivait Édith Piaf qui séparait les deux : « La morale, c'est de vivre de telle façon que ça ne fait pas plaisir de vivre de cette façon. » Et prendre comme modèle de bonheur la seconde moitié de la vie de Kant, faite tout entière de routine, n'est pas vraiment tentant.

Bonheur et satisfaction ne sont pas identiques. Et l'on devrait se garder de transformer la recherche du plaisir en une stratégie cherchant à éviter les souffrances. Bien entendu, les deux font partie de la vie et chacun a ses propres repères dans cet éventail assez large. Il ne nous est sûrement pas très difficile de répartir les gens que nous connaissons, amis et autres connaissances, en deux catégories : ceux qui savent prendre du plaisir et ceux qui cherchent à éviter les souffrances. Cette orientation dépend sans doute beaucoup de l'éducation et du tempérament. Accorder plus d'importance au fait d'éviter les souffrances qu'à la recherche du plaisir n'est pas fondé, même si de nombreuses religions et de nombreux philosophes s'y réfèrent : et la « satisfaction » tant vantée par les personnes assez âgées, avec tous ses mérites et ses avantages, n'a pas de quoi faire saliver les plus jeunes.

C'est en tout cas ainsi que voit les choses un psychologue réputé, chercheur en bonheur, professeur à l'université de Pennsylvanie, à Philadelphie : Martin Seligman. Pour lui, toute attitude a sa valeur : le bonheur comme « affaire de jouissance individuelle », « affaire des désirs que l'on a » et « possibilité d'atteindre certains choses dans la liste des buts que l'on s'est fixés ». Le vrai bonheur serait un mélange de tout cela : une *vie agréable*, le plaisir donc ; une *vie bonne*, l'engagement et l'accomplissement d'envies personnelles ; une *vie bien remplie*, la réalisation de certains objectifs dont on a établi la liste. Tout cela est plausible. La question est seulement de savoir comment on arrive à une telle vie. Suis-je libre de modeler mon bonheur comme je l'entends ? Et, si oui, comment m'y prendre pour y parvenir ?

• *Le jardin lointain*. Peut-on apprendre à être heureux ?

ATHENES

Le jardin lointain.
Peut-on apprendre à être heureux ?

Pour les uns c'était le plus avisé de tous les philosophes, pour les autres ce n'était qu'un « infect porc ». Épicure est né vers 341 avant Jésus-Christ sur l'île de Samos, en Grèce. Il fut un véritable mythe de son vivant et cela a continué après sa mort. Pourtant, de grands pans de sa vie nous sont inconnus et restent dans l'ombre. Presque tout ce que nous savons de lui provient d'une source unique : un biographe ayant vécu cinq siècles après lui. Épicure a dix-huit ans quand il arrive à Athènes pour la première fois. C'est l'époque d'Alexandre le Grand. À la mort de celui-ci, lorsque les Athéniens tentent vainement de se révolter, Épicure suit son père dans la région d'Éphèse, l'actuelle Turquie. À trente-cinq ans, il revient à Athènes et achète un jardin, le célèbre *kèpos*. Ce jardin devient rapidement le centre de la nouvelle démocratie à Athènes. Des gens de toutes les couches sociales se rencontrent chez Épicure. Un cercle étroit vit ici, un peu comme une secte, de façon communautaire et sans propriété privée. Même les femmes et les esclaves sont les bienvenus dans le *kèpos* – chose qui irrite bon nombre d'Athéniens. On ne cesse de médire sur ce gourou et son étrange mode de vie ; on parle d'orgies et de sexe. Mais qui est vraiment entré dans le jardin d'Épicure sait qu'au-dessus de la porte est gravée cette phrase : « Entre, étranger ! Un hôte aimable t'attend avec du pain et de l'eau en abondance, car ici tes désirs ne sont pas attisés mais assouvis. » Épicure garde son jardin pendant plus de trente ans, jusqu'à sa mort, en 270 avant Jésus-Christ. Son *kèpos*, véritable institution, va néanmoins lui survivre pendant cinq siècles.

Il est impossible de savoir avec certitude ce qui se passait vraiment dans ce jardin à la réputation sulfureuse, car il ne reste plus que de rares fragments des écrits du maître. En revanche, nous disposons de nombreuses autres sources, notamment tout ce qu'ont écrit autant ses disciples que ses adversaires. Les élèves et les contradicteurs d'Épicure ont donné de lui un portrait si différent qu'il n'est pas facile de séparer le bon grain de l'ivraie. La postérité, surtout les chrétiens, en a encore rajouté, noircissant le trait jusqu'au grotesque.

Ce qu'il y a de radical et d'éminemment moderne dans la doctrine d'Épicure, c'est qu'elle ne s'est appuyée sur rien d'autre que sur la vie directement perceptible par les sens, attitude très rare en philosophie. Pour lui, les dieux et la religion ne jouent absolument aucun rôle. Même la mort, disait-il, ne devait pas être surestimée dans son importance au quotidien : « Habitue-toi à penser que pour nous la mort n'est rien, car tout bien et tout mal résident dans la sensation, et la mort est privation de nos sensations… Quand nous sommes, la mort n'est pas là, et quand la mort est là, nous ne sommes plus ! » *(Lettre à Ménécée)*. Le rapport d'Épicure au monde se limite à ce qui est effectivement perceptible. Il estime certes beaucoup la raison logique, mais il fait toujours le lien entre ce qu'elle nous dit et ce que nos sens peuvent percevoir et saisir. Il ne voulait pas se hasarder au-delà de ce monde sensible. Épicure se garde d'élaborer un plan général sur l'essence, sur la naissance et l'état du monde, comme l'ont fait beaucoup de ses prédécesseurs dans la philosophie grecque. En fait, il ne veut rien expliquer de façon exhaustive car il voit partout des lacunes et des manques dans le savoir. Au lieu de se tourner vers une théorie globale de la connaissance, il s'intéresse à la question de savoir ce qu'est une vie réussie dans le cadre limité des possibilités humaines. Épicure savait très bien qu'il était impossible de donner une réponse simple à cette question. Il lui fallait prendre en compte l'aspect contradictoire de notre nature.

Les êtres humains sont programmés pour avoir des sensations de plaisir. Le plaisir est bon et le déplaisir mauvais. Il suffit de regarder les enfants pour voir comment les humains fonctionnent au niveau émotionnel. Le désir de plaisir est aussi limpide que des phrases telles que : « Le feu brûle », « La neige est froide » ou « Le miel est sucré ». Les adultes aussi sont à la recherche de plaisirs. Mais la plupart des états de plaisir – sexe, nourriture, alcool, etc. – ne durent pas longtemps. Les îles de la félicité ne deviennent jamais des continents. Ces états de plaisir sont limités ; on peut certes en profiter et les goûter à plein, mais il ne faut surtout pas les surestimer. De plus, Épicure se méfie de l'abondance : ce qui est proposé en trop grande quantité perd vite de sa valeur. Manger lentement un morceau de fromage peut parfois procurer plus de plaisir que participer à un grand banquet. Pour augmenter durablement la joie de vivre, il convient donc d'endiguer le désir infantile d'abondance, le « toujours plus » et le « encore ». Il s'agit de réguler les besoins pour donner de la durée au plaisir. Mais ce n'est possible que par le biais de la raison. Celle-ci nous aide à développer des stratégies fiables et durables pour ne pas être constamment à la merci de nos pulsions.

L'un des moyens proposés est de développer l'acuité des sens et de distiller autant les petits plaisirs de la vie que les grands. Un autre moyen consiste à combattre nos peurs. Si l'on ne peut pas toujours provoquer de grands plaisirs, il est néanmoins possible de diminuer les sensations de déplaisir : il convient de s'épargner des angoisses inutiles, de tenir son ambition en lisière et de limiter ses envies de luxe, d'argent et de propriété. Tout cela engendre en effet bien peu de joies, mais beaucoup de dépendance : « Nous considérons aussi que l'indépendance par rapport aux choses extérieures est un grand bien... car nous sommes convaincus que ceux qui profitent le plus de l'opulence en ont le moins besoin et qu'il est facile de se procurer ce qui est naturel mais difficile ce qui est absurde. » Pour Épicure, ce n'est pas la propriété mais ce sont les relations interpersonnelles qui procurent un bonheur durable : « De tous les biens que la sagesse nous procure pour le bonheur de notre vie, celui de l'amitié est de beaucoup le plus grand » (Maxime 27).

Si l'on suit donc les préceptes d'Épicure, un épicurien est un individu équilibré qui tire son bonheur de tous les petits plaisirs de l'existence, qui sait combattre ses peurs et qui vit de façon conviviale. Il a fallu attendre ses adversaires tardifs, et notamment les chrétiens, pour voir la figure d'Épicure se transformer en celle d'un gourou du vice, en totale contradiction avec ce qu'il a enseigné. Or, d'un point de vue psychologique, il était plus en avance que tous les préceptes du christianisme. Il avait déjà bien vu l'interaction entre corps et esprit, entre physique et psyché, et il l'avait placée au centre de sa philosophie. On retrouve ce qu'il enseignait dans la *psychologie positive*, l'une des directions de la recherche les plus en vue aux États-Unis à l'heure actuelle. Les représentants de la psychologie positive recherchent les critères qui doivent être remplis pour que l'homme soit heureux. Ils mettent au point des programmes pour entraîner l'homme à être plus heureux. Car le bonheur – et c'est ce qui relie ces psychologues à Épicure – doit être activé. Le bonheur ne vient pas tout seul. Il ne suffit pas de ne pas être malade, de ne pas être stressé et de ne pas avoir de soucis pour être heureux. Il y a énormément de gens qui n'ont pas de gros problèmes dans la vie, et qui pourtant ne sont pas heureux et s'ennuient. En d'autres termes : le bonheur est beau mais il demande du travail. Les chercheurs en bonheur ont résumé ce travail dans une suite de règles pratiques que je vais citer ici – parfois avec un clin d'œil.

La première règle, c'est l'*activité*. Nos cerveaux sont avides d'occupation. Le point mort intellectuel provoque la mauvaise humeur. Dès que nous ne faisons rien pendant une journée, nos neurones meurent à toute allure. Si l'on n'occupe pas son esprit, il s'atrophie, processus qui s'accompagne généralement d'une sensation de déplaisir. Le manque de sollicitations conduit souvent à des dépressions. Nos hormones souffrent de ne pas être alimentées en dopamine. Nous ne sommes pas obligés d'être sans arrêt en activité, mais laisser tomber trop de choses n'est pas favorable au bonheur. Le sport par exemple est une très bonne chose, car l'esprit se récompense lui-même pour les efforts qui ont été faits en créant de nouveaux neurones. Avoir des centres d'intérêt augmente aussi la joie de vivre. La routine peut avoir certains avantages – mais à la longue elle ne rend pas heureux. Le changement et la nouveauté peuvent être des sources de bonheur. Wittgenstein, qui considérait comme suspecte la recherche du bonheur, s'en tenait donc exactement à la maxime inverse : « Peu importe ce que l'on mange, l'important c'est que ce soit toujours la même chose » – rien de mieux pour se rendre malheureux.

La deuxième règle, c'est la *vie sociale*. Épicure se souciait peu de se mettre en avant et d'occuper la première place, que ce soit en privé ou en public. Mais il avait bien vu qu'il n'y a guère de source de bonheur plus durable que les relations sociales. L'amitié, le mariage ou une liaison, la famille peuvent créer un cadre où nous nous sentons protégés. Vivre quelque chose avec son ou sa partenaire, un ami ou des enfants, tout cela augmente le bonheur. Le sentiment d'être protégé provoque un déversement d'ocytocine chez les hommes et de vasopressine chez les femmes, cette fameuse hormone du campagnol des prairies que nous avons vue précédemment (cf. *Une chose improbable tout à fait normale*). Celui qui est pris dans un tissu social dense ne se trouve plus seul face à ses problèmes et ses angoisses. Rien d'étonnant à ce qu'une belle relation et une sexualité épanouie soient plus importantes pour le bonheur que l'argent et la propriété.

La troisième règle, c'est la *concentration*. Épicure a passé beaucoup de temps à expliquer à ses élèves comment profiter de l'ici et maintenant : le parfum des fleurs, la beauté des formes, le goût d'un morceau de fromage. Des plaisirs choisis et concentrés augmentent la joie de vivre. Ce qui vaut pour les choses vaut bien sûr aussi pour les humains. Plus on s'investit dans l'autre, plus les sentiments s'intensifient et plus il y a échange. Du point de vue de la neurologie, les choses se présentent ainsi : distille tous tes états de conscience, du moins ceux qui te font du bien. Et pour tout ce dans quoi on s'investit, un seul mot d'ordre : le faire à fond. Si l'on ne cesse de penser que l'on va grossir lors d'un bon repas, si l'on ne cesse de regarder sa montre lors d'une discussion, on passe à côté de bons moments. On peut penser de temps en temps à l'avenir, rien de plus normal ; mais être obsédé par l'avenir est une perte de temps. La vie, c'est ce qui arrive à la plupart des gens alors qu'ils sont entièrement occupés à faire d'autres projets.

La quatrième règle concerne les *attentes réalistes*. Le bonheur est fonction de ce que l'on attend. On commet souvent l'erreur d'exiger trop de soi, mais aussi de ne pas exiger assez. Les deux attitudes engendrent l'insatisfaction. Qui n'exige pas assez de soi souffre d'un manque d'émission de dopamine, avec un manque d'élan et une indifférence à la clé. Et le manque d'élan conduit généralement à une tendance à se sous-estimer – un vrai cercle vicieux.

La cinquième règle : avoir des *pensées positives*. C'est peut-être la plus importante. Les sensations de bonheur – et, une fois encore, Épicure et la psychologie positive se rejoignent sur ce point – ne sont pas dues au hasard, mais sont une conséquence de pensées et de sensations « positives ». Les idées positives sont celles qui provoquent du plaisir et évitent le déplaisir. Une astuce des psychologues est de dire : « Fais comme si tu étais heureux, et tu le seras ! » Mais c'est plus facile à dire qu'à faire. Quand je ne vais pas bien, j'ai du mal à rassembler mes forces pour me dire que je pourrais être de bonne humeur. L'écrivain russe Fédor Dostoïevski, qui était un fin psychologue, a résumé cette morale des pensées positives dans cette formule : « Tout est bien. Tout. L'homme est malheureux parce qu'il ne sait pas qu'il est heureux. Ce n'est que cela. C'est tout. Tout ! Qui s'en rend compte va se sentir heureux, tout de suite, à l'instant. »

Ce qui ressort de tout cela, par-delà toute ironie, c'est que je suis plus ou moins libre, dans certaines limites, de *juger* des événements de ma vie. On peut toujours gloser sur le degré de cette liberté. Dans le livre de ma vie, est-ce que je préfère les passages qui sont beaux, ou au contraire ceux qui sont tristes ou ennuyeux ? Certains arrivent à tirer le meilleur parti de la vie, d'autres non. Un accès possible serait de se rendre compte du rôle de l'entendement dans l'évaluation de ses propres sentiments. Pourquoi est-ce que je me complais dans le négatif ? Il est certain que je ne suis pas libre d'éprouver les choses de façon négative ou positive ; mais pour ce qui est d'évaluer mes impressions, sur ce point précis, je dispose d'une certaine marge de liberté. Une liberté que je peux entraîner. Apprendre, au moment où j'éprouve un sentiment ou bien juste après, à le hiérarchiser et à le relativiser est une chose tout à fait possible et très précieuse (cf. *Do be do be do*).

Une autre possibilité qui est conseillée est d'écrire tout de suite ses impressions négatives. Elles sont alors aussitôt analysée en profondeur par le cortex, et de cette façon un peu adoucies. Ça ne fait pas de mal non plus d'écrire au même moment quelques contre-arguments. Les psychologues positifs encouragent aussi à tenir un journal du bonheur afin d'apprendre à se souvenir de ce qui est beau. Une autre sagesse que nous enseigne la psychologie du bonheur est la suivante : « Ne te prends pas trop au sérieux et apprends à rire de toi-même ! » Là aussi on peut rétorquer : Plus facile à dire qu'à faire. Ne faut-il pas déjà être capable de le faire pour le mettre en pratique ? Cette maxime me rappelle toujours mon ami… Maxime. À l'école de management, le coach demandait plus de spontanéité de la part des participants. Un collègue suisse de mon ami sortit aussitôt un stylo de sa poche et nota consciencieusement sur une feuille : « Ne pas oublier d'être plus spontané ! » Que quelqu'un apprenne à se moquer de soi-même est un objectif aussi bénéfique qu'ambitieux en relation avec une haute attente de soi. Il est certainement plus facile d'éviter certaines causes de déplaisir. L'une des plus fréquentes, c'est la comparaison. Un principe immuable est le suivant : Qui compare perd ! Je ne ressemble pas au mannequin dans ce magazine. (Il y a d'ailleurs fort à parier que lui-même ne ressemble pas à ça dans la réalité.) Je ne gagne pas autant que mon ancien camarade de classe. Je ne suis aussi drôle que certains. Ou, dans un genre plus macabre : Je ne suis pas aussi heureux que mes frères et sœurs. Tant que vous penserez de cette façon, vous ne serez pas heureux.

Un sixième point, c'est de ne pas exagérer la recherche du bonheur. *Savoir se débrouiller tranquillement avec le malheur est tout un art.* À quelque chose – ou presque –, malheur est bon. Certaines personnes disent qu'elles vivent de façon plus intense depuis qu'elles sont gravement malades et souffrent. Les crises, les difficultés et même les coups du sort peuvent parfois être salutaires. Certaines crises conduisent à un nouveau départ, et souvent on ne sait pas « à quoi elles sont bonnes ». Se plaindre de circonstances contre lesquelles on ne peut rien est un symptôme très fréquent. Et les psychologues du bonheur nous mettent en garde contre ce travers.

Enfin, le septième point, c'est la joie par le travail. Il est en étroite corrélation avec le premier qui nous parlait de l'activité. Le travail est quelque chose qui nous oblige à être actifs, et la plupart des gens ont besoin de cette pression pour faire suffisamment de choses. Cela ne vaut bien sûr pas pour toutes les formes de travail, mais c'est quand même souvent valable. Le travail est la meilleure des psychothérapies. Et le gros problème du chômage, c'est justement qu'il prive de cette autothérapie. Celui qui ne travaille pas se sent souvent inutile et mou : trop peu de dopamine et trop peu de sérotonine. C'était aussi la façon de voir de Sigmund Freud : pour lui, le bonheur consistait à « pouvoir aimer et travailler ».

Voilà pour les sept règles. On peut toujours se demander quelle est leur meilleure hiérarchie – et, bien sûr, quelle est leur utilité réelle. Car ce ne sont pas ces règles qui vont soudain rendre toutes les choses simples. Il ne suffit pas de les évoquer. La question la plus pressante, et celle qui a été la plus négligée jusqu'à présent par les psychologues du bonheur, c'est de savoir qu'elle est la marge dont je dispose personnellement. Certes, la psychologie positive utilise à fond tous les nouveaux résultats de la neurologie, mais le débat de fond consistant à se demander : « Puis-je vouloir ce que je veux ? » est toujours évité. À quoi bon disposer d'excellentes maximes si je ne suis pas libre de les mettre en pratique ? Cette question reste un énorme chantier.

Avons-nous clarifié la question du bonheur ? D'un point de vue philosophique, peut-être. Mais d'un point de vue psychologique, il reste encore bien des choses à découvrir. Pourquoi tant de gens vivent-ils selon une routine si étonnante qu'on a du mal à croire qu'ils vivent pour la première fois ? Pourquoi certains savent-ils toujours ce qui leur fait du bien ? Et pourquoi la plupart d'entre nous avancent à tâtons en se trompant sans cesse ? Cela ne vient sans doute pas du fait que les uns comprennent mieux le bonheur que d'autres. Car les artistes du bonheur ne sont pas toujours les plus heureux. Est-ce qu'on surestime le bonheur ? Une vie heureuse et une vie réussie ne sont-elles pas en fin de compte une seule et même chose ? Y a-t-il quelque chose de plus important que le bonheur ?

• *La machine de Matrix.* La vie a-t-elle un sens ?

UTOPIE

La machine de Matrix
La vie a-t-elle un sens ?

« Je vais te dire pourquoi tu es ici. Tu es ici parce que tu sais quelque chose. Quelque chose que tu ne peux pas expliquer. Mais tu le sens. Tu as senti toute ta vie que quelque chose ne tourne pas rond dans le monde. Tu ne sais pas ce que c'est, mais c'est là. Comme une écharde dans ta cervelle, et ça te rend fou. C'est cette sensation qui t'a conduit jusqu'à moi. »

Il y a quelque chose qui ne tourne pas rond dans le monde... N'allez pas chercher cette phrase dans un quelconque ouvrage de philosophie – vous ne la trouverez pas. Celui qui prononce ces mots, c'est Morpheus, un personnage du film *Matrix*, des frères Andy et Larry Wachowski. Ce film fut un grand succès au cinéma en 2000 – et à juste titre. Il y a rarement eu un film aussi philosophique sur l'être et le non-être, il est en tout cas comparable au film de Cocteau *Orphée* de 1949.

Ce film est l'histoire du hacker Néo, qui apprend de Morpheus que le monde dans lequel il vit et où tous les gens croient vivre n'est en réalité pas le vrai monde ; c'est un monde virtuel, un espace créé de toutes pièces par un réseau d'ordinateurs : la Matrice. Après que les hommes ont rendu la planète Terre inhabitable, des ordinateurs se sont emparés de la gouvernance du monde. Ils ont pris le contrôle de tout, ils ont créé la Matrice et utilisent les humains comme source d'énergie. Afin de pouvoir les exploiter, ils les mettent dans des espaces clos remplis d'un liquide nutritif et ils leur font miroiter une vie de rêve. Poussé par Morpheus, Néo parvient à se libérer de la Matrice après une lutte longue et difficile. À la fin du livre, il prend des allures christiques comme rédempteur de l'humanité.

Le film s'appuie sur toute une série de modèles, en particulier les romans de l'auteur polonais de science-fiction Stanislaw Lem. On retrouve aussi cette idée de monde virtuel dans le roman *Simulacron 3*, de l'écrivain américain Daniel F. Galouye, qui a été adapté deux fois pour le cinéma. *Matrix* s'appuie également sur la pensée du philosophe Jean Baudrillard et renvoie à toute une série de motifs de la gnose chrétienne. Mais le copyright de cette idée que toute existence sur terre n'est qu'une existence apparente ne revient ni aux frères Wachowski, ni à Lem, ni à Galouye, ni à Baudrillard. Il revient au philosophe grec Platon.

Dans son célèbre mythe de la caverne, au Livre VII de son œuvre maîtresse, la *République*, vers 370 avant Jésus-Christ, Platon nous décrit une scène absolument étrange. Un groupe d'individus vit depuis toujours dans une demeure souterraine en forme de caverne. Ils sont solidement attachés, de sorte qu'ils ne peuvent bouger ni leur tête ni leur corps et que leur regard est rivé sur la paroi devant eux. La seule lumière qui existe provient d'un feu qui brûle derrière eux. Entre eux et le feu passent des images et des objets, qui jettent des ombres sur la paroi. Les individus dans la caverne ne voient que les ombres de ces objets, ainsi que leurs propres ombres et celles des autres prisonniers. Même quand les personnes qui portent les objets parlent, ils ont l'impression que ce sont les ombres qui parlent. Sans avoir aucune idée de ce qui se passe vraiment derrière leur dos, les habitants de la caverne prennent les ombres qu'ils voient pour le seul et unique monde. Et rien ne peut les libérer de cette existence. Un prisonnier qui parviendrait à se libérer se rendrait bien sûr compte, au bout d'un moment, de ce qui se passe vraiment dans la caverne. Mais il ne pourrait l'expliquer aux autres, car cela dépasserait leurs capacités mentales.

Il deviendrait vite la risée des autres « et l'on dirait de lui que sa remontée à la surface lui a brouillé les yeux ».

Toutefois, avec son allégorie de la caverne, Platon n'avait nullement l'intention de faire un bon scénario de film. Il voulait simplement montrer que l'entendement philosophique devait se libérer peu à peu de toute perception sensible pour parvenir à la vraie nature des choses. Platon accordait beaucoup moins d'importance à la capacité de connaissance sensible qu'à la raison abstraite. Quoi qu'il en soit, avec cette allégorie de la caverne, il est devenu l'initiateur de toutes les visions à la *Matrix*. Et nous allons nous attarder encore quelques instants sur ce film. Dans *Matrix*, Néo se libère du monde virtuel alors qu'il n'y vit pas si mal finalement. Pourquoi ? On pourrait même aller au-delà du film en imaginant que la vie dans la Matrice est un vrai paradis. Tant que l'homme est connecté à cette Matrice, il peut choisir l'existence qui lui convient. On peut choisir d'être George Clooney ou Scarlett Johansson, on peut être Ronaldinho ou Zidane, et s'endormir chaque nuit auprès du partenaire de son choix. Mais, à la différence de ce qui se passe dans la Matrice, celui qui est ainsi connecté sait ce qu'il désire – il sait que ce monde n'est pas le vrai, même s'il en a toutes les apparences. Quelles sont à votre avis les chances pour que quelqu'un souhaite vivre durablement dans ces conditions ?

Vous allez peut-être penser que c'est une sorte d'expérience très gratifiante – comme une *Second Life* sans aucun risque mais avec une participation de tout le corps. Mais si ça dure toujours ? Qu'est-ce que serait une vie où l'on aurait continuellement du succès ? Où tout le monde pourrait avoir tout ce qu'il veut pour son bonheur ? Ce serait une vie terrible !

Il y a donc apparemment quelque chose de plus important que le bonheur, car une absolue garantie de bonheur finirait par devenir très ennuyeuse. Dans la vie, tout le sel vient des contrastes. On peut avoir envie de beaucoup de bonheur, mais pas d'un bonheur constant. Le poète et dramaturge irlandais George Bernard Shaw, qui était un philosophe avisé, l'a très bien exprimé à sa manière : « Une vie de bonheur ! Il n'est pas d'homme capable de l'endurer : ce serait l'enfer sur terre. » Mais ce n'est pas seulement la terreur du bonheur uniformisé qui rend la vie aussi pénible dans la Matrice. Ce qui est pire, c'est l'idée que l'on ne peut décider soi-même de sa vie. La capacité de décision personnelle est si importante qu'un bonheur télécommandé de l'extérieur n'est pas une idée qui attire beaucoup de monde. Il est plus important d'être l'artisan de son propre bonheur. Un bonheur offert en cadeau perd beaucoup de sa valeur. Quelles valeurs auraient les victoires, si l'on ne risquait jamais de perdre ? Et les livres les plus ennuyeux ne sont-ils pas souvent ceux dont on sait qu'ils vont se terminer comme on en a envie ? Ainsi que le constate l'écrivain russe Tolstoï, le bonheur ne consiste donc pas à « vouloir faire ce que tu veux mais à toujours vouloir ce que tu fais ».

Je ne sais pas si cela vous convainc, mais pour ma part je trouve que ce que dit Tolstoï est très proche de ce que l'on appelle généralement le « sens de la vie ». Il est vrai que de nombreux philosophes préfèrent prendre leurs distances par rapport à cette question. Pour eux, ce problème a des relents de populisme et d'ésotérisme bon marché. La question du sens, qui était autrefois pareille à la musique classique, a été déclassée au niveau de la musique de variétés. Peu importe, ce fut une question très importante. Lorsque les Grecs, il y a plus de deux mille quatre cents ans, ont jeté les bases de ce que l'on appelle aujourd'hui la philosophie occidentale, ils ont justement cherché à répondre à cette question – même si dans l'Antiquité grecque, il n'y avait pas de correspondance directe avec ce que l'on appelle à présent le « sens de la vie ». Mais la question était au fond identique : Qu'est-ce qui est important ? Qu'est-ce qui compte le plus ? Qu'est-ce qui compte le moins ?

Dans ce livre, nous avons rencontré de nombreux philosophes qui, chacun à leur manière, ont quand même tenté d'apporter une réponse plus ou moins directe à cette question. Et, comme à la fin d'une pièce de théâtre où chacun vient saluer, il convient de leur donner encore une fois la parole.

Les philosophes de ce que l'on appelle les Temps modernes, Descartes par exemple, ne se sont guère préoccupés de ce sujet. Pour eux, le sens général du monde n'était pas une question de l'homme mais une réponse déjà donnée par Dieu. Quand on vivait au Moyen Âge, à la Renaissance ou à l'époque du baroque, on n'avait pas besoin de se préoccuper de la question du sens. C'est l'Église qui disait quelles étaient les intentions de Dieu pour l'homme et tout était bien. Ce n'est qu'à partir du moment où notre conscience a remplacé l'ordre du monde voulu par Dieu que la question du sens a surgi. Cette question apparaît donc à la fin du XVIIIe siècle et au début du XIXe siècle.

Pour Immanuel Kant, la finalité de la vie consistait à accomplir son devoir moral. Comme je l'ai dit précédemment, c'est un peu maigre. Pour Jean-Jacques Rousseau, ce qui était important, c'était de pouvoir et d'avoir le droit de vivre selon sa propre nature. L'homme ne devrait jamais être contraint de faire ce qu'il n'a pas envie de faire. Pour Jeremy Bentham, il s'agissait de procurer le plus de plaisir possible autant à soi qu'aux autres. Quant à William Paley, il voyait le sens de la vie humaine dans une suite aussi importante que possible d'« œuvres utiles ».

La question du sens a connu un véritable boom au milieu du XIXe siècle. Les successeurs de Kant, Fichte et Hegel se trouvaient quelque peu désemparés devant les œuvres monumentales de leurs prédécesseurs. Si la philosophie avait jusque-là joué les gros bras et s'était donné pour principe général de clarifier toutes les questions de la vie, il n'en restait pas moins que l'on ne voyait pas clairement ce que pouvait être une vie réussie. Ces œuvres étaient des monuments de la pensée, mais elles reposaient sur des fondations bien peu solides pour ce qui touchait à la connaissance pratique de la vie.

Arthur Schopenhauer, Søren Kierkegaard, Ludwig Feuerbach, et même Karl Marx, de façon indirecte, ont essayé, chacun à leur manière, de donner de nouvelles réponses à cette question. Schopenhauer contestait fortement l'idée que l'homme était sur terre pour « être heureux ». Comme il ne cesse d'être l'esclave de sa volonté, il ne reste guère de place en lui pour un sens plus élevé et libre. Seul l'art, et en particulier la musique, peut donner à l'homme un plaisir supérieur. Friedrich Nietzsche et Sigmund Freud l'ont suivi dans ce sillage. Pour eux, la question du sens de la vie était déjà l'expression d'une faiblesse physique ou intellectuelle. L'homme sain n'a pas besoin d'un sens supérieur de la vie. Ce dont il a besoin pour être heureux, c'est de la musique (Nietzsche) ou de l'amour et du travail (Freud). Pour Ernst Mach, la question du sens de la vie se dissolvait au même rythme que le moi. Si le papillon n'a plus le même moi que la chenille, si l'enfant est différent du vieillard, il ne sert à rien de coiffer toute la vie d'un sens global. Les questions véritablement importantes – Mach appelait ça l'« économie de la pensée » – font un large crochet pour éviter d'aborder le « sens de la vie ».

Les grands penseurs du XXe siècle ont donc excellé à refuser des réponses et à se déclarer incompétents. L'exemple le plus frappant est celui de Wittgenstein. Pour lui, la question du sens de la vie faisait partie des « questions absurdes ». D'après la nature même de cette question, il ne pouvait y avoir de réponse positive. Car même des gens qui, après une longue période de doute, auraient finalement compris ce qu'était le sens de la vie ne pourraient pas dire « en quoi consiste ce sens ». Pour Sartre en revanche, le sens de la vie, c'est se réaliser par ses actes. Comme le monde n'a pas de sens au fond, je suis libre d'y créer mon propre sens. Forme de *work in progress* – travail en cours permanent –, ce sens naît, subsiste et meurt avec chaque individu. En revanche, pour Peter Singer, cette construction du sens est asociale. Pour lui, ce qui importe, c'est de rouler un peu plus loin la pierre du bien et de faire du monde un « endroit meilleur ».

Il y a des explications sur le sens de la vie qui ressortissent à la biologie de l'évolution, mais il est préférable de les laisser de côté. « Adaptation et mutation » – pour le biophilosophe américain Daniel Dennett, ces deux principes de l'évolution sont aussi valables pour la culture humaine : le sens de la nature, c'est le sens de l'homme. Pour un sociologue tel que Niklas Luhmann, une telle vision est absurde car le « sens » ne provient que de la communication. Le sens est une conquête évolutionnaire raffinée spécifique à l'être humain, car la communication symbolique par l'intermédiaire du langage ne peut être ramenée au désir de « fitness » des gènes et à une descendance en conséquence. L'homme n'est pas simplement nature. Sinon, il ne serait guère en mesure de détruire les fondements mêmes de sa vie par le biais de la technique – clair démenti donné à la thèse biologique de l'adaptation comme principe général de vie.

Il est aussi évident que la neurologie ne peut pas répondre à la question du sens de la vie. Le « sens » n'est pas une unité de mesure scientifique, ce n'est pas un objet et ce n'est pas non plus un processus électrophysiologique. Le sens est donc invisible à lui-même. Ou, pour recourir à une image : la balance ignore son propre poids.

Aujourd'hui, la question du sens de la vie ne peut avoir de réponse que subjective. Quel sens est-ce que *je* donne à *ma* vie ? La raison en est simple. Le sens n'est pas une caractéristique du monde ou de la nature, mais une construction typiquement humaine. Le « sens » est un besoin et une idée de nos cerveaux de vertébrés. Vu sous cet angle, il ne peut s'agir de trouver un sens au monde, c'est à nous de lui en *donner* un. Même quand on pose la question d'un sens objectif dans la nature, cela se fait toujours selon des catégories humaines de pensée. Et celles-ci sont dépendantes de notre conscience, c'est-à-dire de la logique humaine et du langage humain.

La raison la plus implorante qui nous pousse à poser la question du sens vient sans doute du fait que nous savons devoir mourir un jour. Ce n'est pas une belle idée pour un cerveau de savoir que, jour après jour, heure après heure, seconde après seconde, il se rapproche de sa fin. Certains paléoanthropologues considèrent d'ailleurs que ce savoir constitue la ligne de démarcation entre l'homme et l'animal.

La question du sens est donc placée sous le signe spécifique de l'humain. Et comme toute connaissance humaine, elle dépend de nos expériences personnelles. C'est pourquoi ce que nous pouvons trouver, c'est tout au plus le sens de notre *propre* vie. Or pourquoi aimons-nous tant parler du sens de la vie ? Pourquoi la vie ne devrait-elle avoir qu'un seul sens ? Même le besoin de l'unique est très humain. Nous réfléchissons manifestement beaucoup plus intensément au sens de la vie qu'aux critères qui nous poussent à le rechercher. En d'autres termes : nous analysons tout, sauf notre recherche. Un certain nombre de poètes se sont amusés de ce phénomène. « S'il n'y a aucun sens nulle part, cela nous évite pas mal de travail, car il devient inutile de le chercher », écrit Lewis Carroll dans *Alice au pays des merveilles*. Et l'écrivain anglais Ashleigh Brilliant y va aussi de son ironie quand il dit : « Je préfère une vie qui n'a pas de sens plutôt qu'un sens auquel je ne peux adhérer. »

L'idée que la vie a un sens précis n'est en effet pas une pensée très agréable non plus. Il est symptomatique de voir que la recherche du sens de la vie se modifie souvent avec l'âge. Alors que l'on cherche encore un sens objectif, et donc un but à la vie, quand on est jeune, on se demande plutôt en prenant de l'âge : Est-ce que *ma* vie a eu un sens ? En d'autres mots : Ai-je bien vécu ? La question du sens perd une grande partie de son exigence de connaissance. La réflexion philosophique devient bilan psychologique et parfois autojustification Il s'agit là moins du « sens » que de l'accomplissement : Ai-je fait de ma vie quelque chose qui m'a réjoui et continue de me réjouir ?

De nombreux biologistes seraient sûrement d'accord avec cet axiome : Le but de la vie est de la vivre. Ce fut manifestement la pensée de la nature, pour autant qu'elle puisse penser. Mais les protéines et les acides aminés ont d'autres qualités que celles du sens. Voilà pourquoi la plus belle réponse scientifique se trouve peut-être dans le roman *Le Guide du voyageur galactique : H2G2*, de l'écrivain anglais Douglas Adams. Dans ce livre, des extraterrestres conçoivent l'ordinateur Deep Thought (« Pensée profonde ») dans le seul but de répondre à la question des questions « sur la vie, l'univers et tout le reste ». L'ordinateur calcule et calcule et calcule. Après une période de calcul de sept virgule cinq millions d'années, Deep Thought dit que la réponse ne va peut-être pas beaucoup plaire. Et c'est à contrecœur qu'il crache la réponse de toutes les réponses : « Vingt-deux ! » Les extraterrestres sont effectivement déçus. Mais Deep Thought se défend. Se référant librement à Wittgenstein, il explique que la question qu'on lui a donnée à résoudre était stupide. Celui qui pose une question aussi floue ne peut pas mesurer l'ampleur de sa propre question. Comment pourrait-il envisager alors d'avoir une réponse ? Pour l'amour de la paix, Deep Thought propose de construire un ordinateur encore plus puissant qu'il concevrait lui-même, afin que celui-ci trouve la bonne question à la réponse. On construit l'ordinateur, et celui-ci commence à chercher la question. Ce processus de recherche n'est – on s'en aperçoit plus tard – rien d'autre que la Terre. Mais la Terre ne parvient jamais à la bonne question. Juste avant que le programme ne se termine, on la fait sauter – pour faire de la place à une voie interstellaire.

Peut-être que les écrivains et les penseurs sont effectivement les seuls à connaître la vérité. « Je crois que l'homme est en fin de compte un être si libre qu'on ne peut pas lui dénier le droit d'être ce qu'il croit être », a dit une fois le physicien et écrivain Christoph Lichtenberg. Et c'est aussi valable pour la question du sens. Quand j'étais plus jeune, l'un de mes livres favoris était *Les Chroniques de Prydain*, de l'Américain Lloyd Alexander. Le vieux magicien Dalben y explique à son fils adoptif Taram qui cherche un sens à la vie : « Souvent la recherche à une question est plus importante que la réponse elle-même. » Adolescent, je trouvais cette réponse irritante. Je la trouvais même lâche. C'était une forme d'excuse de la part de ce vieux magicien, un aveu de faiblesse. Aujourd'hui, je pense que Dalben a raison – du moins quant à l'immense question du sens de la vie. Car les seuls qui ont vraiment su ce qu'est le sens de la vie, ce sont les *Monty Python*, dans leur film du même nom : « Ainsi, voilà qu'arrive le sens de la vie. Ça n'a vraiment vraiment rien de très particulier. Essaie simplement d'être gentil avec les gens, évite de manger trop gras, lis de temps en temps un bon livre, accueille quelques visites, et essaie de vivre en paix et en harmonie avec toutes les races et toutes les nations. » Et si vous me demandez, à moi, je vous dirai : Soyez curieux de tout, réalisez vos bonnes idées, et remplissez vos journées de vie et non votre vie de journées.

TABLE

Introduction 9

Que puis-je savoir ?

Des animaux intelligents dans l'univers
Qu'est-ce que la vérité ? 21

Lucy in the Sky
D'où venons-nous ? 30

Le cosmos de l'esprit
Comment fonctionne mon cerveau ? 41

Une soirée d'hiver durant la guerre de Trente Ans
Comment sais-je qui je suis ? 52

L'expérience de Mach
Qui est « moi » ? 62

Mister Spock est amoureux
Que sont les sentiments ? 73

Pas maître chez soi
Qu'est-ce que mon subconscient ? 85

Il y avait quelque chose, non ?
Qu'est-ce que la mémoire ? 97

La mouche dans le piège
Qu'est-ce que le langage ? 109

Que dois-je faire ?

L'erreur de Rousseau
Avons-nous besoin des autres ?........................... 125

L'épée du tueur de dragon
Pourquoi aidons-nous les autres ?....................... 131

La loi en moi
Pourquoi est-ce que je dois être bon ?................ 137

L'expérience de Libet
Puis-je vouloir ce que je veux ?........................... 145

Le cas Gage
Y a-t-il de la morale dans le cerveau ?................ 156

Je ressens ce que tu ressens aussi
Cela vaut-il la peine d'être bon ?......................... 161

L'homme sur le pont
La morale est-elle innée ?...................................... 168

Tante Bertha doit vivre
A-t-on le droit de tuer les gens ?......................... 176

La naissance de la dignité
L'avortement est-il moral ?................................... 183

Temps final
Faut-il autoriser l'euthanasie ?............................. 196

Le bon, la brute et le végétarien
Avons-nous le droit de manger des animaux ?.... 208

Le singe dans la jungle culturelle
Comment se comporter avec les grands singes ?... 220

La chasse à la baleine
Pourquoi protéger la nature ?............................... 230

La clownerie des clones
A-t-on le droit de faire des copies d'humains ?.... 240

Des enfants sur mesure
Où mène la reproduction médicalement assistée ? 250

Le pont vers le monde de l'esprit
Quel est le droit de la neurologie ?................................ 264

Que suis-je en droit d'espérer ?

La plus grande de toutes les idées
Dieu existe-t-il ?... 277

La montre de l'archidiacre
La nature a-t-elle un sens ?... 289

Une chose improbable tout à fait normale
Qu'est-ce que l'amour ?.. 301

Do be do be do
Qu'est-ce que la liberté ?.. 314

L'huile de vidange de Robinson
Avons-nous besoin de propriété ?................................. 327

Le jeu de Rawls
Qu'est-ce qui est juste ?.. 336

Les îles de la félicité
Qu'est-ce qu'une vie heureuse ?................................... 348

Le jardin lointain
Peut-on apprendre à être heureux ?............................. 360

La machine de Matrix
La vie a-t-elle un sens ?.. 369

Cet ouvrage a été imprimé en France par

à Saint-Amand-Montrond (Cher)
en novembre 2009

*Composé par Nord Compo Multimédia
7, rue de Fives, 59650 Villeneuve-d'Ascq*

N° d'édition : 4552/01. — N° d'impression : 093384/1.
Dépôt légal : janvier 2010.